Günter Wierichs / Stefan Smets

Gabler Kompakt-Lexikon Bank und Börse

Günter Wierichs
Stefan Smets

Gabler Kompakt-Lexikon Bank und Börse

2.000 Begriffe nachschlagen, verstehen, anwenden

5., überarbeitete Auflage

GABLER

Bibliografische Information der Deutschen Nationalbibliothek
Die Deutsche Nationalbibliothek verzeichnet diese Publikation in der Deutschen Nationalbibliografie; detaillierte bibliografische Daten sind im Internet über <http://dnb.d-nb.de> abrufbar.

5., überarbeitete Auflage 2010

Lektorat: Dr. Riccardo Mosena / Laura Roberts
Korrektorat: Ivonne Domnick

Gabler ist Teil der Fachverlagsgruppe Springer Science+Business Media.
www.gabler.de

Umschlaggestaltung: KünkelLopka Medienentwicklung, Heidelberg
Druck und buchbinderische Verarbeitung: STRAUSS GMBH, Mörlenbach
Gedruckt auf säurefreiem und chlorfrei gebleichtem Papier
Printed in the Netherlands

ISBN 978-3-8349-1861-1

Vorwort zur fünften Auflage

Von Fragestellungen des Bank- und Börsenwesens ist heute nahezu jeder betroffen – sei es in der Ausbildung, im Berufsleben oder im privaten Bereich. Nicht jeder kann jedoch auf eine breite fachspezifische Vorbildung zurückgreifen. Darüber hinaus wird es angesichts des rasanten Innovationstempos in der Finanzwelt zusehends schwieriger, einen Überblick zu behalten. Die Produkte werden komplexer, die rechtlichen Regelungen differenzierter und die Begriffe immer vielfältiger. Finanzwirtschaftliche Grundkenntnisse sind jedoch unerlässlich, denn Bankgeschäfte begleiten jeden Menschen ein Leben lang.

Das ca. 2.000 Stichworte umfassende Gabler Kompakt-Lexikon Bank und Börse informiert kompetent und anschaulich über die wichtigsten Begriffe aus den Geschäftsbereichen Kontoführung, Zahlungsverkehr, Finanzierung und Geld-/Vermögensanlage. In der Neuauflage sind neben laufenden Aktualisierungen (z.B. Änderungen bei der Arbeitnehmer-Sparzulage, Ausweitung der Riester-Förderung auf Wohneigentum, Neuordnung der Börsensegmente) neue Gesetze bzw. Richtlinien (z.B. Verbraucherkreditrichtlinie) berücksichtigt. Außerdem wurden neue Begriffe (u.a. im Zusammenhang mit der Finanzkrise und der Einführung der Abgeltungssteuer) aufgenommen.

Das Gabler Kompakt-Lexikon Bank und Börse zeigt nicht nur Zusammenhänge zwischen den einzelnen Begriffen, sondern auch zwischen den Geschäftsbereichen auf und ist damit ein Nachschlagewerk, das einerseits beruflich für Auszubildende und Angestellte in Kreditinstituten sowie Industrie und Handel einsetzbar ist. Andererseits vermittelt es Grundlagenwissen für den privaten Bankkunden.

Düsseldorf und Viersen
im September 2009

Günter Wierichs
Stefan Smets

Erläuterungen für den Benutzer

1. Das Gabler Kompakt-Lexikon Bank und Börse ist in ca. 2000 Stichworte aufgegliedert. Unter einem aufgesuchten Stichwort ist die speziell diesen Begriff erläuternde, gründliche Erklärung zu finden, die dem Benutzer sofort erforderliches Wissen ohne mehrmaliges Nachschlagen vermittelt. Die zahlreichen, durch das Verweiszeichen (→) gekennzeichneten Wörter erlauben es dem Leser, der sich umfassend unterrichten will, sich über weitere mit dem gesuchten Wort im engen Zusammenhang stehende Begriffe zu informieren.

2. Die alphabetische Reihenfolge ist – auch bei zusammengesetzten Stichwörtern – strikt eingehalten. Dies gilt sowohl für Begriffe, die durch Bindestriche verbunden sind, als auch für solche, die aus mehreren, durch Leerzeichen getrennten Wörtern bestehen. In beiden Fällen erfolgt die Sortierung, als wäre der Bindestrich bzw. das Leerezeichen nicht vorhanden. So steht z.B. „Devisenarbitrage" vor „Devisen-Briefkurs" und „öffentlicher Glaube" vor „öffentliche Versteigerung".

3. Zusammengesetze Begriffe wie „bargeldlose Zahlung" oder „offene Zession" sind in der Regel unter dem Adjektiv alphabetisch eingeordnet. Wird das gesuchte Wort unter dem Adjektiv nicht gefunden, empfiehlt es sich, das Substantiv nachzuschlagen.

4. Die Umlaute ä, ö, ü wurden bei der Einordnung in das Alphabet wie die Grundlaute a, o, u behandelt.

5. Geläufige Synonyme und anglo-amerikanische Termini werden jeweils am Anfang eines Stichwortes aufgeführt. Dabei werden Synonyme in Kursivschrift wiedergegeben. Querverweise gewährleisten auf jeden Fall das Auffinden der Begriffserläuterungen.

6. Die häufigsten Abkürzungen, insbesondere von Gesetzen, sind im Abkürzungsverzeichnis enthalten. Im Bankgeschäft übliche Abkürzungen wie „DAX" oder „SWIFT" sind im Lexikon selbst erläutert.

Abkürzungsverzeichnis

Abk.	Abkürzung
Abs.	Absatz
AG	Aktiengesellschaft
AGB	Allgemeine Geschäftbedingungen
AktG	Aktiengesetz
Anm.	Anmerkung
AO	Abgabenordnung
Art.	Artikel
AWG	Außenwirtschaftsgesetz
AWV	Außenwirtschaftsverordnung
BGB	Bürgerliches Gesetzbuch
BörsG	Börsengesetz
bzw.	beziehungsweise
DepotG	Depotgesetz
ErbStG	Erbschaftsteuer- und Schenkungsteuergesetz
EStG	Einkommensteuergesetz
etc.	et cetera
e.V.	eingetragener Verein
f.; ff.	folgender/folgende
gem.	gemäß
GmbH	Gesellschaft mit beschränkter Haftung
HGB	Handelsgesetzbuch
i.d.R.	in der Regel
InsO	Insolvenzordnung
i.V. (mit)	in Verbindung (mit)
KG	Kommanditgesellschaft
KGaA	Kommanditgesellschaft auf Aktien
KWG	Gesetz über das Kreditwesen (Kreditwesengesetz)
OHG	Offene Handelsgesellschaft
PAngV	Preisangabenverordnung
PfandbG	Pfandbriefgesetz
RechKredV	Verordnung über die Rechnungslegung der Kreditinstitute
ScheckG	Scheckgesetz
sog.	so genannte(r)
u.a.	unter anderem
VermBG	Vermögensbildungsgesetz
vgl.	vergleiche
WpHG	Gesetz über den Wertpapierhandel (Wertpapierhandelsgesetz)
z.B.	zum Beispiel
zzgl.	zuzüglich

A

Abbuchungsauftrag, schriftliche, jederzeit widerrufliche Weisung eines Zahlungspflichtigen im Lastschriftverkehr. Im Gegensatz zum → Einzugsermächtigungsverfahren erteilt der Zahlungspflichtige beim A. seiner Bank (Zahlstelle) die Weisung zur Einlösung der → Lastschrift. Der A. kommt vor allem zwischen Unternehmen zur Anwendung.

Abfindung, einmalige Geldleistung zur Abgeltung eines Rechtsanspruchs. Eine A. erhalten z.B. Aktionäre bei der Bildung eines neuen → Konzerns.

Abgabenordnung (AO), grundlegendes Gesetz für das Steuerrecht. In der AO werden allgemeine Regeln und Begriffsdefinitionen für die Steuergesetzgebung festgelegt. Wichtige Regelungen für die Praxis der Kreditinstitute sind der § 154 AO zur → Kontenwahrheit sowie der § 30a AO zum → Bankgeheimnis.

Abgeltungssteuer, Systemwechsel bei der Besteuerung von Wertpapiererträgen. Bei der Gutschrift von → Zinsen, → Dividenden und Kursgewinnen (für nach dem 31.12.2008 angeschaffte Wertpapiere) wird ein Satz von 25 Prozent als A. an das Finanzamt abgeführt, sofern der Ertrag nicht vom → Freistellungsauftrag abgedeckt ist. Zu den 25 Prozent kommen 5,5 Prozent → Solidaritätszuschlag sowie, falls der Kunde dies bei seinem Kreditinstitut beantragt, die Kirchensteuer hinzu, so dass sich insgesamt eine Belastung von ca. 28 Prozent ergeben kann. Mit Berechnung der A. ist der Vorgang für den Anleger grundsätzlich abgeschlossen. Liegt der persönliche Steuersatz des Anlegers jedoch unter dem Satz der A., so kann dieser im Zuge seiner Einkommensteuererklärung (→ Einkommensteuer) die Differenz zurückfordern. Zu Einzelheiten bei der Abwicklung vgl. auch → Steuerverrechnungskonto.

abhängiges Unternehmen, rechtlich selbstständiges Unternehmen, dessen Geschäftspolitik aufgrund einer Beteiligung eines anderen Unternehmens (herrschendes Unternehmen) beeinflusst wird.

Abkommen, Sammelbegriff für Vereinbarungen zwischen Kreditinstituten zur Abwicklung des Zahlungsverkehrs. Während

Wichtige Abkommen

Name des Abkommens	Wesentliche Inhalte
Abkommen zum Überweisungsverkehr	Entgegennahme standardisierter Überweisungsvordrucke von Kunden und beleglose Weitergabe
Abkommen über den Einzug von Schecks (Scheckabkommen)	Vereinbarung über den Einzug von Schecks und die Rückgabe nicht eingelöster Schecks; Ersatz für verloren gegangene Schecks
Abkommen über den Lastschriftverkehr	Entgegennahme standardisierter Lastschriftvordrucke oder Lastschriftdatensätze und beleglose Weitergabe (EZL); Regelungen für die Rückgabe von Lastschriften (z.B. wegen Widerspruch)
Electronic Cash-System	Aufbau und Betrieb eines institutsübergreifenden Systems zur bargeldlosen Zahlung an automatisierten Kassen (mit Zahlungsgarantie)

die → Allgemeinen Geschäftsbedingungen (AGB) die Rechtsbeziehungen im Verhältnis zum Kunden regeln, werden in den verschiedenen A. die Beziehungen der Kreditinstitute untereinander geklärt. – Vgl. Abbildung „Wichtige Abkommen".

Ablader, Bezeichnung im Seefrachtverkehr für denjenigen (z.B. Spedition eines Exporteurs), der eine Ware zur Verschiffung im Hafen anliefert. – Vgl. auch → Konnossement.

Abräumsparen, → Sondersparformen.

Abrechnung, *Clearing;* Verfahren zur Verrechnung gegenseitiger Forderungen und Verbindlichkeiten aus dem Zahlungsverkehr über eine zentrale Stelle. – *Beispiel:* Bei einem Abrechnungsverfahren verrechnen die Kreditinstitute A, B, und C ihre gegenseitigen Forderungen (F) und Verbindlichkeiten (V) – Werte in Mio. Euro:

(F) / (V)	A	B	C	Summe (V)
A	--	30	60	90
B	10	--	70	80
C	50	40	--	90
Summe (F)	60	70	130	260

An die Stelle der Einzelpositionen werden die Anrechnungssalden über zentrale Konten, die jeweils bei der Clearingstelle geführt werden, verrechnet. Da A per Saldo 30 Mio. Euro (90 V – 60 F) und B 10 Mio. Euro (80 V – 70 F) zahlen muss, C andererseits 40 Mio. Euro erhält (130 F – 90 V), werden A und B entsprechend belastet und C erhält eine Gutschrift. – Beispiele für Clearingsysteme sind die Systeme der → Clearstream Banking AG und das → Target-System.

Abrufkredit, Kredit, der als → Rahmenkredit in Anspruch genommen werden kann.

ABS, *Abk. für → Asset Backed Securities.*

Absatzpolitik, Maßnahmen zur Förderung des Vertriebs von Produkten eines Unternehmens. Ziel der A. ist es, bestehende Kundenverbindungen zu halten und gleichzeitig neue Abnehmer zu gewinnen (→ Akquisition).

Abschlag, Abzugsbetrag, der in verschiedenen Formen zur Anwendung kommt. 1. *Währungsrechnen:* Differenz zwischen → Devisenkassakurs und → Devisenterminkurs – 2. Bei → *Abzinsungspapieren:* Differenz zwischen Nennwert und Kaufkurs.

Abschlagsmethode, Verfahren bei der Bewertung von Immobilien im Rahmen einer Baufinanzierung. – Vgl. auch → Beleihungswertermittlung bei Immobilien.

Abschlussrechnung, → Kontoauszug.

Abschreibung, buchhalterische Erfassung einer Wertminderung bei Vermögensgegenständen. Abschreibungen werden einerseits auf Gegenstände des → Anlagevermögens vorgenommen. Bei Kreditinstituten spielen andererseits auch Abschreibungen auf Forderungen (→ Einzelwertberichtigung und → Pauschalwertberichtigung) und auf Wertpapiere (→ nicht realisierter Kursverlust) eine Rolle. Hauptsächlich kommen bei einer A. auf Gegenstände des Anlagevermögens zwei Abschreibungsmethoden zur Anwendung: 1. *Lineare A.* mit jährlich gleich bleibenden Abschreibungsbeträgen (Abschreibungsquoten). Die Höhe der A. ist abhängig von der geschätzten Nutzungsdauer des Vermögensgegenstandes. So werden bei einer Nutzungsdauer von 5 Jahren jährlich 100 : 5 = 20% abgeschrieben. – 2. *Geometrisch-degressive A.* mit fallenden Abschreibungsquoten. Hierbei wird ein Prozentsatz kalkuliert, der im ersten Jahr auf den Anschaffungswert des Anlagegutes und in den folgenden Jahren auf den jeweiligen Restwert berechnet wird. Auf diese Weise sinken die Abschreibungsquoten von Jahr zu Jahr, was dem tatsächlichen Wertverlauf eher entspricht. – Da durch eine A. der Gewinn und damit die zu zahlende Steuerlast eines Unternehmens reduziert wird, gelten für die Berechnung von Abschreibungsquoten besondere steuerrechtliche Vorschriften (Absetzung für Abnutzung = AfA). Seit dem 1.1.2009 kann für Wirtschaftsgüter, die in den Jahren 2009 und 2010 angeschafft werden, das 2,5-fache des linearen Satzes (maximal 25%) steuerlich abgesetzt werden. – Beispiel: Eine im Januar 2010 angeschaffte Maschine hat eine Nutzungsdauer von 8 Jahren; als lineare A. ergäbe sich eine Abschreibungsquote von 100 : 8 = 12,5%. Das 2,5-fache davon ist 31,25%. Aufgrund der Maximalgrenze können 25% geometrisch-degressive AfA angesetzt werden.

Absetzung für Abnutzung, Begriff im Steuerrecht für → Abschreibung.

Absolute Return Fonds, *Total Return Fonds;* → Investmentfonds, deren Geschäftspolitik darauf ausgelegt ist, stets eine positive Rendite bei begrenztem Risiko zu erwirtschaften. Allerdings sind auch bei A.R.F. Verluste nicht ausgeschlossen.

Absonderung, Sonderrecht, das z.B. ein Kreditinstitut für Sachen oder Forderungen, die als Sicherheit für einen Kredit bestellt wurden, im Rahmen eines → Insolvenzverfahrens geltend machen kann. Die A. ermöglicht es dem Kreditinstitut, das Sicherungsgut getrennt vom Insolvenzverfahren zu verwerten.

abstraktes Schuldversprechen, Verpflichtung zur Zahlung eines Geldbetrages, ohne dass ein bestimmtes Grundgeschäft zugrunde liegt. A.S. liegen in der Praxis der Kreditinstitute z.B. bei einem → Akkreditiv oder bei einer Verbindlichkeit aus einem → Wechsel vor.

Abtretung, *Zession;* Vertrag, der den Übergang einer Forderung auf eine andere Person bewirkt. Die A. kommt in der Praxis der Kreditinstitute vor allem in Zusammenhang mit der Besicherung von Krediten zur Anwendung (→ sicherungsweise Abtretung). Abgetreten werden Einzelforderungen (Einzelzession, z.B. Anspruch aus einer Lebensversicherung, Bausparguthaben) oder mehrere Forderungen (z.B. Forderungen aus Lieferungen eines Handelsunternehmens; → Globalabtretung). Wird dem Schuldner die A. mitgeteilt, handelt es sich um eine → offene Zession. Bleibt die Mitteilung aus, liegt eine → stille Zession vor. Eine stille Zession bringt für den neuen Inhaber der Forderung (Zessionar) zusätzliche Risiken mit sich, da der Drittschuldner mit schuldbefreiender Wirkung an den ursprünglichen Gläubiger (Zedent) zahlt. Der Zedent ist dann verpflichtet, die Zahlung an den Zessionar weiterzuleiten. Ansprüche aus Lebensversicherungen sind nach den Bestimmungen der Allgemeinen Geschäftsbedingungen von Versicherungsgesellschaften stets offen abzutreten. – Vgl. auch → Rückkaufswert.

Abwertung, Wertverlust einer Währung gegenüber einer anderen Währung. Beträgt der Kurs in US-Dollar für einen Euro z.B. zu einem Zeitpunkt 1,3245 US-Dollar und zu einem späteren Zeitpunkt 1,3045 US-Dollar, handelt es sich um eine A. des Euros (entsprechend eine Aufwertung des US-Dollars), da zum späteren Zeitpunkt weniger Dollar für einen Euro zu zahlen sind. Würde der Kurs auf 1,3445 US-Dollar steigen, läge entsprechend eine Aufwertung des Euros (bzw. A. des US-Dollars) vor. – Abwertungen und Aufwertungen von Währungen ziehen gesamtwirtschaftliche Auswirkungen nach sich. Eine A. des Euros begünstigt z.B. die inländische Exportindustrie. Da die ausländischen Geschäftspartner bei einer Euroabwertung weniger Einheiten ihrer heimischen Währung für einen Euro zahlen müssen, verbilligen sich (bei ansonsten gleichen Bedingungen, d.h. unveränderter Inflationsrate etc.) die europäischen Waren. Andererseits würde eine Euroabwertung auf lange Sicht die Kapitalmärkte (→ Kapitalmarkt) der am Eurosystem beteiligten Länder schwächen, da für Anleger aus den USA, Japan etc. eine Geldanlage in europäische Aktien oder Anleihen weniger interessant wäre.

Abzahlungsdarlehen, → Annuitätendarlehen.

Abzinsung, Zinszahlungsmodalität für → Abzinsungspapiere.

Abzinsungspapiere, verzinsliche Wertpapiere, bei denen die Zinsen nicht durch regelmäßige Zahlung, sondern durch Abzug des Zinsertrages vom → Nennwert für die gesamte Laufzeit vergütet werden. – *Beispiel:* Ein Kunde erwirbt 20.000 Euro Nennwert (nominal) eines A. Die Laufzeit beträgt 4 Jahre, der Zinssatz 3% p.a. Der Kunde zahlt für das Papier 20.000 Euro $\cdot$ (1 : $1{,}03^4$) = 17.769,74 Euro. Nach 4 Jahren erhält er 20.000 Euro zurück. Da er während der 4 Jahre auf laufende Zinszahlungen verzichtet, muss das Papier eine höhere → Rendite (Effektivverzinsung) aufweisen als vergleichbare Papiere mit einer regelmäßigen

Zinszahlung. A. sind in der Praxis anzutreffen unter verschiedenen Bezeichnungen, z.B. Zerobonds (→ Nullkupon-Anleihen), → Finanzierungsschätze des Bundes und Abzinsungssparbriefe (→ Sparbriefe).

act/360, andere Bezeichnung für die Eurozinsmethode. – Vgl. auch → Zinsberechnungsmethoden.

act/act, andere Bezeichnung für die englische Zinsmethode. – Vgl. auch → Zinsberechnungsmethoden.

Ad-hoc-Publizität, Verpflichtung eines Emittenten von Wertpapieren (→ Emission), die am → Prime Standard der Deutschen Börse AG zugelassen sind. Die A-h-P. verpflichtet den Emittenten dazu, kursbeeinflussende Tatsachen mitzuteilen und zu veröffentlichen. Dies geschieht durch Mitteilung an die → Bundesanstalt für Finanzdienstleistungsaufsicht sowie an die das Wertpapier notierende Börse und durch Veröffentlichung in mindestens einem überregionalen Börsenblatt oder über ein elektronisch betriebenes Informationsverbreitungssystem. Kursbeeinflussende Faktoren sind z.B. bevorstehende Firmenübernahmen, → Fusionen oder deutliche Korrekturen von Gewinnerwartungen. – Vgl. auch → Insidergeschäfte.

ADR, → American Depositary Receipt.

AFA, Abk. für Absetzung für Abnutzung. Steuerrechtlicher Begriff für eine → Abschreibung.

AG, Abk. für → *Aktiengesellschaft.*

AGB, Abk. für → *Allgemeine Geschäftsbedingungen.*

AGB-Pfandrecht, Regelung in den → Allgemeinen Geschäftsbedingungen der Kreditinstitute, nach der ein Kreditinstitut bei Vermögensgegenständen ihrer Kunden, die sich in ihrem Besitz befinden bzw. auf die ein Zugriff möglich ist (z.B. Kontoguthaben oder Wertpapiere), ein → Pfandrecht hat, ohne dass es einer besonderen Vereinbarung mit dem Kunden bedarf. Zahlt z.B. der Inhaber eines Sparkontos einen Kredit nicht zurück, kann das Kreditinstitut aufgrund des AGB-P. das Sparguthaben zur Befriedigung der Kreditforderung verwenden.

Agio, Betrag, der bei der → Emission von Nennwertaktien (→ Aktie) den Nennwert übersteigt. Wird z.B. eine Aktie, die einen Nennwert von 5 Euro aufweist, zu 8 Euro emittiert, ergibt sich ein Agio von 3 Euro (Über-Pari-Emission). Der Betrag des A. ist in der Bilanz des Emittenten in den → Rücklagen auszuweisen (Emission von Aktien). – *Gegensatz:* → Disagio.

AKA, früher gebräuchliche Abk. für *Ausfuhrkreditanstalt*, jetzt → Ausfuhrkreditgesellschaft.

Akkreditiv, Bezeichnung für ein vom Grundgeschäft losgelöstes (d.h. abstraktes) Schuldversprechen, das ein Kreditinstitut einem Exporteur gegenüber abgibt. Das A. gibt dem Exporteur die Sicherheit der Zahlung des ihm zustehenden Exporterlöses für den Fall, dass der Importeur den Betrag nicht zahlen kann oder will. Das Kreditinstitut des Importeurs (eröffnende Bank) eröffnet das A. auf Antrag des Importeurs und nach entsprechender Bonitätsprüfung. Das Kreditinstitut des Exporteurs (avisierende Bank) teilt dem Exporteur die Eröffnung des A. mit. Dieser kann daraufhin die Ware verschicken. Gegen Vorlage bestimmter → Außenhandelsdokumente wird ihm nach Prüfung der Dokumente durch die eröffnende Bank eine Gutschrift des Exporterlöses erteilt, falls die Dokumente fristgerecht und ordnungsgemäß vorgelegt wurden. – Vgl. auch → Dokumentenakkreditiv.

Akquisition, Gewinnung neuer Kunden; im weiteren Sinne auch Firmenübernahme. – Vgl. auch → Akquisitionsfinanzierung und → Investment Banking.

Akquisitionsfinanzierung, Bankgeschäft, bei dem ein Kreditinstitut einem Unternehmen finanzielle Mittel zur Verfügung stellt, die für den Kauf eines anderen Unternehmens bzw. von Teilen eines anderen Unternehmens benötigt werden.

Aktie, Urkunde über die Beteiligung an einer → Aktiengesellschaft (AG). Der Aktieninhaber ist am Grundkapitel (gezeichnetes Kapital) der AG mit einem bestimmten Anteil beteiligt. Ist dieser Anteil als glatter Eurobetrag definiert, z.B. 5 Euro (Mindestnennbetrag = 1 Euro), handelt es sich um eine Nennwertaktie. Liegt ein solcher glatter

Anteil nicht vor, spricht man von einer Stückaktie. Auch Stückaktien weisen einen (rechnerischen) Nennwert auf, der sich aus der Division des Grundkapitals durch die Anzahl der Aktien ergibt.

Nennwertaktie	**Stückaktie**
Eine AG besitzt ein Grundkapital von 50 Mio. Euro. Dieses Grundkapital wird verbrieft durch 10 Mio. Nennwertaktien zu je 5 Euro.	Eine AG hat ein Grundkapital von 40 Mio. Euro. Es werden 25 Mio. Stückaktien herausgegeben. Der rechnerische Nennwert je Stückaktie beträgt 40 : 25 = 1,60 Euro

Seit der Einführung des → Euros zum 1. Januar 1999 haben viele Aktiengesellschaften auf ihren Hauptversammlungen die Einführung von Stückaktien beschlossen. Da bei Nennwertaktien glatte Beträge vorliegen müssen, die Umrechnung von DM in Euro durch den ungeraden Umrechnungskurs von 1,95583 DM für einen Euro jedoch nicht zu glatten Ergebnissen führte, hätte sich für die Aktiengesellschaften bei der Umstellung von DM-Nennwertaktien in Euro-Nennwertaktien die Notwendigkeit ergeben, Euro-Nennwerte durch → Kapitalerhöhung oder → Kapitalherabsetzung zu glätten. Bei Stückaktien war eine solche Glättung nicht notwendig. Ein weiterer Grund für die Einführung von Stückaktien ist darin zu sehen, dass diese Form der Aktie international die meiste Verbreitung genießt. – Aktien können einerseits als Inhaberpapiere verbrieft werden. In diesem Fall ist der Name des Aktionärs weder auf der Urkunde noch in den Büchern der AG verzeichnet. Viele Aktiengesellschaften haben inzwischen (ebenfalls durch Beschluss der Hauptversammlung) ihre Aktien auf → Namensaktien umgestellt. Die Aktionäre sind dann im Aktienbuch der AG namentlich verzeichnet. Ist bei der Übertragung der Aktie aufgrund eines Verkaufs an der Börse zusätzlich die Zustimmung der AG erforderlich, spricht man von → vinkulierten Namensaktien. – Namensaktien bieten mehrere Vorteile. Sie sind international weit verbreitet, d.h. eine Einführung an großen ausländischen Börsenplätzen ist leicht möglich. Der AG sind die Aktionäre und damit deren Anteile am Grundkapital bekannt. Sie kann damit die Aktionärsstruktur nachvollziehen; eine heimliche Übernahme ist so kaum möglich. Die AG kann ferner ihre Aktionäre direkt ansprechen und somit gezielt Marketingmaßnahmen durchführen (→ Investor Relations). – Mit einer Aktie sind bestimmte Rechte verbunden. Der Aktionär hat das Recht auf Teilnahme an der Hauptversammlung der AG, ein Recht auf Gewinnanteil (Dividende), sofern ein Gewinn erwirtschaftet wurde, einen Anspruch auf Anteil am Liquidationserlös bei Auflösung der AG, das Recht auf Auskunftserteilung durch den Vorstand bei einer Hauptversammlung sowie das Recht auf Bezug junger Aktien bei einer → Kapitalerhöhung, sofern dieses nicht durch ¾-Mehrheitsbeschluss der Hauptversammlung aufgehoben wird. Sind alle Rechte mit der A. verbunden, spricht man von Stammaktien. Dagegen bieten so genannte → Vorzugsaktien Vorrechte gegenüber den Stammaktien.

Aktienanalyse, Verfahren zur Prognose zukünftiger Kursentwicklungen einer Aktie. Unterschieden werden: 1. *Fundamentalanalyse:* Hierbei wird der „innere Wert" einer Aktie mithilfe gesamtwirtschaftlicher Faktoren (z.B. → Konjunktur), branchenspezifischer Faktoren (z.B. Geschäftsklima bei Anbietern von Internet-Software) und unternehmensindividueller Faktoren (z.B. → Kurs-Gewinn-Verhältnis) ermittelt. Alle auf diese Weise prognostizierten zukünftigen Erträge werden auf den gegenwärtigen Betrachtungszeitpunkt abgezinst (kapitalisiert). – 2. *Technische Analyse:* Hier versucht man Aussagen über die zukünftige Kursentwicklung aus der Analyse vergangener Kursentwicklungsmuster abzuleiten. Es werden also börsenbezogene Daten wie Kursverlauf oder Handelsvolumen untersucht. Als Hilfsmittel werden Charts genutzt, d.h. grafische Darstellungen von Kurs- oder Umsatzentwicklungen zur Ermittlung von Trends. Kauf- bzw. Verkaufsignale werden aus typischen Erscheinungsbildern (Formationen) abgeleitet. So gilt z.B. ein Kursverlauf in „W"-Form mit zunächst sinkenden, dann steigenden, erneut sinkenden und wieder ansteigenden Kursen als Kaufsignal, da unterstellt wird, dass nach Erreichen des oberen rechten Punktes des „W" mit Kurssteigerungen zu rechnen ist. Umgekehrt wird eine „M"-Formation als Verkaufsignal gewertet.

Aktienanleihe, *Reverse Convertible Bond;* → Anleihe mit i.d.R. relativ kurzer Laufzeit, bei der der Schuldner (Emittent) das Recht hat, die Anleihe am Ende der Laufzeit wahlweise zu 100% oder durch Lieferung einer vorher festgelegten Zahl einer bestimmten Aktie zurückzahlen zu können. Da der Anleger bei einer A. damit das Risiko übernimmt, dass die Aktien zum Rückzahlungszeitpunkt der Anleihe insgesamt einen Wert ergeben, der unter dem Anleihewert liegt, wird eine A. höher verzinst als eine „normale" Anleihe.

Aktienfonds, → Investmentfonds, der hauptsächlich in Aktien (→ Aktie) investiert.

Aktiengesellschaft (AG), → juristische Person des privaten Rechts. Die Gesellschafter (Aktionäre) sind mit → Aktien am Grundkapital der AG beteiligt. Den Gläubigern der AG haftet das Vermögen der Gesellschaft; eine private Haftung der Gesellschafter ist ausgeschlossen. Der Aktionär trägt lediglich das Risiko des Wertverlustes seiner Aktien. Die AG besteht aus drei Organen: 1. *Vorstand:* Leitung der Gesellschaft, d.h. Geschäftsführung (Innenverhältnis) und Vertretung gegenüber Dritten (Außenverhältnis). Der Vorstand wird durch den Aufsichtsrat für höchstens fünf Jahre gewählt. – 2. *Aufsichtsrat:* Kontrolle des Vorstands. Der Aufsichtsrat setzt sich aus Arbeitnehmer- und Arbeitgebervertretern zusammen. Die Zahl der Vertreter jeder Seite ist je nach dem geltenden Modell zur → Mitbestimmung unterschiedlich. – 3. *Hauptversammlung:* Beschließendes Organ. Die Hauptversammlung besteht aus den Aktionären. Beschlüsse werden mit einfacher Mehrheit (z.B. Gewinnverwendung) oder ¾-Mehrheit (→ qualifizierte Mehrheit) des anwesenden Kapitals getroffen. Die qualifizierte Mehrheit ist erforderlich bei Änderungen des Gesellschaftsvertrags (Satzungsänderungen). Hierunter fällt z.B. eine → Kapitalerhöhung. – Für die Gründung einer AG ist ein Grundkapital (gezeichnetes Kapital) von mindestens 50.000 Euro erforderlich. Neugründungen von Aktiengesellschaften sind selten; meist werden bereits existierende Unternehmen anderer Rechtsformen in eine AG umgewandelt (→ Going Public).

Aktiengewinn, Teil des Gewinns aus der Veräußerung oder Rückgabe von → Investmentzertifikaten, der für einen betrieblichen Anleger steuerpflichtig ist. Der A. umfasst z.B. Kursgewinne und noch nicht ausgeschüttete Dividenden. Für Privatanleger ist er aufgrund der Neuregelungen im Zusammenhang mit der → Abgeltungssteuer von Bedeutung.

Aktienindex, → Index.

Aktienindexanleihe, → Indexzertifikat.

Aktienoptionsschein, → Option.

Aktienrückkauf, Möglichkeit für eine → Aktiengesellschaft eigene Aktien erwerben zu können. Ein A. kann z.B. sinnvoll sein, wenn er aus Gründen der Kurspflege notwendig erscheint, der Erschwerung einer Unternehmensübernahme dient, oder wenn die eigenen Aktien als Zahlungsmittel bei der Übernahme eines anderen Unternehmens verwendet werden sollen (sog. Akquisitionswährung). Auf der anderen Seite kann sich das Unternehmen dadurch, dass es eigene Anteile erwirbt, teilweise der Kontrolle durch die Aktionäre entziehen. Für den A. gilt gem. AktG eine Obergrenze von 10% des Grundkapitals.

Aktienumtausch, Maßnahme bei Firmenübernahmen oder → Fusionen. Gegen Einreichung einer bestimmten Zahl von Aktien der zu übernehmenden Aktiengesellschaft werden den Anteilseignern dieser Gesellschaft Aktien der übernehmenden Aktiengesellschaft ausgehändigt.

Aktienverlustverrechnungstopf, → Steuerverrechnungskonto.

Aktionär, Anteilseigner einer → Aktiengesellschaft.

aktive Scheckfähigkeit, → Scheckfähigkeit.

Aktivgeschäft, anderer Begriff für das Kreditgeschäft eines Kreditinstitutes. – *Gegensatz:* → Passivgeschäft.

Akzeptkredit, Form der → Kreditleihe, bei der ein Kreditinstitut seinem Kunden das Recht einräumt, bis zu einem bestimmten, im A.-Vertrag festgelegten Betrag → Wechsel auf das Kreditinstitut zu ziehen. Aufgrund der Bonität des Kreditinstituts ist ein solcher Wechsel ein gutes Zahlungs- oder Kreditmittel. Im Außenverhältnis ist das Kreditinstitut

Schuldner des Wechsels und somit einem Dritten (Wechselinhaber) gegenüber zur Zahlung verpflichtet. Im Innenverhältnis hat das Kreditinstitut dann einen Anspruch gegenüber seinem Kunden (Wechselaussteller), wenn der Wechsel zur Zahlung vorgelegt wird.

Akzessorietät, Begriff aus dem Kreditsicherungsrecht, der die rechtliche Verbindung zwischen gewährtem Kredit und zugrunde liegender Sicherheit beschreibt. Bei akzessorischen Sicherheiten ist der Wert der Kreditsicherheit rechtlich unmittelbar an die Kreditforderung gebunden. Beispiele hierfür sind → Bürgschaft, → Hypothek und → Pfandrecht. Im Gegensatz dazu fehlt bei nichtakzessorischen Sicherheiten wie → Sicherungsübereignung und → Grundschuld diese enge rechtliche Bindung. Dennoch ist auch hier durch den Kreditvertrag ein wirtschaftlicher Bezug zwischen Kreditforderung und Sicherheit gegeben, so dass diese Sicherheiten nicht als völlig losgelöst vom Grundgeschäft (also nicht als vollkommen abstrakt) bezeichnet werden können. Dies wird deutlich bei der → Sicherungsabrede im Zusammenhang mit einer Grundschuldbestellung.

Allfinanz, Angebot aller Finanzdienstleistungen aus einer Hand. Die Palette klassischer Bankdienstleistungen wird beim A.-Konzept z.B. durch Lebensversicherungen, → Leasing, → Factoring, → Bausparen oder Vermittlung von Immobilien erweitert. A. lässt sich durch Kooperation mit anderen (spezialisierten) Finanzdienstleistern oder auch durch Gründung von Tochtergesellschaften oder Übernahmen verwirklichen.

Allgemeine Geschäftsbedingungen (AGB), vorformulierte Vertragsbedingungen zur Regelung von Rechten und Pflichten im Verhältnis zwischen Kunde und Kreditinstitut. Die AGB ergänzen gesetzliche Bestimmungen. Sie enthalten bestimmte Grundregeln (z.B. Haftungsgrundsätze, → Mitwirkungspflicht des Kunden, Regeln für die Kontoführung etc.), Kosten von Bankdienstleistungen sowie Kündigungsrechte. Die AGB sind Bestandteil jeglicher Geschäftsbeziehung zwischen Kunde und Kreditinstitut, sofern der Kunde diese ausdrücklich anerkennt. Das Kreditinstitut muss die AGB entweder dem Kunden aushändigen oder zur Einsichtnahme verfügbar halten. Dies geschieht z.B. dadurch, dass die AGB in den Geschäftsräumen ausliegen.

Allgemeiner Verlustverrechnungstopf, → Steuerverrechnungskonto.

Allzweckdarlehen, → Anschaffungsdarlehen.

alte Aktien, Aktien, die bereits vor einer → Kapitalerhöhung vorhanden waren. Im Gegensatz zu den bei der Kapitalerhöhung herausgegebenen → jungen Aktien sind a.A. für das entsprechende Jahr stets voll dividendenberechtigt.

Alterseinkünftegesetz, Gesetz, das einen Systemwechsel bei der Besteuerung von Altersbezügen herbeiführte. Im Kern geht es darum, dass Rentenbeiträge steuerfrei, die im Alter ausgezahlten Bezüge jedoch steuerpflichtig sein sollen (nachgelagerte Besteuerung). Nach dem A. werden seit Januar 2005 Renten abzüglich eines Grundfreibetrages zu 50% besteuert, wobei der Satz bis zum Jahr 2040 sukzessive auf 100% steigen soll. Im Gegenzug werden Arbeitnehmer dadurch entlastet, dass ihre Rentenbeiträge nach und nach steuerfrei gestellt werden, und zwar zu 60% seit 2005 und bis 100% im Jahr 2025.

Altersvermögensgesetz, seit 2001 gültige neue Grundlage des deutschen Rentensystems. Durch das A. wird die auf dem Generationenvertrag basierende gesetzliche Rente (die „junge“ Arbeitnehmergeneration muss jeweils die Rentnergeneration finanzieren) durch eine vom Staat geförderte kapitalgedeckte betriebliche oder private Altersvorsorge ergänzt. – Vgl. auch → Riester-Vertrag, → Rürup-Rente und → betriebliche Altersvorsorge.

Altersvorsorge-Sondervermögen (AS-Fonds), Sonderform eines → Investmentfonds. AS-Fonds sind ein Instrument zur privaten Altersvorsorge. Für sie gelten besondere Anlagevorschriften des → Investmentgesetzes, z.B.: 1. *Der Aktienanteil* am Fondsvermögen darf 75% nicht überschreiten. – 2. *Die Anlage in* → Derivate ist nur zu Absicherungszwecken erlaubt. – 3. *Anteile an Immobiliensondervermögen* dürfen nur maximal 30% des Fondsvermögens ausmachen. – 4. *Fremdwährungsrisiken* sind auf 30% des Fondsvermögens zu begrenzen.

Altersvorsorgezulage, Zulage lt. Einkommensteuergesetz im Rahmen der Altersvorsorge durch einen → Riester-Vertrag. Die A. setzt sich aus zwei Bestandteilen zusammen: Einer *Grundzulage* von 154 Euro und einer *Kinderzulage* von 185 Euro. Für Kinder, die ab dem Jahr 2008 geboren werden, beträgt die Kinderzulage 300 Euro.

American Depositary Receipt (ADR), von Kreditinstituten in den USA ausgestellte, handelbare Zertifikate über bei dem Kreditinstitut hinterlegte nicht-amerikanische Aktien. ADR dienen der Erleichterung des Börsenhandels, da ausländische Aktien aufgrund unterschiedlicher wertpapierrechtlicher Bestimmungen teilweise nur in Form von ADR an US-Börsen handelbar sind.

American Express, Unternehmen, das als Emittent von → Reiseschecks und → Kreditkarten tätig ist.

amerikanische Option, → Option, die an jedem Handelstag während der Optionsfrist ausgeübt werden kann. Bei den Optionen an der → Eurex handelt es sich um a.O.

amerikanisches Zuteilungsverfahren, → Zinstender.

Amex, American Stock Exchange, zweitgrößte amerikanische Börse.

am Geld, → at the Money.

Amortisationsdarlehen, → Annuitätendarlehen.

amtliche Beglaubigung, Bestätigung einer Behörde über die Echtheit einer Unterschrift oder die Richtigkeit einer Urkundenabschrift bzw. -kopie. In der Bankpraxis spielte die a.B. bis zur Einführung des elektronischen → Handelsregisters bei der Eröffnung von Firmenkonten eine Rolle. Hierbei wurde die Existenz eines Unternehmens durch Vorlage eines beglaubigten Handelsregisterauszuges nachgewiesen. Das Handelsregister ist seit 2007 elektronisch abrufbar.

amtlicher Markt, → Börsensegment.

amtlicher Kursmakler, praxisübliche Bezeichnung für den im amtlichen Markt tätigen → Skontroführer.

amtliches Kursblatt, offizielles Presseorgan einer Wertpapierbörse, das die jeweiligen Kurse eines Börsentages und weitere Informationen (z.B. Veröffentlichungen des Börsenvorstands) enthält.

Anderkonto, Sonderform eines Kontos, auf dem Gelder treuhänderisch verwaltet werden. Berechtigt zur Eröffnung eines A. sind Rechtsanwälte, Notare, Wirtschaftsprüfer Steuerberater und Patentanwälte. Das A. lautet auf den Namen des Treuhänders; es wird jedoch mit einem Zusatz (z.B. „wegen") versehen. Ein A. kann z.B. bei Grundstückkäufen zur Anwendung kommen: Die Überweisung des Kaufpreises auf das A. desjenigen Notars, der den Kaufvertrag notariell beurkundet hat, stellt sicher, dass die Erfüllung des Vertrages (Kaufpreiszahlung gegen Eintragung des neuen Eigentümers in das → Grundbuch) Zug um Zug unter Überwachung des Notars erfolgen kann.

Ankaufskurs, → Geldkurs.

Ankauf von Forderungen, → Factoring.

Anlageberatung, kundengerechte Aufklärung über mögliche Formen der Geld- und Vermögensanlage und die hiermit verbundenen Risiken. Beratungsgrundlage sind die Anlageziele des Kunden, z.B. Sicherheit, Liquidität (Verfügbarkeit) und Rentabilität der Anlage, sowie seine finanziellen Verhältnisse. Eine besondere Bedeutung bei der Anlageberatung kommt dem → Gesetz über den Wertpapierhandel (WPHG) zu, das u.a. Verhaltensregeln für Kredit- und Finanzdienstleistungsinstitute bei der Wertpapieranlage festlegt. Demnach sind diese Institute z.B. verpflichtet, von ihren Kunden Angaben über Kenntnisse, Anlageziele und finanzielle Verhältnisse einzuholen und zu dokumentieren (sog. WPHG-Bogen bzw. Wertpapiererhebungsbogen). Verboten sind den Instituten gemäß dem WPHG Empfehlungen, die nicht im Interesse des Kunden liegen oder den Zweck verfolgen, Geschäfte des Institutes mit eigenen Wertpapieren in eine bestimmte Richtung zu lenken. Zudem werden Banken künftig verpflichtet, den Inhalt jeder Anlageberatung zu protokollieren und Kunden eine Ausfertigung des Protokolls auszuhändigen.

Anlagedeckungsgrad, Kennzahl im Rahmen der → Bilanzanalyse. Beim A. wird geprüft, ob die langfristigen Anlagen (Anlagevermögen) eines Unternehmens auch langfristig (durch Eigenkapital bzw. langfristiges Fremdkapital) finanziert wurden. Würde Anlagevermögen kurzfristig finanziert, bestünde die Gefahr, dass bei Fälligkeit kurzfristiger Verbindlichkeiten langfristiges Vermögen (z.B. Maschinen, Betriebs- und Geschäftsausstattung) veräußert werden müsste, was die Handlungsfreiheit des Unternehmens erheblich einschränken würde.

Anlagekonto, spezielles Depot bei einer → Investmentgesellschaft, auf dem Investmentzertifikate aufgrund regelmäßig angesparter Geldbeträge gutgeschrieben werden. – Vgl. auch → Cost Average.

Anlagevermittler, Person, die eine Anlageentscheidung eines Kunden professionell begleitet. Im Gegensatz zu einer → Anlageberatung beinhaltet die Tätigkeit eines A. keinen Auswahl- und Bewertungsprozess der möglichen Anlagealternativen. Der A. hat vor allem eine Informationspflicht.

Anlagevermögen, Vermögen, das langfristige Verwendung in einem Betrieb findet. Zum A. gehören z.B. Maschinen, Geschäftsausstattung oder Gebäude. – *Gegensatz:* → Umlaufvermögen.

Anlagevorschriften, → Investmentgesetz

Anlageziele, → Anlageberatung.

Anlaufzinsen, Zinsen, die bei einem → Anschaffungsdarlehen anfallen, wenn zwischen Kreditauszahlung und dem Termin für die erste Rate mehr als 30 Tage liegen. Ab dem 31. Tag werden dann anteilig A. berechnet und mit der ersten Rate beglichen.

Anlegerschutzverbesserungsgesetz, Regelwerk, das einen erhöhten Schutz von Geldanlegern im Bereich der Kapitalmarktinformationen schaffen und vor unzulässigen Marktpraktiken schützen soll. Durch das A. werden das Insiderrecht (→ Insidergeschäfte) und die → Ad-hoc-Publizität auf europäischer Ebene vereinheitlicht. Ferner erweitert das A. die Prospektpflicht (→ Prospekthaftung) auf nicht in Wertpapieren verbriefte Anlageformen. – Vgl. auch → Grauer Kapitalmarkt.

Anleihe, *Bond, Obligation, Schuldverschreibung, festverzinsliches Wertpapier;* Wertpapier, das einen Anspruch auf Zinsen und einen Rückzahlungsanspruch verbrieft. Anleihen werden in Prozent notiert. Der Käufer erwirbt einen → Nennwert (Nominalwert). So ergibt z.B. ein Nennwert von 20.000 Euro bei einem Kurs von 98% einen Kurswert von 19.600 Euro. – Eine A. besteht aus zwei Urkunden: dem Mantel, der das Gläubigerrecht verbrieft, und dem Bogen, an dem sich die Zinsscheine befinden. Die Aushändigung von Urkunden (effektive Stücke) an den Anleger ist selten und wird vielfach durch die Anleihebedingungen des Schuldners (Emittent) ausgeschlossen. Bei A. des Bundes und der Länder liegen keine Urkunden vor. Es handelt sich um → Wertrechte. – Als Emittent einer A. kommen verschiedene Unternehmen oder Institutionen in Frage, z.B. Bund und Länder (→ öffentliche A.), Realkreditinstitute (→ Pfandbriefe und → Kommunalobligationen), Kreditinstitute (→ Bankschuldverschreibungen) oder Industrieunternehmen (→ Industrieobligationen). – Der Zinsanspruch bei einer A. kann einerseits als regelmäßige Zinszahlung (z.B. jeweils zum 1.6. eines Laufzeitjahres) festgelegt werden; der Zinssatz kann dabei während der Laufzeit unverändert oder variabel sein (→ Floating Rate Note bzw. → Reverse Floater). Eine A. kann auch in abgezinster (→ Abzinsungspapiere) oder aufgezinster Form (→ Aufzinsungspapiere) angeboten werden.

Annuitätenanleihe, → Anleihe, die in der Weise zurückgezahlt wird, dass die jährliche finanzielle Belastung des Emittenten, d.h. die Summe aus Zins und Tilgung (Annuität), gleich bleibt. Vgl. auch → Annuitätendarlehen.

Annuitätendarlehen, *Amortisationsdarlehen;* → Realkredit, der in der Weise zurückgezahlt wird, dass die regelmäßige finanzielle Belastung des Kreditnehmers aus Zins und Tilgung (Annuität) gleich bleibt. Der Tilgungsanteil wird durch diese Art der Rückzahlung von Jahr zu Jahr höher, da die ersparten Zinsen auf die Tilgung angerechnet werden. – *Beispiel:* Ein Darlehen über 100.000 Euro, Zinssatz 6% p.a., wird in gleich bleibenden jährlichen Annuitäten zu je 8.000 Euro zurückgezahlt.

Jahr (J)	Kredit-betrag	Zinsen	Tilgung	Annui-tät
1.	100.000	6.000	2.000	8.000
2.	98.000	5.880	2.120	8.000
3.	95.880	5.752,80	2.247,20	8.000
.....	.....	.....	.....	.....

Im Gegensatz dazu bleibt bei der Ratentilgung der Tilgungsanteil jeweils konstant und führt zu sinkenden Annuitäten. Im obigen Beispiel ergäbe sich bei gleich bleibenden Tilgungsraten von jeweils 2.000 Euro der folgende Darlehensverlauf:

Jahr (J)	Kredit-betrag	Zinsen	Tilgung	Annui-tät
1.	100.000	6.000	2.000	8.000
2.	98.000	5.880	2.000	7.880
3.	96.000	5.760	2.000	7.760
.....	.....	.....	.....	.....

Annuitätenpfandbrief, → Pfandbrief, der wie eine → Annuitätenanleihe zurückgezahlt wird.

anrechenbare Steuern, bis Ende 2008 gültige Bezeichnung für die von einem Kreditinstitut einbehaltenen Steuerabzüge bei der Gutschrift von Wertpapiererträgen. Einbehaltene → Zinsabschlagsteuer bei Zinserträgen und einbehaltene → Kapitalertragsteuer bei Dividenden können von Steuerpflichtigen im Rahmen ihrer Einkommensteuererklärung (→ Einkommensteuer) noch für 2008 geltend gemacht werden. Zum 1.1.2009 wurden a. S. durch das System der → Abgeltungssteuer ersetzt.

Anschaffungsdarlehen, *Allzweckdarlehen;* → Darlehen zur Finanzierung von Konsumausgaben (z.B. zum Kauf eines privaten PKW oder zur Finanzierung einer neuen Wohnungseinrichtung).

Anstalt des öffentlichen Rechts, → juristische Person des öffentlichen Rechts. Sparkassen sind in Deutschland Anstalten des öffentlichen Rechts.

Anstaltslast, Bezeichnung im Zusammenhang mit öffentlich-rechtlichen Unternehmen. Die A. verpflichtet den Träger des öffentlich-rechtlichen Unternehmens zu dessen Ausstattung mit den für die Funktionsfähigkeit notwendigen finanziellen Mitteln. Dieses Prinzip galt früher auch für → Sparkassen und → Landesbanken, war jedoch, ebenso wie die ähnlich wirkende → Gewährträgerhaftung, international stets umstritten, da sie als Wettbewerbsvorteil der Sparkassen und Landesbanken gegenüber den privaten Banken galt. A. und Gewährträgerhaftung für Kreditinstitute wurden daher im Jahr 2005 abgeschafft.

antizipiertes Besitzkonstitut, rechtliche Maßnahme bei der → Sicherungsübereignung von Waren. Durch das a.B. wird bereits bei Abschluss des Sicherungsübereignungsvertrages das → Besitzkonstitut für die Zukunft vorweggenommen. Das Besitzkonstitut gilt als vereinbart, sobald der Sicherungsgeber neue Waren in ein bestimmtes Warenlager einliefert.

Anwartschaftsrecht, Sicherungsmaßnahme eines Kreditinstitutes im Zusammenhang mit einer → Sicherungsübereignung. Z.B. bleibt bei einer kreditfinanzierten Maschine der Hersteller dieser Maschine so lange Eigentümer, bis die Kaufpreiszahlung erfolgt ist (Eigentumsvorbehalt). Das A. bewirkt, dass das Eigentum nach Kaufpreiszahlung automatisch auf das finanzierende Kreditinstitut übergeht.

Anzeigepflicht, Verpflichtung der Kreditinstitute, die → Deutsche Bundesbank oder die → Bundesanstalt für Finanzdienstleistungsaufsicht über wesentliche Vorgänge wie Millionenkredite, hohe Verluste oder Beteiligungen zu unterrichten.

Arbeitnehmer-Sparzulage, staatliche Förderung der Arbeitnehmer bei der Vermögensbildung (→ vermögenswirksame Leistung). Rechtsgrundlage ist das Fünfte Gesetz zur Förderung der Vermögensbildung der Arbeitnehmer (5. Vermögensbildungsgesetz). Die A.-S. beträgt jährlich 9% auf einen maximalen Anlagebetrag von 470 Euro bei der Anlage in einen → Bausparvertrag und 20% auf höchstens 400 Euro, falls die Anlage in Beteiligungswerte (Aktien oder Investmentanteile von Aktienfonds (→ Investmentgeschäft)) erfolgt. Somit liegt die Höchstförderung bei Inanspruchnahme beider Förderungsmöglichkeiten bei maximal 42,30 (gerundet: 43) + 80 = 123 Euro. – Voraussetzung für die Förderung bei Bausparverträgen ist ein zu versteuerndes Einkommen (→ Einkommensteuer) von maximal 17.900 Euro bei Ledigen bzw. 35.800 Euro bei Verheirateten. Für die Förderung von Anlagen in Beteiligungswerten gilt eine Grenze von 20.000 Euro bzw. 40.000 Euro. Die Investmentgesellschaft bzw. die Bausparkasse stellt jedes Jahr eine Bescheinigung über die gezahlten Vermögenswirksamen Leistungen aus. Der Arbeitnehmer reicht diese Bescheinigung im Rahmen seiner Steuererklärung bei seinem Finanzamt ein und beantragt die Festsetzung der A.-S. Nach Ablauf einer Sperrfrist von 7 Jahren (ab 1.1. des Jahres der ersten Einzahlung bzw. ab Datum des Vertragsabschlusses beim Bausparen) überweist das Finanzamt die gesamte A.-S.

Arbeitslosenquote, Kennzahl zur Beurteilung der Beschäftigungssituation in einer Volkswirtschaft. Die A. wird durch die Bundesagentur für Arbeit in Nürnberg sowie durch die Deutsche Bundesbank regelmäßig veröffentlicht. Sie umfasst folgende Größen:

$$\frac{\text{(gemeldete) Arbeitslose}}{\text{Erwerbspersonen (Arbeitslose + Selbstständige + Arbeitnehmer)}} \cdot 100$$

Arbitrage, → Devisenarbitrage.

Artvollmacht, → Handlungsvollmacht.

AS-Fonds, Abk. für → Altersvorsorge-Sondervermögen.

Assessment Center, psychologisches Testverfahren bei der Auswahl von Bewerbern auf eine neue Stelle. Die Bewerber werden in simulierten beruflichen Situationen begutachtet.

Asset Allocation, → Asset Management.

Asset Backed Securities (ABS), besondere Finanzierungstechnik, bei der Wertpapiere mit speziellen Vermögenswerten (vor allem Forderungen) unterlegt werden. Durch ABS werden Forderungen verbrieft (Kreditverbriefung) und dadurch handelbar (vgl. auch → RMX Creparts). Eine Zweckgesellschaft (SPV = Special Purpose Vehicle) kauft die Forderungen von einem → Kreditinstitut an, bündelt sie nach bestimmten Risikogesichtspunkten und emittiert zur → Refinanzierung ABS, die in verschiedene Risikoklassen unterteilt werden (→ Rating):

A Bilanz der Zweckgesellschaft	P
angekaufte Forderungen	Verbindlichkeiten aus ABS

Die aus der ABS resultierende Zins- und Rückzahlungsverpflichtung kann über die Zahlungseingänge aus den Forderungen geleistet werden. ABS im Zusammenhang mit amerikanischen Baudarlehen an Kreditnehmer mit schlechter → Kreditwürdigkeit waren ab Sommer 2007 Auslöser der so genannten Finanzkrise. Da die Forderungen reihenweise ausfielen, verloren auch die dahinter stehenden ABS massiv an Wert. – Noch extremer ist die Situation bei den → CDO; hier steht auf der Aktivseite ein ganzer Pool von Vermögensgegenständen (z.B. → Anleihen, Kreditforderungen, → Credit Default Swaps). Da CDO besonders komplex sind, wurden sie im Zuge der Finanzkrise immer weniger überschaubar und damit zu „toxischen Wertpapieren".

Asset Management, *Asset Allocation;* Mischung verschiedener Anlageformen. Beim A.M. wird ein Wertpapierdepot nach einem bestimmten Konzept zusammengesetzt und das zur Verfügung stehende Kapital – je nach Risikovorstellung des Anlegers – auf verschiedene Märkte bzw. Anlageformen aufgeteilt und zielorientiert verwaltet.

at the Money, *am Geld*, Gleichklang zwischen dem Basispreis (Ausübungspreis) einer → Option und dem aktuellen Kurs des Basiswertes. Ist der Basispreis einer Aktie bei einer Kaufoption z.B. 100 Euro, so befindet sich die Option at the Money, wenn der aktuelle Aktienkurs ebenfalls 100 Euro beträgt. Bei einem aktuellen Aktienkurs von 110 Euro wäre die Option in the Money (im Geld), bei 85 Euro out of the Money (aus dem Geld). Bei einer Verkaufoption läge dagegen umgekehrt die Option bei 85 Euro in the Money und bei 110 Euro out of the Money.

Aufgeld, 1. → Agio *bei Nennwertaktien.* – 2. Bei einer → Option bezeichnet das A. den Betrag, um den der Optionspreis bzw. Optionsscheinkurs den → inneren Wert der Option übersteigt. Das A. wird hierbei i.d.R. in Prozent des Börsenkurses des zugrunde liegenden Basiswertes ausgedrückt.

aufgenommene Gelder, *Call Money;* Sammelbegriff für Finanzierungsmittel, die am → Geldmarkt zwischen Kreditinstituten und anderen Kapitalsammelstellen (z.B. Versicherungen oder Bausparkassen) gehandelt werden. Das geldaufnehmende Unternehmen beschafft sich i.d.R. über telefonische Kontaktaufnahme die entsprechenden Gelder (→ Zentralbankguthaben). Übliche Handelformen sind Tagesgelder, die nur für einen Tag bzw. „bis auf weiteres", d.h. bis zur jederzeit möglichen Kündigung aufgenommen werden, und Termingelder, bei denen sofort eine bestimmte Laufzeit (1 bis 12 Monate) vereinbart wird. Bei Zustandekommen eines Geschäftes wird das Geld (meist glatte Mio. Euro) über die Zentralbankkonten der Beteiligten (in Deutschland: Konto bei der → Deutschen Bundesbank) verrechnet. – Die Zinssätze für a.G. bilden sich täglich nach Angebot und Nachfrage. Als wichtige Orientierungsgrößen für die aktuelle Marktsituation fungieren die Referenzzinssätze → Euribor (Euro Interbank Offered Rate) für Termingelder und → Eonia (Euro Overnight Index Average) für Tagesgelder.

Auflassung, dingliche Einigung über den Eigentumsübergang an einem Grundstück. Der Kaufvertrag über ein Grundstück ist notariell zu beurkunden (→ öffentliche Beurkundung). Er beinhaltet die Verpflichtung des Verkäufers, das → Eigentum am Grundstück zu übertragen. Im Notarvertrag wird die A. durch die Formulierung: „die Beteiligten sind sich darüber einig, dass das Eigentum übergehen soll" erklärt. Der Käufer erwirbt das Eigentum jedoch erst dann, wenn er im → Grundbuch als neuer Eigentümer eingetragen wurde.

Auflassungsvormerkung, Eintragung in die Zweite Abteilung eines Grundbuchs. Durch die A. wird demjenigen, der Einsicht in das → Grundbuchblatt eines Grundstückes nimmt, ein neuer Eigentümer (→ Eigentum) angekündigt, der bisher noch nicht eingetragen wurde, der jedoch bereits einen notariell beurkundeten Kaufvertrag mit dem Grundstücksverkäufer abgeschlossen hat. Die A. dient der Sicherung des Käufers vor einer unberechtigten Verfügung des Verkäufers, falls dieser z.B. vertragswidrig das Grundstück an einen weiteren Käufer, der einen höheren Preis bietet, veräußern würde.

Aufsichtsrat, Aufsicht führendes Organ einer → Aktiengesellschaft.

Auftragssparen, → Sondersparformen.

Aufwand, Minderung des → Eigenkapitals eines Unternehmens. Alle Aufwendungen werden auf der Sollseite des Gewinn- und Verlustkontos erfasst. Beispiele für einen A. im Bankbetrieb sind die den Einlegern zu vergütenden Habenzinsen oder die den Angestellten zu zahlenden Gehälter.

Aufwertung, Wertgewinn einer Währung gegenüber einer anderen Währung. – Vgl. auch → Abwertung.

Aufzinsung, → Aufzinsungspapiere.

Aufzinsungspapiere, verzinsliche Wertpapiere, bei denen die Zinsen nicht durch regelmäßige Zahlung, sondern durch Aufschlag des Zinsertrages für die gesamte Laufzeit auf den → Nennwert vergütet werden. Beispiele für A. sind Bundesschatzbriefe, Typ B (→ Bundeswertpapiere) und aufgezinste Sparbriefe (→ Sparbrief). – *Beispiel:* Der Kauf von 100 Euro Nennwert Schatzbrief, Typ B, Serie 2006/26, zum 1.12.2006 ergibt am Ende der Laufzeit (1.12.2013) einen Rückzahlungswert von 129,07 Euro. Der Anleger hätte dann also einen Zinsertrag (inkl. → Zinseszinsen) von 29,07 Euro erwirtschaftet.

Auktion, Methode zur Preisfeststellung von Aktien. Bei einer A. werden die Teilnehmer zunächst aufgefordert, verbindliche Kauf- und Verkaufsaufträge anzugeben (Aufrufphase). Anschließend wird ein Marktpreis nach dem Verfahren der Einheitskursermittlung (→ Einheitskurs) festgestellt (Preisermittlungsphase). Kann durch diesen Preis der Markt nicht vollständig geräumt werden, findet eine Marktausgleichsphase statt, in der eventuelle Überhänge durch die Marktteilnehmer übernommen werden. Die A. hat eine besondere Bedeutung im Wertpapierhandel über die Computerbörse → XETRA.

aus dem Geld, → at the Money.

Ausfuhrfinanzierung, Sammelbegriff für Kredite, die Exporteuren zur Finanzierung von Ausfuhrgeschäften gewährt werden. Neben herkömmlichen Krediten (z.B. einem → Kontokorrentkredit) gibt es spezielle Formen der A. wie Eurokredite, die über eine festgelegte Laufzeit ab einem Monat in verschiedenen Währungen gewährt werden. Eine A. wird häufig durch spezialisierte Institute (z.B. → Ausfuhrkreditgesellschaft) gewährt.

Ausfuhrkreditgesellschaft, von deutschen Banken gegründete → Gesellschaft mit beschränkter Haftung (GmbH) mit dem Ziel, die deutsche Exportwirtschaft durch Bereitstellung verschiedener Formen von → Ausfuhrfinanzierungen zu unterstützen. Die hierfür benötigten Mittel werden durch die Gesellschafterbanken zur Verfügung gestellt. Die verschiedenen Finanzierungsarten werden technisch über sog. Plafonds (Plafond A: Kredite an deutsche Exporteure; Plafond C, D und E: Kredite an ausländische Besteller) abgewickelt.

Ausgabeaufschlag, → Ausgabepreis.

Ausgabepreis, durch eine → Investmentgesellschaft festgelegter Preis für ein → Investmentzertifikat. Börsentäglich wird zur Ermittlung des A. der Wert des Sondervermögens durch die Zahl der durch die Gesellschaft ausgegebenen Zertifikate geteilt. Zu diesem Ergebnis wird i.d.R. ein Ausgabeaufschlag hinzuaddiert. – Vgl. auch → Investmentgeschäft.

Ausgleichsbank, allgemein gebräuchliche Kurzbezeichnung für die → Deutsche Ausgleichsbank.

Auslandsgeschäft, Sammelbegriff für Tätigkeiten von Kreditinstituten zur Abwicklung → dokumentärer und → nicht–dokumentärer Zahlungen sowie zur Durchführung von Devisengeschäften und Außenhandelsfinanzierungen.

Auslandsüberweisung, Überweisungsauftrag, der mittels internationaler Zahlungs- und Abwicklungssysteme in Euro oder Fremdwährung ausgeführt wird. Die rechtliche Besonderheit bei einer A. liegt in der gemäß Außenwirtschaftsverordnung vorgeschriebenen → Meldepflicht im Außenwirtschaftsverkehr für Zahlungen von einem Betrag über 12.500 Euro (oder entsprechendem Gegenwert). Diese Aufträge sind der jeweils zuständigen Hauptverwaltung der → Deutschen Bundesbank auf besonderen Formularen („Z1" oder „Z4") anzuzeigen. Wie im Inlandszahlungsverkehr ist eine beleglose Auftragserteilung für den Kunden möglich. Für Euro-Zahlungen bis 50.000 Euro innerhalb der EU und für nicht meldepflichtige Zahlungen bis zu 12.500 Euro oder Gegenwert in andere EU-Länder bzw. Länder der → EFTA kann ein Zahlungsauftrags-Formular verwendet werden, das im Aufbau dem Formular für Inlandsüberweisungen entspricht. – Im europäischen Zahlungsraum → SEPA kann inzwischen eine A. durch Angabe einer internationalen Kontonummer des Zahlungsempfängers (→ IBAN) und einer internationalen Bankenkennung (→ BIC) kostengünstig und auch online erteilt werden.

ausmachender Betrag, Summe aus Kurswert und → Stückzinsen bei → Anleihen.

Ausschüttung, jährliche Ertragsgutschrift für Inhaber von → Investmentzertifikaten. Investmentgesellschaften schütten entweder die Erträge bar aus oder schreiben sie den Anlegern in Form neuer Anteile gut (Thesaurierung). Die A. setzt sich im Wesentlichen zusammen aus Zinserträgen, Dividendenerträgen und Kursgewinnen.

Außenbeitrag, Differenz zwischen → Export und → Import von Gütern und Dienstleistungen. Liegen, wie es in Deutschland meistens anzutreffen ist, die Exporte über den Importen, spricht man von einem positiven A., im umgekehrten Fall von einem negativen A.

Außenfinanzierung, Sammelbegriff für alle Finanzierungsmittel, die ein Unternehmen von den Außenstehenden erhält (→ Finanzierung). – *Gegensatz:* → Innenfinanzierung.

Außenhandelsdokumente, Urkunden, die im Zusammenhang mit der Abwicklung → dokumentärer Zahlungen im Auslandsgeschäft benötigt werden. Unterschieden werden Versanddokumente (z.B. Frachtbrief, → Konnossement), Versicherungsdokumente (z.B. Versicherungspolice), Kaufmännische Dokumente (z.B. Handelsrechnung) und Zolldokumente (z.B. → Ursprungszeugnis).

Außenwert, Wertentwicklung einer Währung zu anderen Währungen. – Vgl. auch → Aufwertung und → Abwertung.

Außenwirtschaftsgesetz (AWG), Gesetz zur Regelung des Außenwirtschaftsverkehrs zwischen Gebietsansässigen (Deviseninländer) und Gebietsfremden (Devisenausländer). Diese Begriffe sind in der Weise definiert, dass zur Unterscheidung das Kriterium der Wohnortwahl und nicht das Kriterium der Nationalität eines Bankkunden herangezogen wird:

Gebietsansässige	Gebietsfremde
natürliche Personen mit Wohnsitz oder gewöhnlichem Aufenthalt (mehr als 180 Tage im Jahr) in Deutschland	natürliche Personen mit Wohnsitz oder gewöhnlichem Aufenthalt (mehr als 180 Tage im Jahr) außerhalb Deutschlands
juristische Personen sowie Personenhandelsgesellschaften mit Sitz oder Ort der Leitung in Deutschland	juristische Personen sowie Personenhandelsgesellschaften mit Sitz oder Ort der Leitung außerhalb Deutschlands

Das A. geht vom Grundsatz der Freizügigkeit aus, behält sich jedoch Beschränkungen dort vor, wo eine Gefährdung der Sicherheit von Beteiligten droht. Es ist ein Rahmengesetz, das durch andere Gesetze und Rechtsverordnungen (z.B. → Außenwirtschaftsverordnung) ergänzt wird.

Außenwirtschaftsverordnung (AWV), Vorschrift zur Regelung des internationalen Waren-, Dienstleistungs- und Kapitalverkehrs. Wichtigste Bestimmung der AWV für Kreditinstitute ist die → Meldepflicht im Außenwirtschaftsverkehr.

außerbörslicher Effektenhandel, telefonischer → Effektenhandel zwischen Kreditinstituten in börslichen und nicht börsennotierten Wertpapieren. Beim a.E. werden Kurse frei vereinbart.

außergerichtliche Schuldenregulierung, Einigung zwischen einem Schuldner und dessen Gläubigern zur Bereinigung seiner Schulden. Möglich sind hierbei besondere Rückzahlungsmodalitäten (Ratenzahlungen), eine Verschiebung von Zahlungszeitpunkten (Stundung) oder teilweiser Erlass der Schulden. Kann der Schuldner sich mit seinen Gläubigern nicht über eine a.S. einigen, beantragt er das gerichtliche Verfahren der → Verbraucherinsolvenz.

außerordentliche Hauptversammlung, Versammlung der Teilhaber einer → Aktiengesellschaft, die neben der mindestens einmal jährlich stattfindenden ordentlichen Hauptversammlung einberufen wird, wenn es das Wohl der Gesellschaft erforderlich macht. Dies ist z.B. der Fall, wenn der Verlust die Hälfte des Grundkapitals erreicht oder wenn Aktionäre mit mindestens 5% des Grundkapitals die Einberufung verlangen.

außerplanmäßige Tilgung, Recht des Schuldners einer → Anleihe, diese durch vorzeitige → Kündigung des gesamten Betrages oder von Teilbeträgen vor Ablauf des vereinbarten Rückzahlungstermins zu tilgen.

Aussonderung, Sonderrecht im Rahmen eines → Insolvenzverfahrens. Das Recht auf A. kann z.B. ein Lieferant geltend machen, der einem im Insolvenzverfahren befindlichen Unternehmen Waren unter Vereinbarung eines → Eigentumsvorbehalts geliefert hat, die noch nicht bezahlt wurden. Diese Ware wäre der Insolvenzmasse entzogen und stände dem Lieferanten ohne weitere Einschränkungen wieder zur freien Verfügung. – Vgl. auch → Absonderung.

Auszahlungsplan, → Sondersparform, bei der ein Sparer nach der Ansparphase sich das Guthaben monatlich auszahlen lassen kann.

Aval, Sonderform der → Kreditleihe. Bei einem A. übernimmt ein Kreditinstitut im Kundenauftrag die Haftung für eine bestimmte Geldsumme in Form einer → Bankbürgschaft oder einer → Bankgarantie. –Vgl. auch → Mietkautionskonto.

AWG, Abk. für → *Außenwirtschaftsgesetz.*

AWV, Abk. für → *Außenwirtschaftsverordnung.*

B

b, Abk. für → *bezahlt.*

B, Abk. für → *Brief.*

Back Office, Bereich des Bankbetriebs ohne direkten Kundenkontakt. Hier werden die zuvor im → Front Office geschlossenen Geschäfte intern abgewickelt.

Bad Bank, besonderes Kreditinstitut mit der Aufgabe, risikobehaftete Kredite oder Wertpapiere (sogen. „toxische Wertpapiere") anderer Banken zu übernehmen. Ziel ist vor allem, in Schwierigkeiten geratene Banken vor gravierenden Einschränkungen ihrer Liquidität und damit ihrer Kreditvergabemöglichkeiten zu schützen und so auch Vertrauen in die betroffenen Institute wiederherzustellen. Die Kapitalversorgung der B.B. und die Übernahme der Haftung für die ausgelagerten Risikopositionen kann z.B. durch den Staat oder durch eine Bankengruppe erfolgen.

BAFin, Abk. für → *Bundesanstalt für Finanzdienstleistungsaufsicht.*

Baisse, *Bear Market, Bärenmarkt;* Entwicklung an einer Börse, die über einen längeren Zeitraum durch fallende Kurse gekennzeichnet ist. – *Gegensatz:* → Hausse.

Baisse-Anleihe, → Indexzertifikat, dessen Rückzahlungskurs in der Weise von der Entwicklung eines Aktienindex abhängt, dass der Kurs sich mit sinkendem Index erhöht und bei steigendem Index fällt. – *Gegensatz:* → Hausse-Anleihe.

Baisse-Spekulation, Verhalten eines Anlegers, der bei seinen Entscheidungen von künftig fallenden Börsenkursen ausgeht und daher insbesondere Verkäufe tätigt. Der Spekulant ist Baissier. – *Gegensatz:* → Hausse-Spekulation.

Baissier, *Bear;* Investor, der bei seinen Anlageentscheidungen von fallenden Börsenkursen ausgeht. – *Gegensatz:* → Haussier.

BAK, Abk. für *Bundesaufsichtsamt für das Kreditwesen.* – Siehe jetzt: → Bundesanstalt für Finanzdienstleistungsaufsicht (BAFin).

BAKred, Abk. für *Bundesaufsichtsamt für das Kreditwesen.* – Siehe jetzt: → Bundesanstalt für Finanzdienstleistungsaufsicht (BAFin).

Balance Report, → Kontoinformationssystem.

Balkenchart, grafische Darstellung des Kursverlaufs eines Wertpapiers innerhalb eines Berichtszeitraumes durch Angabe der Höchst-, Tiefst- und Schlusskurse. Ein senkrechter Strich (Balken) verbindet jeweils Höchst- und Tiefstkurs, wodurch die Kursspanne zwischen beiden Kursen deutlich wird. Ein an diesen Balken angesetzter Punkt kennzeichnet zusätzlich den Schlusskurs. Auf der Zeitachse des B. lassen sich außerdem die Umsätze des Wertpapiers im Berichtszeitraum ausweisen.

Bandbreite, Spanne, innerhalb der der → Wechselkurs einer Währung am Devisenmarkt aufgrund Vereinbarung der beteiligten Staaten von einem festgelegten Leitkurs abweichen darf. Droht ein Wechselkurs den oberen oder unteren Rand der festgelegten Spanne zu erreichen, so sind die jeweiligen → Notenbanken zu Interventionen verpflichtet. Sie kaufen oder verkaufen gegebenenfalls Devisen, um den Wechselkurs innerhalb der festgelegten B. zu halten. Die Währung Dänemarks ist über einen festen Wechselkurs mit einer Bandbreite von 4,5% an den Euro gebunden. – Vgl. auch → fester Wechselkurs.

Bank, Einrichtung, die als Bestandteil eines Wirtschaftssystems finanzielle Dienstleistungen bereitstellt. Die volkswirtschaftliche Funktion der Banken besteht in der Herstellung des Liquiditätsausgleichs innerhalb des dem Güter- und Dienstleistungsstrom entgegengerichteten Geldstroms. Die Schwerpunkte der bankbetrieblichen Tätigkeit liegen in der Durchführung des Zahlungsverkehrs, der Annahme von Geldern zum Zweck der Vermögensanlage und der Vergabe von Krediten.

Bankaktie, Aktie eines Kreditinstituts in der Rechtsform der → Aktiengesellschaft (AG) oder der → Kommanditgesellschaft auf Aktien (KGaA). B. gelten als Aktien mit relativ stabilem, konjunkturunabhängigem Kursverlauf. Es handelt sich jedoch um zinsreagible (auf Zinsänderungen reagierende) Werte, da die Ertragsentwicklung der Kreditinstitute von → geldpolitischen Operationen beeinflusst wird.

Bankakzept, von einem bonitätsmäßig einwandfreien Kunden auf seine Bank gezogener Wechsel, den diese gegen Provision akzeptiert. Das B. ist Grundlage eines → Akzeptkredits. Der Kunde kann das B. entweder zum Zweck des Zahlungsausgleichs an einen Dritten weitergeben oder sich durch Diskontierung bei der Akzeptbank selbst oder einer fremden Bank zu einem günstigen Zinssatz Kredit verschaffen (→ Diskontkredit).

Bank-auf-Bank-Ziehung, Form der Scheckzahlung im internationalen Zahlungsverkehr, bei der die Zahlung durch einen vom Kreditinstitut des Zahlungspflichtigen auf eine ausländische Korrespondenzbank gezogenen Scheck (→ Bankenorderscheck) erfolgt.

Bankauskunft, allgemein gehaltene Mitteilung eines Kreditinstituts über die wirtschaftlichen Verhältnisse eines Kunden, insbesondere über seine → Kreditwürdigkeit und Zahlungsfähigkeit. Das Verfahren der Auskunftserteilung ist in den → Allgemeinen Geschäftsbedingungen (AGB) der Banken und Sparkassen geregelt. Über → juristische Personen und im → Handelsregister eingetragene Kaufleute werden Auskünfte erteilt, wenn keine gegenteilige Kundenweisung vorliegt. Andere Personen (Privatkunden, Kleingewerbetreibende, Freiberufler) müssen der Auskunftserteilung allgemein oder im Einzelfall ausdrücklich zugestimmt haben. Bankauskünfte werden nur eigenen Kunden und anderen Kreditinstituten erteilt. Der Anfragende muss ein berechtigtes Interesse an der gewünschten Auskunft glaubhaft darlegen. Betragsmäßige Angaben über Kontostände, Sparguthaben, Depot- oder sonstige dem Kreditinstitut anvertraute Vermögenswerte sowie Kreditinanspruchnahmen werden nicht gemacht.

Bankaval, → Aval.

Bankbetriebslehre, eine der speziellen Betriebswirtschaftslehren und damit Teil der Wirtschaftswissenschaften. Gegenstand der B. sind Bankbetriebe und weitere Institutionen des finanziellen Sektors, z.B. Leasing- und Factoringgesellschaften (→ Leasing, → Factoring). Wesentliche Ziele der B. liegen darin, bankbetriebliche Strukturen und Abläufe zu erklären und Beiträge zu ihrer Gestaltung zu leisten.

Bankbürgschaft, Kreditgewährung einer Bank durch Übernahme einer → Bürgschaft im Auftrag eines Kunden. Im Rahmen der B. verpflichtet sich die Bank, für eine Verbindlichkeit des Kunden (Kreditnehmer) gegenüber einem Dritten bei Eintritt bestimmter Voraussetzungen einzustehen. Die B. ist akzessorisch, das heißt die Leistungspflicht der Bank ist vom Bestehen und vom Unfang der Hauptschuld des Kreditnehmers gegenüber dem Dritten abhängig (→ Akzessorietät). Die B. ist wegen der Kaufmannseigenschaft der Kreditinstitute eine selbstschuldnerische Bürgschaft und wird i.d.R. als zeitlich befristete → Höchstbetragsbürgschaft übernommen. Da eine Inanspruchnahme aus der B. nicht sicher ist, geht das Kreditinstitut mit ihrer Übernahme lediglich eine → Eventualverbindlichkeit ein. Die B. ist den Avalkrediten (→ Aval) zuzurechnen und kommt u.a. als → Prozessbürgschaft, → Zollbürgschaft und → Frachtstundungsbürgschaft vor.

Bankcard, von Kreditinstituten ausgegebene Multifunktionskarte zur Abwicklung des Zahlungsverkehrs. Die B. dient (in Verbindung mit der → persönlichen Identifikationsnummer oder einer Unterschriftsleistung) der Legitimation bei bargeldlosen Zahlungen an Kassen von Handels- und Dienstleistungsunternehmen. Außerdem ermöglicht sie die

Bargeldbeschaffung an Geldausgabeautomaten und die Nutzung von Selbstbedienungseinrichtungen der Kreditinstitute. Im Sparkassensektor wird die B. als Sparkassencard bezeichnet.

Bankenabkommen, → Abkommen.

Bankenaufsicht, Überwachung der Geschäftstätigkeit von Kreditinstituten und ggfs. Einleitung von Maßnahmen mit dem Ziel, die Sicherheit der den Banken anvertrauten Vermögenswerte und die ordnungsgemäße Durchführung von Bankgeschäften zu gewährleisten. Die B. obliegt der → Bundesanstalt für Finanzdienstleistungsaufsicht (BAFin) in Zusammenarbeit mit der → Deutschen Bundesbank. Die BAFin ist zuständig für die Erteilung und Rücknahme der Betriebserlaubnis für Kreditinstitute, überwacht laufend deren Geschäftsbetrieb und kann ungeeignete Geschäftsleiter abberufen. Bei drohender Zahlungsunfähigkeit kann die BAFin die Schließung einer Bank anordnen.

Bankenkonsortium, Zusammenschluss mehrerer Banken zum Zweck der gemeinsamen Abwicklung von Wertpapieremissionen (→ Emission) oder der gemeinsamen Vergabe von Krediten, die wegen der Höhe oder des Kreditrisikos von einer einzelnen Bank nicht bereitgestellt werden können. Die Bildung des Konsortiums erfolgt üblicherweise in der Rechtsform einer → Gesellschaft bürgerlichen Rechts (BGB-Gesellschaft). Eines der beteiligten Kreditinstitute vertritt als Konsortialführer (Lead Manager) das Konsortium gegenüber dem Emittenten bzw. dem Kreditnehmer. Die Rechte und Pflichten der Konsortialmitglieder untereinander werden durch den Konsortialvertrag geregelt.

Banken-Kontokorrent, → Kontokorrent, das der Verrechnung gegenseitiger Ansprüche von → Korrespondenzbanken (insbesondere aus der Abwicklung des Zahlungsverkehrs) dient.

Bankenorderscheck, → Orderscheck, den ein Kreditinstitut im Auftrag eines Kunden zur Abwicklung einer Auslandszahlung auf eine ausländische → Korrespondenzbank zieht. Der Auftraggeber wird mit dem Scheckgegenwert belastet; der Scheck wird dem ausländischen Zahlungsempfänger zugeschickt und von diesem dem bezogenen Kreditinstitut zur Gutschrift eingereicht oder direkt der Bank des Zahlungsempfängers mit dem Auftrag zugeleitet, den Scheckbetrag dem Begünstigten unter Angabe des Verwendungszwecks gutzuschreiben. – Siehe Abbildung 1 (Zahlungsabwicklung Bankenorderscheck).

Bankenstimmrecht, → Depotstimmrecht.

Bankenverband, → Bundesverband Deutscher Banken.

Bank für Internationalen Zahlungsausgleich (BIZ), internationale, 1930 gegründete Finanzorganisation mit Sitz in Basel. Die Hauptaufgaben der BIZ bestehen darin, die Zusammenarbeit der → Zentralbanken ihrer Mitgliedsstaaten zu fördern, neue Möglichkeiten zur Durchführung internationaler Finanzgeschäfte zu schaffen und an internationalen Zahlungsgeschäften als Treuhänder oder Vermittler mitzuwirken. Die BIZ tätigt insbesondere Gold- und Devisengeschäfte für eigene Rechnung und für Zentralbanken, verwaltet Währungsreserven für Zentralbanken, kauft und verkauft (mit Ausnahme von Aktien) börsengängige Wertpapiere für eigene Rechnung und für Rechnung von Zentralbanken und tätigt Lombardgeschäfte (→ Lombardkredit) mit Zentralbanken. Die Ausgabe von Banknoten ist der BIZ nicht gestattet.

Bankgarantie, abstraktes, vom Bestehen einer Verbindlichkeit unabhängiges Zahlungsversprechen eines Kreditinstituts. Die Bank übernimmt im Rahmen der Garantie die Gewährleistung für den Eintritt eines bestimmten Erfolges bzw. leistet die Zahlung eines vereinbarten Garantiebetrages bei Eintritt eines bestimmten Schadens. Zweck einer B. ist die Absicherung gegen unterschiedliche Risiken, die sich aus einer nicht vertragsgerechten Abwicklung von Rechtsgeschäften (z.B. verspätete Lieferung aus einem Handelsgeschäft oder mangelhafte Ausführung einer Bauleistung) ergeben können. Das Kreditinstitut verpflichtet sich im Rahmen der B. zur Zahlung des zugesicherten Garantiebetrages i.d.R. bereits auf erstes Anfordern des Begünstigten. Die Zahlungsverpflichtung wird also ausgelöst, sobald der Begünstigte die Garantie unter Hinweis auf den Eintritt des vertraglich bezeichneten Garantiefalls in Anspruch nimmt.

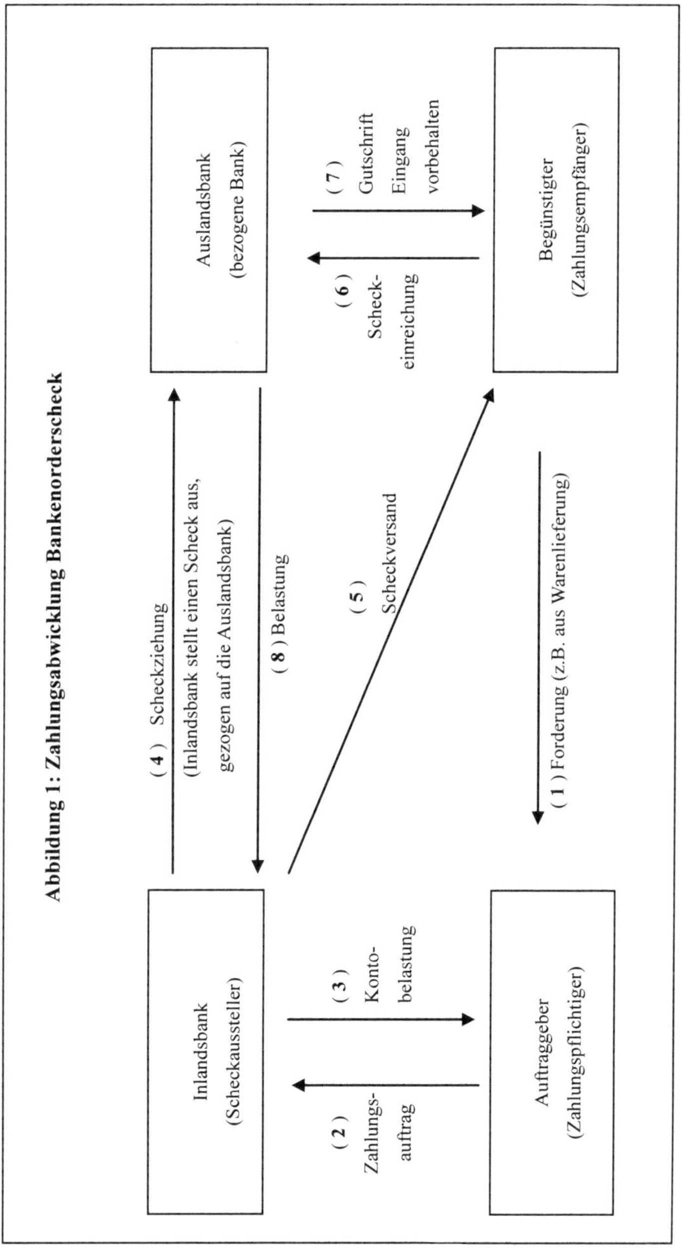

Abbildung 1: Zahlungsabwicklung Bankenorderscheck

Die B. kommt u.a. als → Bietungsgarantie, → Leistungsgarantie und → Lieferungsgarantie vor. Sie ist den Avalkrediten (→ Aval) zuzurechnen.

Bankgeheimnis. 1. *Begriff:* Verschwiegenheitspflicht und Auskunftsverweigerungsrecht der Kreditinstitute hinsichtlich der finanziellen Verhältnisse und Bankgeschäfte ihrer Kunden. – 2. *Rechtliche Grundlagen:* Die Verpflichtung zur Wahrung des B. ergibt sich zum einen aus gesetzlichen Vorschriften (z.B. Bundesdatenschutzgesetz, Zivilprozessordnung, Abgabenordnung) und der Rechtsprechung, zum anderen auch unmittelbar aus den → Allgemeinen Geschäftsbedingungen (AGB) der Banken und Sparkassen. In den AGB der Sparkassen sind das besondere Vertrauensverhältnis zwischen Sparkasse und Kunden und die Pflicht zur Verschwiegenheit der Sparkasse ausdrücklich erwähnt. Auch die Banken verpflichten sich in ihren AGB zur Verschwiegenheit über kundenbezogene Tatsachen und Wertungen, von denen sie Kenntnis erhalten. Eine schuldhafte Verletzung des B. berechtigt den Kunden zur fristlosen Kündigung der Geschäftsbeziehung und ggfs. zur Geltendmachung von Schadensersatzansprüchen. – 3. *Ausnahmen:* In bestimmten Ausnahmefällen ist ein Kreditinstitut zu einer Durchbrechung des B. aufgrund besonderer gesetzlicher Vorschriften verpflichtet. Eine Auskunftspflicht besteht unter anderem: a) gegenüber Ermittlungsbehörden (z.B. Staatsanwaltschaft im Zusammenhang mit Strafprozessen oder bei Verdacht auf Geldwäsche) b) gegenüber dem Finanzamt beim Tod eines Kunden (→ Meldung an das Finanzamt), c) gegenüber der Finanzverwaltung bei Steuerfahndungen und in Besteuerungsverfahren, wobei Kreditinstitute erst um Auskunft ersucht werden sollen, nachdem der Steuerpflichtige selbst die Angelegenheit nicht klären konnte, d) bei Zwangsvollstreckungsmaßnahmen gegen einen Kunden, e) gegenüber der → Bundesanstalt für Finanzdienstleistungsaufsicht (BAFin) bei allen Wertpapierkäufen und -verkäufen sowie auf Verlangen in allen Geschäftsangelegenheiten, f) gegenüber der → Deutschen Bundesbank im Zusammenhang mit bestimmten Meldepflichten (z.B. bei der Vergabe von Groß- und Millionenkrediten und der Ausführung von Zahlungen im Außenwirtschaftsverkehr) und g) gegenüber dem Bundesamt für Finanzen im Zusammenhang mit der Erteilung von Freistellungsaufträgen. Eine Berechtigung zur Weitergabe von Kundendaten besteht darüber hinaus auch im Rahmen des durch die AGB geregelten Bankauskunftsverfahrens (→ Bankauskunft). – Durch das → Gesetz zur Förderung der Steuerehrlichkeit haben Finanzbehörden und Leistungsbehörden (z.B. Arbeitsamt, Bafög-Amt, Sozialamt) seit 1.4.2005 die Möglichkeit, Stammdaten von Konten abzufragen. Die Behörden erhalten auf Verlangen unter anderem die Kontonummer, den Namen des Inhabers und sein Geburtsdatum sowie Angaben über Kontobevollmächtigte.

Bankgeschäfte. 1. Im Sinne des § 1 KWG ausschließlich bestimmte, von Kreditinstituten betriebene Geschäfte wie z.B.: Einlagengeschäft (→ Einlagen), Pfandbriefgeschäft (→ Pfandbrief), Kreditgeschäft, Finanzkommissionsgeschäft (Anschaffung und Veräußerung von → Finanzinstrumenten im eigenen Namen und für fremde Rechnung), Depotgeschäft (Verwahrung und Verwaltung von Wertpapieren für Andere), Garantiegeschäft (→ Bankbürgschaft, → Bankgarantie), Girogeschäft (Durchführung des bargeldlosen Zahlungsverkehrs und des Abrechnungsverkehrs). – 2. Im allgemeinen Sprachgebrauch alle von Banken üblicherweise betriebenen Geschäfte, also zusätzlich zu den oben genannten Geschäften zum Beispiel auch der Handel mit → Devisen, → Sorten und Edelmetallen, die Vermietung von Schließfächern (Schrankfächern) sowie das Geschäft mit → Kreditkarten und → Reiseschecks.

Bank Identifier Code (BIC), Code, der es ermöglicht, ein Kreditinstitut weltweit im Zusammenhang mit grenzüberschreitenden Zahlungen oder mit dem Austausch von Nachrichten im Bankensystem eindeutig zu identifizieren. – *Beispiel:* Der BIC der Frankfurter Sparkasse lautet FRASDEFF. – Vgl. auch → IBAN.

Bankkauffrau/-mann, staatlich anerkannter Ausbildungsberuf im Rahmen des dualen Systems der Berufsausbildung. Berufsschule und Betrieb vermitteln die erforderlichen Kenntnisse und Fertigkeiten des Bankgeschäfts. Die je nach Vorbildung zwei- bis dreijährige Ausbildung endet mit der Abschlussprüfung vor der für den jeweiligen

Ausbildungsbetrieb zuständigen Industrie- und Handelskammer.

Bankkonto, chronologisch geführte Rechnung eines Kreditinstituts zur Erfassung von Forderungen und Verbindlichkeiten aus der Geschäftsverbindung mit einem Kunden. Die Eröffnung und Führung eines Bankkontos setzt sowohl nach der Abgabenordnung (AO) als auch nach dem Geldwäschegesetz (GwG) eine → Legitimationsprüfung des Kontoinhabers voraus.

Arten von Bankkonten

Konten für den Zahlungsverkehr
- Kontokorrentkonten
- Girokonten

Konten für das Kreditgeschäft
- Darlehenskonten
- Kontokorrentkonten

Konten für die Anlage von Geldern
- Sparkonten
- Termingeldkonten
- Geldmarktkonten

Konten für die Verwahrung und Verwaltung von Wertpapieren
- Depotkonten

Bankleistungen, Sammelbezeichnung für die von einem Bankbetrieb im Rahmen der Leistungserstellung hervorgebrachten Ergebnisse. Hierzu gehören neben den unmittelbar kundenorientierten Dienstleistungen (Bankmarktleistungen) auch die Interbankleistungen und die Eigenleistungen (Eigengeschäfte) einer Bank.

Bankleitzahl, Kennzeichnung eines Kreditinstituts nach einem allgemein anerkannten Ziffernsystem. B. erlauben die eindeutige Identifizierung und Adressierung der am Zahlungsverkehr teilnehmenden Kreditinstitute. Die B. informiert insbesondere über die geografische Lage eines Instituts und seine Zugehörigkeit zu einer bestimmten Institutsgruppe; zusätzlich kann eine interne Kennzeichnung der einzelnen Niederlassungen vorgenommen werden. Unterhält das jeweilige Kreditinstitut ein Konto bei der → Deutschen Bundesbank, so ist die Bankleitzahl gleichzeitig die Bundesbank-Kontonummer dieses Instituts.

Bankmarketing, an den Gegebenheiten und Veränderungen des Marktes ausgerichtete Grundkonzeption und Geschäftspolitik eines Kreditinstituts. Wirksames B. setzt zunächst eine an den Bedürfnissen der Kunden orientierte Grundeinstellung (Marketing-Philosophie) der Entscheidungsträger im Bankbetrieb voraus. Weiterhin ist systematische und intensive Marktforschung zur Erhebung von Daten erforderlich, die für den Absatz der Bankleistungen bedeutsam sind (z.B. Daten zur Konkurrenzsituation und Kundenstruktur). Aus den erhobenen Daten lassen sich Prognosen für die weitere Marktentwicklung ableiten, die die Grundlage für den Einsatz absatzpolitischer Instrumente (Marketing-Instrumente) bilden. Zu den absatzpolitischen Instrumenten zählen insbesondere die *Produkt- und Sortimentspolitik* zur Ausgestaltung einzelner Bankleistungen und zur Zusammenstellung einer abgestimmten Palette von Bankleistungen (Produktpalette), die *Distributionspolitik* für die Wahl von Absatzmethoden und die Gestaltung von Absatzwegen, die *Preis- und Konditionenpolitik* zur Festsetzung der Preise (Zinsen, Gebühren, Provisionen) und sonstigen Konditionen sowie die *Kommunikationspolitik* mit Maßnahmen im Bereich der Öffentlichkeitsarbeit und Verkaufsförderung.

Banknoten, von → Notenbanken als unbeschränktes → gesetzliches Zahlungsmittel ausgegebenes Papiergeld (Geldscheine). Die im Rahmen des → Europäischen Systems der Zentralbanken (ESZB) seit 1.1.2002 ausgegebenen Euro-Banknoten haben Notenwerte von 5 Euro, 10 Euro, 20 Euro, 50 Euro, 100 Euro, 200 Euro und 500 Euro. B. weisen besondere Sicherheitsmerkmale zum Schutz gegen Fälschung auf (z.B. Schutzlinienmuster, Wasserzeichen, Sicherheitsfarben, Stichtiefdruck).

Bankplatz. 1. Ort, an dem sich eine Filiale der → Deutschen Bundesbank befindet. – 2. Ort, an dem eine Konzentration von Kreditinstituten festzustellen ist.

Bankprovision, Entgelt, das (im Gegensatz zu Zinsen als Preis für die Überlassung von Kapital) von Kreditinstituten für die Übernahme von Dienstleistungen erhoben wird. B. wird z.B. für die Ausführung von Aufträgen im Rahmen des Zahlungsverkehrs und zum Kauf bzw. Verkauf von Wertpapieren sowie für Leistungen im Zusammenhang mit der Kontoführung berechnet.

Bankschuldverschreibung, → Anleihe, die von einem Kreditinstitut ausgegeben wird. B. werden sowohl von Geschäftsbanken zur Finanzierung des mittel- und langfristigen Kreditgeschäfts als auch von Kreditinstituten mit Sonderaufgaben (z.B. Kreditanstalt für Wiederaufbau) zur Finanzierung ihrer gesetzlichen und satzungsmäßigen Aufgaben ausgegeben.

Bankspesen, Aufwendungen bzw. Auslagen, die Kunden von Kreditinstituten im Zusammenhang mit der Übernahme von Dienstleistungen aufgrund konkreten Nachweises oder pauschal in Rechnung gestellt werden. Dabei handelt es sich häufig um vorab von einem Kreditinstitut an einen Dritten für Rechnung des Kunden geleistete Zahlungen.

Banküberweisung, → Überweisung.

Bankvollmacht. 1. *Begriff:* Vollmacht, die dem Bevollmächtigten das Recht gibt, im Namen des Kontoinhabers Bankgeschäfte vorzunehmen. Grundsätzlich ist der Bevollmächtigte berechtigt, alle Rechtshandlungen vorzunehmen, die mit der Führung der angegebenen Konten in Zusammenhang stehen. – 2. *Umfang:* Die B. umfasst üblicherweise die Verfügung über Guthaben, die Inanspruchnahme eingeräumter Kredite (teilweise auch vorübergehende Überziehungen im banküblichen Rahmen), den An- und Verkauf von Wertpapieren sowie die Entgegennahme und Anerkennung von Abrechnungen, Kontoauszügen, Depotaufstellungen, Rechnungsabschlüssen und sonstigen Mitteilungen. Nicht ermächtigt ist der Bevollmächtigte im Regelfall zur Auflösung von Konten und Depots zu Lebzeiten des Kontoinhabers, zur Weiterübertragung der Vollmacht, zum Abschluss von Kreditverträgen und zur Vornahme von → Börsentermingeschäften. – 3. *Arten:* Die in der Bankpraxis vorherrschende Vollmacht über den Tod des Kontoinhabers hinaus ist bis zum Widerruf durch den Kontoinhaber oder dessen Erben gültig. Daneben kommen Vollmachten für den Todesfall und Vollmachten bis zum Tod des Kontoinhabers vor. Letztere werden jedoch nur selten erteilt. B. können auch einem Minderjährigen erteilt werden, da sein Handeln nicht ihn selbst, sondern lediglich den Kontoinhaber verpflichtet.

Bankvorausdarlehen, Kredit zur → Vorfinanzierung von Eigen- und Fremdmitteln aus einem → Bausparvertrag im Rahmen der Baufinanzierung. Aus den Mitteln des B. wird das erforderliche Sparguthaben eines bereits bestehenden oder neu abzuschließenden Bausparvertrages erbracht. Dadurch soll eine schnelle → Zuteilung des Bausparvertrages erreicht werden. Die Rückzahlung des B. erfolgt aus dem zugeteilten Bausparvertrag. Zur Besicherung des B. werden dem Kreditinstitut die Ansprüche aus dem Bausparvertrag abgetreten. Üblich ist auch eine Besicherung durch die Eintragung einer → Grundschuld. B. kommen in der Praxis auch bei der Vorfinanzierung noch nicht fälliger → Lebensversicherungen zur Anwendung.

Barausgleich, → Settlement.

Bärenfalle, Situation, in der ein → Baissier als Ergebnis technischer Aktienanalyse (→ Aktienanalyse) eine Verkaufsentscheidung trifft, die sich als falsch erweist, da der Markt entgegen der Prognose eine positive Kursentwicklung aufweist. – *Gegensatz:* → Bullenfalle.

Bärenmarkt, → Baisse.

Bargeld, → gesetzliches Zahlungsmittel in Form von Banknoten und Münzen. – Vgl. auch → Geld.

bargeldlose Zahlung, Zahlung, die durch Übertragung von Buchgeld (→ Geld) vorgenommen wird. Voraussetzung einer b.Z. ist daher, dass sowohl Zahlungspflichtiger als auch Zahlungsempfänger über ein Konto verfügen. Gebräuchliche Mittel der b.Z. sind vor allem → Überweisung, → Dauerauftrag, → Verrechnungsscheck, → Lastschrift, → Kreditkarte und → Bankcard bzw. Sparkassencard. Vorteile der b.Z. liegen für den Zahlungspflichtigen und den Zahlungsempfänger vor allem in der Minderung des Verlust-, Diebstahl- und Unterschlagungsrisikos durch Verringerung der Bargeldhaltung sowie in einer Vereinfachung der Zahlungsabwicklung. Hinzu kommen u.U. Zinsgewinne, wenn Belastungen z.B. aus Scheck- oder Kreditkartenzahlungen mit zeitlicher Verzögerung erfolgen. Bei den Kreditinstituten führen b.Z. zu → Sichteinlagen und erweitern damit die Möglichkeiten zur Kreditgewährung. Auch wird aufgrund der durch b.Z. ausgelösten Kontobewegungen für die Bank die Umsatztätigkeit ihrer Kunden nachvollziehbar, wodurch sich Anhaltspunkte für eine evtl. erforderliche Prüfung der → Kreditwürdigkeit ergeben können.

Barreserve, Bezeichnung der in einer Bankbilanz unter der Aktivposition Nr. 1 ausgewiesenen liquiden Mittel eines Kreditinstituts, die in Form des Kassenbestandes sowie als Guthaben bei → Zentralnotenbanken und Postgiroämtern gehalten werden.

Barscheck, Scheck, der dem Zahlungsempfänger durch die bezogene Bank (→ Bezogener) auf Wunsch auch bar ausgezahlt werden kann. Da ein B. meist als Inhaberscheck (→ Inhaberpapier) ausgestellt wird, besteht das Risiko einer missbräuchlichen Verwendung im Verlustfall. Durch einen entsprechenden Vermerk kann der B. in einen → Verrechnungsscheck umgewandelt werden.

Barwert, aktueller Wert einer in der Zukunft fälligen Zahlung, der sich durch Abzinsen (Diskontieren) mit einem bestimmten Abzinsungsfaktor unter Berücksichtigung von Zinsen und ggfs. → Zinseszinsen ergibt. Der B. wird gelegentlich auch als Gegenwartswert bezeichnet.

Barzahlungsklausel, Vereinbarung zwischen den Emittenten von → Kreditkarten und den angeschlossenen Vertragshändlern, aufgrund der die Händler den Kreditkartenzahler einem Barzahler gleichzustellen haben. Insbesondere dürfen keine Preisaufschläge oder besondere Abwicklungsgebühren erhoben werden bzw. im Fall einer Barzahlung als Alternative zur Kartenzahlung keine Barzahlungsrabatte gewährt werden. Die Nichtbeachtung der B. kann zur Kündigung des Vertragsverhältnisses durch die Kreditkartenorganisation führen. – Die B. wird inzwischen nicht mehr uneingeschränkt angewendet. So erlaubt z.B. Mastercard seit 2005 dem Handel, Gebühren über einen Preisaufschlag an den Kunden weiterzugeben, wenn dieser deutlich darauf hingewiesen wird.

Basel II, Gesamtheit der Vorschriften des Basler Ausschusses für Bankenaufsicht über die Eigenkapitalausstattung der Kreditinstitute. Die Vorschriften dienen der Risikobegrenzung bei Kreditinstituten und sollen damit die Stabilität des Finanzsektors insgesamt sichern. – Vgl. → Grundsätze über die Eigenmittel und die Liquidität der Institute.

Basispreis, im Rahmen eines Optionsgeschäfts im Voraus vereinbarter Preis (Kurs), zu dem der Inhaber der → Option den zugrundeliegenden → Basiswert bei Ausübung seines Rechts kaufen oder verkaufen kann.

Basispunkt, 1/100 eines Prozentpunktes. Steigt z.B. der Börsenkurs einer → Anleihe um 10 Basispunkte, so bedeutet dies einen Kursanstieg um 0,1 Prozentpunkte.

Basiswert, *Underlying;* der einem → Termingeschäft zugrundeliegende Vertragsgegenstand. B. können → Finanzinstrumente, aber auch Waren (z.B. Edelmetalle oder andere Rohstoffe) sein. Auch fiktive Wertpapiere wie z.B. idealtypische Bundesanleihen (→ BUND-Future) kommen als B. in Betracht.

Basiszinssatz, im BGB definierter Zinssatz, der u.a. bei Zahlungsverzug im Geschäftsverkehr Anwendung findet. Die Höhe des B. ist abhängig von der Entwicklung des Zinssatzes für Hauptrefinanzierungsoperationen des Europäischen Systems der Zentralbanken (→ geldpolitische Operationen). Der B. wird jeweils am 1.1. und am 1.7. eines Jahres für das folgende Halbjahr festgelegt und veröffentlicht.

Basket-Optionsschein, Optionsschein (→ Option), dem als → Basiswert statt eines einzelnen Wertpapiers eine begrenzte Anzahl (ein Korb) unterschiedlicher Wertpapiere zugrundeliegt.

Basket-Zertifikat, Sonderform eines → Indexzertifikates. Wie ein Indexzertifikat ist auch das B.-Z. an die Kursentwicklung von Aktien gekoppelt, jedoch nicht an einen → Index, sondern an einige ausgewählte Aktien. Hierdurch wird ein Aktienkorb (Basket) geschaffen, der je nach Emittent regelmäßig aktualisiert wird oder aber in seiner Zusammensetzung unverändert bleibt.

Baudarlehen, Sammelbezeichnung für Kreditmittel, die im Rahmen der Bau- und Immobilienfinanzierung gewährt werden.

Baufinanzierung, Oberbegriff für die Beschaffung von Kapital zur Finanzierung eines Bauvorhabens oder eines Immobilienerwerbs. Die B. umfasst sowohl die → Eigenfinanzierung, bei der Eigenmittel in Form von Geldkapital, Sachwerten oder Eigenleistung (Selbsthilfe am Bau) eingebracht werden, als auch die Aufnahme von → Fremdkapital. Die Bereitstellung von Fremdmitteln kann aus Bankkrediten, → Bauspardarlehen, Arbeitgeberdarlehen und öffentlichen Baudarlehen erfolgen. Häufig werden die erforderlichen Finanzierungsmittel von mehreren Instituten gemeinschaftlich bereitgestellt, wobei ein Institut die Federführung übernimmt und dem Kunden als Ansprechpartner dient (→ Baufinanzierung aus einer Hand).

Baufinanzierung aus einer Hand, gemeinschaftliche Bereitstellung von Kreditmitteln (Verbundfinanzierung) im Rahmen einer → Baufinanzierung durch mehrere kooperierende Institute. Verschiedene Institutsgruppen arbeiten in einem Verbund zusammen, so z.B. Sparkassen mit Landesbausparkassen. Ein Institut übernimmt die Federführung und dient dem Kunden als Ansprechpartner. Durch diese Form der Baufinanzierung kann der Verwaltungsaufwand für die Gesamtfinanzierung begrenzt werden.

Baukindergeld. Bezeichnung für die nach dem Eigenheimzulagengesetz (EigZulG) im Rahmen der → Wohneigentumsförderung gewährte Kinderzulage. – Die Eigenheimzulage wurde zum 31.12.2005 abgeschafft.

Baukredit, → Baudarlehen.

Baunebenkosten, Kosten, die im Zusammenhang mit der Errichtung einer Immobilie zusätzlich zu den reinen Baukosten (Herstellung des Gebäudes) anfallen. B. entstehen z.B. in Form von Architektenhonoraren, Notar- und Gerichtsgebühren, Versicherungskosten und Kosten für Außenanlagen.

Baupreisindizes, vom Statistischen Bundesamt berechnete und veröffentlichte Indizes für die Preisentwicklung bei Neubauten und Instandhaltungsmaßnahmen an Gebäuden in Deutschland auf der Grundlage des Preisstandes im Basisjahr (= 100). Im Einzelnen werden z.B. Indizes berechnet für die Preisentwicklung bei Wohngebäuden insgesamt, einzelnen Wohngebäudearten, Fertighäusern, Bürogebäuden und Gewerbebetrieben, sonstigen Bauwerken (Brücken, Straßen etc.) sowie Instandhaltungsarbeiten. B. sind bei der → Beleihungswertermittlung von Immobilien von Bedeutung.

Bauspardarlehen, Darlehen, das einem Bausparer im Rahmen eines → Bausparvertrages nach Abschluss der Sparphase unter der Voraussetzung der → Zuteilung des Vertrages eingeräumt wird. Das B. wird ausschließlich zu → wohnwirtschaftlichen Zwecken gewährt. Die Bereitstellung erfolgt zu einem bereits bei Abschluss des Bausparvertrages feststehenden Zinssatz. Die für das B. zu zahlende monatliche Rate (bestehend aus Zinsen und Tilgung) wird i.d.R. als Promillesatz der → Bausparsumme vereinbart. B. weisen aufgrund hoher laufender Tilgungsleistungen relativ kurze Laufzeiten (je nach Bauspartarif ca. 8–12 Jahre) auf.

Bauspareinlage, Bezeichnung des → Bausparkassengesetzes für → Bausparguthaben.

Bausparen, Zwecksparen mit dem Ziel, einen Anspruch auf Gewährung eines zinsgünstigen Darlehens zu → wohnwirtschaftlichen Zwecken zu erlangen. Grundlage des B. ist ein mit einer Bausparkasse abgeschlossener → Bausparvertrag. B. basiert als Kollektivsparsystem auf dem Grundgedanken der Gemeinschaftshilfe. Die Bausparer sammeln Einlagen auf Bausparkonten an, aus denen den Mitgliedern des Kollektivs zinsgünstige Bauspardarlehen gewährt werden können. B. wird unter bestimmten Voraussetzungen staatlich gefördert. – Vgl. auch → Bausparförderung.

Bausparförderung, staatliche Förderung von Sparleistungen auf Bausparkonten nach dem Wohnungsbauprämiengesetz sowie nach dem Fünften Vermögensbildungsgesetz (VermbG). Die Bausparförderung wird in Form von → Wohnungsbauprämie und → Arbeitnehmer-Sparzulage gewährt. Neuerdings ist unter bestimmten Voraussetzungen eine B. auch als Riester-Förderung (→ Riester-Vertrag) möglich.

Bauspargeschäft, nur den → Bausparkassen erlaubtes Geschäft, das darauf gerichtet ist, Einlagen von Bausparern (Bauspareinlagen) entgegenzunehmen und aus den angesammelten Beträgen den Bausparern für wohnwirtschaftliche Maßnahmen Gelddarlehen (Bauspardarlehen) zu gewähren. – Vgl. auch → Bausparen.

Bausparguthaben, *Bauspareinlage;* Summe der auf einen → Bausparvertrag erbrachten Sparleistungen. Das B. setzt sich zusammen aus regelmäßigen oder einmaligen Zahlungen des Bausparers sowie aus gutgeschriebenen Zinsen und gewährten → Wohnungsbauprämien bzw. → Arbeitnehmer-Sparzulagen.

Bausparkasse, Kreditinstitut, dessen Geschäftsbetrieb auf das → Bauspargeschäft ausgerichtet ist. Die Tätigkeit der B. unterliegt der Aufsicht der → Bundesanstalt für Finanzdienstleistungsaufsicht (BAFin) und ist detailliert im → Bausparkassengesetz (BausparkG) und in der → Bausparkassenverordnung (BausparkV) geregelt. Das Bauspargeschäft ist in Deutschland den B. vorbehalten. Es existieren sowohl private als auch öffentlich-rechtliche B. Für private B. schreibt das BausparkG die Rechtsform der → Aktiengesellschaft vor.

Bausparkassengesetz (BausparkG), Gesetz zur Regelung der Geschäftstätigkeit privater und öffentlich-rechtlicher → Bausparkassen. Das B. definiert Bausparkassen und ihren Geschäftsbereich und bestimmt die für Bausparkassen zulässige Rechtsform. Es unterwirft Bausparkassen der → Bankenaufsicht durch die → Bundesanstalt für Finanzdienstleistungsaufsicht (BAFin). Außerdem legt es detailliert die den Bausparkassen erlaubten Geschäfte fest und stellt bestimmte Anforderungen an allgemeine Geschäftsgrundsätze und allgemeine Bedingungen für → Bausparverträge. Das B. schreibt auch die Zweckbindung der Bausparmittel vor.

Bausparkassenverordnung (BausparkV), auf der Grundlage des → Bausparkassengesetzes (BausparkG) erlassene Verordnung zum Schutz der Gläubiger von Bausparkassen, insbesondere der Bausparer. Die B. regelt unter anderem die Gewährung von Darlehen für Vor- und Zwischenfinanzierungen, den zulässigen Anteil von Großbausparverträgen am gesamten Bausparsummenbestand einer Bausparkasse und den zulässigen Anteil von Darlehen zur gewerblichen Finanzierung am gesamten Darlehensbestand. Die B. setzt auch Rahmenbedingungen für Voraussetzungen zur → Zuteilung von Bausparverträgen.

Bausparsumme, Betrag, über den ein → Bausparvertrag abgeschlossen wird. Die B. setzt sich zusammen aus dem vom Bausparer zu erbringenden Bausparguthaben und dem bei Zuteilung des Vertrages gewährten Bauspardarlehen. Auf der Basis der B. werden die Abschlussgebühr für den Bausparvertrag, die regelmäßigen Sparleistungen und die erforderlichen Tilgungsleistungen für das Bauspardarlehen berechnet.

Bauspartarif. Der B. klassifiziert unterschiedliche Varianten von → Bausparverträgen hinsichtlich der wesentlichen Vertragsbedingungen. Mit der Wahl einer bestimmten Tarifvariante entscheidet der Bausparer insbesondere über das Mindestsparguthaben in Prozent der → Bausparsumme, die Höhe des monatlichen Regelsparbeitrags, die Guthaben- und Darlehensverzinsung sowie die Höhe der Zins- und Tilgungsleistungen während der Darlehensphase. Im Wesentlichen wird unterschieden zwischen *Standardtarifen* für Sparer mit konkreten Bauabsichten auf mittelfristige Sicht, *Schnelltarifen* für Sparer, die aufgrund kurzfristiger Bau- oder Modernisierungsvorhaben eine möglichst schnelle Vertragszuteilung (→ Zuteilung) erreichen wollen, *Langzeittarifen* mit relativ hoher Guthaben- und Darlehensverzinsung insbesondere für junge Sparer noch ohne konkretes Sparziel und *Optionstarifen* als Kombination aller Tarifmerkmale, die sich auch zu einem späteren Zeitpunkt noch verändern lassen.

Bausparvertrag. 1. *Begriff:* Vertrag zwischen Bausparer und → Bausparkasse, durch den sich der Bausparer zu Sparleistungen verpflichtet und aufgrund dessen Anspruch auf Gewährung eines → Bauspardarlehens für → wohnwirtschaftliche Zwecke erwirbt. Der B. wird über eine bestimmte → Bausparsumme abgeschlossen, die sich aus den vereinbarten Sparleistungen und der Höhe des Darlehensanspruchs zusammensetzt. – 2. *Phasen:* Im Rahmen der Sparphase leistet der Sparer zunächst die vereinbarten Zahlungen bis zu einem festgelegten Prozentsatz der Bausparsumme (i.d.R. 50%). Wird zusätzlich eine bestimmte → Mindestbewertungszahl erreicht, kann der Bausparer die → Zuteilung des B. beantragen. Mit der Zuteilung zu Beginn der Darlehensphase erhält der Bausparer neben seinem angesparten Kapital (einschließlich Zinsen sowie evtl. gewährter → Arbeitnehmer-Sparzulage und → Wohnungsbauprämie) ein niedrig verzinstes Darlehen mit festem Zinssatz während der gesamten Laufzeit. Die Tilgung des Darlehens erfolgt in fest vereinbarten monatlichen Raten. – 3. *Nutzen:* Einer der Vorzüge des Bausparvertrages liegt in der Zusicherung eines festen, relativ niedrigen Darlehenszinssatzes bereits zum Zeitpunkt des Vertragsabschlusses, woraus sich für den Bausparer eine sichere Kalkulationsgrundlage unabhängig von Zinsänderungen am Kapitalmarkt ergibt. Dabei ist allerdings zu beachten, dass dieser Zinsvorteil durch eine vergleichsweise geringe Guthabenverzinsung des Sparkapitals und eine in der Regel erhobene Abschlussgebühr für den B. gemindert werden kann. Als vorteilhaft ist auch die Möglichkeit anzusehen, im Rahmen des B. staatliche Bausparförderung in Form von Wohnungsbauprämie oder Arbeitnehmer-Sparzulage in Anspruch zu nehmen. Neuerdings ist unter bestimmten Voraussetzungen eine Förderung von B. auch als Riester-Förderung (→ Riester-Vertrag) möglich.

Bausparvertragssumme, → Bausparsumme.

Bauwert, Wert, der einem Gebäude im Rahmen einer Beleihungswertermittlung bei der Gewährung von Baudarlehen beigemessen wird (→ Beleihungswertermittlung bei Immobilien). Der B. bestimmt zusammen mit dem → Bodenwert den → Sachwert der gesamten Immobilie. Bei der Ermittlung des B. wird von den angemessenen Herstellungskosten des betreffenden Gebäudes ausgegangen. Die Ermittlung dieser Herstellungskosten kann nach dem Abschlagsverfahren oder dem Indexverfahren erfolgen. Bei dem (vor allem bei Neubauten bevorzugten) *Abschlagsverfahren* werden zunächst die tatsächlichen Baukosten einschließlich Nebenkosten ermittelt. Dabei bleiben Aufwendungen, die nicht werterhöhend sind, unberücksichtigt. Hiervon wird ein Risikoabschlag von ca. 15–25% vorgenommen. Das *Indexverfahren* ist für die Bewertung von Altbauten geeignet. Aufgrund des vom Statistischen Bundesamt veröffentlichten Preisindexes für Wohngebäude (1914 = 100%) wird ein Bewertungsindex aufgestellt, mit dem die Bauwertverhältnisse zur Zeit der Gebäudeerrichtung dem aktuellen Kostenniveau im Wohnungsbau angepasst werden können. Wertminderungen aufgrund des Gebäudealters werden durch Abschreibungen von ca. einem Prozent pro Jahr berücksichtigt. – Vgl. auch „Beispiel Mehrfamilienhaus".

Beispiel Mehrfamilienhaus

Herstellkosten 1970	480.000 Euro
Baupreisindex 1970	637 %
Bewertungsindex zum Bewertungszeitpunkt	1.610 %
fiktive Herstellkosten Bewertungszeitpunkt (gerundet) $\left[\frac{480.000 \cdot 1610}{637}\right]$	1.213.187 Euro
Absetzung für Abschreibungen z.B. 32% (gerundet)	– 388.220 Euro
Bauwert zum Bewertungszeitpunkt	824.967 Euro

Bauzeitzinsen, Kreditzinsen, die im Zusammenhang mit der Errichtung einer Immobilie in der Zeit zwischen Planung und Fertigstellung anfallen. Bei fremdgenutzten Immobilien mit Einkünften aus Vermietung und Verpachtung stellen B. sofort abzugsfähige Werbungskosten dar.

BAWe, Abk. für *Bundesaufsichtsamt für den Wertpapierhandel.* – Siehe jetzt: → Bundesanstalt für Finanzdienstleistungsaufsicht (BAFin).

bB, Abk. für → *bezahlt Brief.*

BdB, Abk. für → *Bundesverband Deutscher Banken.*

Bear, → Baissier.

Bearer Bond, Bezeichnung für eine → Inhaberschuldverschreibung mit fester Verzinsung.

Bearish, negative Erwartungshaltung eines Anlegers hinsichtlich der weiteren Börsenentwicklung, d.h. heißt der Anleger geht von fallenden Kursen aus. – *Gegensatz:* → Bullish.

Bear Market, → Baisse.

Bear-Optionsschein, → Optionsschein, mit dem auf einen in der Zukunft fallenden Kurs des zugrundeliegenden Wertpapiers spekuliert wird. – *Gegensatz:* → Bull-Optionsschein.

bedingte Kapitalerhöhung, Erhöhung des Grundkapitals (→ Kapitalerhöhung) einer Aktiengesellschaft aufgrund eines entsprechenden Hauptversammlungsbeschlusses, die nur in dem Umfang durchgeführt wird, in dem von einem Umtausch- oder Bezugsrecht auf neue Aktien der Gesellschaft Gebrauch gemacht wird. Eine b.K. soll nur zur Gewährung von Umtausch- oder Bezugsrechten an die Gläubiger von Wandelanleihen (→ Convertible Bond) oder → Optionsanleihen, zur Vorbereitung des Zusammenschlusses mehrerer Unternehmen oder zur Ausgabe von → Belegschaftsaktien beschlossen werden. Die b.K. setzt einen Hauptversammlungsbeschluss mit mindestens ¾ des bei der Beschlussfassung vertretenen Grundkapitals voraus.

bedingtes Kapital, Betrag, um den das Grundkapital einer Aktiengesellschaft bei der Durchführung einer von der Hauptversammlung beschlossenen → bedingten Kapitalerhöhung maximal erhöht werden kann. Der Nennbetrag des b.K. darf die Hälfte des zur Zeit der Beschlussfassung über die bedingte Kapitalerhöhung vorhandenen Grundkapitals nicht übersteigen.

Bedingungen für den Scheckverkehr. Die B.f.d.S. regeln ergänzend zu den → Allgemeinen Geschäftsbedingungen (AGB) die Rechtsbeziehung zwischen Kreditinstituten und ihren Kunden im Rahmen von Scheckzahlungen und sind Bestandteil des mit dem Kunden geschlossenen Scheckvertrages. Geregelt sind insbesondere die Sorgfaltspflichten des Kunden bei der Aufbewahrung und Ausstellung von Scheckvordrucken bzw. Schecks, die Haftung von Kunde und Bank bei missbräuchlicher Verwendung von Schecks durch Dritte sowie das Verhalten der Bank bei mangelnder Kontodeckung und im Fall eines durch den Aussteller veranlassten → Scheckwiderrufs.

Bedingungen für den Sparverkehr. Die B.f.d.S. regeln ergänzend zu den → Allgemeinen Geschäftsbedingungen (AGB) die Rechtsbeziehung zwischen Kreditinstituten und ihren Sparkunden. Die Bedingungen definieren u.a. das Wesen und den Zweck einer → Spareinlage und beinhalten Regelungen zur Bedeutung der Sparurkunde. Sie regeln außerdem die Kündigung von Spareinlagen sowie das Recht des Kreditinstituts zur Berechnung von → Vorschusszinsen im Fall einer vorzeitigen Verfügung und beinhalten Bestimmungen für das Verhalten eines Sparers bei einem Verlust der Sparurkunde.

Bedingungen für die Verwendung der Bankcard/Sparkassencard. Die B.f.d. V.d.B./S. regeln ergänzend zu den → Allgemeinen Geschäftsbedingungen (AGB) die Rechtsbeziehung zwischen Kreditinstituten und ihren Kunden im Zusammenhang mit der multifunktionalen Nutzung von → Bankcards bzw. Sparkassencards. Geregelt sind u.a. die finanzielle Nutzungsgrenze für Kartenverfügungen, die Sorgfalts- und Mitwirkungspflichten des Karteninhabers und die Haftung für Schäden aufgrund missbräuchlicher Verwendung abhandengekommener Zahlungskarten.

befristete Einlagen, Synonym für → Termineinlagen.

Begebungskonsortium, → Bankenkonsortium, das im Rahmen einer → Emission von Wertpapieren die Papiere (z.B. als → Kommissionär) übernimmt, um sie bei den Anlegern unterzubringen. Das B. platziert (→ Platzierung) die Emission im eigenen Namen für fremde Rechnung oder im fremden Namen für fremde Rechnung; das Absatzrisiko trägt der Emittent. Der Emissionserlös fließt dem Emittenten i.d.R. nach und nach entsprechend dem Emissionsverlauf zu. Möglich ist aber auch, dass die Emission durch das B. bevorschusst wird. Als Vergütung erhält das B. eine Schalterprovision.

Begebung von Wertpapieren, → Emission.

Beglaubigung, → öffentliche Beglaubigung.

Belastung. 1. Buchung eines Umsatzes auf der Sollseite eines Kontos. – 2. Bezeichnung für ein in der zweiten oder dritten Abteilung des → Grundbuches zugunsten eines Dritten eingetragenes Recht an einem Grundstück sowie für eine aus dem Grundbuch nicht unmittelbar erkennbare Nutzungs- bzw. Verwertungsbeschränkung eines Grundstücks (z.B. Vorkaufsrecht einer Gemeinde, Denkmalschutz).

belegloser Scheckeinzug (BSE). Im beleglosen Scheckeinzugsverfahren werden von Bankkunden beleghaft eingereichte, im Inland zahlbare Schecks mit einem Betrag unter 6.000 Euro in den elektronischen Zahlungsverkehr übergeleitet. Das mit dem Einzug beauftragte Kreditinstitut erfasst die Scheckdaten maschinell-optisch und leitet sie in Form von Datensätzen weiter. Der Datenaustausch zwischen den am BSE beteiligten Kreditinstituten erfolgt mittels → Datenträgeraustausch (DTA) oder per → Datenfernübertragung (DFÜ). Die Originalschecks oder hiervon erstellte Mikrokopien verbleiben bei der überleitenden Stelle bzw. bei einer von dieser mit der Archivierung beauftragten Schecklagerstelle. – Vgl. auch → ISE (Imagegestützter Scheckeinzug).

belegloser Zahlungsverkehr, → elektronischer Zahlungsverkehr.

Belegschaftsaktie, → Aktie, die (in der Regel zu einem Vorzugskurs) den Mitarbeitern der betreffenden Aktiengesellschaft angeboten wird. Dabei kann nur eine begrenzte Anzahl Aktien erworben werden. Die maximale Stückzahl wird oft von bestimmten Faktoren (z.B. Dauer der Betriebszugehörigkeit) abhängig gemacht. Ein Weiterverkauf der B. durch die Ersterwerber ist meist erst nach Ablauf einer Sperrfrist möglich. Der Erwerb von B. wird unter bestimmten Voraussetzungen nach dem Vermögensbildungsgesetz gefördert. – Vgl. auch → vermögenswirksame Leistungen.

Beleihungsauslauf, Höhe der tatsächlichen Gesamtbelastung eines Grundstücks mit Grundpfandrechten in Prozent des Beleihungswertes im Zusammenhang mit der Gewährung von Baudarlehen. – Vgl. auch → Beleihungswert, → Beleihungsgrenze.

Beleihungsgrenze, Prozentsatz, der die maximal vertretbare Kredithöhe bei der Beleihung eines Vermögensgegenstandes (z.B. Wertpapier, Immobilie) in Abhängigkeit von der Sicherheit des Objekts bestimmt. Bei Wertpapieren beträgt die B. i.d.R. 50–80% des → Beleihungswertes. Bei grundpfandrechtlich besicherten Baudarlehen legen Geschäftsbanken meist eine obere B. von ca. 80% des Immobilienwertes zugrunde. – Vgl. auch → Beleihung von Wertpapieren, → Beleihungswertermittlung bei Immobilien.

Beleihungsobjekt. 1. Im weiteren Sinne jeder Vermögensgegenstand (z.B. Immobilie, Maschine, Schmuckstück, Wertpapier), der im Rahmen einer Kreditgewährung als Sicherheit dient (→ Kreditsicherheiten). Dabei bestimmt der Wert des B. (→ Beleihungswert) wesentlich den vertretbaren Kreditbetrag. – 2. Im engeren Sinne Bezeichnung für eine Immobilie (Haus, Wohnung, Grundstück), die (i.d.R. durch Bestellung von → Grundpfandrechten) im Zusammenhang mit einer Baufinanzierung als Sicherheit dient.

Beleihungsrisiko, Risiko einer Wertminderung oder einer erschwerten Veräußerung von Wertgegenständen und Vermögensrechten, die als Sicherheit im Rahmen einer Kreditgewährung übernommen wurden. In Betracht zu ziehen sind in diesem Zusammenhang z.B. wertmindernde Lasten und Beschränkungen bei Immobilien oder sinkende Marktpreise bei Wertpapieren oder Rohstoffen.

Beleihungswert, Wert, der einem → Beleihungsobjekt im Rahmen einer Kreditgewährung unter Berücksichtigung aller wertbeeinflussenden Umstände durch den Kreditgeber beigemessen wird. Der B. ist also kein allgemein gültiger Wert, sondern unterliegt der subjektiven Einschätzung des jeweiligen Darlehensgebers im Einzelfall. Bei

Immobilien wird der B. von dem nachhaltig erzielbaren Verkaufspreis eines Objekts bestimmt. In Höhe eines bestimmten Prozentsatzes des B. (→ Beleihungsgrenze) wird die Beleihung, d.h. Kreditgewährung vorgenommen. – Vgl. auch → Beleihungswertermittlung bei Immobilien.

Beleihungswertermittlung bei Immobilien. Der Beleihungswert einer Immobilie ist Grundlage für die Gewährung von grundpfandrechtlich besicherten Krediten und wird vom nachhaltig erzielbaren Verkaufserlös des jeweiligen Objekts bestimmt. Die Ermittlung des Beleihungswertes ist in internen Richtlinien der Kreditinstitute detailliert geregelt. Dabei sind zwei Verfahren vorherrschend: 1. *Sachwertverfahren:* Der Beleihungswert ergibt sich als Summe aus Bauwert und Bodenwert. Zur Ermittlung des Bauwertes wird von den angemessenen Herstellungskosten des Gebäudes ausgegangen, die bei Neubauten auf der Grundlage entsprechender Architektenberechnungen (unter Berücksichtigung von Baunebenkosten und Kosten für Außenanlagen sowie unter Vornahme eines Risikoabschlags) ermittelt werden. Bei Altbauten wird der Bauwert häufig mithilfe eines Indexverfahrens berechnet. Dabei wird durch Anwendung eines Bewertungsindexes, der aus dem vom Statistischen Bundesamt veröffentlichten Preisindex für Wohngebäude abgeleitet wird, von den ursprünglichen Herstellungskosten des Gebäudes auf die (fiktiven) aktuellen Herstellungskosten geschlossen. Davon werden Abschreibungen für altersbedingte Nutzungen vorgenommen. Der Bodenwert ergibt sich aus der Grundstücksgröße i.V. mit dem Preis je Quadratmeter. – Vgl. auch → Bauwert, → Bodenwert). – 2. *Ertragswertverfahren:* Grundlage für die Ermittlung des Beleihungswertes ist der durch Kapitalisierung des jährlichen Reinertrages (d.h. des Ertrages unter Berücksichtigung laufender Kosten) berechnete Ertragswert einer Immobilie. Dabei wird i.d.R. ein Kapitalisierungszinssatz von 5–7% unterstellt. Lässt sich aus einer Immobilie z.B. ein Jahresreinertrag von 25.000 Euro erzielen, so wäre bei einem Kapitalisierungszinssatz von 5% von einem Ertragswert von 25.000 · 20 = 500.000 Euro auszugehen. – Teilweise wird in der Praxis auch das arithmetische Mittel aus Sachwert und Ertragswert als Beleihungswert zugrunde gelegt. – Aus dem ermittelten Beleihungswert ergibt sich in Verbindung mit der → Beleihungsgrenze in Prozent des Beleihungswertes der maximal vertretbare Kreditbetrag für das jeweilige Objekt.

Beleihung von Wertpapieren, Kreditgewährung gegen → Verpfändung von Wertpapieren, die sich bereits im Depot des kreditgebenden Instituts befinden oder aus den Kreditmitteln erworben werden sollen. Beliehen werden üblicherweise börsengängige, bei Kreditrückständen leicht verwertbare Wertpapiere. Die Höhe der Beleihung ist abhängig von der Bonität (Kreditwürdigkeit) des jeweiligen Wertpapieremittenten und dem Kursrisiko des Wertpapiers. Praxisüblich ist bei Aktien eine Beleihung von maximal 50–60% des Kurswertes; bei Anleihen werden bei der Beleihung maximal 70–80% des Kurswertes angesetzt.

Benchmark, Richtgröße (Vergleichsmaßstab) zur langfristigen Beurteilung des Anlageerfolges eines Wertpapierbestandes. Als B. dient oft ein entsprechender Börsenindex (→ Index). So kann z.B. die Wertentwicklung eines in deutschen Standardaktien anlegenden → Investmentfonds mit der Entwicklung des → Deutschen Aktienindex (DAX) verglichen werden.

Beratungspflicht gemäß Wertpapierhandelsgesetz (WpHG), Verpflichtung der Kreditinstitute und anderer Wertpapierdienstleistungsunternehmen zur Kundenberatung im Bereich des Wertpapierhandels aufgrund § 31 WpHG. Aufgrund dieser Bestimmung sind von einem Kunden insbesondere Angaben über seine Erfahrungen und Kenntnisse in Wertpapieranlagen, seine Anlageziele und seine finanziellen Verhältnisse zu verlangen, soweit dies im Zusammenhang mit den beabsichtigten Wertpapiergeschäften des Kunden erforderlich ist. Außerdem sind dem Kunden die für seine Anlageentscheidung wesentlichen Informationen mitzuteilen. Die Angaben des Kunden über seine Erfahrungen, Ziele und finanziellen Verhältnisse werden in einem Erhebungsbogen dokumentiert. Der Kunde ist zur Auskunftserteilung jedoch nicht verpflichtet.

Bereitstellungsprovision, → Kreditprovision.

Berichtigungsabschlag, Betrag, um den der Börsenkurs einer Aktie infolge der Ausgabe von → Berichtigungsaktien im Rahmen einer Kapitalerhöhung aus Gesellschaftsmitteln (→ Kapitalerhöhung) rechnerisch sinkt. Der B. ergibt sich aus der Tatsache, dass die Kapitalerhöhung zu einer höheren Anzahl Aktien bei unverändertem → Eigenkapital führt und somit ein geringerer Eigenkapitalanteil als bisher auf die einzelne Aktie entfällt. Am Tage der Umstellung der Börsenkursnotierung auf das aus Gesellschaftsmitteln berichtigte Aktienkapital erhält der Kurs den Zusatz „ex BA" (ohne Berichtigungsaktien). Der B. wird mit folgender Formel berechnet: BA = (Ka – KB) / (m/n + 1), wobei Ka = Kurs der alten Aktie, KB = Ausgabepreis der Berichtigungsaktie, m/n = Berichtigungsverhältnis. – *Beispiel:* Bei einem Kurs der Altaktie von 300 Euro und einem Berichtigungsverhältnis von 10 : 1 ergibt sich ein B. von (300 – 0) / (10/1 + 1) = 27,27 Euro. – *Anmerkung:* KB = 0, da Berichtigungsaktien ohne finanzielle Gegenleistung ausgegeben werden.

Berichtigungsaktie, Aktie, die aufgrund einer Umwandlung von offenen Rücklagen in Grundkapital (→ Kapitalerhöhung) ohne finanzielle Gegenleistung an die Aktionäre im Verhältnis ihres bisherigen Anteils am Grundkapital ausgegeben wird. B. werden häufig auch als Gratisaktien bezeichnet. Dies ist jedoch irreführend, da der Aktionär auch bisher durch seinen Aktienbesitz an den Rücklagen beteiligt war und der Gesamtwert seiner Beteiligung sich durch die Ausgabe der B. nicht ändert.

Berichtigungsverhältnis, Verhältnis des bisherigen Grundkapitals einer Aktiengesellschaft zum Erhöhungsbetrag bei einer Kapitalerhöhung aus Gesellschaftsmitteln (→ Kapitalerhöhung). Aus dem B. ergibt sich die Anzahl der einem Aktionär aus dieser Kapitalerhöhung zustehenden → Berichtigungsaktien. – *Beispiel:* Wird das Grundkapital von bisher 100 Mio. Euro durch Rücklagenumwandlung um 10 Mio. Euro erhöht, so ergibt sich ein B. von 10 : 1. Ein Aktionär, der 10 Aktien der Gesellschaft in seinem Depot hat, erwirbt einen Anspruch auf Bezug einer Berichtigungsaktie. – Führt der Depotbestand eines Aktionärs in Verbindung mit dem B. dazu, dass keine glatte Anzahl von Berichtigungsaktien zugeteilt werden kann, so erwirbt der Aktionär Anspruch auf einen Teil einer Berichtigungsaktie. – Vgl. auch → Teilrecht.

beschränkte Geschäftsfähigkeit, → Geschäftsfähigkeit.

beschränkt persönliche Dienstbarkeit, → Belastung eines Grundstücks in der Weise, dass einer bestimmten natürlichen oder juristischen Person das Recht zur Nutzung des Grundstücks in einzelnen Beziehungen zusteht oder ihr eine sonstige Befugnis eingeräumt wird, die dem Inhalt einer → Grunddienstbarkeit entspricht. Gegenstand einer b.p.D. kann z.B. sein: 1. *Wegerecht:* Der Begünstigte ist berechtigt, das belastete Grundstück zu überschreiten oder zu überfahren. – 2. *Leitungsrecht:* Einem bestimmten Unternehmen wird das Recht eingeräumt, in bzw. über dem belasteten Grundstück Gas,- Hochspannungs-, Wasserleitungen o.ä. zu verlegen. – 3. *Wohnungsrecht:* Der Begünstigte ist berechtigt, ein Gebäude oder einen Teil eines Gebäudes unter Ausschluss des Eigentümers als Wohnung zu nutzen. – 4. *Wettbewerbsbeschränkung:* Der Eigentümer des belasteten Grundstücks ist verpflichtet, den Betrieb irgendeines Gewerbes oder eines bestimmten Gewerbes ohne Zustimmung des Begünstigten zu unterlassen. – Eine b.p.D. ist, sofern sie einer natürlichen Person zusteht nicht übertragbar. In der Bankpraxis sind b.p.D. insofern von Bedeutung, als sie (z.B. wegen eingeschränkter Nutzungsmöglichkeiten und verminderter Wohnqualität) den → Beleihungswert eines Grundstücks mindern kann, das bei einer Kreditgewährung als → Beleihungsobjekt dient.

Besitz, tatsächliche Herrschaft einer Person über eine Sache (unmittelbarer Besitz). Die tatsächliche Herrschaft kann rechtmäßig (z.B. aufgrund Übereignung nach Abschluss eines Kaufvertrages) oder unrechtmäßig (z.B. aufgrund eines Diebstahls) ausgeübt werden. Auch der Dieb ist also Besitzer, jedoch nicht Eigentümer (→ Eigentum). Unterschieden werden *Eigenbesitz* (der Besitzer ist gleichzeitig auch Eigentümer), *Fremdbesitz* (der Besitzer ist nicht Eigentümer), *Alleinbesitz* (Der B. wird nur von einer Person ausgeübt) und *Mitbesitz* (Mehrere Personen besitzen eine Sache gemeinschaftlich). Von dem (unmittelbaren) B. zu unterscheiden ist der mittelbare B., den ein Eigentümer oder ein anderer zum B. Berechtigter (z.B. ein Mieter) ausübt, während er einem Dritten vorübergehend den unmittelbaren B. überlässt.

Besitzkonstitut, *Besitzmittlungsverhältnis;* Rechtsverhältnis, aufgrund dessen ein unmittelbarer Besitzer einem mittelbaren Besitzer gegenüber zeitweilig (z.B. aufgrund eines Leih- oder Mietvertrages) zum → Besitz berechtigt ist. In der Bankpraxis wird ein B. regelmäßig im Zusammenhang mit einer → Sicherungsübereignung im Kreditgeschäft vereinbart. Hier überträgt der Kreditkunde das Eigentum am Sicherungsgegenstand auf sein Kreditinstitut, jedoch wird die zur Eigentumsübertragung an sich erforderliche Übergabe der Sache an den neuen Eigentümer durch ein B. ersetzt. Das Kreditinstitut wird demnach nur mittelbarer Besitzer; der Kreditnehmer bleibt unmittelbarer Besitzer und behält das Nutzungsrecht an der Sache.

Besitzmittlungsverhältnis, → Besitzkonstitut.

Bestandsverzeichnis, Teil des → Grundbuchblattes, der das jeweilige Grundstück durch Angabe der → Gemarkung, der Flurkarten- und Flurstücknummer (→ Flurstück), des → Liegenschaftsbuchs, der Wirtschaftsart und Lage sowie der Größe eindeutig kennzeichnet. Zusätzlich kann das B. Vermerke über Rechte enthalten, die mit dem Grundstückseigentum verbunden sind (z.B. ein Wegerecht an einem fremden Grundstück).

bestätigter Bundesbank-Scheck, (frühere Bez.: *„bestätigter LZB-Scheck"*); vom Aussteller (i.d.R. ein Kreditinstitut) auf das bei einer Filiale der → Deutschen Bundesbank geführte Girokonto gezogener Scheck, der durch einen entsprechenden Bestätigungsvermerk mit einer Einlösungsverpflichtung der Bundesbankfiliale versehen wird. Das Recht der Deutschen Bundesbank zur Bestätigung von Schecks (bei entsprechender Deckung) ergibt sich aus dem Bundesbankgesetz. Der b.B.-S. kann aufgrund der Zahlungssicherheit Barzahlungen oder gewöhnliche Scheckzahlungen ersetzen, wenn (z.B. auf Versteigerungen) größere Zahlungen zu leisten sind. Kreditinstitute beschaffen ihren Kunden b.B.-S., wobei eine Bestätigungsprovision der Bundesbankfiliale und eine eigene Provision für die Einholung der Bestätigung anfallen. Die Einlösungsverpflichtung der Deutschen Bundesbank erlischt acht Tage nach der Scheckausstellung. Danach wird der Scheck wie ein gewöhnlicher (unbestätigter) Scheck behandelt. Barauszahlungen von b.B.-S. werden nur von der den Bestätigungsvermerk anbringenden Bundesbankfiliale vorgenommen. Jede andere Filiale nimmt einen b.B.-S. dagegen nur zur Gutschrift auf ein Konto entgegen.

bestätigter LZB-Scheck, ehemalige, in der Praxis heute gelegentlich noch gebräuchliche Bezeichnung für einen → bestätigten Bundesbank-Scheck.

bestätigtes Dokumentenkkreditiv, Form des → Dokumentenakkreditivs, bei dem der Begünstigte unabhängig vom Zahlungsversprechen der eröffnenden Bank ein Zahlungsversprechen einer weiteren Bank erhält. Bei dieser weiteren Bank kann es sich um die Hausbank des Begünstigten oder um eine Drittbank handeln. Eine Akkreditivbestätigung ist sinnvoll, wenn Zweifel an der Zahlungsfähigkeit der eröffnenden Bank bestehen oder die Zahlung aufgrund politischer Unwägbarkeiten im Land der eröffnenden Bank nicht sichergestellt ist.

Bestellerkredit, im Außenhandel von der → Ausfuhrkredit-Gesellschaft mbH (AKA) oder der → Kreditanstalt für Wiederaufbau (KfW) an ausländische Importeure oder deren Banken gewährter Kredit zur Begleichung von Lieferverbindlichkeiten gegenüber deutschen Exporteuren. – *Gegensatz:* → Lieferantenkredit.

Bestens-Auftrag, unlimitierter Börsenauftrag (→ Limit) zum Verkauf von Wertpapieren zum höchstmöglichen Kurs. Der Auftraggeber gibt zu erkennen, dass er die sofortige Ausführung seines Auftrags unabhängig vom festgestellten Kurs wünscht.

Bestens-Order, → Bestens-Auftrag.

Best Execution, Grundsatz des Wertpapierhandelsgesetzes im Zusammenhang mit der Ausführung von Kundenaufträgen im Wertpapiergeschäft. Demnach hat ein Kreditinstitut darauf zu achten, dass die Ausführung eines Kundenauftrags u.a. im Hinblick auf Preis, entstehende Kosten, Ausführungsgeschwindigkeit und Wahrscheinlichkeit der Ausführung zum bestmöglichen Gesamtergebnis für den Kunden führt.

Bestimmbarkeitsgrundsatz, *Individualisierungsgrundsatz;* Voraussetzung einer rechtswirksamen → Sicherungsübereignung oder → Abtretung von Forderungen im Zusammenhang mit der Besicherung von Krediten (→ Kreditsicherheiten). Eine Verwertung der bestellten Sicherheiten kann im Fall von Kreditrückständen nur dann erfolgen, wenn die übereigneten Gegenstände bzw. die abgetretenen Forderungen eindeutig gekennzeichnet (individualisert) sind. Bei einer Sicherungsübereignung kann dies z.B. durch Aufnahme der Fabrikationsnummer (Maschinen) oder des amtlichen Kennzeichens (Kraftfahrzeuge) in den Sicherungsübereignungsvertrag erreicht werden. Bei einer Forderungsabtretung erfolgt die eindeutige Kennzeichnung durch eine alphabetische, regionale oder namentliche Bestimmung der Drittschuldner.

Beteiligungsfinanzierung, Form der → Finanzierung, bei der einem Unternehmen → Eigenkapital von außen zugeführt wird. Die Kapitalbeschaffung erfolgt bei → Personengesellschaften durch die Aufnahme neuer Gesellschafter oder durch eine Erhöhung der Kapitalanteile der bisherigen Gesellschafter, bei → Kapitalgesellschaften durch eine Erhöhung des Grundkapitals bzw. Stammkapitals. Die B. wird auch als Einlagenfinanzierung bezeichnet.

Beteiligungsfonds, *Beteiligungs-Sondervermögen;* Bezeichnung eines → Investmentfonds nach dem früheren Gesetz über Kapitalanlagegesellschaften (KAGG), dessen Mittel in Wertpapieren, → Schuldscheindarlehen und → stillen Beteiligungen an deutschen Unternehmen angelegt werden. Inzwischen wurde das KAGG in das → Investmentgesetz integriert, welches die B. nicht mehr gesondert definiert.

Beteiligungspapier, → Teilhaberpapier.

Beteiligungs-Sondervermögen, → Beteiligungsfonds.

Beteiligungssparen, nach dem Fünften Vermögensbildungsgesetz geförderte Anlageform, bei der Sparbeiträge in Produktivkapital angelegt werden. Gefördert wird u.a. die Anlage in Aktienfonds (→ Investmentfonds), bestimmten → Genussscheinen und Anteilen an einer → Genossenschaft sowie der Erwerb von Anteilen an → Beteiligungsfonds. Die Anlage muss als → vermögenswirksame Leistung durch den Arbeitgeber erfolgen. Das B. wird bis zu einem Anlagehöchstbetrag von 400 Euro je Arbeitnehmer mit 20% → Arbeitnehmer-Sparzulage gefördert. Dabei gilt für die staatliche Förderung eine Einkommensgrenze von max. 20.000 Euro für Alleinstehende bzw. 40.000 Euro für Eheleute (zu versteuerndes Jahreseinkommen). Die geleisteten Einzahlungen unterliegen einer Sperrfrist (Bindungsfrist) von sieben Jahren ab dem 1.1. des Jahres der ersten Einzahlung.

Betreuung, Wahrnehmung der Sorge für Volljährige, die aufgrund psychischer Krankheit oder körperlicher, geistiger oder seelischer Behinderung ihre Angelegenheiten ganz oder teilweise nicht selbst regeln können. Ein durch das Vormundschaftsgericht bestellter Betreuer vertritt den Betreuten gerichtlich und außergerichtlich. Dabei kann sich die B. auch lediglich auf einzelne Bereiche (z.B. Vermögensangelegenheiten oder Gesundheitsfürsorge) erstrecken. Die B. ersetzt die frühere Vormundschaft bei Volljährigen, die automatisch zum Verlust der → Geschäftsfähigkeit führte. Dagegen bleibt die unter Betreuung stehende Person grundsätzlich geschäftsfähig. Handelt jedoch der Betreute zum Schaden für seine Person oder sein Vermögen, so kann das Vormundschaftsgericht einen Einwilligungsvorbehalt erlassen mit der Folge, dass Willenserklärungen des Betreuten in dem jeweiligen Bereich von diesem Zeitpunkt an der Zustimmung des Betreuers bedürfen. Einzelheiten zur B. regelt ein besonderes, in das BGB aufgenommenes Betreuungsrecht.

betriebliche Altersvorsorge, weiteres Element der Altersvorsorge neben der gesetzlichen und der privaten Altersvorsorge. Formen der b.A. sind z.B. → Direktversicherung, → Direktzusage, → Pensionsfonds, → Pensionskasse, → Unterstützungskasse.

Betriebsmittelkredit, Kredit, der Unternehmen und Selbstständigen zur Finanzierung des Umlaufvermögens gewährt wird. Er dient unter anderem der Finanzierung des Wareneinkaufs, der Vorfinanzierung der Produktion, der Ausnutzung von Lieferantenskonti und der Gewährung von → Zahlungszielen an Abnehmer. Die Bereitstellung erfolgt als → Kontokorrentkredit mit der Möglichkeit flexibler Inanspruchnahme; die Rückzahlung wird aus den laufenden Umsatzerlösen vorgenommen. Der B. stärkt die Liquidität des Kreditnehmers und erhöht seine Dispositionsfreiheit.

Beurkundung, → öffentliche Beurkundung.

Bewertungszahl, → Mindestbewertungszahl.

bezahlt (b), Zusatz bei der Angabe eines Börsenkurses (→ Kurszusätze) als Hinweis darauf, dass zum festgestellten Kurs alle vorliegenden Aufträge ausgeführt wurden.

bezahlt Brief (bB), Zusatz bei der Angabe eines Börsenkurses (→ Kurszusätze) mit der Bedeutung, dass zum festgestellten Kurs noch weiteres Angebot bestand. Die zum festgestellten Kurs limitierten Verkaufsaufträge (→ Limit) müssen nicht vollständig ausgeführt sein. – *Gegensatz:* → bezahlt Geld.

bezahlt Geld (bG), Zusatz bei der Angabe eines Börsenkurses (→ Kurszusätze) mit der Bedeutung, dass zum festgestellten Kurs noch weitere Nachfrage bestand. Die zum festgestellten Kurs limitierten Kaufaufträge (→ Limit) müssen nicht vollständig ausgeführt sein. – *Gegensatz:* → bezahlt Brief.

Bezahlt-Meldung, Mitteilung eines Kreditinstituts über die Einlösung von Zahlungspapieren (→ Schecks, → Wechsel) oder (bei einem → Dokumenteninkasso) über die Aufnahme und Zahlung vorgelegter Dokumente. Mit der B.-M. soll dem Empfänger einer Zahlung oder seiner Bank frühzeitig Gewissheit darüber verschafft werden, dass der jeweilige Zahlungsanspruch erfüllt wurde.

Bezogenenobligo, von einem Kreditinstitut geführtes, nach → Bezogenen geordnetes Verzeichnis der im Rahmen von → Diskontkrediten angekauften Wechsel. Die Bank prüft vor Ankauf eines Wechsels, in welcher Höhe bereits Risiken durch den Ankauf von Wechseln mit ein und demselben Bezogenen bestehen und entscheidet daraufhin über den Ankauf weiterer Wechsel.

Bezogener, Person bzw. Institution, an die bei einem → Scheck oder → Wechsel die Anweisung zur Zahlung gerichtet ist. Im Zusammenhang mit einem → Dokumenteninkasso wird der zur Zahlung verpflichtete Importeur ebenfalls als B. bezeichnet.

Bezugsaktie, aktienrechtliche Bezeichnung für eine Aktie, die im Zusammenhang mit einer → bedingten Kapitalerhöhung ausgegeben wird.

Bezugsangebot, Angebot einer Aktiengesellschaft an ihre Aktionäre, bei einer Kapitalerhöhung gegen Einlagen (→ Kapitalerhöhung) ihr gesetzliches → Bezugsrecht durch Erwerb junger Aktien wahrzunehmen. Das B. beinhaltet u.a. den Erhöhungsbetrag des Grundkapitals, das → Bezugsverhältnis, den Bezugspreis je Aktie und die → Bezugsfrist. Das B. wird im Bundesanzeiger und den Gesellschaftsblättern sowie bei an der Börse gehandelten Aktien in einem Börsenpflichtblatt veröffentlicht.

Bezugsfrist, Frist, innerhalb der die Aktionäre im Fall einer Kapitalerhöhung gegen Einlagen (→ Kapitalerhöhung) ihr → Bezugsrecht ausüben können. Die B. muss mindestens zwei Wochen betragen.

Bezugskurs, *Bezugspreis.* 1. Preis, zu dem eine → junge Aktie im Rahmen einer Kapitalerhöhung gegen Einlagen (→ Kapitalerhöhung) ausgegeben wird. – 2. Preis, zu dem ein Wertpapier durch den Inhaber eines Optionscheins (→ Option) bezogen werden kann.

Bezugspreis, → Bezugskurs.

Bezugsrecht. 1. Gesetzlich verbrieftes Recht eines Aktionärs, im Fall einer Kapitalerhöhung gegen Einlagen (→ Kapitalerhöhung) einen seinem Anteil am bisherigen Grundkapital entsprechenden Teil der → jungen Aktien zu beziehen. Das gesetzliche B. soll den Aktionären Verwässerungsschutz bieten, d.h. es soll gewährleisten, dass der einzelne Aktionär seinen bisherigen prozentualen Anteil am Grundkapital der Aktiengesellschaft und die daraus resultierenden Stimmrechts- und Gewinnansprüche unverändert halten kann. Es soll auch vor einer Wertminderung der Aktionärsbeteiligung schützen, die sich aus einem unter dem aktuellen Börsenkurs liegenden Ausgabepreis der jungen Aktien ergeben kann. In diesem Fall stellt der rechnerische Wert des B. (→ Bezugsrechtswert) einen Ausgleich dar für den zu erwartenden Kursverlust der Altaktien. Der Aktionär kann das ihm zustehende B. wahlweise durch Erwerb junger Aktien ausüben oder seine B. an der Börse verkaufen. Eine Ausübung ist innerhalb der festgesetzten Bezugsfrist von mindestens zwei Wochen möglich; der Börsenhandel mit B. findet innerhalb der Bezugsrechtshandelsfrist (→ Bezugsrechtshandel) statt. Das B. der Aktionäre kann unter bestimmten Voraussetzungen durch die Hauptversammlung mit Dreiviertelmehrheit ganz oder teilweise ausgeschlossen werden. Dies ist insbesondere dann zulässig, wenn die Kapitalerhöhung zehn Prozent des Grundkapitals nicht übersteigt und der Ausgabepreis der jungen Aktien den Börsenkurs der Altaktien nicht wesentlich unterschreitet. – 2. Als B. wird auch das gesetzliche Recht eines Aktionärs bezeichnet, bei einer Ausgabe von Wandelanleihen (→ Convertible Bond), → Optionsanleihen, → Gewinnschuldverschreibungen und → Genussscheinen einen seinem Anteil am Grundkapital entsprechenden Teil der Anleihen bzw. Schuldverschreibungen oder Genussscheine zu beziehen.

Bezugsrechtsabschlag, Kursabschlag bei Aktien aufgrund einer Kapitalerhöhung gegen Einlagen (→ Kapitalerhöhung) am ersten Tag des → Bezugsrechtshandels. Mit Beginn des Bezugsrechtshandels werden die alten Aktien ohne → Bezugsrecht gehandelt, d.h. ihr Börsenkurs bezieht sich auf die Aktie ohne den Dividendenschein, der das Bezugsrecht verkörpert. Der Kurs der Aktie wird an diesem Tag mit dem Zusatz „ex BR" (ohne Bezugsrecht) notiert.

Bezugsrechtshandel, Börsenhandel mit → Bezugsrechten auf → junge Aktien, die im Zusammenhang mit einer Kapitalerhöhung gegen Einlagen (→ Kapitalerhöhung) ausgegeben wurden. Der B. findet innerhalb der Bezugsrechtshandelsfrist, d.h. während der gesamten → Bezugsfrist mit Ausnahme der letzten beiden Börsentage statt. Diese beiden Börsentage dienen der Erfüllung der abgeschlossenen Geschäfte.

Bezugsrechtskurs, → Bezugsrechtswert.

Bezugsrechtsparität, → Bezugsrechtswert.

Bezugsrechtswert. 1. *rechnerischer Wert des Bezugsrechts, Bezugsrechtsparität, innerer Wert des Bezugsrechts;* Wert, der sich für ein → Bezugsrecht auf → junge Aktien aus einer Kapitalerhöhung gegen Einlagen (→ Kapitalerhöhung) rechnerisch ergibt, wenn der Ausgabepreis der jungen Aktien unter dem aktuellen Börsenkurs der alten Aktien liegt. In diesem Fall bewirkt die Aktienausgabe bei den Altaktien einen Verwässerungseffekt, d.h. eine Kursminderung. Der B. stellt einen Ausgleich für diesen zu erwartenden Kursverlust dar. Er ergibt sich als Differenz zwischen dem Börsenkurs der alten Aktie und dem Ausgabepreis der jungen Aktie unter Berücksichtigung des → Bezugsverhältnisses. – *Beispiel:* Eine Aktiengesellschaft erhöht ihr Grundkapital von 200 auf 300 Mio. Euro. Der Börsenkurs der alten Aktie beträgt 320 Euro; der Ausgabepreis der neuen Aktie wird auf 260 Euro festgesetzt. Unter Berücksichtigung des in diesem Fall gegebenen Bezugsverhältnisses von 2 : 1 lässt sich der B. wie folgt ermitteln: Ein Aktionär der Gesellschaft erhält auf zwei alte Aktien im Wert von zusammen 640 Euro eine neue Aktie bei Zuzahlung von 260 Euro. Damit verfügt er über 3 Aktien im Wert von insgesamt 900 Euro. Nach durchgeführter Kapitalerhöhung hat eine Aktie einen rechnerischen Wert (Mischkurs) von 300 Euro (900 : 3 = 300). Eine Altaktie verliert also 20 Euro. Dieser Verlust stellt den B. dar. In der Bankpraxis wird der B. nach der Formel: $B = (K_a - K_n) / ((m/n) + 1)$ errechnet. Dabei bedeuten B = rechnerischer Wert des Bezugsrechts, K_a = Kurs der alten Aktien, K_n = Ausgabepreis der neuen Aktien, m/n = Bezugsverhältnis. – Weisen die neuen Aktien eine von den alten Aktien abweichende Dividendenberechtigung auf, so ist die Formel um den → Dividendenvorteil (D_V) bzw. → Dividendennachteil (D_N) zu erweitern und lautet dann: $B = (K_a - K_n + D_V) / (m/n + 1)$ bzw. $B = (K_a - K_n - D_N) / (m/n + 1)$. – 2. *Bezugsrechtskurs, Börsenwert des Bezugsrechts;* Kurs eines Bezugsrechts, der sich aufgrund von Angebot und Nachfrage im Börsenhandel mit Bezugsrechten (→ Bezugsrechtshandel) bildet und vom rechnerischen B. abweichen kann.

Bezugsschein, → Dividendenschein zur Wahrnehmung des Bezugsrechts auf → junge Aktien, → Gewinnschuldverschreibungen, Wandelanleihen (→ Convertible Bond), → Optionsanleihen oder → Genussscheine (→ Bezugsrecht). – Als B. wird auch der Optionsschein einer → Optionsanleihe bezeichnet.

Bezugsverhältnis, Verhältnis des bisherigen → Grundkapitals einer Aktiengesellschaft zum Erhöhungsbetrag bei einer Kapitalerhöhung gegen Einlagen (→ Kapitalerhöhung). Aus dem B. in Verbindung mit dem bisherigen Aktienbestand eines Aktionärs ergibt sich die Anzahl der ihm zustehenden Bezugsrechte und damit die Anzahl → junger Aktien, die er zum festgesetzten Ausgabepreis erwerben kann (→ Bezugsrecht). Führt der Depotbestand eines Aktionärs in Verbindung mit dem B. nicht zu einer glatten Anzahl von jungen Aktien, so besteht die Möglichkeit, Bezugsrechte hinzu zu kaufen oder zu verkaufen. – *Beispiel:* Wird das bisherige Grundkapital einer AG von 25 Mio. Euro um 5 Mio. Euro erhöht, so ergibt sich ein B. von 5 : 1. Ein Aktionär, der 5 Aktien der Gesellschaft besitzt, hat die Möglichkeit zum Bezug einer jungen Aktie. Besitzt ein Aktionär hingegen 13 Aktien, so hat er Anspruch auf den Bezug von zwei jungen Aktien; zusätzlich verbleiben ihm 3 Bezugsrechte. Er kann diese überzähligen Bezugsrechte verkaufen oder durch Zukauf von zwei Bezugsrechten den Anspruch auf Bezug einer weiteren jungen Aktie erwerben. Weiterhin besteht auch die Möglichkeit, alle Bezugsrechte zu verkaufen und auf einen Bezug junger Aktien insgesamt zu verzichten.

bG, Abk. für → *bezahlt Geld.*

BGB-Gesellschaft, → Gesellschaft bürgerlichen Rechts.

BIC, Abk. für → *Bank Identifier Code.*

Bid, andere Bezeichnung für den → Geldkurs.

Bietungsgarantie, → Bankgarantie, bei der das gewährleistende Kreditinstitut sich zur Zahlung eines Geldbetrages (Vertragsstrafe, Konventionalstrafe) im Zusammenhang mit einer Ausschreibung gegenüber dem Auftraggeber für den Fall verpflichtet, dass der Bieter die mit der Abgabe seines Gebotes übernommenen Pflichten nicht erfüllt. Die B. ist den Avalkrediten (→ Aval) zuzurechnen.

Big Figure, im Handel mit → Devisen zwischen den Marktteilnehmern als bekannt unterstellte Stellen vor den letzten Ziffern eines → Devisenkurses.

Bilanzanalyse, Untersuchung und Aufbereitung des Jahresabschlusses einer Unternehmung durch ein Kreditinstitut mit dem Ziel, Anhaltspunkte für die Beurteilung der → Kreditwürdigkeit des jeweiligen Firmenkunden zu gewinnen. Dabei werden die verfügbaren Daten zu aussagefähigen Kennziffern (z.B. → Eigenkapitalquote, → Eigenkapitalrentabilität, → Gesamtkapitalrentabilität) verdichtet, die Auskunft über die Vermögens- und Kapitalstruktur sowie die Ertragslage geben. Jedoch stellt die B. nur einen Teilaspekt im Rahmen der Kreditwürdigkeitsprüfung dar. Der Aussagewert der gewonnenen Kennziffern ist u.a. deshalb nur begrenzt, weil es sich bei der B. lediglich um eine Stichtagsbetrachtung auf der Grundlage vergangenheitsorientierter Werte handelt, die nur bedingt Rückschlüsse auf die zukünftige Unternehmensentwicklung zulässt.

Bilanzkennziffern, → Bilanzanalyse.

Bilanzkurs einer Aktie, in Prozent ausgedrückter Wert einer Aktie, der sich als Relation zwischen dem ausgewiesenen → Eigenkapital (Grundkapital + Rücklagen) und dem → Grundkapital ergibt. Der B. wird also ohne Berücksichtigung stiller Reserven ermittelt.

Billigst-Auftrag, unlimitierter Börsenauftrag (→ Limit) zum Kauf von Wertpapieren zum niedrigstmöglichen Kurs. Der Auftraggeber gibt zu erkennen, dass er die sofortige Ausführung seines Auftrags unabhängig vom festgestellten Kurs wünscht.

Billigst-Order, → Billigst-Auftrag.

BIZ, Abk. für → *Bank für Internationalen Zahlungsausgleich.*

Blankoabtretung, → Abtretung (Zession), bei der ein neuer Gläubiger durch entsprechende Ergänzung der Abtretungsurkunde erst zu einem späteren Zeitpunkt benannt wird. B. kommen z.B. im Zusammenhang mit der Übertragung von → Namensaktien vor. Dabei unterzeichnet der Erwerber einer Namensaktie zusätzlich zu dem Umschreibungsantrag für die Aktie eine B., die zusammen mit der Aktie aufbewahrt wird. Bei einem späteren Weiterverkauf der Aktie kann das Wertpapier mit der Abtretungserklärung problemlos auf einen neuen Erwerber weiterübertragen werden.

Blankoakzept, Annahmeerklärung auf einem nicht vollständig ausgefüllten Wechselformular (→ Wechsel), insbesondere bei einem zunächst noch fehlenden Wechselbetrag.

Blankoindossament, → Indossament auf einem → Scheck oder → Wechsel, das lediglich in der Unterschrift des Indossanten besteht oder an den Inhaber der Urkunde gerichtet ist. Das B. bewirkt, dass jeder, der die Urkunde in Händen hält als Berechtigter gilt. Der Scheck bzw. Wechsel kann aufgrund des B. wie ein → Inhaberpapier formlos weiterübertragen werden. Der Inhaber kann sich der scheck- bzw. wechselrechtlichen Haftung entziehen, indem er die mittels B. erhaltene Urkunde ohne seine Unterschrift weitergibt.

Blankokredit, Kredit, bei dem eine Bank auf die Bestellung besonderer Sicherheiten verzichtet. Grundlage der Kreditgewährung ist die persönliche → Kreditwürdigkeit des Kunden. Aufgrund der → Allgemeinen Geschäftsbedingungen der Banken bzw. Sparkassen hat das Kreditinstitut aber Anspruch auf nachträgliche Besicherung, wenn die Kreditrückzahlung gefährdet erscheint. Unabhängig hiervon haften dem Kreditinstitut Vermögenswerte des Kunden, die sich im Besitz der Bank befinden. – Vgl. auch → AGB-Pfandrecht.

Blue Chips, Aktien allgemein bekannter Großunternehmen, denen einwandfreie Bonität, sichere Zukunftsperspektiven und stabile Dividendenpolitik (→ Dividende) beigemessen werden. B. gelten aufgrund dessen als Anlageobjekte mit begrenztem Risiko.

BLZ, Abk. für → *Bankleitzahl.*

Bobl, Abkürzung für → *Bundesobligation.*

Bobl-Future, *Euro-Bobl-Future;* → Future auf der Basis einer fiktiven, idealtypischen → Anleihe des Bundes mit einem Zinssatz von 6% und fünfjähriger Laufzeit. Der B.-F. beinhaltet die Verpflichtung, den Kontrakt durch Abnahme bzw. Lieferung von → Bundesobligationen, → Bundesanleihen oder → Bundesschatzanweisungen, die den Kriterien des fiktiven → Basiswertes entsprechen, zu erfüllen.

Bodenrichtwertkarte, von einem kommunalen Gutachterausschuss erstellte Übersicht über angemessene Grundstückspreise in unterschiedlichen Regionen. B. werden von Kreditinstituten zur Bestimmung des → Bodenwertes im Rahmen einer → Beleihungswertermittlung bei Immobilien verwendet.

Bodensatz, Teil der bei Kreditinstituten unterhaltenen → Einlagen, der erfahrungsgemäß trotz kurzfristiger Verfügbarkeit längerfristig auf den Konten verbleibt, da sich Gutschriften und Belastungen teilweise ausgleichen oder verfügbare Gelder von den Anlegern nicht benötigt und daher nicht abgerufen werden. – Vgl. auch → Bodensatztheorie.

Bodensatztheorie, theoretischer Ansatz, der unterstellt, dass Banken über einen Teil der mit kurzen Laufzeiten bzw. Kündigungsfristen erhaltenen Kundengelder längerfristig verfügen können. Dadurch besteht die Möglichkeit, → Fristentransformation zu betreiben und diese Mittel in begrenztem Umfang in Form von mittel- und langfristigen Krediten auszuleihen. Ein bestimmter Bodensatz an Guthaben entsteht dadurch, dass Auszahlungen an Kunden durch Einzahlungen anderer Kunden ausgeglichen werden, Überweisungen von einem Konto auf ein anderes bei derselben Bank vorgenommen werden und Kunden über fällige Gelder nicht verfügen.

Bodenwert, im Rahmen einer → Beleihungswertermittlung bei Immobilien berechneter Wert eines Grundstücks ohne Bebauung. Der B. wird ermittelt aus der Größe des Grundstücks in Quadratmetern multipliziert mit dem Preis je Quadratmeter unter Berücksichtigung bereits gezahlter oder noch zu zahlender Grundstücksnebenkosten. Dabei wird als Quadratmeterpreis der für Grundstücke in vergleichbarer Lage durchschnittlich erzielbare Preis zugrunde gelegt. Zur Ermittlung des B. können → Bodenrichtwertkarten herangezogen werden.

BÖGA, Abk. für *Börsengeschäftsabwicklung.* – Vgl. auch → Xontro.

Bogen, Urkunde, die bei Wertpapieren in Form von effektiven Stücken den Anspruch auf Ertrag verbrieft und einzelne → Kupons zur Wahrnehmung des Anspruchs beinhaltet. Die Kupons bestehen aus → Zinsscheinen bei festverzinslichen Wertpapieren, → Dividendenscheinen bei Aktien oder → Ertragsscheinen bei → Investmentzertifikaten. Neben dem Ertragsanspruch können die einzelnen Kupons weitere Rechte, z.B. ein → Bezugsrecht verbriefen. Der B. enthält bei Aktien, Investmentzertifikaten und teilweise bei festverzinslichen Wertpapieren zusätzlich einen Erneuerungsschein (Talon), mit dem nach Verbrauch sämtlicher Kupons ein neuer B. angefordert werden kann.

Bona-fide-Klausel, Klausel eines → Commercial Letter of Credit (CLC), durch die sich die ausstellende Bank jedem gutgläubigen Erwerber gegenüber zur Einlösung der aufgrund des CLC ausgestellten und von akkreditivgerechten Dokumenten (→ Dokumentenakkreditiv) begleiteten → Tratte verpflichtet.

Bond, angelsächsische Bezeichnung für → Anleihe.

Bonifizierung von Spareinlagen, Gewährung eines Zuschlags auf den Regelzinssatz für → Spareinlagen aufgrund einer individuellen Vereinbarung zwischen der Bank und dem einzelnen Kunden. Die B. erfolgt meist befristet und kann von einem Mindestguthaben abhängig gemacht werden. Möglich ist auch, lediglich einen Teilbetrag des Gesamtguthabens in die B. einzubeziehen. Kreditinstitute bedienen sich der B. häufig, um einer Umschichtung von Spareinlagen in andere, höher verzinsliche Anlageformen (insbesondere Wertpapieranlagen) durch den Kunden entgegenzuwirken.

Bonität, → Kreditwürdigkeit.

Bonitätsprüfung, Prüfung der → Kreditwürdigkeit.

Bonitätsrisiko, Risiko eines vorübergehenden oder dauerhaften Ausfalls von Zins- und Tilgungsleistungen, die von einem Kreditnehmer oder dem Emittenten eines Wertpapiers (→ Emission) geschuldet werden.

Bonus. 1. Individuell und oft befristet gewährter Zuschlag auf den Zinssatz einer → Spareinlage, insbesondere um eine Umschichtung der Einlage in eine höher verzinsliche Anlageform (z.B. → Termingeld oder Wertpapiere) zu vermeiden. – 2. Bezeichnung einer Prämie, die im Rahmen von Bonussparverträgen (→ Bonussparen) unter bestimmten Voraussetzungen einmalig neben dem jährlichen Sparzins gezahlt wird. – 3. Bezeichnung eines Zuschlags, der einmalig aufgrund besonderer Umstände (z.B. außerordentlich hoher Gewinn) auf eine → Dividende gewährt wird.

Bonussparen, *Prämiensparen, Zuschlagsparen;* Sparform mit der Vereinbarung, neben dem jährlichen Sparzins bei Einhaltung einer bestimmten Anlagedauer einen einmaligen Bonus (Prämie) auf die bis zu diesem Zeitpunkt geleisteten Einzahlungen zu gewähren. Bonussparverträge können über einmalige Anlagebeträge oder als Ratensparverträge geschlossen werden. – Vgl. auch → Sondersparformen.

Bonuszertifikat, Sonderform eines → Indexzertifikates. Bei einem B. erhält der Anleger zum Laufzeitende auch bei gesunkenem Index einen Bonus (z.B. 25%) auf sein eingesetztes Kapital, sofern der Index zu keinem Zeitpunkt während der Laufzeit eine bestimmte Untergrenze (Knock-out-Barriere) erreicht oder unterschritten hat.

Bookbuilding, Verfahren zur Ermittlung eines marktgerechten Ausgabepreises von Aktien im Zusammenhang mit der Börseneinführung einer Aktiengesellschaft. Ausgangspunkt für die Preisfindung ist ein zwischen Emittent (→ Emission) und Konsortialführer abgesprochener Preisrahmen (Bookbuilding-Spanne), der im Rahmen von Vorgesprächen mit potenziellen Investoren ermittelt und veröffentlicht wird. Während einer festgelegten Zeichnungsfrist (→ Zeichnung) haben Kaufinteressenten anschließend die Möglichkeit zur Abgabe verbindlicher Gebote innerhalb des Preisrahmens, die in einer zentralen Datei (Orderbuch) erfasst werden. Nach Schließung des Orderbuches am Ende der Zeichnungsfrist wird aus den eingegangenen Geboten der endgültige Ausgabepreis festgelegt. – Vgl. auch → Emission.

Börse, organisierter und reglementierter Markt für den Handel mit fungiblen (vertretbaren) Gütern (→ Fungibilität). Aufgrund der Vertretbarkeit kann die Einigung der Vertragspartner auf die Art, Menge und den Preis der gehandelten Güter beschränkt werden. Typisch für den Börsenhandel ist, dass hier nur das Verpflichtungsgeschäft abgeschlossen wird; die Erfüllung der Geschäftsabschlüsse erfolgt zu einem späteren Zeitpunkt außerhalb der Börse. Hinsichtlich der Art der gehandelten Güter werden Effektenbörsen (Wertpapierbörsen), Devisenbörsen und Warenbörsen (insbesondere für den Handel mit Rohstoffen) unterschieden. Seit einiger Zeit verlagert der Börsenhandel sich zunehmend von den → Präsenzbörsen mit persönlicher Anwesenheit der Börsenteilnehmer auf vollelektronische → Computerbörsen. Der Handel an deutschen Börsen unterliegt in erster Linie dem Börsengesetz, der Handel an Effektenbörsen ergänzend auch den Bestimmungen des Wertpapierhandelsgesetzes.

Börsenaufsicht. Die Aufsicht und Überwachung einer → Börse obliegt der Börsenaufsichtsbehörde des Bundeslandes, in dem die betreffende Börse ihren Sitz hat. Die B. erteilt die Genehmigung zur Errichtung einer Börse und ist befugt, die Aufhebung bestehender Börsen anzuordnen. Außerdem überwacht sie die Einhaltung börsenrechtlicher Vorschriften und Anordnungen sowie die ordnungsmäßige Durchführung des Börsenhandels und der Geschäftsabwicklung. Die konkreten Befugnisse der B. ergeben sich aus dem → Börsengesetz. Aufsichtsrechtliche Funktionen werden darüber hinaus auch durch die → Bundesanstalt für Finanzdienstleistungsaufsicht (BAFin) wahrgenommen.

börsenfähiges Wertpapier, Wertpapier, das die Voraussetzungen einer Börsenzulassung erfüllt (→ Börsenzulassung von Wertpapieren).

Börsengeschäftsabwicklung (BÖGA), vgl. → Xontro.

Börsengeschäftsführung, Organ, welches in eigener Verantwortung die laufenden Leitungsaufgaben an einer Börse wahrnimmt. Die Geschäftsführer vertreten die Börse gerichtlich und außergerichtlich. Sie werden durch den → Börsenrat in Abstimmung mit der → Börsenaufsicht bestellt.

Börsengesetz, gesetzliche Grundlage zur Regelung der Organisation und der Geschäftstätigkeit deutscher Börsen. Das B. enthält in sechs Abschnitten allgemeine Bestimmungen über die Börsen und deren Organe und regelt u.a. die Ermittlung des Börsenpreises sowie (ergänzt durch die Börsenzulassungsverordnung) die Zulassung von Wertpapieren zum Börsenhandel. Außerdem enthält das B. Bestimmungen zu elektronischen Handelssystemen und börsenähnlichen Einrichtungen. Das ursprünglich von 1896 stammende B. ist vor allem in der jüngeren Vergangenheit mehrfach geändert worden, nicht zuletzt im Hinblick auf die Umsetzung von EG-Richtlinien.

Börsenhändler, Börsenteilnehmer, die als Vertreter der Kreditinstitute Eigengeschäfte oder Geschäfte im Auftrag von Kunden tätigen. Die B. werden von der → Börsengeschäftsführung zum Handel zugelassen. Voraussetzungen für eine Zulassung als B. sind im → Börsengesetz festgeschrieben.

Börsenindex, Kennzahl zur Darstellung der Kursentwicklung der an einer Börse (insbesondere an einer Wertpapierbörse) gehandelten Objekte. – Vgl. auch → Index.

Börsenkapitalisierung, *Marktkapitalisierung;* Verfahren zur Ermittlung des Marktwertes einer börsennotierten Unternehmung. Dabei wird der aktuelle Börsenkurs einer Aktie mit der Gesamtzahl ausgegebener bzw. frei handelbarer Aktien der Gesellschaft mulipliziert. Die B. berücksichtigt für die Zukunft erwartete Unternehmensentwicklungen, da sich diese Erwartungen bereits in aktuellen Börsenkursen widerspiegeln.

Börsenkurs, *Börsenpreis;* Preis, der an einer Börse für ein dort zugelassenes Handelsobjekt (Wertpapiere, → Devisen, Waren) aufgrund vorliegender Kauf- und Verkaufsaufträge festgestellt wird. An deutschen Wertpapierbörsen wird der B. für Aktien in Euro pro Stück (Stückkurs) und für → Rentenpapiere in Prozent des → Nennwertes (Prozentkurs) notiert.

Börsenmakler, → Skontroführer.

Börsenordnung, Ordnung zur Regelung der Organisation und Geschäftstätigkeit einzelner Börsen. Die B. wird auf der Grundlage des → Börsengesetzes durch den → Börsenrat als Satzung erlassen und von der Börsenaufsichtsbehörde (→ Börsenaufsicht) genehmigt. In der B. müssen u.a. Bestimmungen enthalten sein über den Geschäftszweig und die Organisation einer Börse sowie über die Veröffentlichung der Preise und Kurse und der ihnen zugrundeliegenden Umsätze. Bei Wertpapierbörsen muss die B. zusätzlich Bestimmungen über die Zusammensetzung und Wahl der Mitglieder der Zulassungsstelle (→ Börsenzulassung von Wertpapieren) sowie über die Bedeutung von → Kurszusätzen bzw. → Kurshinweisen enthalten.

Börsenparkett, → Präsenzbörse.

Börsenpflichtblatt, inländische Zeitung, die von der Zulassungsstelle (→ Börsenzulassung von Wertpapieren) einer Börse als Bekanntmachungsblatt für nach dem Börsengesetz oder der Börsenzulassungsverordnung vorgeschriebene Veröffentlichungen bestimmt wird.

Börsenplatz, Ort, an dem eine Börse (insbesondere eine Wertpapierbörse) ihren Sitz hat. Der bedeutendste B. in Deutschland ist Frankfurt/M.

Börsenpreis, → Börsenkurs.

Börsenprospekt, Informationsschrift mit wesentlichen Daten eines Unternehmens, dessen Wertpapiere zum Handel an der Börse zugelassen werden sollen. – Vgl. → Prospekthaftung.

Börsenrat, Organ einer Wertpapier- oder Warenbörse. Zu den wesentlichen Aufgaben des B. gehören der Erlass der → Börsenordnung, die Bestellung und Abberufung von Geschäftsführern (in Abstimmung mit der → Börsenaufsicht), die Überwachung der Geschäftsführung und der Erlass der Bedingungen für Börsengeschäfte. Im B. sind unter anderem die zum Börsenhandel zugelassenen Kreditinstitute, die → Skontroführer, die Emittenten (→ Emission) und die Anleger vertreten.

Börsensegment, Teilmarkt einer Gesamtbörse. Die einzelnen B. unterscheiden sich u.a. hinsichtlich der Zulassungsvoraussetzungen und Publizitätsvorschriften. Das Börsengesetz unterscheidet als B. im Wertpapierhandel zum einen den → regulierten Markt mit strengen Zulassungsvoraussetzungen und Publizitätsvorschriften. Zum anderen kann der Handel im → Freiverkehr erfolgen, für den gemilderte Bedingungen gelten.

Börsenteilnehmer, Bezeichnung für die am Börsenhandel (insbesondere in Wertpapieren) teilnehmenden Kreditinstitute bzw. deren Händler sowie die an der Börse tätigen → Skontroführer. Die Händler der Kreditinstitute betreiben den Handel mit Wertpapieren für eigene Rechnung oder im Auftrag ihrer Kunden. Skontroführer haben die Aufgabe, Geschäfte zwischen den Börsenhändlern zu vermitteln und Börsenkurse festzustellen. Kreditinstitute bzw. deren Händler und Skontroführer benötigen zur Teilnahme am Börsenhandel die Zulassung der Börsengeschäftsführung. – Vgl. auch → Börsenzulassung von Handelsteilnehmern.

Börsentermingeschäft, → Termingeschäft auf der Grundlage eines mit standardisierten Ausstattungsmerkmalen versehenen, börsenmäßig handelbaren Kontraktes. In Deutschland werden B. an der Terminbörse → EUREX gehandelt, die mögliche Handelsobjekte, Liefermengen und Fälligkeiten festlegt. Der Abschluss von B. erfolgt hier nicht unmittelbar zwischen den Vertragspartnern; eine zwischengeschaltete Clearingstelle gewährleistet die Erfüllung der eingegangenen Verpflichtungen und übernimmt außerdem die Abwicklung und Überwachung der Geschäfte. Gehandelt werden → Optionen und → Futures. Gemäß den Vorschriften des Wertpapierhandelsgesetzes sind Kreditinstitute verpflichtet, Privatkunden (→ Verbraucher im Sinn des BGB) vor dem Abschluss eines B. über die typischen Risiken derartiger Geschäfte zu informieren.

Börsentermingeschäftsfähigkeit, bis 2002 im Börsengesetz geregelte Eigenschaft, rechtswirksam → Börsentermingeschäfte eingehen zu können. Inzwischen wurde die B. durch eine Informationspflicht der Kreditinstitute nach dem Wertpapierhandelsgesetz über die typischen Risiken derartiger Geschäfte ersetzt. – Vgl. auch → Börsentermingeschäft.

Börsenwert des Bezugsrechts, → Bezugsrechtswert.

Börsenzulassung von Handelsteilnehmern. Zur Teilnahme am Börsenhandel ist eine entsprechende Zulassung durch die Geschäftsführung der jeweiligen Börse erforderlich. Voraussetzungen der Zulassung sind im → Börsengesetz geregelt. Zu diesen Voraussetzungen gehört u.a., dass das antragstellende Unternehmen gewerbsmäßig den Handel mit Wertpapieren oder anderen börsenmäßig handelbaren Gegenständen betreibt oder Geschäfte dieser Art vermittelt und über einen kaufmännisch eingerichteten Geschäftsbetrieb zur ordnungsgemäßen Abwicklung der Börsengeschäfte verfügt. Außerdem ist der Nachweis persönlicher Zuverlässigkeit und beruflicher Eignung der von einem zugelassenen Unternehmen mit dem Börsenhandel betrauten Personen erforderlich. Eine besondere Zulassung benötigen auch die mit der Vermittlung von Börsengeschäften und der Kursfeststellung beauftragten → Skontroführer.

Börsenzulassung von Wertpapieren. Wertpapiere, die an der Börse im → regulierten Markt gehandelt werden sollen, müssen nach dem Börsengesetz strenge Zulassungsvoraussetzungen erfüllen. Hierzu gehört u.a., dass der Antrag auf Zulassung des Wertpapiers durch den Emittenten und ein Finanzdienstleistungsunternehmen gestellt werden muss. Dem Antrag muss ein Emissionsprospekt (→ Emission) beigefügt werden, für dessen Richtigkeit sowohl der Emittent selbst als auch das Finanzdienstleistungsunternehmen haften. Weiterhin muss das Unternehmen für eine Aufnahme in den r.M. seit mindestens drei Jahren bestehen und eine bestimmte Größe aufweisen. Die Einbeziehung eines Wertpapiers in den → Freiverkehr ist ohne förmliches Zulassungsverfahren möglich. – *Anmerkung:* Der Freiverkehr der Deutschen Börse trägt seit Oktober 2005 die Bezeichnung „Open Market".

BOSS-CUBE, Abk. für *Börsen-Order-Service-System und Computerunterstütztes Börsenhandels- und -entscheidungssystem.* – Vgl. auch → Xontro.

Botengeschäft, Wertpapiergeschäft, bei dem das erstbeauftragte Kreditinstitut einen Kundenauftrag an eine an der Börse zugelassene Zentralbank (z.B. Landesbank, genossenschaftliche Zentralbank) lediglich als Bote weiterleitet. Dabei fungiert die beauftragte Zentralbank als → Kommissionär und erteilt auch die Abrechnung. Die Provision wird i.d.R. zwischen der Zentralbank und dem als Boten auftretenden Kreditinstitut geteilt.

Branchenfonds, → Investmentfonds, bei dem die zufließenden Mittel v.a. in Aktien ausgewählter Branchen angelegt werden. Der Anlageschwerpunkt kann z.B. im Energie-, Chemie- oder Technologiesektor liegen.

Branchenindex, → Index zur Darstellung der Kursentwicklung von Aktien einer bestimmten Branche. B. werden z.B. als Unterindizes zum an der Frankfurter Börse veröffentlichten → CDAX ermittelt.

Brief (B). 1. Im Zusammenhang mit Börsengeschäften gleichbedeutend mit Angebot (z.B. von Wertpapieren oder Devisen). – 2. Ergänzender Hinweis zu einer Börsenkursangabe (→ Kurshinweise), wodurch kenntlich gemacht wird, dass zum festgestellten Kurs nur Angebot vorlag und daher keine Umsätze möglich waren. – *Gegensatz:* → Geld (G).

Briefgrundpfandrecht, gesetzlicher Regelfall eines → Grundpfandrechts, bei dem zusätzlich zur Eintragung in das → Grundbuch ein Hypotheken- oder Grundschuldbrief ausgestellt wird. Die Ausstellung eines Briefes erhöht die Verkehrsfähigkeit eines Grundpfandrechts, da es außerhalb des Grundbuches auf einen Dritten übertragen werden kann. – Vgl. auch → Briefhypothek, → Briefgrundschuld. – *Gegensatz:* → Buchgrundpfandrecht.

Briefgrundschuld, gesetzlicher Regelfall einer → Grundschuld; zusätzlich zur Eintragung des Rechts in das → Grundbuch wird ein Grundschuldbrief ausgestellt. Der Brief ist vom Gläubiger bei Geltendmachung der Grundschuld vorzulegen. Die B. entsteht bereits mit Einigung der Beteiligten über die Bestellung des Rechts und der Eintragung in das Grundbuch. Der Erwerb durch den Grundschuldgläubiger tritt dagegen erst mit

Übergabe des Briefes ein. Zur Übertragung des Anspruchs aus einer B. reicht die schriftliche Abtretung des Grundschuldanspruchs in Verbindung mit der Übergabe des Grundschuldbriefes aus. Eine Eintragung der Abtretung in das Grundbuch ist nicht zwingend erforderlich. – *Gegensatz:* → Buchgrundschuld.

Briefhypothek, gesetzlicher Regelfall einer → Hypothek; zusätzlich zur Eintragung des Rechts in das → Grundbuch wird ein Hypothekenbrief ausgestellt. Der Brief ist vom Gläubiger bei Geltendmachung der Hypothek vorzulegen. Die B. entsteht bereits durch Einigung der Beteiligten über die Bestellung des Rechts und Eintragung in das Grundbuch. Der Erwerb durch den Hypothekengläubiger tritt dagegen erst mit Übergabe des Briefes und (wegen der → Akzessorietät der Hypothek) mit Entstehung der zugrunde liegenden Forderung ein. Zur Übertragung einer B. ist die schriftliche Abtretung der zugrunde liegenden Forderung in Verbindung mit der Übergabe des Hypothekenbriefes ausreichend. Eine Eintragung der Abtretung in das Grundbuch ist nicht erforderlich. – *Gegensatz:* → Buchhypothek.

Briefkurs, Verkaufskurs, der vor allem im Geld-, Devisen- und Wertpapierhandel eine Rolle spielt. Durch die nach der Einführung des → Euros vorgenommene Umstellung auf eine → Mengennotierung ist der B. bei Devisengeschäften nicht auf die ausländische Währung, sondern auf den Euro anzuwenden: So ist z.B. der B. 1 Euro = 1,3825 US-Dollar der Preis, zu dem ein Kreditinstitut einen Euro verkauft, d.h. also US-Dollar ankauft. – *Gegensatz:* → Geldkurs.

Bringgelder, Bezeichnung für bei Kreditinstituten unterhaltene → Sicht-, → Termin- und → Spareinlagen. Die Initiative zur Unterhaltung dieser Einlagen geht von den Kunden aus. Das Kreditinstitut selbst kann das Einlagenvolumen nur mittelbar (vor allem über den Guthabenzins) beeinflussen. – *Gegensatz:* → Holgelder.

Broker, angelsächsische Bezeichnung für eine Person oder Institution, die Wertpapiergeschäfte vermittelt.

Bruchteileigentum, → Miteigentum.

Bruttodividende. Betrag der von der Hauptversammlung einer Aktiengesellschaft beschlossenen Dividende vor Abzug von → Abgeltungssteuer und Solidaritätszuschlag. – Vgl. auch → Dividendenbesteuerung.

Bruttoinlandsprodukt, Wert der innerhalb der geografischen Grenzen eines Wirtschaftsgebietes von den volkswirtschaftlichen Sektoren geschaffenen Güter und Dienstleistungen nach Abzug verbrauchter Vorleistungen. Unerheblich ist hierbei, ob die Wertschöpfung von Inländern im Inland oder von Ausländern im Inland erbracht wurde. So ist z.B. auch die Wirtschaftsleistung eines in den Niederlanden wohnhaften, aber in Deutschland tätigen Arbeitnehmers im deutschen B. enthalten.

BSE, Abk. für → belegloser Scheckeinzug.

Bubills, Abk. für *unverzinsliche Schatzanweisungen des Bundes.* – Vgl. auch → Geldmarktpapiere.

Buchgeld, → Geld.

Buchgrundpfandrecht, → Grundpfandrecht, bei dem abweichend vom gesetzlichen Regelfall die Ausstellung eines Hypotheken- oder Grundschuldbriefes aufgrund einer Vereinbarung zwischen Grundstückseigentümer und Gläubiger sowie durch einen entsprechenden Vermerk im → Grundbuch ausgeschlossen wird. Eine spätere Übertragung des Grundpfandrechts auf einen Dritten ist dann nur noch mit Änderung des Grundbuches möglich. – Vgl. auch → Buchhypothek, → Buchgrundschuld. – *Gegensatz:* → Briefgrundpfandrecht.

Buchgrundschuld, → Grundschuld, bei der abweichend vom gesetzlichen Regelfall die Erteilung eines Grundschuldbriefes aufgrund entsprechender Vereinbarung zwischen Grundstückseigentümer und Gläubiger ausgeschlossen wird. Der Briefausschluss ist in das → Grundbuch einzutragen. Die B. entsteht bereits mit Einigung der Beteiligten über die Bestellung des Rechts und der Eintragung in das Grundbuch. Auch der Erwerb der B. durch den Grundschuldgläubiger tritt wegen der Abstraktheit der Grundschuld bereits mit ihrer Eintragung in das Grundbuch ein. Zur Übertragung des Anspruchs aus einer B. ist neben der Abtretung des

Grundschuldanspruchs außerdem noch die Eintragung der Abtretung in das Grundbuch erforderlich. – *Gegensatz:* → Briefgrundschuld.

Buchhypothek, → Hypothek, bei der abweichend vom gesetzlichen Regelfall die Erteilung eines Hypothekenbriefes aufgrund entsprechender Vereinbarung zwischen Grundstückseigentümer und Gläubiger ausgeschlossen wird. Der Briefausschluss ist in das → Grundbuch einzutragen. Die B. entsteht bereits durch Einigung der Beteiligten über die Bestellung des Rechts und Eintragung in das Grundbuch. Der Erwerb der B. durch den Hypothekengläubiger tritt wegen ihrer → Akzessorietät erst mit Entstehen der zugrunde liegenden Forderung ein. Zur Übertragung des Anspruchs aus einer B. ist neben der Abtretung der Forderung außerdem noch die Eintragung der Abtretung in das Grundbuch erforderlich. – *Gegensatz:* → Briefhypothek.

Bull, → Haussier.

Bullenfalle, Situation, in der ein → Haussier als Ergebnis technischer → Aktienanalyse eine Kaufentscheidung trifft, die sich als falsch erweist, da die Börse entgegen der Erwartung eine negative Kursentwicklung aufweist. – *Gegensatz:* → Bärenfalle.

Bullenmarkt, → Hausse.

Bullish, positive Erwartungshaltung eines Anlegers hinsichtlich der weiteren Börsenentwicklung, das heißt der Anleger geht von weiter steigenden Kursen aus. – *Gegensatz:* → Bearish.

Bull Market, → Hausse.

Bull-Optionsschein, *Bull Warrant;* Optionsschein (→ Option), mit dem auf einen steigenden Kurs des zugrunde liegenden Wertpapiers spekuliert wird. – *Gegensatz:* → Bear-Optionsschein.

Bull Warrant, Bull-Optionsschein.

Bundesanleihe, → Anleihe der Bundesrepublik Deutschland mit i.d.R. fester Verzinsung, selten auch als → Floating Rate Note mit variabler Verzinsung. Die Ausgabe von B. erfolgt im → Tenderverfahren mit Laufzeiten von überwiegend zehn Jahren; gelegentlich kommen auch Laufzeiten bis zu 30 Jahre vor. B. werden an der Börse gehandelt und können von jedermann erworben werden. Ein vorzeitiger Verkauf ist täglich zum aktuellen Kurs an der Börse oder über die → Deutsche Finanzagentur möglich. B. sind Wertrechtsanleihen (→ Schuldbuchforderungen); es erfolgt kein Ausdruck von effektiven Stücken (Wertpapierurkunden). – Siehe Abbildung 2 (Übersicht Bundeswertpapiere).

Bundesanstalt für Finanzdienstleistungsaufsicht (BAFin), dem Bundesfinanzministerium unterstellte juristische Person mit Sitz in Frankfurt/Main und Bonn. Die BAFin ist 2002 durch Zusammenlegung des Bundesaufsichtsamtes für das Kreditwesen, des Bundesaufsichtsamtes für den Wertpapierhandel und des Bundesaufsichtsamtes für das Versicherungswesen entstanden. Im Bereich der → Bankenaufsicht überwacht die Behörde in Zusammenarbeit mit der → Deutschen Bundesbank die Geschäftstätigkeit der Kreditinstitute, ist zuständig für die Erteilung und Rücknahme der Betriebserlaubnis einer Bank, achtet auf die Einhaltung der Vorschriften des Kreditwesengesetzes und ordnet bestimmte Maßnahmen bei Gefahren (insbesondere bei drohender Zahlungsunfähigkeit) an. Im Bereich des Wertpapierhandels führt sie u.a. die Aufsicht über die Wertpapiergeschäfte von Banken und anderen Finanzdienstleistungsinstituten, überwacht die Einhaltung der Vorschriften des Wertpapierhandelsgesetzes und beaufsichtigt die Geschäftstätigkeit von Kapitalanlagegesellschaften (→ Investmentgesellschaft). Schließlich nimmt sie die Rechts- und Finanzaufsicht über private Versicherungsunternehmen wahr.

Bundesanzeiger, Bekanntmachungsschrift der Bundesregierung, in der neben Rechtsverordnungen und Verwaltungsvorschriften unter anderem auch Jahresabschlüsse und Lageberichte von → Kapitalgesellschaften und Kreditinstituten sowie Handelsregistereintragungen (→ Handelsregister) veröffentlicht werden.

Bundesaufsichtsamt für das Kreditwesen (BAK, BAKred), ehemals Bankenaufsichtsbehörde (→ Bankenaufsicht) im Geschäftsbereich des Bundesfinanzministeriums. – Siehe jetzt: → Bundesanstalt für Finanzdienstleistungsaufsicht.

Bundesaufsichtsamt für den Wertpapierhandel (BAWe), ehemals Bundesbehörde im Geschäftsbereich des Bundesfinanzministeriums mit der Aufgabe, Missständen entgegenzuwirken, die die ordnungsmäßige Durchführung des Wertpapierhandels beeinträchtigen oder erhebliche Nachteile für den Wertpapiermarkt bewirken können. – Siehe jetzt: → Bundesanstalt für Finanzdienstleistungsaufsicht.

Bundesbank, → Deutsche Bundesbank.

Bundesbank-Girokonto, von der Bundesbank für Kreditinstitute und öffentliche Verwaltungen, in Ausnahmefällen auch für Unternehmen und Privatpersonen geführtes Girokonto. B.G. dienen allgemein der bankmäßigen Abwicklung des Zahlungsverkehrs, insbesondere der Ausführung von Überweisungen, der Gutschrift von Überweisungseingängen und dem Einzug von Schecks und Lastschriften. Kreditinstitute nutzen B.G. darüber hinaus auch zur Liquiditätshaltung und zur Abwicklung von Geschäften im Rahmen der geldpolitischen Operationen des Europäischen Systems der Zentralbanken. Überziehungen von B.G. sind nicht zulässig.

Bundesobligation (Bobl), als → Daueremission der Bundesrepublik Deutschland in aufeinanderfolgenden Serien ausgegebene → Anleihe mit fester Verzinsung und einer Laufzeit von fünf Jahren. Die Zinszahlung erfolgt jährlich. B. werden an der Börse gehandelt. Die Rückzahlung am Laufzeitende erfolgt zum Nennwert. Der Ersterwerb einer B. über die → Deutsche Finanzagentur ist nur durch natürliche Personen und gebietsansässige gemeinnützige, mildtätige oder kirchliche Einrichtungen möglich. An der Börse können B. von jedermann erworben werden. Der Mindestanlagebetrag (Mindestauftragswert) beträgt bei einem Direkterwerb über die Deutsche Finanzagentur 110 Euro; im Fall des Erwerbs über die Börse gibt es keinen Mindestauftragswert. Der Verkauf von B. ist täglich zum aktuellen Kurs an der Börse oder über die Deutsche Finanzagentur möglich. – Siehe Abbildung 2 (Übersicht Bundeswertpapiere).

Bundesschatzanweisung, → Anleihe der Bundesrepublik Deutschland mit fester Verzinsung. Die Ausgabe von B. erfolgt im → Tenderverfahren mit einer Laufzeit von zwei Jahren. B. werden an der Börse gehandelt und können von jedermann erworben werden. Ein vorzeitiger Verkauf ist täglich zum aktuellen Kurs an der Börse oder über die → Deutsche Finanzagentur möglich. B. sind Wertrechte (→ Schuldbuchforderungen); es erfolgt kein Ausdruck von effektiven Wertpapierurkunden.

Bundesschatzbrief, Wertpapier des Bundes mit jährlich steigender Verzinsung. Die Laufzeit beträgt sechs Jahre bei jährlicher Zinszahlung (Typ A) bzw. sieben Jahre bei Zahlung der Zinsen mit Zinseszinsen zum Zeitpunkt der Rückzahlung (Typ B, → Aufzinsungspapier). B. können von natürlichen Personen und von gebietsansässigen gemeinnützigen, mildtätigen oder kirchlichen Einrichtungen erworben werden. Der Mindestanlagebetrag (Mindestauftragswert) ist 50 Euro bzw. 52 Euro bei einem Direkterwerb über die → Deutsche Finanzagentur. Eine vorzeitige Rückgabe ist nach dem ersten Laufzeitjahr jederzeit bis zu 5.000 Euro Nennwert je Gläubiger innerhalb von 30 Zinstagen möglich. Eine Übertragung auf erwerbsberechtigte Dritte ist jederzeit möglich. Ein Börsenhandel findet nicht statt. B. sind Wertrechte (→ Schuldbuchforderungen); effektive Stücke (Urkunden) werden nicht ausgedruckt. – Siehe Abbildung 2 (Übersicht Bundeswertpapiere).

Bundesschuldbuch, von der → Deutschen Finanzagentur geführtes öffentliches Register zur Erfassung von unverbrieften Darlehensforderungen (→ Schuldbuchforderungen) gegen den Bund und die Sondervermögen des Bundes. Eintragungen im B. unterliegen dem Schuldbuchgeheimnis, das mit dem → Bankgeheimnis vergleichbar ist. Die Verwaltung von Schuldbuchforderungen erfolgt kostenfrei. Im B. sind u.a. → Bundesschatzbriefe, → Bundesobligationen, → Finanzierungsschätze, → Bundesanleihen und → Bundesschatzanweisungen erfasst.

Bundesverband der Deutschen Volksbanken und Raiffeisenbanken e.V. (BVR), Spitzenverband des kreditgenossenschaftlichen Sektors (→ Kreditgenossenschaften) mit der Aufgabe, die fachlichen, wirtschaftlichen und wirtschaftspolitischen Interessen der Mitgliedsinstitute zu vertreten und zu fördern. Der BVR koordiniert die Aktivitäten des Verbunds und berät seine Mitglieder in rechtlicher, steuerlicher sowie betriebs- und volkswirtschaftlicher Hinsicht. Er betreibt bundesweite Marketingmaßnahmen und entwickelt Zahlungsverkehrskonzepte. Daneben verwaltet er den Garantiefonds zum Schutz der Mitgliedsinstitute vor → Zahlungsunfähigkeit.

Bundesverband Deutscher Banken (BdB), *Bankenverband;* Spitzenverband zur Vertretung der Interessen des privaten Bankgewerbes. Der BdB repräsentiert private Banken, regionale Verbände sowie die Spezialverbände der → Hypothekenbanken und der Schiffsbanken. Aufgabe des BdB ist u.a. die Information der Mitglieder über aktuelle politische und wirtschaftliche Entwicklungen. Er ist außerdem Ansprechpartner der Politik in kreditwirtschaftlichen Fragen und arbeitet mit anderen Verbänden zusammen. Eine weitere Aufgabe liegt in der Öffentlichkeitsarbeit. Der BdB ist Träger der → Einlagensicherung des privaten Bankgewerbes.

Bundeswertpapiere, Schuldverschreibungen (→ Anleihen) des Bundes mit Laufzeiten von ca. einem Jahr bis zu zehn Jahren (bei Bundesanleihen gelegentlich bis zu 30 Jahren). Die → Tagesanleihe des Bundes hat eine unbegrenzte Laufzeit. B. sind teilweise börsennotiert und werden u.a. als → Bundesschatzbriefe, → Finanzierungsschätze, → Bundesobligationen, → Bundesanleihen und → Bundesschatzanweisungen ausgegeben. – Siehe Abbildung 2 (Übersicht Bundeswertpapiere).

Bundeswertpapierverwaltung, ehemalige Bundesoberbehörde mit den Hauptaufgaben, die vom Bund aufgenommenen Kredite zu beurkunden und zu verwalten sowie die kostenlose Verwahrung und Verwaltung von Bundeswertpapieren für Anleger zu betreiben. Die Aufgaben der B. sind inzwischen von der → Deutschen Finanzagentur übernommen worden.

BUND-Future, *Euro-Bund-Future;* → Future auf der Basis einer fiktiven, idealtypischen 6% → Bundesanleihe mit 8,5 – 10-jähriger Restlaufzeit. Der B.-F. beinhaltet die Verpflichtung, den Kontrakt durch Abnahme bzw. Lieferung von Bundesanleihen, die den Kriterien des fiktiven → Basiswertes entsprechen, zu erfüllen.

Bürgschaft. 1. *Wesen:* Vertrag, durch den sich der Bürge gegenüber dem Gläubiger eines Dritten verpflichtet, für die Erfüllung der Verbindlichkeiten des Dritten einzustehen. Die B. ist akzessorisch (→ Akzessorietät), d.h. für die Verpflichtung des Bürgen ist der jeweilige Bestand der Hauptverbindlichkeit maßgebend. Die Bürgschaftsverpflichtung wird erst mit Entstehung der Hauptschuld wirksam und entwickelt sich entsprechend der Hauptschuld. Erhöht sich die Schuld eines Kreditnehmers z.B. durch Zinsen, so erhöht sich auch die Verpflichtung des Bürgen. Entsprechend verringert sich bei einer Verminderung der Hauptschuld auch die Bürgschaftsschuld. Die B. erlischt, wenn die Hauptschuld nicht mehr besteht. Eine B. kann jedoch auch für eine künftig erst entstehende Schuld übernommen werden. Mit Erfüllung der Bürgschaftsverpflichtung geht die Forderung des Gläubigers gegen den Hauptschuldner auf den Bürgen über. – 2. *Formvorschrift:* Eine rechtswirksame B. setzt Schriftform voraus. Dies gilt nicht für die B. eines Kaufmanns. Er kann sich im Rahmen eines Handelsgeschäftes auch mündlich verbürgen. Kreditinstitute akzeptieren jedoch auch von Kaufleuten nur schriftliche, formularmäßig ausgearbeitete Bürgschaftserklärungen, die besondere vertragliche Regelungen enthalten und dem Sicherungsbedürfnis der Bank gerecht werden. – 3. *Arten:* a) *Gewöhnliche B. (BGB-B.):* Der Bürge hat das Recht zur Einrede der Vorausklage, d.h. er kann die Zahlung verweigern, solange der Gläubiger nicht eine → Zwangsvollstreckung in das bewegliche Vermögen des Hauptschuldners versucht hat. Er haftet nur insoweit, als die Zwangsvollstreckung erfolglos bleibt. – b) *Selbstschuldnerische B.:* Der Bürge verzichtet auf das Recht zur Einrede der Vorausklage und damit auf eine vorherige Zwangsvollstreckung in das Vermögen des Hauptschuldners. Er haftet wie der Hauptschuldner selbst und kann in Anspruch genommen werden, sobald der Hauptschuldner seiner Verbindlichkeit bei Fälligkeit nicht nachkommt. Kaufleute haften im Rahmen eines Handelsgeschäftes auch ohne besondere Vereinbarung stets selbstschuldnerisch. – Daneben existieren besondere Arten der B., z.B. die → Mitbürgschaft,

Abbildung 2: Übersicht Bundeswertpapiere (Auszug)

Merkmale	Bundesschatzbriefe	Finanzierungsschätze	Bundesobligationen	Bundesanleihen	Tagesanleihe
Mindest-auftrag	50 Euro bzw. 52 Euro bei Direkterwerb Deutsche Finanzagentur	500 Euro	Erwerb an der Börse: kein Mindestauftrag; Direkterwerb Deutsche Finanzagentur: 110 Euro im Tenderverfahren: Mindestgebot 1 Mio Euro	Börse: kein Mindestauftrag; im Tenderverfahren: Mindestgebot 1 Mio Euro	50 Euro
Zinszahlung	Typ A: jährlich Typ B: Zinsansammlung (Auszahlung der Zinsen mit Zinseszinsen bei Rückzahlung des Kapitals)	Abzinsung (Nennwert – Zinsen = Kaufpreis)	jährlich	jährlich	tägliche Zinsgutschrift durch Erhöhung des Tagespreises (Zinseszinseffekt); Auszahlung der Zinsen jeweils zum 31.12. eines Jahres
Laufzeit	Typ A: 6 Jahre Typ B: 7 Jahre	1 Jahr und 2 Jahre	5 Jahre	10 Jahre, gelegentlich 30 Jahre	unbefristet
Rückzahlung	Typ A zum Nennwert Typ B zum Rückzahlungswert (= Nennwert + Zinsen)	zum Nennwert	zum Nennwert	zum Nennwert	bei Verkauf zum aktuellen Tagespreis einschließlich Zinsen
Erwerber	nur natürliche Personen sowie gebietsansässige gemeinnützige, mildtätige und kirchliche Einrichtungen	jedermann außer Kreditinstitute	Erwerb über die Börse: jedermann; Direkterwerb über Deutsche Finanzagentur: nur natürliche Personen, gebietsansässige gemeinnützige, mildtätige und kirchliche Einrichtungen	jedermann	jedermann
Verkauf bzw. vorzeitige Rückgabe	jederzeit nach dem ersten Laufzeitjahr bis zu insgesamt 5.000 Euro Nennwert je Gläubiger innerhalb 30 Zinstagen	nicht möglich	nach Börseneinführung täglicher Verkauf zum aktuellen Kurs möglich; Verkauf über Deutsche Finanzagentur zum Einheitspreis der Frankfurter Wertpapierbörse	nach Börseneinführung täglicher Verkauf zum aktuellen Kurs möglich; Verkauf über Deutsche Finanzagentur zum Einheitspreis der Frankfurter Wertpapierbörse	bankgeschäftstäglich gebührenfrei zum Tagespreis über die Bundesrepublik Deutschland – Finanzagentur GmbH möglich

→ Rückbürgschaft und → Teilbürgschaft. – 4. *B. in der Bankpraxis:* Kreditinstitute akzeptieren nur selbstschuldnerische B., um bei → Zahlungsunfähigkeit des Kreditnehmers den Bürgen sofort in Anspruch nehmen zu können. Dabei wird vor allem im Privatkundengeschäft die Haftung des Bürgen auf einen Höchstbetrag begrenzt, der evtl. zusätzlich zur Hauptschuld anfallende Zinsen und Kosten mit einschließt (→ Höchstbetragsbürgschaft). Weiter wird vereinbart, dass die B. nicht durch eine lediglich vorübergehende Rückzahlung des Kredits erlöschen soll.

Bürgschaftsbanken, *Kreditgarantiegemeinschaften;* von Fachverbänden u.a. des Handwerks, des Handels, des Hotel- und Gaststättengewerbes und der mittelständischen Industrie gegründete → Spezialbanken. Bürgschaftsbanken unterliegen dem Kreditwesengesetz und der → Bankenaufsicht. Ihre Aufgabe besteht darin, → Bürgschaften und → Garantien für Unternehmen zu übernehmen, die bei Kreditaufnahmen (insbesondere zum Zweck der Existenzgründung und für Rationalisierungsinvestitionen) den Kreditgebern keine ausreichenden Sicherheiten stellen können.

BVR, Abk. für → *Bundesverband der Deutschen Volksbanken und Raiffeisenbanken e.V.*

C

Call, *Kauf;* Begriff, der vor allem im Zusammenhang mit → Optionen (Call Option = Kaufoption) und bei der Geldaufnahme zwischen Kreditinstituten (Call Money = Nachfrage nach Geld (→ aufgenommene Gelder) verwendet wird.

Call Center, zentrale Einrichtung bei der kundenorientierten Kontaktaufnahme und Kontaktpflege per Telefon. Von besonderer Bedeutung in der Praxis der Kreditinstitute ist das C.C. für den Geschäftsbetrieb einer → Direktbank.

Call Money, → aufgenommene Gelder.

CAP, Begrenzung von Zins- oder Rückzahlungsansprüchen. CAPs können in verschiedenen Varianten auftreten: 1. *Zinscap:* Bei einem Kredit wird eine variable Verzinsung mit einer Obergrenze (CAP) von z.B. 9% vereinbart. Für die Sicherheit, dass die Zinsbelastung des Kreditnehmers die Grenze von 9% zwar unterschreiten, nicht jedoch überschreiten kann, hat er dem Kreditgeber eine Prämie zu zahlen. – 2. *Zertifikate mit CAP:* Beim Kauf eines → Indexzertifikates profitiert der Erwerber von Steigerungen des zugrunde liegenden → Börsenindex. Auch hier kann ein CAP festgelegt sein, der in diesem Fall einen maximalen Ertrag des Zertifikatsinhabers festlegt. Da der Zertifikatsinhaber andererseits bei fallendem Index ein Verlustrisiko trägt, ist das mit einem CAP versehene Indexzertifikat günstiger als ein entsprechendes Zertifikat ohne CAP (sog. Plain Vanilla Zertifikat). Zertifikate mit CAPs werden daher auch als Discount-Zertifikate bezeichnet. – 3. *CAP-Floating Rate Note:* → Floating Rate Note (FRN), die mit einer Zinsbegrenzung nach oben versehen ist. Auch hier ist die → Rendite entsprechend höher als bei vergleichbaren normalen FRN, da der Anleger bereit ist, auf Zinssteigerungen oberhalb des CAP zu verzichten. *Gegensatz:* → Floor.

CASCADE, Abwicklungssystem für den stückelosen → Effektengiroverkehr bei → Namensaktien.

Cash Flow, *Liquiditätszufluss*, Nettozugang an flüssigen Mitteln (Bargeld, Kontoguthaben) aus dem Umsatz und sonstigen Aktivitäten eines Unternehmens. Der C.F. ist eine Kennzahl zur Bewertung der Selbstfinanzierungskraft, da er Auskunft darüber gibt, wie schnell ein Unternehmen in der Lage ist, Verbindlichkeiten (z.B. Zins- und Tilgungszahlungen für Kredite) aus den über die Geschäftstätigkeit zufließenden Mitteln zu begleichen. Er wird daher bei Entscheidungen über die Kreditvergabe hinzugezogen (→ Kreditscoring). Darüber hinaus hat der C.F. eine große Bedeutung im Zusammenhang mit der fundamentalen → Aktienanalyse. – Ausgangspunkt für die Berechnung des C.F. ist der Gewinn des Unternehmens. Da in diesem jedoch einige Gewinn mindernde Aufwendungen enthalten sind, die nicht zu Liquiditätsabflüssen beim Unternehmen geführt haben (dies sind vor allem → Abschreibungen und → Rückstellungen), werden solche Aufwendungen zum Gewinn wieder hinzuaddiert. Darüber hinaus werden i.d.R. der außerordentliche Aufwand und Ertrag wieder korrigiert. Vereinfacht ergibt sich folgendes Schema für die Berechnung des C.F.:

Gewinn (Erträge – Aufwendungen)
+ Abschreibungen
+ Zuführungen zu Rückstellungen
+ außerordentliche Aufwendungen
– außerordentliche Erträge
= Cash Flow

Cash Management, computergesteuertes System zur Optimierung kurzfristiger Zahlungsströme eines Unternehmens. Im Rahmen des C.M. bieten Kreditinstitute ihren Firmenkunden spezielle Software an. Anwendungsbereiche sind: 1. *Automatische Kontozusammenführung (Pooling):* Wenn ein

Unternehmen verschiedene Girokonten unterhält, können diese rechnergesteuert so verwaltet werden, dass die Einzelsalden der Konten täglich zu einem Konto zusammengeführt werden. Durch diese Bündelung vermeidet das Unternehmen Kreditzinsen bei den Konten, die einen → Sollsaldo aufweisen, sofern die Addition der Salden einen → Habensaldo ergibt. – 2. *Verrechnung von Konzernsalden (Netting):* Ein → Konzern, dessen Tochtergesellschaften gegenseitige Forderungen und Verbindlichkeiten verrechnet, kann computergestützt die Anzahl der anfallenden Zahlungsströme durch zentrale Verwaltung minimieren. So kann sich z.B. die Situation zwischen den Konzerngesellschaften A, B und C wie folgt darstellen:

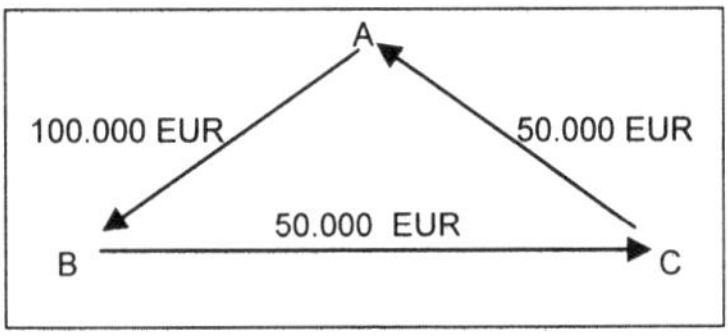

Durch das Netting reduzieren sich die drei Forderungen auf einen einzigen Zahlungsstrom von 50.000 Euro, der von A an B zu überweisen ist.

Cash Pooling, Bestandteil des → Cash Management.

Cash Settlement, → Settlement.

CBOT, Abk. für → *Chicago Board of Trade.*

CD, Abk. für → *Certificate of Deposit.*

CDAX, Abk. für *Composite Dax.* Der CDAX ist ein Aktienindex (→ Index). Während der Deutsche Aktienindex (DAX) nur die Kursentwicklung der 30 (börsen)umsatzstärksten deutschen Unternehmen widerspiegelt, umfasst der CDAX alle deutschen Aktienwerte des General Standard und des Prime Standard. – Vgl. auch → Börsensegmente. Der CDAX ist in verschiedene Branchenindizes unterteilt (Automobil, Banken, Pharmaindustrie, Medien, Telekommunikation etc.).

CDO, Abk. für → *Collateralized Debt Obligation.*

CDS, Abk. für → *Credit Default Swap.*

Certificate of Deposit (CD), Instrument zur Verbriefung von → Termineinlagen. Durch die Verbriefung werden Termineinlagen handelbar. CD weisen hohe Nennbeträge und unterschiedliche Laufzeiten auf (i.d.R. 3 - 12 Monate). Sie werden bei Fälligkeit zum Nennwert eingelöst. – Vgl. auch → Abzinsungspapier.

Certificate of Origin, → Ursprungszeugnis.

Chart, grafische Darstellung bei technischen → Aktienanalysen.

Charter Party Konnossement, Sonderform eines → Konnossements, dem ein Frachtvertrag über den gesamten Frachtraum oder Teile des Frachtraums eines Schiffes zugrunde liegt. Charter Party-Verträge finden Anwendung bei Mengengütern (z.B. Kies, Kohle); sie sind kostengünstiger als Verträge bei Stückgutverschiffung in Containern.

Cheque, → Scheck; Cheque de Voyage = → Reisescheck.

Cheque barré, → gekreuzter Scheck.

Chicago Board of Trade (CBOT), größte Terminbörse der Welt. An der CBOT werden → Optionen und → Futures sowie Terminkontrakte auf bestimmte Agrarprodukte (z.B. Weizen) gehandelt. Seit Ende 2000 ist die CBOT an das elektronische Handelssystem der europäischen Terminbörse → Eurex angeschlossen.

Chipkarte, → Geldkarte.

CIF, Abk. für *Cost, Insurance, Freight* (Kosten, Versicherung, Fracht). – Vgl. auch → Incoterms.

CIM-Frachtbrief, Beweisurkunde über den Abschluss eines Frachtvertrages mit einem Eisenbahnunternehmen (z.B. Deutsche Bahn AG). Der CIM-F. gehört zu den → Außenhandelsdokumenten.

CIP, Abk. für *Carriage and Insurance Paid* (Transport und Versicherung gezahlt). – Vgl. auch → Incoterms.

CLC, Abk. für → *Commercial Letter of Credit.*

Clean Payment, → nichtdokumentäre Zahlung.

Clearing, → Abrechnung.

Clearstream Banking AG *(früher: Deutsche Börse Clearing AG);* Abwicklungszentrale im stückelosen → Effektengiroverkehr.

Closed End Fund, *geschlossener Fonds;* Sonderform eines → Investmentfonds. Anteile an einem C.E.F können nur während eines bestimmten Zeitraums gekauft werden. – *Gegensatz:* → Open End Fund.

CMR-Fachtbrief, Beweisurkunde über den Abschluss eines Frachtvertrages mit einer Spedition, die Waren per LKW transportiert. Der CMR-F. gehört zu den → Außenhandelsdokumenten.

Co-Branding, Kooperationsverfahren bei der Herausgabe von → Kreditkarten.

Codierung, Verfahren zur Vereinfachung der Zahlungsverkehrsabwicklung. Bei Schecks und beleghaften Überweisungs- und Lastschriftaufträgen ist es möglich, die für eine beleglose Weiterbearbeitung notwendigen Daten in maschinenlesbarer Schrift unten auf dem Beleg anzubringen. Diese Daten werden im Wege der optischen Beleglesung in Datensätze übergeleitet und können so beleglos weitergegeben werden. Im Zuge des rückläufigen Belegaufkommens in Kreditinstituten und einer verbesserten Technik bei der Lesbarkeit handschriftlich ausgefüllter Belege (→ Schriftlesesystem) verliert die C. zunehmend an Bedeutung.

Collared Floater, variabel verzinsliche Anleihe (→ Floating Rate Note), die sowohl mit einem Mindestzinssatz (→ Floor) als auch mit einem Höchstzinssatz (→ CAP) ausgestattet ist.

Collateralized Debt Obligation (CDO), Wertpapier, das durch bestimmte Vermögensgegenstände besichert ist. Eine CDO ist ein hoch komplexes Finanzprodukt, das sich im Zusammenhang mit der Finanzkrise häufig als „toxisches Wertpapier" erwiesen hat. – Vgl. auch → Asset Backed Securities (ABS).

Commercial Banking, Bankaktivitäten im Zusammenhang mit der Hereinnahme von Kundeneinlagen (Passivgeschäft) und der Gewährung von Krediten (Aktivgeschäft). Aktivitäten im C.B. sind ein spezifisches Merkmal für → Universalbanken. – *Gegensatz:* → Investment Banking.

Commercial Letter of Credit (CLC), Sonderform beim → Dokumentenakkreditiv. Bei einem CLC wird eine Urkunde ausgestellt, die den dort ausgewiesenen Begünstigten (Exporteur einer Ware) ermächtigt, → Wechsel auf die den CLC ausstellenden Bank (Bank des Importeurs) zu ziehen.

Commercial Paper (CP), Sonderform der → Geldmarktpapiere.

Compliance, engl. für *Einwilligung;* Regelwerk zur Vermeidung von Interessenkonflikten bei der Geld- und Vermögensanlage sowie die Kontrolle der Einhaltung dieser Regeln durch eine C.-Überwachungsstelle. Nach den C.-Richtlinien der Kreditinstitute dürfen Geschäfte oder Anlageempfehlungen nicht gegen die Interessen des Institutes bzw. des Kunden verstoßen. Außerdem sind kursrelevante Informationen über Unternehmen vertraulich zu behandeln. – Vgl. auch → Insidergeschäfte.

Computerbörsen, elektronische Börsen, bei denen alle Geschäfte über vernetzte Systeme automatisch, d.h. ohne Einschaltung von Maklern, abgeschlossen und abgewickelt werden. C. haben inzwischen die Präsenzbörsen weitgehend zurückgedrängt. Wichtigste C. in Deutschland sind → Eurex und → XETRA. – *Gegensatz:* → Präsenzbörsen.

computerunterstützte Beratung, Nutzung elektronischer Systeme in der Kundenberatung. Computersysteme nehmen Beratern komplexe Bewertungs- und Berechnungsverfahren ab, so dass der Berater lediglich die notwendigen Daten eingeben und dem Kunden die Ergebnisse der Computerberechnungen erläutern muss. Anwendung findet die c.B. z.B. bei der Baufinanzierung oder der persönlichen Finanzanalyse, bei der individuelle Strategien zum gezielten Geldeinsatz zur Vermeidung von Versorgungsengpässen in der Zukunft entwickelt werden.

Consulting, *Unternehmensberatung.* C. ist ein Teilbereich des → Investment Banking.

Conto pro Diverse, → CpD-Konto.

Contractual Trust Arrangement (CTA), Möglichkeit für Unternehmen, Vermögensmittel auf einen Treuhänder auszulagern. Per CTA kann das Unternehmen Vermögen in einen Pensionstreuhandverein einbringen, um so seine Pensionsverpflichtungen gegenüber ihren (ehemaligen) Mitarbeitern zu finanzieren. CTA ist eine Alternative zur Bildung eines Pensionsfonds oder einer Unterstützungskasse. – Vgl. auch → betriebliche Altersvorsorge.

Controlling, ertragsorientierte Unternehmensführung, Planung, Steuerung und Überwachung. C. kann langfristig (strategisches C.) oder kurzfristig (operatives C.) ausgerichtet sein. C. umfasst u.a. die Einschätzung von Ertrags- und Wachstumsmöglichkeiten sowie die Analyse von Erlösen und Kosten (Kostenrechnung).

Convertible Bond, *Wandelanleihe;* Sonderform der → Anleihe, bei der ein Kapitalanleger das Recht hat, den C.B. gemäß einem vorher festgelegten Verhältnis in Aktien der herausgebenden (emittierenden) oder einer anderen Gesellschaft umzutauschen (z.B. Umtausch von je 1.000 Euro Anleihe-Nennwert in zwei Aktien). Bei der Umwandlung wird → Fremdkapital (Anleihe) zu → Eigenkapital (Aktien). Für die Herausgabe eines C.B. ist ein Beschluss der Hauptversammlung der herausgebenden → Aktiengesellschaft mit ¾-Mehrheit erforderlich. Darüber hinaus ist, ebenfalls mit ¾-Mehrheit, eine bedingte → Kapitalerhöhung zu beschließen. – Ein C.B. besteht aus zwei Teilen, der Anleihe und einer aufgrund des Umtauschrechtes bestehenden Kaufoption (vgl. → Option). Aufgrund der durch die Option verbrieften Chance, an Kurssteigerungen der Aktie teilnehmen zu können, weist ein C.B. eine geringere Verzinsung auf als eine vergleichbare „normale" Anleihe. Das Wandlungsrecht ist um so wertvoller, je niedriger der Wandlungskurs und je länger die Wandlungsfrist ist. Der Kursgewinn ist jedoch begrenzt, wenn der Emittent des C.B. das Recht hat, die Anleihe zu kündigen, sobald der Aktienkurs den Wandlungskurs überschreitet.

Corporate Bond/Corporate Debt, → Industrieobligation.

Corporate Finance, Teilbereich des → Investment Banking.

Corporate Governance, Führung und Kontrolle eines Unternehmens, z.B. einer → Aktiengesellschaft (AG). Seit 2002 existiert in Deutschland ein C.G.-Kodex, der Empfehlungen hierzu enthält, u.a. Regelungen zu Kompetenzen der Überwachungsorgane oder Grundsätze bei der Entlohnung von Spitzenmanagern. Konkret äußert sich C.G. z.B. dadurch, dass Vorstandsgehälter individuell ausgewiesen und dass ehemalige Vorstandschefs möglichst nicht zu Aufsichtsratsvorsitzenden ernannt werden.

Corporate Identity, „Selbstbildnis" eines Unternehmens, d.h. Gesamtheit der Vorstellungen, die bei den Angehörigen des Unternehmens über dieses bestehen.

Cost Average, bei der regelmäßigen Anlage in → Investmentzertifikaten zu beobachtender Effekt. Kauft der Anleger regelmäßig Anteile (bzw. Bruchteile von Anteilen) einer Investmentgesellschaft in der Weise, dass er jeweils einen festen Betrag investiert, erwirbt er seine Anteile grundsätzlich zu einem günstigeren Durchschnittspreis als ein Anleger, der stets eine feste Stückzahl von Anteilen erwirbt. Der C.A.-Effekt entsteht dadurch, dass bei regelmäßiger Anlage eines bestimmten Geldbetrages das Anlegerverhalten über den aktuellen Preis des Zertifikates gesteuert wird: Man erwirbt wenige Anteile, wenn der Preis hoch, dagegen viele, wenn der Preis gering ist. – *Beispiel:* Zwei Anleger kaufen X-Zertifikate in den Monaten Mai, Juni und Juli. Einer investiert jeweils 300 EUR, der andere kauft jeweils 6 Stück:

Kurs (EUR je Anteil)	Kauf für jeweils 300 EUR	Kauf von jeweils 6 Anteilen
Mai: 50	300 : 50 = 6 Anteile	6 · 50 = 300 EUR
Juni: 40	300 : 40 = 7,5 Anteile	6 · 40 = 240 EUR
Juli: 62,50	300 : 62,50 = 4,8 Anteile	6 · 62,5 = 375 EUR

Bei der Anlage von jeweils 300 Euro erwirbt der erste Anleger 18,3 Anteile für insgesamt 900 Euro; dies entspricht einem Durchschnittspreis von 49,18 Euro je Anteil. Der zweite Anleger kauft 18 Anteile für insgesamt 915 Euro, was zu einem höheren Durchschnittspreis von 50,83 Euro je Anteil führt.

Coupon, alte Schreibweise für den → Kupon eines Wertpapiers.

Courtage, Entgelt für Börsenmakler (vgl. → Skontroführer) bei der Ausführung von Wertpapieraufträgen.

Covered Bond, internationale Bezeichnung für einen → Pfandbrief.

Covered Warrant, → gedeckter Optionsschein.

CP, Abk. für *Commercial Paper*. – Vgl. auch → Geldmarktpapiere.

CpD-Konto, *Conto pro Diverse;* bankinternes Sammelkonto für verschiedene Geschäftsvorfälle. Das CpD-K. wird vor allem bei unklaren oder unvollständigen Aufträgen im Zahlungsverkehr eingeschaltet. Es unterliegt nicht dem → Bankgeheimnis, d.h. Kontrollmitteilungen an die Finanzämter sind zulässig bei Geschäftsvorgängen, die über das CpD-K. laufen.

Credit Default Swap (CDS), bedeutsame Sonderform bei → Kreditderivaten. Beim C.D.S. zahlt ein Partner als Sicherungsnehmer (Risikogeber) dem Kontrahenten als Sicherungsgeber (Risikonehmer) eine Prämie dafür, dass er in Zukunft für Verluste entschädigt wird, die dadurch entstehen, dass sich die Bonität (→ Rating) eines Kreditnehmers oder Emittenten einer → Anleihe verschlechtert.

Cross Border Leasing, Sonderform des → Leasing, bei der ein Gut an einen ausländischen Investor übertragen und gleichzeitig wieder zurückgeleast wird. Der ausländische Investor realisiert durch diese Konstruktion steuerliche Vorteile, die er zu einem kleinen Teil bei Abschluss des Leasingvertrages an seinen Kontrahenten weitergibt. C.B.L. bietet daher für Kommunen als Eigentümer großer Infrastrukturobjekte (z.B. Kanalnetze) eine Möglichkeit zur kurzfristigen Beschaffung von Liquidität. Die Konstruktion ist jedoch sehr problematisch, da die Handlungsfähigkeit der Kommune, z.B. hinsichtlich der Möglichkeit zur Instandhaltung des Objektes, erheblich eingeschränkt wird, und da die Kommune aufgrund der komplexen Vertragsgestaltung mit späteren Rückforderungen rechnen muss. Zudem ist die Gewährung der steuerlichen Vorteile umstritten.

Cross Rate, *Devisen-Cross Rate*, Ermittlung des Verhältnisses zweier Währungen zueinander über eine dritte Währung. – *Beispiel:* Yen und US-Dollar notieren gegenüber dem Euro an einem bestimmten Geschäftstag wie folgt:

1 EUR = 134,78 Yen
1 EUR = 1,4282 US-Dollar

Durch Gleichsetzung der Kurse ergibt sich die C.R. in Yen für einen US-Dollar (auf zwei Stellen nach dem Komma gerundet):

1,4282 US-Dollar = 134,78 Yen
1,0000 US-Dollar = 94,37 Yen

Cross Selling, Erweiterung einer Kundenbeziehung durch zusätzliches Angebot von Produkten beim Verkauf einer nachgefragten Leistung. C.S. liegt z.B. vor, wenn Kunden, die Überweisungsaufträge einreichen, zur Urlaubszeit gezielt auf Reisezahlungsmittel angesprochen werden oder wenn Anlageberater Kunden nach einem hohen Geldeingang auf ihrem Girokonto unaufgefordert Geldanlagemöglichkeiten zu aktuellen Konditionen anbieten.

Crossed Cheque, → gekreuzter Scheck.

CTA, Abk. für → *Contractual Trust Arrangement.*

cum, → Optionsanleihe.

Currency Board, Währungssystem, bei dem eine inländische Währung fest an eine stabile ausländische Währung (Ankerwährung) gekoppelt wird. So war z.B. der argentinische Peso mehrere Jahre lang über ein C.B. mit dem US-Dollar verbunden. Beim C.B. wird zunächst ein fester Wechselkurs zwischen inländischer Währung und Ankerwährung festgelegt (z.B. 1 : 1). Anschließend wird eine Geldbasis dadurch geschaffen, dass alle umlaufenden Banknoten und alle Guthaben der Kreditinstitute zu 100% durch fremde Währungsreserven gedeckt sind. Drittens ist die Konvertibilität zu gewährleisten, d.h. die jederzeitige Umtauschbarkeit der heimischen in die Ankerwährung. – Der Nachteil eines C.B. liegt darin, dass der inländischen Nationalbank keine eigene Geldpolitik mehr möglich ist, da die eigene Währung kurs- und mengenmäßig vollständig von der Ankerwährung abhängig ist. So zwangen Probleme im Zusammenhang mit einem starken US-Dollar und damit verbundene Schwierigkeiten für die Exportwirtschaft Argentinien schließlich zur Aufgabe des C.B. Das C.B. wird dennoch mitunter gerne angewendet, da es zumindest kurzfristig in der Lage ist, die heimische Währung nachhaltig zu stabilisieren.

Currency Warrant, engl. Bezeichnung für einen Währungsoptionsschein – Vgl. auch → Option.

Cybergeld, Bezeichnung für Geldbeträge, die nur in Form gespeicherter Informationen auf einem Datenträger (z.B. Festplatte eines Computers) existieren. C. ermöglicht z.B. Zahlungen über das Internet.

D

Dachfonds, besondere Art eines → Investmentfonds, der die zufließenden Mittel nicht in einzelnen Wertpapieren, sondern in Fondsanteilen anderer Investmentgesellschaften anlegt. Hierdurch kann eine breitere → Riskostreuung und damit meist ein besserer Schutz vor Verlusten erreicht werden als bei herkömmlichen Fonds. Auch das Problem der Ertragsschwankungen kann vermindert werden; D. weisen tendenziell eine konstantere Ertragsentwicklung auf als Einzelfonds.

Dach-Hedge-Fonds, → Hedge-Fonds.

D/A-Inkasso, → Dokumente gegen Akzept.

Damnum, → Disagio.

Darlehen. 1. Gem. § 488 BGB die Überlassung eines Geldbetrages, verbunden mit der Verpflichtung des Darlehensnehmers, den geschuldeten Zins zu zahlen und den zur Verfügung gestellten Betrag bei Fälligkeit zurückzuerstatten (Gelddarlehen). In der Bankpraxis wird das D. in Form von Bargeld oder Buchgeld (Kontogutschrift) in einer Summe oder in mehreren Teilbeträgen bereitgestellt. Die Rückzahlung erfolgt entweder am Laufzeitende oder in festgelegten Raten. – 2. Gem. § 607 BGB die Überlassung einer vertretbaren Sache, verbunden mit der Verpflichtung des Darlehensnehmers, das vereinbarte Entgelt zu zahlen und bei Fälligkeit Sachen gleicher Art, Güte und Menge zurückzugeben (Sachdarlehen).

Darlehenskonto, debitorisch (→ Debitor) geführtes Konto zur Erfassung der als → Darlehen gewährten Kreditverbindlichkeit eines Bankkunden. Im Einzelnen werden auf dem Darlehenskonto der Darlehensbetrag bei der Auszahlung, die anfallenden Darlehenszinsen sowie die Zins- und Tilgungsleistungen des Darlehensnehmers bis zur vollständigen Rückzahlung verbucht.

Darlehensvertrag, i.d.R. schriftliche Vereinbarung über die mit der Gewährung eines → Darlehens für Darlehensgeber und Darlehensnehmer verbundenen Rechte und Pflichten. In der Bankpraxis enthält der D. zumindest die Bezeichnung der Vertragspartner, den Darlehensbetrag, die Darlehenskontonummer, den Nominal- und Effektivzinssatz (→ Nominalverzinsung, → Rendite), die Rückzahlungsmodalitäten, evtl. anfallende Darlehensnebenkosten, den Verwendungszweck sowie ggfs. zu bestellende → Kreditsicherheiten. Für → Verbraucherdarlehen gelten besondere formelle und inhaltliche Anforderungen an den D.

Datenfernübertragung (DFÜ), Übertragung von Daten im Zahlungsverkehr unmittelbar über besondere Datenleitungen anstelle der körperlichen Weitergabe von Datenträgern (z.B. CD`s). Im Inlandszahlungsverkehr werden zur DFÜ z.B. Datex-Dienste der Deutschen Telekom genutzt. Im Auslandszahlungsverkehr erfolgt die Datenübermittlung vor allem über das SWIFT-System (→ SWIFT). – Vgl. auch → Datenträgeraustausch (DTA).

Datenträgeraustausch (DTA), Form des beleglosen Datenaustauschs zwischen Kunden und Kreditinstituten oder von Kreditinstituten untereinander zur Abwicklung des bargeldlosen Zahlungsverkehrs. Kunden der Kreditinstitute können (insbesondere bei Massenumsätzen der Firmenkundschaft) Aufträge zur Ausführung von → Überweisungen und zum Einzug von → Lastschriften auf elektronischen Datenträgern (z.B. CD`s) einreichen. Für die Teilnahme am DTA gelten besondere Bedingungen für den DTA, die u.a. die Einhaltung bestimmter Normen hinsichtlich der Datenträgerformate und des Dateiaufbaus gewährleisten sollen. Auch im Zahlungsverkehr zwischen den Kreditinstituten werden Aufträge der Kunden zum Teil per DTA abgewickelt. Hierfür gelten einheitliche, institutsübergreifende Richtlinien für den beleglosen DTA. Im Zahlungsverkehr zwischen Banken werden Daten jedoch inzwischen überwiegend per → Datenfernübertragung (DFÜ) übermittelt.

Datowechsel, → Wechsel, der zu einem bestimmten Zeitpunkt nach dem Ausstellungsdatum fällig ist. – *Beispiel:* Ein Wechsel mit Ausstellungsdatum 8.3... und der Verfallangabe „2 Monate dato" ist am 8.5... fällig.

Dauerauftrag, Auftrag eines Kunden an sein Kreditinstitut, regelmäßig zu einem bestimmten Termin an den genannten Empfänger Zahlungen per → Überweisung in gleichbleibender Höhe zu Lasten seines Kontos zu leisten. – Vgl. auch → Dauerüberweisung.

Dauerauftragssparen, Sonderform des Sparens, bei der ein Kunde sein Kreditinstitut beauftragt, regelmäßig (z.B. monatlich) einen bestimmten Betrag von seinem Girokonto auf ein Sparkonto zu übertragen.

Daueremission, laufende Ausgabe einer → Anleihe ohne besondere Ankündigung zur regelmäßigen Mittelbeschaffung am Kapitalmarkt. D. werden z.B. durch → Realkreditinstitute in Form von → Pfandbriefen und → Kommunalobligationen sowie durch den Bund als → Bundesschatzbriefe, → Bundesobligationen und → Finanzierungsschätze ausgegeben. Verzinsung und ggfs. Ausgabekurs werden jeweils der aktuellen Kapitalmarktsituation angepasst.

Dauerglobalurkunde, Urkunde, die die gesamte → Emission eines Wertpapiers verbrieft. Die Auslieferung einzelner Urkunden ist während der gesamten Laufzeit vertraglich ausgeschlossen. Die D. soll eine einfache und rationelle Verwahrung und Verwaltung des jeweiligen Wertpapierbestandes ermöglichen.

Dauerüberweisung, → Überweisung, die aufgrund eines entsprechenden Kundenauftrags regelmäßig zu einem bestimmten Termin mit gleichbleibendem Betrag an den genannten Empfänger vorgenommen wird. – Vgl. auch → Dauerauftrag.

DAX, Abk. für → Deutscher Aktienindex.

DAX-Future, → Finanzterminkontrakt auf den → Deutschen Aktienindex (DAX). Da eine effektive Lieferung des → Basiswertes nicht möglich ist, erfolgt am Fälligkeitstag ein Barausgleich (→ Settlement) der erzielten Gewinne bzw. Verluste. Der Käufer eines D.-F. geht von einem Anstieg des DAX aus. Erfüllt sich seine Erwartung und der DAX-Stand liegt am Erfüllungstag über dem bei Geschäftsabschluss vereinbarten Wert, so hat er Anspruch auf Zahlung eines entsprechenden Differenzbetrages in Höhe von 25 Euro je DAX-Punkt. Liegt der DAX-Stand zu diesem Zeitpunkt dagegen unter dem im Kontrakt vereinbarten Wert, so ist der Käufer des D.F. seinerseits zur Zahlung des entsprechenden Differenzbetrages an seinen Kontrahenten verpflichtet.

DAX-Volatilitätsindex (VDAX), von der → Deutschen Börse AG auf der Basis von → Optionen auf den → DAX berechneter Börsenindex (→ Index) als Indikator für die von den Marktteilnehmern innerhalb der nächsten 45 Tage erwartete Schwankungsbreite (→ Volatilität) des DAX. Je höher der als Prozentsatz ausgedrückte Wert des VDAX ist, umso stärker sind die für den Betrachtungszeitraum erwarteten Kursausschläge. – Inzwischen wird zusätzlich zum VDAX ein neugeschaffener *VDAX-New* berechnet, der mittelfristig den VDAX ersetzen soll. Einer der Unterschiede zum bisherigen VDAX liegt in einem von 45 auf 30 Tage verkürzten Betrachtungshorizont.

Day Trading, Handel mit Aktien, → Optionen und anderen → Finanzinstrumenten unter kurzfristiger Ausnutzung oft nur geringer Kursschwankungen. Die einzelnen Positionen werden oft nur für wenige Minuten gehalten und spätestens zum Ende eines Börsentages glattgestellt. D.T. wird zunehmend auch von Privatpersonen über das Internet (teilweise auch von angemieteten Handelsräumen aus) betrieben.

Debit Karte, *Debit Card.* 1. Von Kreditinstituten ausgegebene → Zahlungskarte, die dem jeweiligen Karteninhaber vielfältige Verfügungsmöglichkeiten über sein Konto eröffnet. Die D.K. dient u.a. der Identifikation bei Barabhebungen an → Geldautomaten und bei bargeldlosen Zahlungen an automatisierten Kassen von Handels- und Dienstleistungsunternehmen (z.B. → Electronic Cash). Das

Konto des Karteninhabers wird unmittelbar nach einer Verfügung mit dem Zahlungsbetrag belastet. Es erfolgt keine Kreditgewährung durch Zahlungsaufschub. Darüber hinaus ermöglicht die D.K. den Zugang zu Kontoauszugsdruckern und Selbstbedienungsterminals der Banken. – 2. → Kreditkarte mit zinsmäßig taggenauer Erfassung der Kartenumsätze.

Debitor, Bezeichnung eines Bankkunden, dessen Konto einen → Sollsaldo aufweist. – *Gegensatz:* → Kreditor.

Debitorenziehung, → Wechsel, den ein Kreditinstitut zur Besicherung einer Darlehensforderung auf den Kreditnehmer zieht und von diesem akzeptieren läßt. Die D. ist den → Finanzwechseln zuzuordnen.

Deckungskapital, Summe der verzinslich angesammelten Sparanteile aus einer → Kapitallebensversicherung. Das D. gelangt bei Vertragsablauf zur Auszahlung und bildet die Grundlage für die Ermittlung des → Rückkaufswertes bei vorzeitiger Vertragskündigung.

Deckungsstock, *Prämienreservefonds;* Bezeichnung der Vermögenswerte, die bei einer Versicherungsgesellschaft als Teil des gebundenen Vermögens zur Sicherung der Verbindlichkeiten gegenüber den Versicherten dienen. Der D. ist als Sondervermögen getrennt vom Vermögen der Versicherungsgesellschaft zu verwalten und unterliegt der Überwachung eines Treuhänders. Für den D. sind nur bestimmte Vermögenswerte zugelassen, die vor allem den Kriterien Sicherheit, Verfügbarkeit und Rentabilität genügen müssen. – *Anmerkung:* Im Versicherungsaufsichtsgesetz (VAG) erfolgte inzwischen eine Umbenennung des D. in „Sicherungsvermögen".

Deckungsstockfähigkeit, Eignung von Vermögensgegenständen als Anlageobjekte des gesetzlich vorgeschriebenen Prämienreservefonds (→ Deckungsstock) von Versicherungsgesellschaften. Wertpapiere sind nur dann deckungsstockfähig, wenn sie besonderen Anforderungen hinsichtlich Sicherheit, Liquidität und Rendite entsprechen.

Deep Discount Bond, → Niedrigzins-Anleihe.

Deferred-payment-Akkreditiv, → Nachsichtakkreditiv.

Deflation, anhaltender Rückgang des Preisniveaus und daraus resultierender Anstieg der Kaufkraft des Geldes. Ursache der D. ist ein Überhang des gesamtwirtschaftlichen Angebots über die Nachfrage. Die fehlende Nachfrage bewirkt, dass Produktionskapazitäten der Unternehmen nicht ausgelastet sind. Auf diese mangelnde Auslastung wird tendenziell mit Preissenkungen reagiert. – *Gegensatz:* → Inflation.

deklaratorische Wirkung, rechtsbekundende Wirkung einer Eintragung in das → Handelsregister oder → Genossenschaftsregister, die lediglich auf eine bereits bestehende Tatsache hinweist. Wird z.B. eine → Prokura eingetragen, so existiert sie dennoch bereits ab dem Zeitpunkt der Ernennung des Prokuristen. – *Gegensatz:* → konstitutive Wirkung.

Deport, Abschlag, den ein → Devisenterminkurs gegenüber dem entsprechenden → Devisenkassakurs aufweist, wenn das Zinsniveau der Auslandswährung niedriger ist als das Zinsniveau der Inlandswährung. Der D. gleicht die zwischen beiden Währungen bestehende Zinssatzdifferenz rechnerisch aus. – *Gegensatz:* → Report.

Depositen, heute weniger gebräuchliche Bezeichnung für → Einlagen (vor allem → Sicht- und → Termineinlagen).

Depositum Irregulare, → unregelmäßige Verwahrung.

Depositum Regulare, → regelmäßige Verwahrung.

Depot. 1. Bezeichnung für einen Aufbewahrungsort von (Wert-)gegenständen. Bei Kreditinstituten wird zwischen → geschlossenem D. und → offenem D. unterschieden. – 2. Kurzbezeichnung eines Kontos zur Erfassung der für einen Kunden verwahrten und verwalteten Wertpapiere (→ Depotkonto).

Depot A, *Eigendepot;* Bezeichnung eines Depots, in das ein Drittverwahrer (→ Drittverwahrung) Wertpapiere eines → Zwischenverwahrers aufnimmt, die dieser durch entsprechende schriftliche und ausdrückliche

Eigenanzeige als sein Eigentum gekennzeichnet hat. Die hinterlegten Wertpapiere haften für Verbindlichkeiten des Zwischenverwahrers gegenüber dem Drittverwahrer. In das D.A. werden außerdem Wertpapiere aufgenommen, bei denen der Zwischenverwahrer vom Hinterleger zur unbeschränkten → Verpfändung ermächtigt wurde. Diese Papiere haften wie eigene Wertpapiere des Zwischenverwahrers.

Depotabstimmung, Abstimmung von Wertpapierbeständen mit den einzelnen Depotkunden durch das depotführende Kreditinstitut. Die D. erfolgt durch Übersendung eines Depotauszuges, der zumindest den → Nennwert bzw. die Stückzahl der einzelnen Wertpapiere, die Wertpapierbezeichnung und die Verwahrungsart ausweist. Der Kunde wird aufgefordert, bei Unstimmigkeiten der Aufstellung umgehend zu widersprechen.

Depot B, *Fremddepot;* Bezeichnung eines Depots, in das ein Drittverwahrer (→ Drittverwahrung) Wertpapiere zur Verwahrung und Verwaltung aufnimmt, die nicht dem → Zwischenverwahrer, sondern dem Hinterleger (Kunde des Zwischenverwahrers) gehören. Es gilt der Grundsatz der Fremdvermutung, d.h. der Drittverwahrer muss bei einer fehlenden Eigenanzeige des Zwischenverwahrers davon ausgehen, dass es sich bei den eingelieferten Wertpapieren um Kundenpapiere des Zwischenverwahrers handelt. Diese Kundenpapiere haften im Allgemeinen nicht für Verbindlichkeiten des Zwischenverwahrers gegenüber dem Drittverwahrer.

Depotbank. 1. Allgemein Bezeichnung eines Kreditinstituts, das für einen Hinterleger die Verwahrung und Verwaltung von Wertpapieren übernimmt. – 2. Nach dem Investmentgesetz ein Kreditinstitut, das von einer → Investmentgesellschaft mit der Verwahrung eines Sondervermögens und der Wahrnehmung damit in Zusammenhang stehender Tätigkeiten beauftragt ist. Die D. nimmt ihre Aufgaben ausschließlich im Interesse der Anteilinhaber und unabhängig von der Investmentgesellschaft wahr. Für das von ihr verwahrte Sondervermögen hat die D. gesperrte Konten und Depots einzurichten. Die Aufgaben der D. bestehen vor allem im Erwerb und der Veräußerung von Wertpapieren für das Sondervermögen aufgrund der von der Investmentgesellschaft getroffenen Anlageentscheidungen, in der Ausgabe und Rücknahme von Anteilscheinen, der Ausschüttung von Gewinnanteilen an die Anleger und in der laufenden Wertermittlung des Sondervermögens. Die D. überwacht außerdem die Einhaltung der gesetzlichen Vorschriften und der für das Sondervermögen geltenden Vertragsbedingungen durch die Investmentgesellschaft. Zwischen D. und Investmentgesellschaft dürfen auf Leitungsebene keine personellen Verflechtungen bestehen.

Depotbuch, Verzeichnis der von einem Kreditinstitut zur Verwahrung und Verwaltung im → offenen Depot entgegengenommenen Wertpapiere. Ein D. kann als → Personendepotbuch, → Sachdepotbuch, → Lagerstellenbuch oder → Nummerndatei angelegt sein. – Vgl. auch → Depotbuchführung.

Depotbuchführung, Führung eines Verzeichnisses zur Erfassung der von einem Kreditinstitut zur Verwahrung und Verwaltung entgegengenommenen Wertpapiere. Das → Depotgesetz schreibt die D. durch Führung eines Handelsbuches vor, in das Art, Nennbetrag (Nennwert) oder Stückzahl, Nummern oder sonstige Bezeichnungsmerkmale der für einen Hinterleger verwahrten Wertpapiere einzutragen sind (→ Personendepotbuch). Im Fall einer → Drittverwahrung muss auch die Lagerstelle angegeben werden. Daneben werden weitere Depotbücher nach unterschiedlichen Gliederungskriterien geführt (z.B. → Sachdepotbuch, → Lagerstellenbuch, → Nummerndatei).

Depotgebühren, von Kreditinstituten von den Kunden erhobenes laufendes Entgelt für die Verwahrung und Verwaltung von Wertpapieren im → offenen Depot. D. werden häufig als Prozentsatz bzw. Promillesatz des jeweiligen Wertpapierbestandes in Rechnung gestellt. Bei kleineren Depots ist die Berechnung einer Mindestgebühr üblich. In der Praxis wird auch eine Differenzierung der D. nach der Verwahrungsart (→ Girosammelverwahrung, → Sonderverwahrung, → Wertpapierrechnung) vorgenommen, um den unterschiedlich hohen Aufwand für die einzelnen Verwahrungsarten zu berücksichtigen.

Depotgeschäft, Geschäftszweig der Banken, der die Vermietung von → Schrankfächern und Annahme von → Verwahrstücken (geschlossenes Depot) sowie die Verwahrung und Verwaltung von Wertpapieren (offenes Depot) zum Gegenstand hat. Jedes D. setzt eine Prüfung der Legitimation des Kunden voraus (→ Legitimationsprüfung); die Abgabenordnung verpflichtet denjenigen, der ein Konto führt, Wertsachen verwahrt oder ein Schließfach überlässt, Namen und Anschrift des Verfügungsberechtigten festzustellen.

Depotgesetz (DepotG), Gesetz über die Verwahrung und Anschaffung von Wertpapieren. Das DepotG ist gesetzliche Grundlage des → Depotgeschäfts der Kreditinstitute, soweit Wertpapiere im → offenen Depot verwahrt und verwaltet werden. Es enthält vor allem Schutzvorschriften zugunsten des Hinterlegers im Hinblick auf die Verschaffung und den Erhalt des Eigentums an den über ein Kreditinstitut erworbenen bzw. diesem anvertrauten Wertpapieren. Das DepotG regelt u.a. detailliert die einzelnen Verwahrungsarten, die Verpfändung von Wertpapieren (→ Verpfändung) sowie Grundsätze der → Depotbuchführung.

Depotkonto, Bankkonto zur Erfassung von Wertpapieren, die von einem Kreditinstitut zur Verwahrung und Verwaltung entgegengenommenen werden. Das D. weist die Wertpapierbezeichnung, den → Nennwert bzw. die Stückzahl eines Wertpapiers, die Verwahrungsart (→ Sammelverwahrung, → Sonderverwahrung) und den Lagerort aus. Der Kunde wird anhand eines i.d.R. einmal jährlich erstellten Depotauszuges über den aktuellen Bestand und Wert seines D. informiert. Für die Führung des D. sind je nach Verwahrungsart unterschiedlich hohe → Depotgebühren zu entrichten.

Depotkunde, Bezeichnung eines Bankkunden, der sein Kreditinstitut mit der Verwahrung und Verwaltung von Wertpapieren im → offenen Depot beauftragt hat.

Depotprüfung. Im Rahmen der Prüfung des Jahresabschlusses schreibt das Kreditwesengesetz (KWG) die besondere Prüfung des Depotgeschäfts der Kreditinstitute vor. Die D. dient in erster Linie dem Schutz der Depotkunden, insbesondere der Sicherung ihres Wertpapiereigentums. Unter anderem wird in diesem Zusammenhang geprüft, ob das Kreditinstitut die aktienrechtlichen Vorschriften über Mitteilungspflichten an die Depotkunden und über die Ausübung des Stimmrechts eingehalten hat.

Depotstimmrecht, *Bankenstimmrecht, Vollmachtsstimmrecht;* Wahrnehmung des Stimmrechts auf Aktionärsversammlungen durch Kreditinstitute aus den von ihnen verwalteten Aktien im Namen ihrer Depotkunden. Bei Ausübung des D. vertritt das Kreditinstitut die Interessen des Auftraggebers. Die Wahrnehmung des Stimmrechts setzt eine entsprechende Vollmacht des Depotkunden voraus. Die Vollmacht kann sich zum einen als Einzelstimmrechtsvollmacht einmalig auf die darin bezeichnete Hauptversammlung beziehen. Möglich ist auch eine allgemeine Stimmrechtsvollmacht, die für alle Hauptversammlungen inländischer Aktien im Depot gilt und jederzeit widerruflich ist. Im Zusammenhang mit der Wahrnehmung des D. ist das Kreditinstitut verpflichtet, dem Aktionär zu den einzelnen Tagesordnungspunkten Vorschläge für die Ausübung des Stimmrechts zu machen. Dabei muss es sich vom Interesse des Aktionärs leiten lassen. Der Depotkunde ist um Weisungen für die Stimmrechtsausübung zu den einzelnen Tagesordnungspunkten zu bitten und darauf hinzuweisen, dass die Bank nach den eigenen Vorschläge abstimmen wird, falls der Kunde keine Weisungen erteilt.

Depot zugunsten Dritter, Depot, bei dem das Eigentum an den darin befindlichen Wertpapieren zu einem bestimmten Zeitpunkt (z.B. Tod des Depotinhabers oder Volljährigkeit des Begünstigten) auf einen Dritten übergehen soll. Mit Eintritt der Bedingung erwirbt der Begünstigte einen Anspruch auf Übereignung der Wertpapiere. Bis zu diesem Zeitpunkt behält der ursprüngliche Depotinhaber volle Dispositionsfreiheit über den Wertpapierbestand.

Derivate, *Finanzderivate;* Rechte, deren Marktpreise direkt oder indirekt von der Kursentwicklung anderer → Finanzinstrumente (Basiswerte) abhängen. Bei diesen Basiswerten kann es sich z.B. um Wertpapiere, Indices (→ Index), Zinssätze oder Währungen handeln. D. sind → Termingeschäfte, deren gemeinsames Merkmal das Auseinanderfallen von Vertragsabschluss und Erfüllung ist. Zu den D. gehören z.B. → Futures und → Optionen. D. werden entweder als standardisierte Kontrakte an Terminbörsen oder außerbörslich an Over-the-Counter-Märkten gehandelt. – Vgl. auch → OTC-Instrumente.

Designated Sponsor, Bezeichnung eines zum Börsenhandel zugelassenen Unternehmens, das für bestimmte gehandelte Finanzwerte (insbesondere umsatzschwächere Aktien) Betreuungsfunktionen wahrnimmt. Der D.S. analysiert und berät laufend das betreute Unternehmen und unterstützt den Vertrieb der Aktien bei privaten und institutionellen Anlegern im In- und Ausland. Im Börsenhandel stellt der D.S. verbindliche → Geld- und → Briefkurse, zu denen er zum An- bzw. Verkauf der betreuten Werte bereit ist und sorgt so für jederzeitige Handelbarkeit dieser Werte zu marktgerechten Kursen.

Deutsche Ausgleichsbank, bis 2003 existierende öffentlich-rechtliche Spezialbank (ehem. Lastenausgleichsbank), deren ursprüngliche Aufgabe in der wirtschaftlichen Eingliederung und Förderung von Kriegsfolgen betroffener Personen durch Kreditgewährung sowie in der bankmäßigen Abwicklung des Lastenausgleichs bestand. Zuletzt lag der Aufgabenschwerpunkt in der Förderung des Mittelstandes und der freien Berufe (insbesondere im Bereich der Existenzgründung). Zu diesem Zweck bot die D.A. unterschiedliche Förderprogramme an, in deren Rahmen zinsgünstige Kredite gewährt wurden. - Die D.A. ist im Jahr 2003 in der neugegründeten KfW-Mittelstandsbank aufgegangen, die die Förderprogramme der D.A. übernommen hat.

Deutsche Börse AG, Trägergesellschaft der Frankfurter Wertpapierbörse und u.a. Eigentümerin bzw. Miteigentümerin der → Clearstream Banking AG, der → Deutsche Börse Systems AG und der → Eurex. Aktionäre der D.B. sind im Wesentlichen Kreditinstitute, darüber hinaus auch Makler und die deutschen Regionalbörsen (vertreten durch die Deutsche Beteiligungsgesellschaft mbH). Die D.B. bietet umfassende Börsendienstleistungen in den Bereichen Informationstechnologie sowie Handel und Abwicklung.

Deutsche Börse Systems AG (Systems), Tochtergesellschaft der → Deutsche Börse AG, die als Systemhaus für die gesamte Informationstechnologie der Gruppe Deutsche Börse zuständig ist. Die D.B.S. entwickelt und betreibt Handels,- Abwicklungs- und Informationssysteme für den Kassahandel (→ Kassageschäft) und den Terminhandel (→ Termingeschäft). Zu den bedeutendsten Systemen gehören das elektronische Handelssystem → Xetra und das Eurex-System (→ Eurex).

Deutsche Bundesbank, → Zentralbank der BRD im Rahmen des → Europäischen Systems der Zentralbanken (ESZB) mit Sitz in Frankfurt/Main. Die D.B. ist juristische Person des öffentlichen Rechts; rechtliche Grundlage ihrer Organisation und Geschäftstätigkeit ist das Gesetz über die Deutsche Bundesbank (Bundesbankgesetz). Die D.B. ist aufgrund entsprechender Ermächtigung der Europäischen Zentralbank (EZB) zur Ausgabe von → Banknoten berechtigt. Sie wirkt an der Erfüllung der Aufgaben des ESZB mit, hält und verwaltet die Währungsreserven der BRD, sorgt für die bankmäßige Abwicklung des Zahlungsverkehrs im Inland und mit dem Ausland und dient der Stabilisierung der Zahlungs- und Verrechnungssysteme. Vorrangiges Ziel der D.B. ist die Gewährleistung der Preisstabilität. Darüber hinaus wirkt sie mit bei der → Bankenaufsicht und bei der Kreditaufnahme der öffentlichen Hand auf den Geld- und Kapitalmärkten und vertritt die BRD in internationalen Währungsbehörden. Organ der D.B. ist der Vorstand, der die Bank leitet und verwaltet. Mitglieder des Vorstandes sind u.a. der Präsident und der Vizepräsident der D.B. Die D.B. unterhält insgesamt neun Hauptverwaltungen in den einzelnen Bundesländern bzw. für mehrere Bundesländer gemeinsam sowie eine Vielzahl von Filialen.

Deutsche Finanzagentur, *Finanzagentur GmbH;* Dienstleistungsunternehmen des Bundes mit Sitz in Frankfurt/M. Zu den Aufgaben der D.F. gehören u.a. die Übernahme von Dienstleistungen im Zusammenhang mit der Ausgabe, Verwahrung und Verwaltung von → Bundeswertpapieren, Kreditaufnahmen im Namen und für Rechnung des Bundes in Form von → Schuldscheindarlehen sowie die Durchführung bestimmter Geldmarktgeschäfte (→ Geldmarkt).

Deutsche Genossenschaftsbank AG (DG Bank), ehemals zentrales Spitzeninstitut des Genossenschaftsbankensektors. – Jetzt → Deutsche Zentral-Genossenschaftsbank AG.

deutsche kaufmännische Zinsmethode, → Zinsberechnungsmethoden.

Deutscher Aktienindex (DAX), Aktienindex (→ Index) der → Deutschen Börse AG, der die Börsenkursentwicklung von 30 deutschen Standardaktien unterschiedlicher Branchen abbildet. Seit 2006 können unter bestimmten Voraussetzungen auch Aktien von Konzernen mit Sitz im Ausland in den DAX aufgenommen werden. Der DAX wird während des Börsenhandels laufend berechnet und veröffentlicht. Je nach Unternehmensgröße werden die einzelnen Aktien im DAX unterschiedlich stark gewichtet. Die Auswahl der 30 Daxwerte erfolgt nach den Kriterien Börsenumsatz und Marktkapitalisierung (Börsenwert der frei handelbaren Aktien). Der DAX ist als → Performance-Index angelegt und wird seit 1988 auf einer Basis von damals 1.000 Indexpunkten berechnet. Zusätzlich wird der DAX auch als → Kursindex ermittelt.

Deutscher Genossenschaftsring, → Gironetz der → Kreditgenossenschaften, bestehend aus der → Deutschen Zentral-Genossenschaftsbank (DZ Bank) als Spitzeninstitut, einer genossenschaftlichen Zentralbank und weiteren Genossenschaftsbanken als Ringhauptstellen auf regionaler Ebene und den Volks- und Raiffeisenbanken sowie sonstigen Kreditgenossenschaften als Ringstellen auf örtlicher Ebene.

Deutscher Rentenindex (REX), → Rentenindex der → Deutschen Börse AG zur Darstellung der Börsenkursentwicklung festverzinslicher Wertpapiere mit unterschiedlichen Laufzeiten und Zinssätzen. Der REX wird auf der Basis der Kursentwicklung von Staatspapieren berechnet. Der REX spiegelt die Tendenz am deutschen → Rentenmarkt wider und kann als Indikator für die Entwicklung des Zinsniveaus herangezogen werden.

Deutscher Sparkassen- und Giroverband e.V. (DSGV), Dachverband der Sparkassen-Finanzgruppe, dem u.a. Sparkassen, Landesbanken, Landesbausparkassen und öffentliche Versicherer angehören. Der DSGV vertritt und fördert die Interessen seiner Mitglieder in bankpolitischen, kreditwirtschaftlichen und aufsichtsrechtlichen Fragen u.a. durch Beratung, Erfahrungsaustausch sowie Aus- und Weiterbildungsmaßnahmen.

Deutsche Terminbörse, → Eurex.

Deutsche WertpapierService Bank AG, Institut zur Abwicklung von Wertpapiertransaktionen im deutschen Markt mit Sitz in Frankfurt a.M. – Vgl. auch → Effektengiroverkehr.

Deutsche Zentral-Genossenschaftsbank AG (DZ Bank), zentrales Spitzeninstitut des Genossenschaftsbankensektors in der Rechtsform der Aktiengesellschaft. Die DZ Bank übt einerseits Zentralbankfunktion für den größten Teil der Kreditgenossenschaften aus und dient hier unter anderem als Refinanzierungsinstitut und der Abwicklung des bargeldlosen Zahlungsverkehrs. Andererseits ist sie Geschäftsbank mit internationaler, insbesondere europäischer Ausrichtung.

Devisen, nach einer weiten Begriffsdefinition Zahlungsmittel in fremder Währung als Guthaben bei Banken sowie → Schecks und → Wechsel in fremder Währung. Dagegen erfasst der Devisenbegriff in enger Definition (v.a. im Devisenhandel unter Kreditinstituten) lediglich Guthaben in fremder Währung auf Konten bei ausländischen Kreditinstituten. Selten werden auch auf fremde Währung lautende → Banknoten und Münzen den Devisen zugerechnet; diese Zahlungsmittel werden jedoch i.d.R. als Sorten bezeichnet.

Devisenarbitrage, Handel mit → Devisen unter Ausnutzung von Kursunterschieden an unterschiedlichen Märkten. Bei der D. in Form der *Ausgleichsarbitrage* nutzt ein Marktteilnehmer die auftretenden Kursunterschiede lediglich, um einen benötigten Devisenbetrag zum niedrigstmöglichen Kurs zu beschaffen bzw. um einen bestimmten Devisenbetrag zum höchstmöglichen Kurs zu verkaufen. Dagegen wird unter der *Differenzarbitrage* die spekulative Ausnutzung von Kursunterschieden verstanden, bei der Devisen an einem Handelsplatz gekauft und gleichzeitig an einem anderen Platz verkauft werden. Die Bedeutung der D. ist stark rückläufig, da die moderne Datenübermittlungstechnik eine Kommunikation zwischen den Märkten praktisch ohne zeitliche Verzögerung ermöglicht.

Devisen-Briefkurs. Bei der → Mengennotierung gibt der D.-B. aus der Sicht eines inländischen Kreditinstituts den *Ankaufspreis*, bei der → Preisnotierung den *Verkaufspreis* einer fremden Währung an. – *Gegensatz:* → Devisen-Geldkurs.

Devisen-Cross Rate, → Cross Rate.

Devisen-Geldkurs. Bei der → Mengennotierung gibt der D.-G. aus der Sicht eines inländischen Kreditinstituts den *Verkaufspreis*, bei der → Preisnotierung den *Ankaufspreis* einer fremden Währung an. – *Gegensatz:* → Devisen-Briefkurs.

Devisenhandel, Abschluss von Geschäften über den Ankauf und Verkauf von → Devisen. Handelsteilnehmer sind in- und ausländische Kreditinstitute, → Zentralnotenbanken und große Unternehmen. Kreditinstitute schließen im D. Kundengeschäfte und Eigengeschäfte ab. Im Auftrag und für Rechnung von Kunden werden Devisen für den Auslandszahlungsverkehr gekauft und verkauft, Geschäfte zum Zweck der → Kurssicherung geschlossen und Geldanlagen bzw. Geldaufnahmen in fremder Währung getätigt. Im Eigenhandel werden ebenfalls Kurssicherungsgeschäfte und Geldanlagen bzw. Geldaufnahmen getätigt sowie darüber hinaus Arbitragegeschäfte abgeschlossen (→ Devisenarbitrage). Der Handel mit Devisen erfolgt weltweit rund um die Uhr mittels entsprechender Telekommunikationseinrichtungen. Aufgrund seiner uneingeschränkten Umtauschbarkeit (Konvertibilität) kann der Euro in beliebigem Umfang und zu frei vereinbarten Kursen gegen andere Währungen gehandelt werden. Im Devisenhandel werden → Devisenkassageschäfte, → Devisentermingeschäfte und Devisenoptionsgeschäfte (→ Devisenoption) geschlossen.

Devisenkassageschäft, Kauf oder Verkauf von → Devisen, die innerhalb von zwei Geschäftstagen nach dem Geschäftsabschluss auf den entsprechenden → Währungskonten bei ausländischen → Korrespondenzbanken zur Verfügung zu stellen sind. Der Gegenwert ist vom Käufer mit gleicher → Valuta anzuschaffen. Kreditinstitute schließen D. im Auftrag der Kundschaft und auf eigene Rechnung. – Vgl. auch → Devisenhandel.

Devisenkassakurs, → Devisenkurs für innerhalb von zwei Geschäftstagen nach Abschluss verfügbare Devisen (Kassadevisen).

Devisenkaufoption, → Devisenoption, bei der der Käufer der Option das Recht erwirbt, zu einem bestimmten Termin bzw. innerhalb eines bestimmten Zeitraumes einen festgelegten Währungsbetrag zu einem im Voraus vereinbarten Preis zu beziehen. Für dieses Recht zahlt der Inhaber der D. seinem Kontrahenten eine Optionsprämie. Der Optionsinhaber wird sein Recht dann ausüben, wenn der aktuelle Devisenkurs bis zum bzw. am Fälligkeitstag der Option über dem vereinbarten → Basispreis liegt. D. eignen sich u.a. zur Absicherung von Wechselkursrisiken aus Importgeschäften. Hat ein Importeur zu einem bestimmten Zeitpunkt einen Betrag in fremder Währung zu zahlen, so kann er diesen Betrag zum Zahlungstermin über eine D. zu einem fest kalkulierbaren Kurs beschaffen. Darüber hinaus werden D. jedoch auch zum Zweck der → Devisenspekulation erworben. – *Gegensatz:* → Devisenverkaufsoption.

Devisenkurs, Austauschverhältnis von zwei Währungen, entweder angegeben als Preis in Inlandswährung für einen bestimmten Betrag (1, 100, 1000 Einheiten) in Auslandswährung (→ Preisnotierung) oder als Menge ausländischer Währung, die für 1, 100 oder 1.000 Einheiten inländischer Währung eingetauscht werden kann (→ Mengennotierung). In den Mitgliedsländern der Europäischen Währungsunion ist Mengennotierung üblich. Kursangaben sind auf 1 Euro bezogen. Je nach Verfügbarkeit der gehandelten Devisen wird zwischen → Devisenkassakurs und → Devisenterminkurs unterschieden.

Devisenkursrisiko, Risiko der für den Inhaber einer Devisenposition ungünstigen Kursentwicklung – Vgl. → offene Position.

Devisenmarkt, Markt, an dem Devisenangebot und -nachfrage aufeinandertreffen. Der Devisenhandel findet heutzutage weltweit mittels Telekommunikation direkt zwischen den Vertragspartnern statt. Marktteilnehmer sind in- und ausländische Banken,

Zentralnotenbanken und große Unternehmen guter Bonität. – Vgl. auch → Devisenhandel.

Devisenoption, Recht, gegen Zahlung einer Optionsprämie an den Stillhalter der → Option, am letzten Tag der Optionslaufzeit (europäische Version) oder jederzeit innerhalb eines festgelegten Zeitraumes (amerikanische Version) einen bestimmten Währungsbetrag zu einem fest vereinbarten Kurs (→ Basispreis) zu kaufen (Devisenkaufoption) oder zu verkaufen (Devisenverkaufsoption). Ob der Inhaber der D. sein Recht ausübt oder verfallen lässt hängt von der Kursentwicklung der zugrundeliegenden Währung ab. D. eignen sich u.a. zur Absicherung von → Devisenkursrisiken aus Außenhandelsgeschäften, werden jedoch darüber hinaus auch zum Zweck der → Devisenspekulation erworben.

Devisen-Optionsschein, Optionsschein (→ Option), dem als → Basiswert ein bestimmter Währungsbetrag zugrunde liegt.

Devisenposition, *Währungsposition, Valutaposition;* Saldo zwischen Forderungen und Verbindlichkeiten in einer fremden Währung zu einem bestimmten Zeitpunkt. Bei einem Überhang der Forderungen über die Verbindlichkeiten wird die D. als Plusposition, bei einem Überhang der Verbindlichkeiten über die Forderungen als Minusposition bezeichnet. Aus einer D. resultiert ein Wechselkursrisiko.

Devisen-Referenzkurs, → Devisenkurs, der für eine bestimmte Währung nach einem festgelegten Verfahren als Bezugsgröße für andere Devisenkurse (insbesondere für die Abrechnung von Kundengeschäften der Banken) ermittelt und veröffentlicht wird. Referenzkurse werden z.B. im Rahmen des Euro-Fixing-Systems (Euro-FX) für bedeutende Währungen börsentäglich als Durchschnittswert ermittelt. Die Kurse der an der Referenzkursbildung beteiligten Kreditinstitute aus unterschiedlichen Institutsgruppen werden zu diesem Zweck an eine Zentralstelle gemeldet. Die beiden höchsten und die beiden niedrigsten Kursangaben bleiben unberücksichtigt. Aus den verbleibenden Werten wird der Referenzkurs als Mittelkurs der jeweiligen Währung errechnet. → Geld-, → Brief- und → Scheckankaufskurse werden hieraus abgeleitet. Die Abrechnung von Kundengeschäften auf der Grundlage von D.-R. macht die in Rechnung gestellten Kurse transparent und damit nachvollziehbar. D.R. werden auch von der Europäischen Zentralbank ermittelt.

Devisenspekulation, Kauf oder Verkauf von → Devisen in der Absicht, den erworbenen Devisenbetrag nach Eintritt eines erwarteten Kursanstiegs mit Gewinn zu verkaufen bzw. den veräußerten Betrag nach einem Kursrückgang günstiger zu beschaffen. Die D. kann auf der Basis von → Devisenkassageschäften oder → Devisentermingeschäften erfolgen.

Devisen-Swapgeschäft, Kombination eines → Devisenkassageschäftes mit einem → Devisentermingeschäft, indem entweder Kassadevisen gekauft und gleichzeitig Termindevisen in gleicher Höhe verkauft oder Kassadevisen verkauft und gleichzeitig Termindevisen in gleicher Höhe gekauft werden. Dabei werden beide Seiten des Swapgeschäfts mit demselben Vertragspartner abgeschlossen. Die Beteiligten tauschen zwei Währungen auf Zeit. D.-S. werden zur Absicherung von Kursrisiken getätigt, die Kreditinstituten aus Devisentermingeschäften mit Kunden und aus eigenen Devisengeschäften entstehen.

Devisentermingeschäft, Kauf oder Verkauf von → Devisen mit der Vereinbarung, die Vertragserfüllung zu einem späteren Zeitpunkt (z.B. nach einen Monat, drei oder sechs Monaten), jedoch zu einem bereits bei Geschäftsabschluss vereinbarten Kurs (Terminkurs) vorzunehmen. Mit D. lassen sich → Devisenkursrisiken aus Außenhandelsgeschäften absichern. So kann z.B. ein Importeur Devisen, die er zum Ausgleich einer Zahlungsverpflichtung zu einem späteren Zeitpunkt benötigt, bereits heute zu einem fest vereinbarten Kurs erwerben. Andererseits hat ein Exporteur die Möglichkeit, Devisen aus einem später erwarteten Zahlungseingang schon zum gegenwärtigen Zeitpunkt per Termin zu einem vereinbarten Kurs zu verkaufen. Auf diese Weise ermöglichen D. eine feste Kalkulationsbasis. D. werden jedoch nicht nur zur Absicherung von Wechselkursen, sondern außerdem auch zu spekulativen Zwecken (→ Devisenspekulation) genutzt.

Devisenterminkurs, → Devisenkurs für später als zwei Geschäftstage nach dem Geschäftsabschluss verfügbare Devisen (Termindevisen).

Devisenverkaufsoption, → Devisenoption, bei der der Käufer der Option das Recht erwirbt, zu einem bestimmten Termin bzw. innerhalb eines bestimmten Zeitraumes einen festgelegten Währungsbetrag zu einem im Voraus vereinbarten Preis zu verkaufen. Für dieses Recht zahlt der Inhaber der D. seinem Kontrahenten eine Optionsprämie. Der Optionsinhaber wird sein Recht dann ausüben, wenn der aktuelle Devisenkurs bis zum bzw. am Fälligkeitstag der Option unter dem vereinbarten → Basispreis liegt. D. eignen sich u.a. zur Absicherung von → Devisenkursrisiken aus Exportgeschäften. Der Exporteur kann den später eingehenden Währungsbetrag bereits zum gegenwärtigen Zeitpunkt zu einem fest vereinbarten Kurs verkaufen. Darüber hinaus werden D. auch zum Zweck der → Devisenspekulation erworben. – *Gegensatz:* → Devisenkaufoption.

DFÜ, Abk. für → Datenfernübertragung.

DG-Bank, *Deutsche Genossenschaftsbank AG;* ehemals zentrales Institut des Genossenschaftsbankensektors. – Jetzt → Deutsche Zentral-Genossenschaftsbank AG.

Direct Banking, Durchführung von Bankgeschäften unter Nutzung telekommunikativer bzw. elektronischer Zugangssysteme wie z.B. Telefon, Fax, PC oder Selbstbedienungsterminal. Auf diese Weise können z.B. Wertpapierkäufe und -verkäufe getätigt, Überweisungsaufträge erteilt und Kontoinformationen abgerufen werden. Kennzeichnend für das D.B. ist der Verzicht des Kunden auf den persönlichen Kontakt zum Bankmitarbeiter. Die Legitimation im D.B. erfolgt in der Regel durch die Kontonummer in Verbindung mit einer persönlichen Identifikationsnummer (PIN) sowie einer Transaktionsnummer (TAN) für jeden Auftrag.

Direktbank, Bank, die kein Netz von Geschäftsstellen unterhält und mit ihren Kunden ausschließlich über zentrale Ansprechstellen per Telefon, Fax, Brief und PC kommuniziert. D. bieten überwiegend Standardleistungen (Kontoführung, Zahlungsverkehr, Wertpapierhandel etc.) an und verzichten auf personal- und kostenintensive Beratung. Aus diesem Grund kommen als Kunden von D. vor allem in Finanzangelegenheiten informierte Personen in Betracht. Das kostengünstige Vertriebssystem verschafft D. bei der Preis- und Konditionengestaltung Konkurrenzvorteile gegenüber → Filialbanken.

direktes Leasing, → Hersteller-Leasing.

Direktversicherung, Form der betrieblichen Altersvorsorge, bei der der Arbeitgeber unmittelbar Zahlungen in eine zugunsten des Arbeitnehmers abgeschlossene → Kapitallebensversicherung einzahlt. Versicherte Person und Bezugsberechtigter ist der Arbeitnehmer. Die Beiträge sind für den Arbeitgeber als Betriebsausgaben steuermindernd; für den Arbeitnehmer stellen die Zahlungen steuerbegünstigte Gehaltsbestandteile dar.

Direktzusage, Form der betrieblichen Altersvorsorge, bei der ein Unternehmen sich verpflichtet, einem Arbeitnehmer oder den Angehörigen bei Eintritt des Versorgungsfalles (Ruhestand, Invalidität, Tod) Leistungen aus betrieblichen Mitteln zu zahlen.

Disagio, *Damnum.* 1. Differenz zwischen Nennbetrag und Auszahlungsbetrag bei der Gewährung langfristiger Darlehen, insbesondere in der → Baufinanzierung. Eine Darlehensgewährung unter Abzug eines D. bewirkt für den Darlehensnehmer bei unveränderter Nominalverzinsung einen Anstieg der Effektivverzinsung und damit eine Verteuerung seiner Kreditschuld. Daher wird bei Inanspruchnahme eines D. der Nominalzins entsprechend gemindert, so dass trotz D. eine unveränderte Effektivverzinsung erreicht wird. Das D. hat den Effekt einer Zinsvorauszahlung für den Zeitraum der vereinbarten Zinsfestschreibung. Die Vereinbarung eines D. erfolgt i.d.R. unter steuerlichen Aspekten; bei der Finanzierung fremdgenutzter Immobilien ist das D. als Geldbeschaffungsaufwand absetzbar. – 2. Bezeichnung der Differenz zwischen Ausgabepreis und Rückzahlungsbetrag bei der → Emission von → Anleihen zu einem Kurs unter 100% und einer Rückzahlung zum → Nennwert.

Disagio-Anleihe, → Niedrigzins-Anleihe.

Disagiodarlehen, → Tilgungsstreckungsdarlehen.

Disagio-Staffel, Tabelle, die für unterschiedliche Laufzeiten von → Anleihen angibt, in welcher Höhe ein bei der Ausgabe des Papiers gewährtes → Disagio am Laufzeitende als Rückzahlungsgewinn maximal steuerfrei vereinnahmt werden kann.

Laufzeit	Disagio (in % vom Nennwert)
bis unter 2 Jahre	1
2 bis unter 4 Jahre	2
4 bis unter 6 Jahre	3
6 bis unter 8 Jahre	4
8 bis unter 10 Jahre	5
ab 10 Jahre	6

Discount Broker, Institut, das zu niedrigen Provisionssätzen Wertpapierkauf- und Verkaufsaufträge ohne Beratungsleistungen abwickelt. Die Auftragserteilung durch die Kunden erfolgt meist über Telefon, per Fax oder online.

Discount Paper, → Abzinsungspapier.

Discount-Zertifikat, Instrument der Geldanlage, dessen Wertentwicklung von der Entwicklung einer Aktie oder eines Aktienindex abhängt (→ Index). Jedoch wird das D. Z. an den Erwerber im Vergleich zum aktuellen Kurs dieses Basiswertes mit einem Abschlag (Discount) ausgegeben. Als Ausgleich für diesen Vorteil wird der mögliche Gewinn des Anlegers nach oben begrenzt. Bei Fälligkeit des D.-Z. sehen die Rückzahlungsbedingungen entweder eine Barauszahlung oder die effektive Lieferung des zugrundeliegenden Basiswertes vor. D.-Z. werden insbesondere von Anlegern erworben, die während der Laufzeit des Zertifikates etwa gleichbleibende Aktienkurse erwarten. Erfüllt sich diese Erwartung, kann der Anleger den Abschlag als Gewinn vereinnahmen. Bei einer Direktanlage in Aktien hätte sein Kapital keinen Zuwachs erfahren.

Diskont, Bezeichnung des Zinsabschlags, der beim Ankauf noch nicht fälliger Forderungen (insbesondere im Zusammenhang mit der Gewährung von → Diskontkrediten durch Kreditinstitute) für die Zeit vom Ankaufstag bis zur Fälligkeit der Forderung berechnet wird.

Diskontkredit, Kreditgewährung durch den Ankauf von → Wechseln vor Fälligkeit unter Abzug von Zinsen (Diskont) bis zum Fälligkeitstag. Der D. ist ein kurzfristiger → Betriebsmittelkredit und dient vor allem der Finanzierung des Warenumsatzes. Kreditinstitute kaufen im Allgemeinen nur Wechsel an, denen ein Waren- oder Dienstleistungsgeschäft zugrunde liegt (Handelswechsel). Dem Kreditnehmer wird eine seiner → Kreditwürdigkeit entsprechende Obergrenze (Limit) eingeräumt, bis zu der er seinem Kreditinstitut Wechsel zum Ankauf einreichen kann. Die Tilgung des D. erfolgt bei Fälligkeit der Wechselschuld durch den → Bezogenen.

Diskontsatz, Bezeichnung des Zinssatzes, zu dem von Kreditinstituten im Rahmen von → Diskontkrediten Wechsel angekauft werden.

Diskontwechsel, → Wechsel, der von einem Kreditinstitut im Rahmen eines → Diskontkredits vor Fälligkeit angekauft wird.

Dispositionskredit, *persönlicher Dispositionskredit;* Kredit an Privatkunden, der als → Kontokorrentkredit auf Lohn- und Gehaltskonten zur Verfügung gestellt wird. Der D. dient der Deckung eines kurzfristig auftretenden Geldbedarfs zur Finanzierung von Konsumausgaben, kann flexibel in Anspruch genommen werden und wird aus laufenden Zahlungseingängen (insbesondere Lohn- und Gehaltszahlungen) zurückgeführt. Auf die Stellung von Sicherheiten (→ Kreditsicherheiten) wird bei dieser Kreditart üblicherweise verzichtet. Der Bankkunde erhält den D. bei ausreichender persönlicher Bonität (→ Kreditwürdigkeit). Die Höhe des D. richtet sich nach dem regelmäßigen Monatseinkommen des Kontoinhabers und wird meist auf das Ein- bis Dreifache dieses Einkommens festgesetzt.

DivDAX, Aktienindex (→ Index) der → Deutschen Börse AG, der die 15 dividendenstärksten Titel unter den 30 Werten des → Deutschen Aktienindex enthält. Die Zusammensetzung des D. wird einmal jährlich überprüft. Kapitalanleger können über den Erwerb von Finanzprodukten wie z.B. Zertifikate oder → Investmentfonds an der Entwicklung des D. teilhaben.

Diversifikation, Verteilung eines Vermögensbestandes auf eine breite Palette von Einzelpositionen zur Streuung der aus der Anlage resultierenden Verlustrisiken. Grundgedanke hierbei ist, starke Verluste bei einzelnen Werten gegebenenfalls durch Gewinne bei anderen Werten kompensieren zu können. Die D. hat vor allem im Zusammenhang mit der Anlage in → Aktien Bedeutung.

Dividende, einem Aktionär als Anteil am Bilanzgewinn der jeweiligen → Aktiengesellschaft entsprechend seiner Anzahl Aktien zustehender Kapitalertrag. Die Höhe der D. ist abhängig von der Ertragslage der Gesellschaft und kann daher von Jahr zu Jahr schwanken oder unter Umständen zeitweilig ausfallen. Den Beschluss über die Höhe der D. eines Geschäftsjahres fasst die Hauptversammlung der AG, da ihr die Entscheidung über die Verwendung des Bilanzgewinns obliegt. Die D. wird gegen Einreichung des bekanntgegebenen → Dividendenscheines von den als Zahlstellen fungierenden Banken ausgezahlt bzw. gutgeschrieben. D. sind als Einkünfte aus Kapitalvermögen zu versteuern. Die Gutschrift erfolgt unter Abzug von 25% → Abgeltungssteuer und 5,5% Solidaritätszuschlag. Hat der Aktionär seinem Kreditinstitut einen → Freistellungsauftrag erteilt oder liegt eine → Nichtveranlagungsbescheinigung vor, so wird die D. ohne Steuerabzug gutgeschrieben. – Vgl. auch → Dividendenbesteuerung.

Dividendenabschlag, Abschlag vom Börsenkurs einer Aktie aufgrund vorangegangener Dividendenzahlung (→ Dividende). Die Höhe des D. entspricht rechnerisch dem Betrag der auf der Hauptversammlung beschlossenen Dividende. Der D. erfolgt am ersten Börsentag nach der Hauptversammlung; der Börsenkurs der jeweiligen Aktie erhält an diesem Tag den ergänzenden Hinweis „ex D" (ohne Dividende).

Dividendenbekanntmachung, Veröffentlichung der Dividendenzahlung einer AG (→ Dividende) aufgrund eines vorangegangenen Beschlusses der Hauptversammlung. Die D. informiert über den Betrag der Dividende je Aktie und wird im → Bundesanzeiger und in mindestens einem → Börsenpflichtblatt vorgenommen.

Dividendenbesteuerung. Dividendenerträge unterliegen als Einkünfte aus Kapitalvermögen der → Einkommensteuer. – *Bis 31.12. 2008* waren sie mit dem persönlichen Steuersatz im Rahmen der Veranlagung zur Einkommensteuer nach dem → Halbeinkünfteverfahren zu versteuern, falls (mit anderen Einkünften aus Kapitalvermögen zusammen) der Sparerfreibetrag überschritten wurde. Die von den Banken zum Zeitpunkt der Auszahlung bei fehlendem bzw. nicht ausreichendem → Freistellungsauftrag einbehaltene Kapitalertragsteuer von 20% (zzgl. Solidaritätszuschlag von 5,5%) stellte lediglich eine Vorauszahlung auf die im Rahmen der Einkommensteuererklärung ermittelte Steuerschuld dar. – *Seit dem 01.01.2009* unterliegen Dividendenerträge einer pauschalen → Abgeltungssteuer von 25% zzgl. 5,5% Solidaritätszuschlag (sowie ggfs. Kirchensteuer). Der Steuerabzug wird durch die depotführende Bank vorgenommen, sofern kein ausreichender → Freistellungsauftrag vorliegt. Im Gegensatz zum bisherigen Besteuerungsverfahren ist die Steuerschuld des Anlegers damit beglichen und stellt nicht mehr lediglich eine Steuervorauszahlung dar. Selbst bei einem persönlichen Steuersatz über 25% hat der Sparer im Rahmen der Einkommensteuererklärung keine Nachzahlung mehr zu leisten. Bei einem Steuersatz unter 25% erfolgt im Zuge der Einkommensteuerveranlagung hingegen auf Antrag eine Steuererstattung. Da das Halbeinkünfteverfahren zum 1.1.2009 abgeschafft wurde, unterliegen Dividendenerträge seitdem nicht mehr nur zur Hälfte, sondern in voller Höhe der Besteuerung.

Dividendengarantie, Gewährleistung einer (oft zeitlich befristeten) Mindestdividende (→ Dividende) für die Aktionäre. Eine D. kann nicht durch die betreffende Aktiengesellschaft selbst, jedoch durch Dritte wie z.B. Muttergesellschaften bei verbundenen Unternehmen gewährt werden. D. kommen unter anderem bei → Vorzugsaktien als Ausgleich für einen Stimmrechtsverzicht vor.

Dividendennachteil, Nachteil, den bei einer Kapitalerhöhung gegen Einlagen (→ Kapitalerhöhung) ausgegebene → junge Aktien im Fall einer gegenüber den Altaktien verminderten Dividendenberechtigung (→ Dividende) aufweisen. Ein D. ist bei der Ermittlung des rechnerischen → Bezugsrechtswerts zu berücksichtigen. Der Nachteil mindert den rechnerischen Wert eines Bezugsrechts, da er sich wie eine Erhöhung des Bezugspreises der jungen Aktien auswirkt. – *Gegensatz:* → Dividendenvorteil.

Dividendenpapier, Wertpapier, das dem Inhaber Anspruch auf Zahlung von → Dividenden verbrieft.

Dividendenrendite, Verzinsung des in eine Aktie investierten Kapitals auf der Grundlage der (erwarteten) Dividendenzahlung eines Unternehmens. Zur Ermittlung der D. wird die erwartete Dividende ins Verhältnis zum Börsenkurs der Aktie gesetzt.

Dividendenrisiko, Risiko einer Anlage in → Aktien, dass Dividendenzahlungen (→ Dividende) sich bei einer Verschlechterung der wirtschaftlichen Situation des jeweiligen Unternehmens vermindern oder sogar vollständig entfallen können.

Dividendenschein, Urkunde, die den Anspruch auf Ertrag (→ Dividende) aus einer Aktie zu einem bestimmten Ausschüttungstermin verbrieft. Der D. ist selbstständiges Wertpapier und bildet zusammen mit den D. für weitere Dividendenzahlungen und dem Erneuerungsschein (→ Talon) den → Bogen einer Aktie. Die gesetzliche Vorlegungsfrist eines D. endet am 31.12. des vierten auf den Ausschüttungstermin folgenden Jahres. Die Verjährung des Dividendenanspruchs tritt zwei Jahre nach Ablauf der Vorlegungsfrist ein, sofern der D. rechtzeitig vorgelegt wurde. Der D. dient neben der Wahrnehmung des Dividendenanspruchs der Ausübung des → Bezugsrechts auf → junge Aktien, Wandelanleihen (→ Convertible Bond), → Optionsanleihen, → Gewinnschuldverschreibungen und → Genussscheine.

Dividendenvorteil, Vorteil, den bei einer Kapitalerhöhung gegen Einlagen (→ Kapitalerhöhung) ausgegebene junge Aktien im Fall einer gegenüber den Altaktien erhöhten Dividendenberechtigung (→ Dividende) aufweisen. Ein D. ist bei der Ermittlung des rechnerischen → Bezugsrechtswerts zu berücksichtigen. Der Vorteil erhöht den rechnerischen Wert eines Bezugsrechts, da er sich wie eine Minderung des Bezugspreises der jungen Aktien auswirkt. – *Gegensatz:* → Dividendennachteil.

Documentary Credit, → Dokumentenakkreditiv.

Documents against Acceptance, → Dokumente gegen Akzept.

Documents against Payment, → Dokumente gegen Kasse.

dokumentäre Zahlung, Form der Zahlungsabwicklung im Außenwirtschaftsverkehr, bei der die Zahlungsverpflichtung durch Vorlage bestimmter Dokumente (z.B. Frachtdokumente, Versicherungsdokumente) ausgelöst wird. D.Z. kommen als → Dokumentenakkreditiv und als → Dokumenteninkasso vor. – *Gegensatz:* → Nichtdokumentäre Zahlung.

Dokumente gegen Akzept, *D/A-Inkasso, Documents against Acceptance;* Form des → Dokumenteninkassos, bei der der Inkassoauftrag die Weisung enthält, die Dokumente dem Importeur nur gegen Akzeptierung eines auf ihn gezogenen → Wechsels auszuhändigen. Der akzeptierte Wechsel wird entweder von der Bank des Importeurs bis zur Fälligkeit aufbewahrt oder an den Exporteur zurückgeschickt, der ihn z.B. bei seinem Kreditinstitut zum Diskont einreichen kann und auf diese Weise sofort Liquidität erhält. – Vgl. auch → Diskontkredit.

Dokumente gegen Kasse, *D/P-Inkasso, Documents against Payment;* Grundform des → Dokumenteninkassos, bei dem die Dokumente dem Importeur nur gegen sofortige Zahlung des Gegenwertes ausgehändigt werden.

Dokumentenakkreditiv. 1. *Begriff:* Im Außenhandel gebräuchliche Zahlungsform, bei der sich das eröffnende Kreditinstitut (Bank des Importeurs) im Auftrag seines Kunden (Importeur) verpflichtet, gegen Vorlage bestimmter Dokumente (u.a. Fracht- und Versicherungsdokumente sowie Handelsrechnungen) Zahlung an den Akkreditivbegünstigten (i.d.R. der Exporteur) zu leisten bzw. in anderer Weise finanzielle Leistungen zu erbringen. Gegenstand der Verpflichtung kann auch die Ermächtigung eines anderen

Kreditinstituts zur Erbringung derartiger finanzieller Leistungen sein. Die Akkreditiveröffnung bewirkt die Übernahme eines abstrakten, bedingten Zahlungsversprechens durch das eröffnende Institut. Das Zahlungsversprechen ist abstrakt, da die Zahlungsverpflichtung unabhängig vom zugrunde liegenden Handelsgeschäft (z.B. auch bei Nichtigkeit des Grundgeschäfts) eingegangen wird; es ist bedingt, da die Zahlung von der Vorlage der geforderten Dokumente abhängig gemacht wird. – 2. *Beteiligte:* An der Abwicklung eines D. sind beteiligt: a) Der Importeur, der als *Akkreditivauftraggeber* bei seiner Bank die Eröffnung des Akkreditivs zugunsten des Exporteurs beantragt, b) die Bank des Importeurs, die als *eröffnende Bank* ein Zahlungsversprechen zugunsten des Exporteurs abgibt, c) die Bank des Exporteurs (ggfs. auch eine andere Bank), die als *avisierende Bank* den Exporteur von der Eröffnung des D. benachrichtigt, i.d.R. ohne selbst eine Zahlungsverpflichtung einzugehen (Übernimmt dieses Institut zusätzlich eine Zahlungsverpflichtung, so wird es als *bestätigende Bank* bezeichnet.), d) der Exporteur, der als *Akkreditivbegünstigter* Nutznießer des von der eröffnenden Bank abgegebenen Zahlungsversprechens ist. – 3. *Nutzen für die Vertragspartner:* Dem Exporteur bietet das Zahlungsversprechen der eröffnenden Bank (im Gegensatz zum → Dokumenteninkasso) Sicherheit des Zahlungseingangs bei Vorlage entsprechender Dokumente unabhängig von der Zahlungsfähigkeit bzw. -willigkeit des Importeurs. Auch das Risiko der Nichtabnahme gelieferter Ware ist ausgeschaltet. Ein Risiko des Zahlungseingangs ergibt sich allenfalls aus einer mangelnden → Kreditwürdigkeit der eröffnenden Bank selbst oder aufgrund von Länderrisiken im Importland. Dem Importeur hingegen dienen die einzureichenden Dokumente als Beweismittel, insbesondere z.B. hinsichtlich des ordnungsgemäßen Warenversandes und eines ausreichenden Versicherungsschutzes. Jedoch bietet der Erhalt der Dokumente keine Gewähr für ein rechtzeitiges Eintreffen oder für den ordnungsgemäßen Zustand der Ware. – 4. *Formen:* Je nach Art der Verpflichtung der beteiligten Kreditinstitute und nach der Leistungsart bzw. dem Leistungszeitpunkt werden im Wesentlichen nachstehende Formen unterschieden: a) *Unwiderrufliches D.:* Das eröffnende Institut übernimmt eine Verpflichtung gegenüber dem Begünstigten, die nicht zurückgenommen werden kann, sofern die Akkreditivbedingungen erfüllt werden. b) *Unwiderrufliches bestätigtes D.:* Zusätzlich zu der eröffnenden Bank übernimmt auch die avisierende Bank ein Zahlungsversprechen. Dem Begünstigten haften wahlweise das eröffnende Institut oder ein Kreditinstitut im eigenen Land. c) *Widerrufliches D.* (selten): Das eröffnende Kreditinstitut kann sein Zahlungsversprechen zurücknehmen, solange die Dokumente der avisierenden Bank noch nicht vorliegen. d) *Sichtakkreditiv:* Bei Vorlage der Dokumente ist das jeweilige Institut zur sofortigen Zahlung verpflichtet. e) *Nachsichtakkreditiv:* Die Zahlungsverpflichtung wird zu einem festgesetzten Zeitpunkt nach Dokumentenvorlage ausgelöst. Der Begünstigte gewährt dem Auftraggeber ein Zahlungsziel. f) *Akzeptakkreditiv:* Das Leistungsversprechen besteht in der Verpflichtung, eine den Dokumenten beigefügte → Tratte des Exporteurs zu akzeptieren bzw. die Einlösung eines vom Importeur akzeptierten → Wechsels zu garantieren. g) *Negoziierungsakkreditiv:* Die Leistung erfolgt durch Zahlung gegen Tratten und/oder Dokumente durch ein von der eröffnenden Bank hierzu ermächtigtes Kreditinstitut. – Siehe Abbildung 3 (Zahlungsabwicklung Dokumentenakkreditiv).

Dokumenteninkasso. 1. *Wesen:* Zahlungsbedingung im Außenhandel, bei der ein Exporteur seinem Kreditinstitut den Auftrag erteilt, den Gegenwert bestimmter, von ihm im Zusammenhang mit einem Warengeschäft eingereichter Dokumente zu Lasten des Importeurs einzuziehen. Der Auftraggeber bestimmt, ob die Dokumente gegen Zahlung (→ Dokumente gegen Kasse) oder gegen Akzeptierung eines Wechsels (→ Dokumente gegen Akzept) ausgehändigt werden sollen. – 2. *Rechtsbeziehungen und Abwicklung:* Grundlage ist ein zwischen Exporteur und Importeur geschlossener Kaufvertrag, in dem die Zahlungsabwicklung über ein D. vereinbart wird. Zwischen den übrigen Beteiligten bestehen Geschäftsbesorgungsverträge. Der Exporteur (Auftraggeber) erteilt seinem Kreditinstitut (Einreicherbank) den Auftrag zur Durchführung des Inkasso. Zwischen der Einreicherbank und der Bank des Importeurs (vorlegende Bank) erfolgt aufgrund Inkassovertrag die Weiterleitung der Dokumente und die Verrechnung des Gegenwertes nach Zahlung durch den Importeur. Besteht zwischen

Abbildung 3: Zahlungsabwicklung Dokumentenakkreditiv

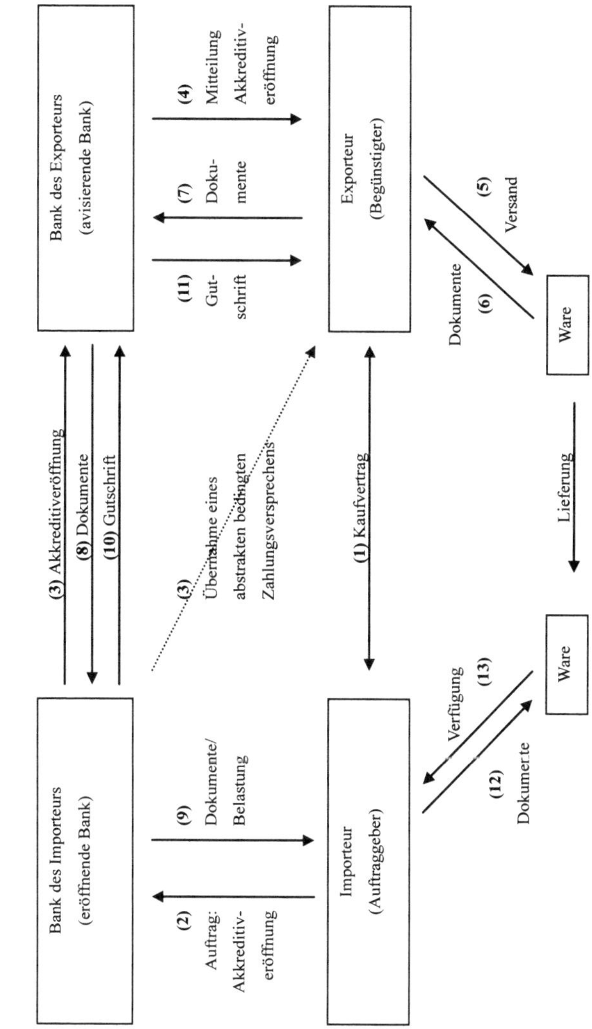

diesen beiden Banken keine unmittelbare Korrespondenzbeziehung, so wird eine Drittbank (Inkassobank) in die Abwicklung einbezogen. Die Belastung des Importeurs (Bezogener) mit dem Inkassogegenwert durch die vorlegende Bank erfolgt aufgrund eines entsprechenden Einlösungsauftrages. Die an der Abwicklung des D. beteiligten Banken prüfen lediglich, ob die erhaltenen Dokumente den im Inkassoauftrag aufgeführten Dokumenten zu entsprechen scheinen (d.h. im Wesentlichen Vollzähligkeitsprüfung ohne inhaltliche Prüfung). – 3. *Beurteilung:* Der Exporteur hat die Sicherheit, dass der Importeur erst nach Zahlung bzw. Akzeptierung eines Wechsels über die Ware verfügen kann, da er deren Auslieferung an den Empfänger von der Vorlage entsprechender Dokumente abhängig machen kann. Bei einem D/P-Inkasso (Dokumente gegen Kasse) hat er außerdem die Sicherheit des Zahlungseingangs, sobald der Importeur die angebotenen Dokumente annimmt. Der Exporteur trägt jedoch das Risiko der Nichtaufnahme der Dokumente und damit der Nichtabnahme der Ware durch den Importeur. Er müsste in diesem Fall für einen anderweitigen Verkauf (u.U. unter Wert) oder den Rücktransport der Ware sorgen, wodurch zusätzliche Kosten entstehen. Für den Importeur liegen die Vorteile des D. zum einen in dem über die Dokumente erbrachten Nachweis, dass die Ware auf den Weg gebracht wurde. Zum anderen wird seine Zahlungsverpflichtung erst ausgelöst, wenn die Dokumente in seinen Besitz gelangen und er damit die Verfügungsgewalt über die Ware erhält. Nachteilig ist für ihn jedoch, dass er bei Annahme der Dokumente noch nicht beurteilen kann, ob die Ware in auftragsgerechtem (insbesondere mangelfreiem) Zustand geliefert wird, da er Zahlung bzw. Akzept leistet, bevor er die Ware auf ihre Vollständigkeit und Qualität prüfen kann. – Siehe Abbildung 4 (Zahlungsabwicklung Dokumenteninkasso).

Domizilwechsel, → Wechsel, bei dem der Wohnort oder Sitz des → Bezogenen sich vom Sitz des Kreditinstituts unterscheidet, bei dem der Wechsel zahlbar gestellt wurde.

Doppelbesteuerungsabkommen, Abkommen zwischen zwei Staaten mit dem Ziel, eine doppelte Besteuerung ausländischer Kapitalerträge in beiden Ländern zu vermeiden.

Doppelwährungsanleihe, an zwei Währungen gebundene → Anleihe, bei der die Rückzahlung am Laufzeitende in einer anderen Währung (z.B. US-Dollar) vorgenommen wird als die Zahlung des Kaufpreises und der laufenden Zinsen (z.B. Euro). Der Wechselkurs wird i.d.R. bereits bei → Emission der Anleihe verbindlich festgelegt. Durch eine Emission von D. können sich z.B. Tochtergesellschaften ausländischer Unternehmen → Fremdkapital beschaffen und die laufenden Zinszahlungen leisten, während die Muttergesellschaft die spätere Rückzahlung in ihrer jeweiligen Landeswährung übernimmt.

Dow Jones Index, → Dow Jones Industrial Average.

Dow Jones Industrial Average, *Dow Jones Index;* an der New York Stock Exchange während der Börsenzeit laufend ermittelter Aktienindex (→ Index) für 30 umsatzstarke Industriewerte (→ Blue Chips).

D/P-Inkasso, → Dokumente gegen Kasse.

Drei-Schichten-System der Altersvorsorge, System der Altersvorsorge. - *1. Schicht:* Basisversorgung bestehend aus gesetzlicher Rentenversicherung und kapitalgedeckter Basisrente (→ Rürup-Rente), *2. Schicht:* Kapitalgedeckte Zusatzversorgung bestehend aus → Riester-Rente und betrieblicher Altersversorgung, *3. Schicht:* Sonstige private Altersversorgung bestehend z.B. aus Kapitallebensversicherung und Sparplänen. Vor dem Hintergrund sinkender Leistungen aus der gesetzlichen Rentenversicherung gewinnt der Bereich der privaten Altersvorsorge zunehmend an Bedeutung.

Drittrangmittel, neben dem → haftenden Eigenkapital Bestandteil der Eigenmittel einer Bank im Sinn des Kreditwesengesetzes (KWG). Die D. beinhalten die Nettogewinne aus Handelsgeschäften und (bei Erfüllung bestimmter Kriterien) kurzfristige nachrangige Verbindlichkeiten. D. werden in die Eigenmittel einbezogen, soweit sie zusammen mit dem freien → Ergänzungskapital 250% des freien → Kernkapitals nicht übersteigen.

Drittschuldner, Schuldner, der (z.B. aufgrund einer → Abtretung oder Pfändung)

Abbildung 4:
Zahlungsabwicklung Dokumenteninkasso

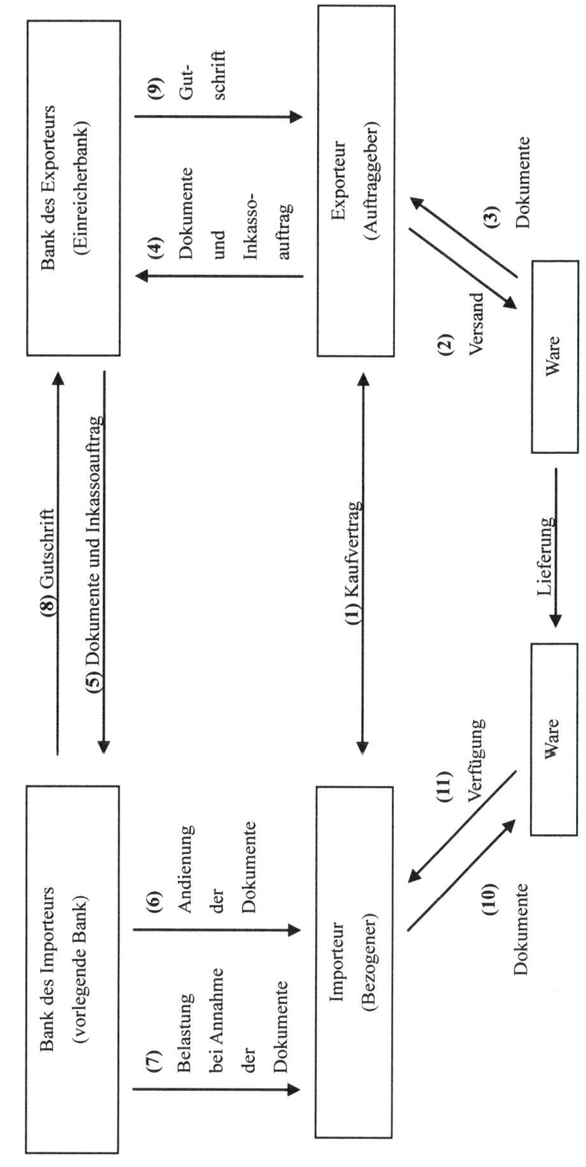

einer anderen Person als seinem ursprünglichen Gläubiger gegenüber zur Leistung verpflichtet ist.

Drittverwahrung, Aufbewahrung von Wertpapieren durch ein Kreditinstitut für ein anderes Institut (Zwischenverwahrer), bei dem die Papiere aufgrund eines entsprechenden Depotvertrages zunächst von einem Kunden hinterlegt wurden. Die D. erfolgt unter dem Namen des Zwischenverwahrers. Das erstbeauftragte Institut ist auch ohne besondere Ermächtigung des Hinterlegers zur D. berechtigt. Die Funktion eines Drittverwahrers wird z.B. von der → Clearstream Banking AG und von Zentralen der Kreditinstitute vorgenommen.

Druckvorschriften für Effekten, →Richtlinien für den Druck von Wertpapieren.

DTA, Abk. für → *Datenträgeraustausch.*

Due Dilligence, im Zusammenhang mit dem Erwerb von Unternehmensbeteiligungen oder Immobilien gebräuchliche Bezeichnung für die gebotene Sorgfalt, mit der im Vorfeld des Vertragsabschlusses eine Überprüfung der Qualität des jeweiligen Objekts vorgenommen wird.

durchgeleiteter Kredit, → Investitionskredit, bei dem von zentraler Stelle gewährte zweckgebundene Fremdmittel (z.B. Fördermittel der → Kreditanstalt für Wiederaufbau) durch Banken und Sparkassen an einen Kreditnehmer weitergeleitet werden. Das zwischengeschaltete Kreditinstitut handelt im eigenen Namen und für eigene Rechnung und trägt ganz oder teilweise das Kreditausfallrisiko.

durchlaufender Kredit, → Investitionskredit, bei dem die von einem Dritten (z.B. Bund oder Länder im Rahmen von Förderprogrammen) gewährten zweckgebundenen Fremdmittel über Banken und Sparkassen einem Kreditnehmer zur Verfügung gestellt werden. Die zwischengeschaltete Bank handelt dabei im eigenen Namen, aber für Rechnung des Geldgebers, der auch das Kreditrisiko trägt. Die → Hausbank des Kreditnehmers haftet lediglich für die ordnungsmäßige Abwicklung und Verwaltung. Der d.K. ist eine Form des → Treuhandkredits.

DVFA-Ergebnis, nach einem besonderen Gewinnermittlungsverfahren von der Deutschen Vereinigung für Finanzanalyse und Asset Management (DVFA) berechnetes Unternehmensergebnis je Aktie. Das DVFA-E. ist eine international anerkannte Kennziffer für die Beurteilung des Erfolgs deutscher Unternehmen.

dynamischer Sparplan, Form regelmäßigen Sparens, bei der vereinbart wird, die Sparrate zu bestimmten Zeitpunkten (z.B. einmal jährlich) um eine festgelegte Steigerungsrate zu erhöhen. Das Ziel dieser Vereinbarung liegt darin, den Kaufkraftverlust des Sparkapitals, der durch die Inflation im Zeitablauf entsteht, im Laufe der Jahre ausgleichen zu können.

DZ-Bank, → Deutsche Zentral-Genossenschaftsbank AG.

E

Earnings per Share, *Gewinn pro Aktie;* Jahresüberschuss (→ Erträge abzüglich → Aufwendungen), geteilt durch die Anzahl der ausgegebenen Aktien eines Unternehmens. In Deutschland wird i.d.R. statt des Jahresüberschusses das → DVFA-Ergebnis verwendet.

EBIT, *Earnings before Interests and Taxes;* Ergebnis vor Zinsen und Ertragssteuern; international verwendete Erfolgsgröße. Da sowohl der Verschuldungsgrad als auch die (national unterschiedliche) Steuerbelastung eines Unternehmens herausgerechnet werden, genießt das EBIT einen hohen Stellenwert als Maßstab für den Erfolg eines Unternehmens im internationalen Vergleich. – Eine Variante des EBIT ist die Kennzahl EBITDA (*Earnings before Interests, Taxes, Depreciation und Amortization),* die Zinsen, Steuern und Abschreibungen herausrechnet.

EC, ursprüngliche Abk. für *Eurocheque*. Das EC-System umfasste bis zum Jahr 2002 den Euroscheck und die dazugehörige Euroscheckkarte. Da Euroschecks seitdem nicht mehr garantiert werden, sind sie als Zahlungsmittel bedeutungslos geworden. Der EC-Karte kommt als Bank- oder Sparkassenkarte jedoch eine sehr große Bedeutung im Rahmen des → EC-Service zu. Die Abk. EC wird seitdem für das Verfahren des → Electronic Cash verwendet.

E-Cash, → Electronic Cash.

EC-Geldautomat, → Geldautomat.

EC-Karte, alte Abk. für *Euroscheck-Karte*. Die EC-Karte kommt beim → EC-Service zum Einsatz und wird künftig durch die Girocard ersetzt.

EC-Service, Dienstleistungsangebot der Kreditinstitute, das es Kunden erlaubt, per Bank- oder Sparkassenkarte mittels → persönlicher Identifikationsnummer (PIN) an → Geldautomaten und im Wege des → Electronic Cash über ihr Konto zu verfügen. Im Fall von Schäden aufgrund unberechtigter Verfügungen Dritter haftet der Kunde bei grober Fahrlässigkeit in voller Höhe. Grobe Fahrlässigkeit liegt z.B. vor, wenn die PIN auf der Karte notiert oder ein Kartenverlust dem Kreditinstitut nicht unverzüglich mitgeteilt wurde. Bei leichter Fahrlässigkeit haftet der Kunde mit 10% des entstehenden Schadens bei Banken (Sparkassen und Genossenschaften 0%). Zwischen 10% und 100% (Stufen zwischen leichter und grober Fahrlässigkeit) sind alle Haftungsgrade je nach Einzelfallentscheidung möglich. Regelungen zum EC-S. sind in den Bedingungen für die Verwendung einer Bank- oder Sparkassenkarte enthalten, die bei Kartenausgabe Vertragsbestandteil zwischen Kunde und Kreditinstitut werden.

ECN, *Electronic Communication Network;* börsenunabhängige elektronische Handelsplattform. Durch ECN werden Börsenplätze ergänzt. So ist es z.B. möglich, über ein ECN an Wochenenden Wertpapiere zu handeln, während die Börsen geschlossen sind.

ECU, → Euro.

EdB, Abk. für *Entschädigungseinrichtung deutscher Banken.* – Vgl. → Einlagensicherung.

EDC-System, → Electronic Cash.

Edelmetalle, Sammelbegriff für wertvolle Legierungen (Gold, Platin etc.). Das Geschäft der Kreditinstitute mit E. umfasst hauptsächlich Goldanlagen, die vornehmlich in Krisenzeiten als begehrte Anlageform gelten. So verzeichnete z.B. der Goldpreis in Zeiten des Kalten Krieges oder während der Ölkrise in den 70er Jahren eine hohe Wertsteigerung. Goldanlagen kommen in Form von Goldbarren, Goldmünzen (→ gesetzliches Zahlungsmittel, z.B. kanadischer Maple Leaf oder südafrikanischer Krügerrand), Goldmedaillen (Sammlermünzen, d.h. privat geprägte Goldstücke ohne Nennwert) oder Goldzertifikaten (Anteile an einem Goldfonds (→ Investmentfonds)) vor.

EDIFAKT, Abk. für *Electronic Data Interchange for Administration, Commerce and Transport;* standardisiertes Nachrichtenformat, das dem elektronischen Geschäftsdatenaustausch dient. Es soll Firmenkunden die beleglose internationale Zahlungsverkehrsabwicklung ermöglichen.

EDW, Abk. für → Entschädigungseinrichtung der Wertpapierhandelsunternehmen.

Effekten, Sammelbegriff für alle vertretbaren (fungiblen) → Kapitalwertpapiere. Der Begriff „vertretbar" kann auch mit „austauschbar" übersetzt werden: So verbrieft z.B. jede beliebige Bayer-Aktie die Teilhaberschaft an der Bayer AG. Die Vertretbarkeit (→ Fungibilität) ist eine wesentliche Eigenschaft für den Handel an der Börse.

Effektengiroverkehr, stückelose Umbuchung von → Effekten. Da die an der Börse gehandelten Wertpapiere i.d.R. als → Sammelbestand geführt werden, ist es möglich, Wertpapiere nach einem Handel an der Börse so umzubuchen, dass sie körperlich nicht bewegt werden müssen. – Vgl. Abbildung „Stückeloser Effektengiroverkehr". Der E. wird in Deutschland über die Clearstream Banking AG oder über spezialisierte Kreditinstitute (z.B. Deutsche WertpapierService Bank AG – dwpbank) abgewickelt.

Effektenhandel, börslicher oder außerbörslicher Handel in vertretbaren (fungiblen) Kapitalwertpapieren (→ Effekten). Außerbörslich werden z.B. unbedeutende Nebenwerte (Telefonverkehr), Tafelpapiere (effektive Stücke/Urkunden) und Großaufträge gehandelt, die in ihrem Volumen so hoch sind, dass sie die Kursbildung an der Börse zu stark beeinflussen würden. Außerdem finden Transaktionen im Zusammenhang mit → Wertpapierpensionsgeschäften außerbörs-

Stückeloser Effektengiroverkehr

Beispiel: Kunde A erteilt seiner Hausbank (Bank X) einen Auftrag zum Verkauf von 100 Stück NN-Aktien. Das Geschäft kommt über die Börse zum Preis von 40 Euro je Aktie zustande. Börsenkontrahent ist die Bank Y, die im Auftrag ihres Kunden B handelt. Vor Zustandekommen des Geschäftes besteht folgende Situation:

Bank X	**Börse**				**Bank Y**
Kunde A	*Clearstream Banking AG*				*Kunde B*
Depot Nr. 1234	Sammelbestand 1.500.000 NN-Aktien				Depot Nr. 2345
.....	Bank X	Bank Y	Bank Z	.....	.....
.....	120.000	200.000	80.000	.....	......
100 NN-Aktien					
.....					

Nach Zustandekommen des Geschäftes können die Bestände umgebucht werden, ohne dass es zu einer „Verlagerung" der Urkunden kommt:

Bank X	**Börse**				**Bank Y**
Kunde A	*Clearstream Banking AG*				*Kunde B*
Depot Nr. 1234	Sammelbestand 1.500.000 NN-Aktien				Depot Nr. 2345
.....	Bank X	Bank Y	Bank Z	.....	.....
.....	120.000	200.000	80.000	.....	100 NN-Aktien
~~100 NN-Aktien~~	- 100	+ 100			
	119.900	200.100			

Mitteilung der Ausbuchung — Mitteilung der Einbuchung

lich statt. Beim börslichen Handel unterscheidet man verschiedene → Börsensegmente. Entscheidende Merkmale für das Funktionieren des E. sind die Liquidität des Marktes (d.h. die Möglichkeit, schnell einen Kontrahenten zu finden) sowie die Marktbreite: Bei sog. „engen" Märkten können sich schon kleinere Aufträge sehr stark auf die Kursentwicklung auswirken; hier liegt eine hohe Volatilität (Schwankungsbreite der Kurse) vor.

Effektenkommission, Abwicklungsform bei Wertpapier-Kundenaufträgen. Kreditinstitute treten bei der E. unter ihrem eigenen Namen, aber für fremde Rechnung (Rechnung des Kunden) auf. Nach den → Sonderbedingungen für Wertpapiergeschäfte der Kreditinstitute werden Aufträge über Werte, die an einer Börse zugelassen sind, grundsätzlich als E.-Aufträge ausgeführt, sofern keine andere Kundenweisung vorliegt. Bei der E. werden neben dem Kurswert der Aktien (bzw. dem → ausmachenden Betrag bei Anleihen) die Provision für das Kreditinstitut sowie evtl. die Maklergebühr (→ Courtage) ausgewiesen (Bruttoabrechnung). – *Gegensatz:* → Festpreisgeschäft.

Effektentermingeschäft, Wertpapiergeschäft, bei dem Geschäftsabschluss und Erfüllung (Zahlung und Wertpapierlieferung) auseinander fallen. Beispiele für ein E. sind → Optionen und → Futures.

Effektivverzinsung, Verzinsung eines Kredites oder einer Geld- bzw. Kapitalanlage unter Berücksichtigung von → Nominalverzinsung und sonstigen Faktoren (z.B. Rückzahlungsgewinn, Kosten. – Vgl. auch → Rendite). Bei Krediten an Privatpersonen müssen Kreditinstitute gemäß den Bestimmungen des BGB zum → Verbraucherkredit und der → Preisangabenverordnung den Effektivzins angeben.

EFTA, *European Free Trade Association;* Europäische Freihandelszone, gegründet 1960. Mitgliedsländer sind Island, Liechtenstein, Norwegen und die Schweiz. Mit Ausnahme der Schweiz arbeiten EFTA und Europäische Union als „Europäischer Wirtschaftsraum" (EWR) eng zusammen.

eG, Abk. für *eingetragene → Genossenschaft.*

eidesstattliche Versicherung, Versicherung eines Schuldners über die Richtigkeit und Vollständigkeit eines von ihm vorzulegenden Vermögensverzeichnisses. Schuldner müssen eine e.V. leisten, wenn ihre Gläubiger bereits erfolglos versucht haben, eine → Zwangsvollstreckung in das Vermögen zu betreiben.

eigene Akzepte, Wechsel, bei denen ein Kreditinstitut der Bezogene ist. – Vgl. auch → Akzeptkredit.

eigene Ziehung, → Wechsel, den ein Kreditinstitut auf einen Kreditnehmer zieht, um diesen zur pünktlichen Rückzahlung des Kredites zu veranlassen. Aufgrund der Strenge des Wechselgesetzes ist der Zahlungsanspruch durch die e.Z. wirksamer durchsetzbar als der Anspruch aus dem Kredit.

eigener Wechsel, → Solawechsel.

Eigenfinanzierung, Sammelbegriff für Maßnahmen zur Kapitalbeschaffung aus einbehaltenen Gewinnen eines Unternehmens sowie Vermögensumschichtungen bzw. aus Mitteln der Unternehmenseigner. – Vgl. auch → Finanzierung.

Eigengeschäft, Bezeichnung für den Handel mit eigenen Wertpapieren oder Devisen eines Kreditinstitutes.

Eigenheimzulage, Ende 2005 abgeschaffte Form der → Wohneigentumsförderung.

Eigenkapital, eigene Finanzierungsmittel eines Unternehmens. Bilanztechnisch ist das E. derjenige Teil der Mittelherkunft, der nicht durch Fremdkapitalgeber (z.B. Kreditgeber) zur Verfügung gestellt wird. Das E. sowie das → Fremdkapital (auch Mittelherkunft genannt) werden in bestimmten Vermögenswerten angelegt (auch Mittelverwendung genannt):

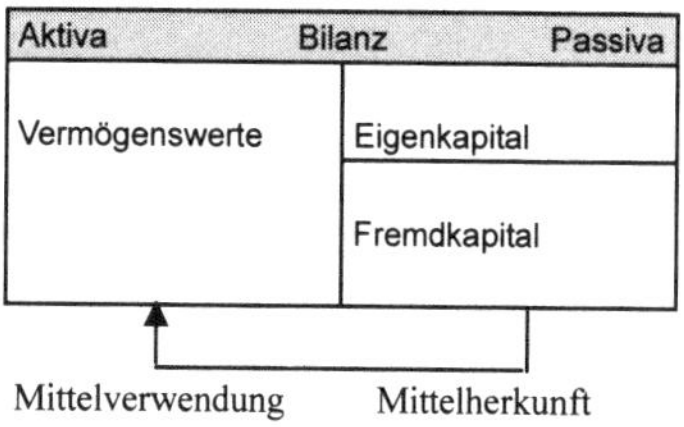

Die Bestandteile des E. sind je nach Unternehmensform unterschiedlich. Im Wesentlichen setzt sich das E. aus den Einlagen der Gesellschafter und den → Rücklagen zusammen, die regelmäßig vor allem durch Einbehaltung von nicht ausgeschütteten Gewinnen gebildet werden.

Eigenkapitalquote, prozentualer Anteil des → Eigenkapitals an der gesamten Bilanzsumme eines Unternehmens. Die E. ist von Branche zu Branche unterschiedlich. Kreditinstitute weisen aufgrund ihrer Geschäftsstruktur mit ca. 8% eine geringe E. auf. Die Höhe der E. gibt Aufschluss über die materielle → Kreditwürdigkeit eines Unternehmens. Je höher die E. ist, desto umfangreicher ist die Haftungsgrundlage für die Rückzahlung eines Kredites.

Eigenkapitalrentabilität, prozentualer Anteil des Gewinns eines Unternehmens am → Eigenkapital. Die E. gibt Auskunft darüber, wie sich das Eigenkapital eines Unternehmens innerhalb eines Zeitraums (i.d.R. 1 Jahr) verzinst hat. Das Ergebnis sollte deutlich über der Verzinsung einer sicheren Geldanlage liegen, da das unternehmerische Risiko zu vergüten ist: Läge z.B. eine E. bei 2% p.a., wäre es für die Unternehmenseigner (Eigenkapitalgeber) günstiger, ihr Geld in eine sichere und höher verzinsliche Anlage zu investieren.

Eigentum, rechtliche Herrschaft über eine Sache. Hiervon abzugrenzen ist die tatsächliche Herrschaft über eine Sache (→ Besitz). Der Eigentümer einer Sache kann über diese Sache frei verfügen, d.h. sie z.B. verkaufen, verändern etc. Beschränkungen sind jedoch beim fiduziarischen (treuhänderischen) Eigentum zu beachten (→ Sicherungsübereignung).

Eigentümergrundschuld, Sonderform einer → Grundschuld. Die E. steht dem Eigentümer eines Grundstücks und nicht einer fremden Person (z.B. einem finanzierenden Kreditinstitut) zu. Man unterscheidet: 1. *Originäre E.*, bei der ein Grundstückseigentümer eine Grundschuld auf seinen Namen in das → Grundbuch eintragen lässt, um diese später als Kreditsicherheit einem Kreditinstitut anzubieten, wenn er einen Finanzierungsbedarf hat. – 2. *Derivative (abgeleitete) E.*, die entsteht, wenn ein Hypothekendarlehen zurückgezahlt wird. – *Beispiel:* Ein Baudarlehen über 200.000 Euro wird durch eine → Hypothek in gleichen Höhe abgesichert. Nach einiger Zeit hat der Kreditnehmer 30.000 Euro des Darlehens getilgt. Die Forderung des Kreditinstitutes aus dem Darlehen beträgt also nur noch 170.000 Euro. Gleichzeitig ist der Wert der Hypothek ebenfalls nur noch mit 170.000 Euro anzusetzen, obwohl diese noch mit 200.000 Euro im Grundbuch eingetragen ist, sofern keine Teillöschung des zurückgezahlten Betrages von 30.000 Euro erfolgte. Durch die Kreditrückzahlung ist eine derivative E. in Höhe von 30.000 Euro entstanden. – *Gegensatz:* → Fremdgrundschuld.

Eigentümerhypothek, → Hypothek, die dem → Eigentümer eines Grundstücks zusteht. Eine E. entsteht, wenn der Grundstückseigentümer nicht der Schuldner des durch die Hypothek abgesicherten Kredites ist, die Kreditforderung jedoch vom Gläubiger (Kreditinstitut) erwirbt, indem er den Kredit an Stelle des Schuldners zurückzahlt. – *Gegensatz:* → Fremdhypothek.

Eigentumsvorbehalt, Vereinbarung zwischen Käufer und Verkäufer einer Sache. Durch den E. wird festgelegt, dass der Verkäufer so lange das → Eigentum an der Sache behält, bis diese vollständig bezahlt wurde. Durch den E. sichern Unternehmen ihre Forderungen gegenüber Kunden ab, die nicht sofort bar bezahlen.

Eilnachricht, telekommunikative Mitteilung der Zahlstelle einer → Lastschrift oder eines → Schecks an die erste Inkassostelle. Nach dem Scheck- bzw. Lastschriftabkommen (→ Abkommen) hat die Zahlstelle bei Lastschriften ab 3.000 Euro und bei Schecks ab 6.000 Euro im Falle der Nichteinlösung der Lastschrift bzw. des Schecks die erste Inkassostelle bis zu dem der Vorlage folgenden Geschäftstag von der Nichteinlösung telekommunikativ (z.B. telefonisch, per Fax) zu benachrichtigen, damit die erste Inkassostelle sich bereits auf die Rückbuchung des Geldbetrages einstellen kann.

Eilüberweisung, schnelle Überweisungsform, bei der dem Kreditinstitut des Zahlungsempfängers auf telekommunikativem Weg (Datenübertragung) der Zahlungseingang unverzüglich mitgeteilt wird. Die Verrechnung des Geldbetrages erfolgt schneller als beim üblichen Überweisungsverkehr, bei dem trotz belegloser Ausführung aufgrund des hohen Datenaufkommens immer noch Wartezeiten in Kauf genommen werden müssen. Aufgrund der bevorzugten Behandlung ist eine E. teurer als eine normale Überweisung.

Einfuhr, deutscher Begriff für einen → Import.

eingetragener Verein (e.V.), → juristische Person des privaten Rechts. Der e.V. besitzt eigene Rechtspersönlichkeit, d.h. er kann unter seinem Namen Rechtsgeschäfte eingehen sowie klagen oder verklagt werden. Der e.V. wird in das Vereinsregister eingetragen. Der Vorstand führt die Vereinsgeschäfte und vertritt den e.V. nach außen. Die Vertretung erfolgt gemeinschaftlich durch alle Vorstandsmitglieder, sofern keine andere Regelung im Vereinsvertrag (Satzung) vorgesehen ist. Zu unterscheiden sind Idealvereine, die das Allgemeinwohl fördern (z.B. Sportvereine, Fördervereine von Schulen) und wirtschaftliche Vereine, deren Zweck auf einen wirtschaftlichen Geschäftsbetrieb gerichtet ist. Vom e.V. ist der nicht rechtsfähige Verein abzugrenzen. – Vgl. auch → Gesellschaft bürgerlichen Rechts.

Einheitliche Richtlinien und Gebräuche für Dokumenten – Akkreditive (ERA), allgemein anerkanntes Regelwerk der Internationalen Handelskammer (ICC) in Paris für die Handhabung eines → Dokumentenakkreditivs.

Einheitliche Richtlinien für Inkassi (ERI), allgemein anerkanntes Regelwerk der Internationalen Handelskammer (ICC) in Paris für die Handhabung eines → Dokumenteninkassos.

Einheitskurs, *Kassakurs,* Kurs, der bei gleichzeitigem Vorliegen mehrerer Aufträge zum Kauf bzw. Verkauf eines Wertpapiers gebildet wird. Zu unterscheiden ist einerseits der E., der einmal täglich bei bestimmten Werten des börsenmäßigen → Effektenhandels veröffentlicht wird, und andererseits das Ermittlungsprinzip des E., das auch bei einer → fortlaufenden Notierung und bei einer → Auktion zur Anwendung kommt. Der veröffentlichte E. spielt vornehmlich bei weniger umsatzstarken Aktien eine Rolle; darüber hinaus fungiert er auch bei umsatzstarken Werten als Referenzkurs für andere Finanzkontrakte (z.B. bei → Optionen). – *Beispiel für das Prinzip der E.-Ermittlung:* Für die Aktien der X-AG liegen zu einem Zeitpunkt an einer Börse die folgenden limitierten und nicht limitierten Aufträge vor:

Käufe		**Verkäufe**	
Stück	Limit (Euro)	Stück	Limit (Euro)
50	ohne	45	ohne
45	110,25	55	110,00
40	110,50	35	110,25

Da ein Kauflimit als Maximalpreis und ein Verkaufslimit als Mindestpreis anzusehen ist, ergeben sich folgende Umsätze bei den in Frage kommenden Kursen:

Kurs (Euro)	**Käufe (Stück)**	**Verkäufe (Stück)**	**Umsatz**
110,00 Euro	135	100	100
110,25 Euro	135	135	135
110,50 Euro	90	135	90

Der Kurs mit dem höchsten Umsatz ist hier 110,25 Euro. Dieser Kurs wird festgesetzt (Meistausführungsprinzip). Da bei diesem Kurs das Angebot (Verkäufe) genau der Nachfrage (Käufe) entspricht, der Markt also geräumt wird, handelt es sich um einen „bezahlt"-Kurs (ohne → Kurszusatz; dieser Kurs wird in manchen Veröffentlichungen allerdings mit dem Zusatz „b" gekennzeichnet). – Bei der Kursermittlung ist ferner darauf zu achten, dass 1. *alle nicht limitierten Aufträge* erfüllt werden können, 2. *alle Kaufaufträge,* die *über* dem zu Stande gekommenen Kurs limitiert wurden, erfüllt werden können, 3. *alle Verkaufaufträge,* die *unter* dem zu Stande gekommenen Kurs limitiert wurden, erfüllt werden können und 4. die *zu dem zu Stande gekommenen Kurs limitierten Aufträge* zumindest teilweise erfüllt werden können. – Im Zusammenhang mit der letzten Bedingung ist es einerseits also möglich, dass einige der zu dem zu Stande gekommenen Kurs limitierten Käufe nicht erfüllt werden können. Der Kurs wäre dann mit dem Kurszusatz „bG" (bezahlt Geld) zu kennzeichnen. Würden andererseits einige Verkaufaufträge, die vorher zu dem zu Stande gekommenen Kurs limitiert waren, nicht erfüllt, ergäbe sich bei der Kursnotierung dann der Kurszusatz „bB" (bezahlt Brief).

Einheitsnotierung, veröffentlichter → Einheitskurs bei bestimmten Werten des börsenmäßigen → Effektenhandels. – *Gegensatz:* → fortlaufende Notierung.

Einheitswert, einheitliche Bemessungsgrundlage für ein → Grundstück, die zur Ermittlung mehrerer Steuern (z.B. → Grundsteuer) hinzugezogen wird.

Einigung, Übereinkunft zwischen Vertragspartnern, die den Rechtszustand einer Sache verändert. 1. Die *E. über den Eigentumsübergang* bewirkt, dass eine Sache in Folge eines Vertragsverhältnisses (z.B. Kaufvertrag, Schenkungsvertrag) in das → Eigentum des Erwerbers (Käufer, Beschenkter) übergeht. Durch die Übergabe der Sache ist der Eigentumsübergang abgeschlossen. – 2. Die *E. über das Entstehen des* → Pfandrechts bewirkt, dass der Pfandnehmer (Pfänder) ein Verwertungsrecht an einer Sache als Sicherheit für einen Kredit erwirbt, sofern sich die Sache in seinem → Besitz befindet (Faustpfandprinzip).

Einkommensteuer, Steuer auf Einkünfte natürlicher Personen. Nach dem Einkommensteuergesetz unterliegen folgende Einkünfte der E.:

1. Einkünfte aus *Land- und Forstwirtschaft,*
2. Einkünfte aus *Gewerbebetrieb,*
3. Einkünfte aus *selbstständiger Arbeit,*
4. Einkünfte aus *nichtselbstständiger Arbeit,*
5. Einkünfte aus *Kapitalvermögen,*
6. Einkünfte aus *Vermietung und Verpachtung*
7. *Sonstige Einkünfte.*

Bei den Einkunftsarten 1. bis 3. ist der Gewinn (Saldo aus gesamten → Ertrag und gesamten → Aufwand) anzusetzen. Bei den anderen Einkunftsarten ist die Differenz zwischen den Einnahmen (z.B. Zinsen und Dividenden bei Einkunftsart 5.) und den → Werbungskosten (z.B. Aufwendungen für Arbeitskleidung oder für Fachliteratur bei der Einkunftsart 4.) anzusetzen. – Da eine einkommensteuerpflichtige Person i.d.R. Einkünfte aus verschiedenen Einkunftsarten erwirtschaftet, ist zunächst einmal der Gesamtbetrag der Einkünfte zu ermitteln. Hierbei sind eventuelle Freibeträge zu berücksichtigen (z.B. bei der Einkunftsart 5. der → Sparerpauschbetrag von 801 Euro für Ledige bzw. 1.602 Euro für Verheiratete). Von dem Gesamtbetrag der Einkünfte können → Sonderausgaben abgesetzt werden. Nach Abzug der Sonderausgaben ergibt sich das zu versteuernde Einkommen, aus dem man mit Hilfe von Steuertabellen die Steuerschuld in Euro ermitteln kann. Von der Steuerschuld können bereits geleistete Vorauszahlungen (z.B. bei der monatlichen Gehaltszahlung vom jeweiligen Arbeitgeber einbehaltene Lohnsteuer) abgezogen werden.

Einlagefazilität, geldpolitisches Instrument des → Europäischen Systems der Zentralbanken (ESZB). Die E. ermöglicht es den Kreditinstituten, überschüssige Guthaben auf ihren Zentralbankgeldkonten (Girokonten bei der Deutschen Bundesbank) für einen Tag (overnight) bei der nationalen Zentralbank (→ Deutsche Bundesbank) verzinslich anzulegen. Der entsprechende Zinssatz stellt den unteren ESZB-Leitzins dar. – Vgl. auch → geldpolitische Operationen.

Einlagen, 1. Gem. *Handelsrecht* alle Geld- oder Sachleistungen, die ein Gesellschafter in ein Unternehmen einbringt, wenn er sich an diesem beteiligt. – 2. Im *Bankgeschäft:* Alle Geldbeträge, die Kunden auf ihre Konten einzahlen und so dem Kreditinstitut als kurz-, mittel- oder langfristige Finanzierungsmittel zur Verfügung stellen. Im Wesentlichen unterscheidet man → Sichteinlagen, → Termineinlagen und → Spareinlagen.

Einlagensicherung, Einrichtung zum Schutz von Geld- und Kapitalanlegern. Kreditinstitute dürfen Einlagen (→ Einlagen 2) nur annehmen, wenn sie einem amtlich anerkannten E.-System angehören. Seit 1998 ist aufgrund des Einlagensicherungs- und Anlagenentschädigungsgesetzes europaweit die Mitgliedschaft in einer Entschädigungseinrichtung vorgeschrieben, die für eine Basisdeckung sorgt. Insgesamt sind drei Entschädigungseinrichtungen (jeweils eine für private, öffentlich-rechtliche Kreditinstitute und sonstige → Finanzunternehmen) vorgesehen. Seit Mitte 2009 sind 100% einer Einlage, maximal jedoch 50.000 Euro durch die gesetzliche E. geschützt. – Von der Entschädigungseinrichtung sind → Sparkassen und → Kreditgenossenschaften befreit, da sie der sog. Institutssicherung angehören. Sie geht über die Basisdeckung hinaus und besagt, dass bei Zahlungsschwierigkeiten einer Sparkasse oder Kreditgenossenschaft die anderen Institute des entsprechenden Sektors Liquiditätshilfen gewähren und somit das gefährdete Institut vor einer Zahlungsunfähigkeit bewahren. – Für das im → Bundesverband deutscher Banken zusammengeschlossene private Bankgewerbe kommt eine Institutssicherung aufgrund des Wettbewerbs dieser Banken untereinander nicht in Betracht. Über den Bankenverband existiert daher ein Einlagensicherungsfonds (Entschädigungseinrichtung deutscher Banken – EdB), der bei Überschuldung einer Bank nicht der entsprechenden Bank selbst, sondern den Kunden dieser Bank Unterstützungszahlungen gewährt. – Basissicherung sowie die ergänzenden Instrumente Institutssicherung und Einlagensicherung führen de facto dazu, dass Einlagen bei deutschen Kreditinstituten i.d.R. als in voller Höhe abgesichert gelten. Bei ausländischen Banken mit Zweigstellen in Deutschland gelten die Regelungen des jeweiligen Landes, in dem sich der Hauptsitz der Bank befindet.

Einlassungsfrist, im Zivilprozess die Frist zwischen Zustellung einer Klageschrift und dem Verhandlungstermin vor Gericht. Die E. beträgt gem. Zivilprozessordnung (ZPO) mindestens zwei Wochen.

Einlösungsgarantie, Verpflichtung des bezogenen Kreditinstitutes eines → Schecks, den Scheckbetrag ganz oder bis zu einer bestimmten Höhe auch dann einzulösen, wenn auf dem Konto des Scheckausstellers keine ausreichende Kontodeckung vorhanden ist. Bei einem → bestätigten Bundesbank-Scheck liegt rechtlich eine so genannte Scheckbestätigung vor, die de facto einer E. gleich kommt.

Einrede der Vorausklage, Rechtsgrundsatz bei einer → Bürgschaft.

Einreicherobligo, → Obligo.

Einrichtung von Konten, technische Maßnahme in einem Kreditinstitut nach Abschluss eines Kontovertrages mit einem Kunden. Bei der E.v.K. geht es darum, die Kontodaten (persönliche Angaben zum Kunden, Kontonummer, Kontoart) und die Sachangaben zum Konto (Konditionen, Abschlusszeitraum, Scheckkartenausgabe etc.) zu erfassen, um entsprechende Dispositionsunterlagen für die kontoführende Stelle zu erhalten. I.d.R. erfolgt heute die Kontoeinrichtung in automatisierter Form durch Eingabe der Kontendaten in das EDV-System des Kreditinstitutes.

einseitige Rechtsgeschäfte, Rechtsgeschäft, bei dem nur eine Person eine Willenerklärung abgibt. Zu unterscheiden sind empfangsbedürftige e.R. (z.B. → Kündigung, Mahnung, Anfechtung) und nicht empfangsbedürftige e.R. (z.B. Testament). Bei empfangsbedürftigen e.R muss der Kontrahent Kenntnis von der Willenserklärung haben, damit diese rechtswirksam wird. Bei nicht empfangsbedürftigen e.R. ist die Willenserklärung auch ohne Kenntnis des Anderen gültig.

Einwilligung, vorherige Zustimmung des gesetzlichen Vertreters einer beschränkt geschäftsfähige Person (→ Geschäftsfähigkeit). Willigen die Eltern eines 16-Jährigen z.B. in den Kauf eines Mofas ein, so kann der Minderjährige das Geschäft sofort rechtswirksam abschließen. Fehlt die E., ist der Kaufvertrag zunächst schwebend unwirksam. In diesem Fall können die Eltern dem Vertrag nachträglich zustimmen (Genehmigung) und ihn damit für rechtswirksam erklären. Wird die Genehmigung verweigert, ist das Geschäft unwirksam.

Einzelabtretung/Einzelzession, → Abtretung.

Einzelauskunftsersuchen, Bitte einer Finanzbehörde um Informationen zu einem bestimmten Bankkunden im Rahmen eines Besteuerungsverfahrens. Trotz → Bankgeheimnis sind Kreditinstitute unter bestimmten Voraussetzungen gezwungen, einem E. Folge zu leisten. Die Finanzbehörde kann jedoch von einem E. nur Gebrauch machen, wenn die Steueransprüche nicht auf andere Weise, vor allem durch Verhandlungen mit dem Steuerpflichtigen, ermittelt werden können. – Im Gegensatz dazu ist ein Kreditinstitut bei Steuerstrafverfahren in jedem Fall dazu verpflichtet, der Staatsanwaltschaft oder einer Steuerstrafverfolgungsbehörde gegenüber Auskünfte über ihre Kunden zu erteilten und die Beschlagnahme von Kontounterlagen zu dulden.

Einzelgeschäftsführung, → Geschäftsführung.

Einzelkaufmann, alleiniger Inhaber eines Einzelunternehmens. Der E. ist Alleinverantwortlicher, d.h., er haftet für alle Verbindlichkeiten des Unternehmens, führt die Geschäfte und vertritt das Unternehmen nach außen.

Einzelkonto, Konto, das auf eine natürliche oder → juristische Person lautet *(Beispiele*: Privatgirokonto 1234, Fritz Müller; Firmenkonto 54321, Salzmann und Weber GmbH). – *Gegensatz:* → Gemeinschaftskonto.

Einzelschuldbuchforderung, → Schuldbuchforderungen.

Einzelstimmrechtsvollmacht, → Depotstimmrecht.

Einzelübereignung, Übereignung einer einzelnen Sache (z.B. Maschine, KfZ) im Rahmen einer → Sicherungsübereignung.

Einzelunternehmen, → Einzelkaufmann.

Einzelvertretung, Berechtigung einer Person, ein Unternehmen nach außen allein zu repräsentieren, d.h. Geschäfte im Namen des Unternehmens abschließen zu dürfen etc. – Vgl. auch → Geschäftsführung. – *Gegensatz:* → Gesamtvertretung.

Einzelvollmacht, → Sondervollmacht.

Einzelwertberichtigung, buchungstechnische Berücksichtigung eines drohenden Forderungsausfalls. – *Beispiel:* Über das Vermögen des Schuldners X wird ein → Insolvenzverfahren eröffnet. Die Forderung eines Kreditinstitutes gegen X beträgt 20.000 Euro. Das Kreditinstitut rechnet mit einer Zahlung von 8% nach Abschluss des Verfahrens. Es nimmt eine Gewinn mindernde E. in Höhe von 92% = 18.400 Euro vor (→ Abschreibung). Die Forderung gegenüber X wird mit 1.600 Euro bilanziert, so lange das Insolvenzverfahren noch nicht abgeschlossen ist. Nach Abschluss des Verfahrens wird die E. aufgelöst und das Konto des Kunden X glattgestellt.

einzugsbedingte Liquidität, Kennzahl im Rahmen der → Bilanzanalyse. Mit der e.L. wird die Zahlungsfähigkeit eines Unternehmens unter der Voraussetzung beschrieben, dass zur Begleichung kurzfristiger Verbindlichkeiten sowohl Barvermögen (liquide Mittel ersten Grades, d.h. im Wesentlichen Kassenbestand und Bankguthaben) als auch liquide Mittel zweiten Grades (z.B. Wertpapiere, kurzfristige Forderungen) zur Verfügung stehen. Die e.L. wird i.d.R. in Prozent nach der folgenden Formel berechnet:

$$\frac{\text{liquide Mittel 1. und 2. Grades}}{\text{kurzfristige Verbindlichkeiten}} \cdot 100$$

Einzugsermächtigungsverfahren, Verfahren im Rahmen des Forderungseinzugs durch → Lastschriften. Beim E. erteilt der Zahlungspflichtige dem Zahlungsempfänger eine jederzeit widerrufliche Ermächtigung, fällige Forderungen zu Lasten seines Kontos abbuchen zu lassen. – *Gegensatz:* → Abbuchungsauftrag.

EKF, elektronische Einreichung von Wirtschaftskrediten. → Handelswechsel und Kreditforderungen können als so genannte „Kategorie-2-Papiere“ als Sicherheit bei der Refinanzierung von Kreditinstituten im Europäischen System der Zentralbanken (ESZB) hinterlegt werden (→ geldpolitische Operationen). Diese „Hinterlegung“ kann beleghaft (in Listenform) oder elektronisch per EKF vorgenommen werden.

Electronic Banking, Ausführung von Bankgeschäften unter Nutzung elektronischer Einrichtungen. Die Palette des e.B. umfasst im Wesentlichen → Electronic Cash, Selbstbedienungsgeschäfte (z.B. Nutzung von Kontoauszugdruckern, → Geldautomaten, Kundenterminals) und → Home-Banking über das Internet (Internetbanking oder Online Banking). Im Firmenkundengeschäft wird diese Palette erweitert durch Angebote zum → Cash Management und weitere elektronische Beratungs- und Planungsservice-Angebote (z.B. Datenbankservice).

Electronic Cash, *E-Cash;* Verfahren einer bargeldlosen Zahlung in Geschäften (Akzeptanzstellen, die i.d.R, durch ein entsprechendes Symbol am Schaufenster als solche erkennbar sind). E-Cash findet unter Verwendung von Bank- und Sparkassenkarten oder Kreditkarten statt. Für das Verfahren benötigt die Akzeptanzstelle eine spezielle computerisierte Kasse (Terminal). Der Kunde gibt beim Kauf eine → persönliche Identifikationsnummer (PIN) ein. Über ein Datennetz erfolgt im Online-Verfahren eine Autorisierung und Freigabe des Vorgangs (Prüfung der PIN, Prüfung auf evtl. vorliegende Sperren, Prüfung des individuellen Verfügungsrahmens des Kunden – z.B. 1.000 Euro pro Woche). Das Karten ausgebende Institut garantiert dem Händler bei Freigabe den Betrag. Die Beträge werden gesammelt und regelmäßig per → Lastschrift bei den Kreditinstituten der Karteninhaber eingezogen. Das nationale E-Cash-System wird durch das EDC (Electronic Debit Card) sowie das Maestro-System weltweit ergänzt. Karten, die mit dem EDC/Maestro-Zeichen versehen sind, können bei Akzeptanzstellen in vielen Ländern eingesetzt werden. In Deutschland kommt E-Cash z.B. bei Tankstellen zum Einsatz. Ansonsten hat die Bedeutung trotz der relativ hohen Anschaffungs- und Betriebskosten für das Terminal in der letzten Zeit stark zugenommen. Eine kostengünstigere Alternative bieten auf einer → Lastschrift basierende Verfahren (→ ELV), bei denen die Zahlungen allerdings nicht garantiert sind. Das bekannteste dieser Verfahren, das sog. POZ (Point of Sale ohne Zahlungsgarantie), wurde 2006 von der Kreditwirtschaft eingestellt.

elektronische Abrechnung, spezielle Form der → Abrechnung, bei der die Teilnehmer ihre gegenseitigen Forderungen und Verbindlichkeiten über eine zentrale Abrechnungsstelle beleglos über Datensätze verrechnen können. Ein Beispiel für die e.A. ist das RTGS^{plus}-Verfahren, das die → Deutsche Bundesbank anbietet.

elektronischer Zahlungsverkehr, beleglose Abwicklung von Überweisungen, Schecks und Lastschriften. In den Fällen, bei denen Kunden trotz der umfassenden Möglichkeiten des → Electronic Banking nach wie vor Zahlungsverkehrsbelege bei ihren Kreditinstituten einreichen, werden diese durch Umwandlung der Belegdaten in Datensätze (Eingabe in ein Terminal) so aufbereitet, dass eine Ausführung des Kundenauftrags im e.Z. möglich ist. Der Datenaustausch zwischen den Kreditinstituten wird entweder durch → Datenfernübertragung (DFÜ) oder durch → Datenträgeraustausch vorgenommen. Als Anreiz für ihre Kunden, die Möglichkeiten des Electronic Banking zu nutzen, gewähren die Kreditinstitute Preisvorteile bei der Ausführung beleglos eingereichter Zahlungsverkehrsaufträge.

elektronischer Zahlungsverkehr für Lastschriften (EZL), beleglose Abwicklung zwischen Kreditinstituten im Lastschriftverkehr. Das Kreditinstitut des Zahlungsempfängers der → Lastschrift ist als erstbeauftragtes Kreditinstitut verpflichtet, die Daten einer eventuell noch beleghaft eingereichten Lastschrift auf elektronischen Medien als Datensatz zu erfassen. Diese Daten werden per → Datenfernübetragung oder → Datenträgeraustausch an das Kreditinstitut des Zahlungspflichtigen weitergeleitet. Die EZL-Pflicht ist im Lastschriftabkommen geregelt. – Vgl. auch → Abkommen.

elektronischer Zahlungsverkehr für Überweisungen (EZÜ), beleglose Abwicklung zwischen Kreditinstituten im Überweisungsverkehr. Das Kreditinstitut des Zahlungspflichtigen der Überweisung ist verpflichtet, die Daten einer beleghaft eingereichten Überweisung auf elektronischen Medien als Datensatz zu erfassen. Diese Daten werden per → Datenfernübertragung oder → Datenträgeraustausch an das Kreditinstitut des Zahlungsempfängers weitergeleitet. Die EZÜ-Pflicht ist im Abkommen zum Überweisungsverkehr geregelt. – Vgl. auch → Abkommen.

elektronisches Geld, Sammelbegriff für Geldbeträge, die lediglich in gespeicherter Form auf einem Chip (z.B. → Geldkarte) oder auf der Festplatte eines Computers (→ Cybergeld) vorliegen.

elektronisches Orderrouting, automatisierte Abwicklung von Wertpapieraufträgen. Das e.O. ermöglicht die beleglose Auftragsabwicklung ab dem Zeitpunkt der Auftragserteilung. Es umfasst 1. die *Einstellung* des Auftrags (Order) in eine zentrale Bestandsdatei der Börse, 2. *die Weiterleitung* des Auftrags in das *elektronische Skontro* (Auftragsbuch) des → Börsenmaklers, der für das Wertpapier zuständig ist, und 3. die *Weiterleitung* des Auftrags in die *Geschäftsabwicklung* der Börse, falls der Auftrag ausgeführt wird. – Die weiteren technischen Maßnahmen der Geschäftsabwicklung (Erstellung von Abrechnungen, Regulierung der Wertpapierbestände im Rahmen des stückelosen → Effektengiroverkehrs) erfolgen ebenfalls online. Ein Beispiel für e.O. ist X.-Order (→ BOSS-CUBE).

ELS, *Abk. für elektronischer Schalter* der → Deutschen Bundesbank. Über ELS können Unternehmen oder Kreditinstitute, die ein Girokonto bei der Deutschen Bundesbank unterhalten, beleglos Zahlungsaufträge mittels → Datenfernübertragung erteilen. Der ELS wird seit 2007 über das → Target-System abgewickelt.

ELV, auf einer → Lastschrift basierendes Verfahren, mit dessen Hilfe ein Kunde bargeldlos bei einem Händler bezahlen kann. Im Gegensatz zum Verfahren des → Electronic Cash findet beim ELV keine Autorisierung des Vorgangs statt, sondern lediglich ein Abgleich mit einer Karten-Sperrdatei. Der Händler hat also keine Zahlungsgarantie. Dafür ist das ELV-Verfahren jedoch kostengünstiger.

Emerging Markets, Sammelbegriff für sog. Schwellenländer, also Nationen, deren Volkswirtschaften sich noch nicht auf dem wirtschaftlichen und technischen Stand hochentwickelter Industriegesellschaften befinden. E.M. findet man vor allem in Latein- und Mittelamerika sowie in Südostasien und in Osteuropa vor. Kapitalanlagen in diesen Ländern versprechen einerseits hohe Renditen; andererseits sind allerdings die Risiken einer solchen Anlage entsprechend hoch.

Emission, *Begebung;* Ausgabe von Wertpapieren. Unternehmen oder staatliche Institutionen (z.B. Bund, Länder), die sich Eigenkapital über die Emission von → Aktien oder Fremdkapital über eine Emission einer → Anleihe beschaffen wollen, können einerseits die E. in Eigenregie durchführen. Diese Selbstemission kommt vor allem dann vor, wenn Kreditinstitute ihre eigenen Aktien oder Anleihen (Bankschuldverschreibungen) emittieren. Andere Unternehmen und staatliche Institutionen bedienen sich bei der E. der Hilfe von Kreditinstituten (Fremdemission). Die Kreditinstitute bilden hierbei ein → Bankenkonsortium. Sie schließen einen Konsortialvertrag, der die Geschäftsführung bei der Emission (Konsortialführung), die von den Konsortialmitgliedern zu übernehmenden Anteile und Vergütungen sowie Vergütungsverteilungen regelt. Eine Fremdemission läuft grundsätzlich in zwei Stufen ab. Die erste Stufe bildet die Übernahme der Papiere durch das Konsortium. In der zweiten Stufe geht es dann um die so genannte Platzierung, d.h. die Unterbringung der Emission am Kapitalmarkt.

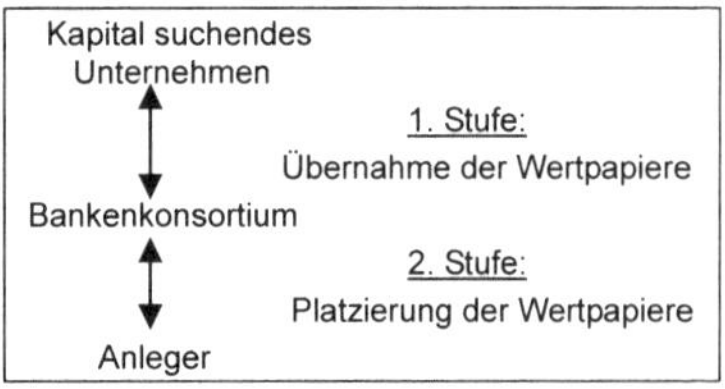

Bei der Übernahme wird festgelegt, ob bzw. inwieweit das Absatzrisiko der E. beim Emittenten oder beim Bankenkonsortium liegt. Bei einer festen Übernahme nehmen die Konsortialmitglieder dieses Risiko auf sich; entsprechend höher fällt die Vergütung für die Emissionstätigkeit aus. Übernimmt das Konsortium die E. jedoch z.B. als → Kommissionär, trägt der Emittent das Absatzrisiko. – Bei der Platzierung kommen verschiedene Formen zur Anwendung: 1. *Öffentliche Zeichnung:* Hier werden die Wertpapiere mittels eines Prospekts zum Kauf angeboten. Die interessierten Anleger geben rechtsverbindliche Kaufwünsche ab (Zeichnung), die innerhalb eines vorgegebenen Zeitraums gesammelt werden. Übersteigen die Zeichnungswünsche das Volumen der E., erfolgt eine Zuteilung (Repartierung) nach unterschiedlichen Regeln (z.B. Zufallsverfahren oder Ermittlung einer einheitlichen Zuteilungsquote. – 2. *Bookbuilding:* Moderne Form der Zeichnung. Auch hier werden Zeichnungsaufträge entgegen genommen. Allerdings wird der Zeichnungspreis vorher nicht festgelegt; zu Beginn des Verfahrens wird lediglich eine Preisspanne veröffentlicht, innerhalb derer sich der Emissionspreis bewegen kann. Nach der Erfassung aller Gebote zum Ablauf der Gebotsfrist legt der Emittent mit Hilfe des konsortialführenden

Kreditinstitutes (Bookrunner) einen marktnahen Emissionspreis fest. – 3. *Privatplatzierung:* Die E. wird nach Ermessen des Konsortiums gezielt bestimmten (Groß-) Anlegern (z.B. → Investmentgesellschaften, Versicherungen) angeboten. – 4. *Freihändiger Verkauf:* Dieser wird vor allem bei → Bankschuldverschreibungen durchgeführt. Die E. wird den Anlegern über das Filialnetz des Kreditinstitutes fortlaufend angeboten. Ergibt sich eine Zinsänderung am → Kapitalmarkt, werden die Konditionen entsprechend angepasst. – 5. *Tenderverfahren:* Es findet vor allem bei der E. einiger → Bundeswertpapiere Anwendung. Auch hier geben die Anleger Gebote ab. Da sehr hohe Mindestbietungsbeträge zu beachten sind (meist 1 Mio. Euro) kommt dieses Verfahren nur für Großanleger in Betracht. Die Gebote enthalten neben dem gewünschten → Nennwert meist auch einen Kurs. Je geringer der Kurs, desto höher wäre bei einer Zuteilung die → Rendite. Die Zuteilung erfolgt nach Ablauf der Gebotsfrist in der Reihenfolge der Kursgebote, wobei zunächst diejenigen Bieter bedient werden, die den höchsten Kurs geboten haben.

Emittent, → Emission.

Emittentenrisiko, Risiko der Bonitätsverschlechterung (→ Kreditwürdigkeit) bzw. Zahlungsunfähigkeit eines Wertpapieremittenten. Wird ein Emittent (→ Emission) in seinem → Rating zurückgestuft, so sinkt der Kurs des von ihm herausgegebenen Wertpapieres. Bei Zahlungsunfähigkeit droht dem Anleger ein Totalverlust. Das E. ist auch bei → Zertifikaten zu beachten. Dagegen unterliegen → Investmentfonds als sog. Sondervermögen keinem E.

englische Zinsmethode, Zinsberechnungsverfahren, bei dem das Jahr zu 365 Tagen (Schaltjahre 366 Tage) und die Tage des Monats genau ermittelt werden (act/act). – Vgl. auch → Zinsberechnungsmethoden.

Entry Standard, Teilsegment im → Freiverkehr der Frankfurter Wertpapierbörse. Für den E.S. bestehen etwas strengere Vorschriften als für den restlichen Freiverkehr.

Entschädigungseinrichtung der Wertpapierhandelsunternehmen (EdW), neben dem Instrument der → Einlagensicherung bestehende Einrichtung zum Schutz von Geld- und Kapitalanlegern. Die EdW gewährt aufgrund des Einlagensicherungs- und Anlagenentschädigungsgesetzes eine Entschädigung, wenn ein ihr angeschlossenes Wertpapierhandelsunternehmen seine Verbindlichkeiten aus Wertpapiergeschäften nicht erfüllen kann. Ihr gehören Vermögensberater sowie die → Investmentgesellschaften an.

Entschädigungseinrichtung deutscher Banken (EdB), → Einlagensicherung.

Eonia, Referenzzins für Tagesgelder (vgl. → aufgenommene Gelder). Der E. wird geschäftstäglich um 11 Uhr MEZ als gewichtete Durchschnittssätze mithilfe von etwa 50 Kreditinstituten errechnet, die zu diesem Zeitpunkt ihre Angebotssätze für Tages- und Termingelder an einen Informationsanbieter melden.

Equity, angelsächsischer Begriff für Anteile an einer Gesellschaft (z.B. → Aktie).

ERA, Abk. für → *Einheitliche Richtlinien und Gebräuche für Dokumenten-Akkreditive*.

Erbbaurecht, vererbbares und veräußerliches Recht, das dem Berechtigten die Errichtung und Unterhaltung eines Gebäudes auf einem nicht ihm gehörenden Grundstück gestattet. Das E. bietet eine Möglichkeit, die Baukosten für ein Eigenheim zu reduzieren: Man erwirbt von einem Grundstückseigentümer (z.B. einer Gemeinde) ein E. und zahlt dafür einen relativ geringen jährlichen Erbbauzins. Da E. i.d.R. eine sehr lange Laufzeit aufweisen (meist 99 Jahre) hat der Bauherr die Gewissheit, dass er zu seinen Lebzeiten sein Haus ohne Einschränkung nutzen kann. Nach Ablauf des E. können spätere Erben mit dem Grundstückseigentümer einen neuen Vertrag über das E. vereinbaren oder eine Ausgleichszahlung für das errichtete Gebäude verlangen.

Erbschaftsteuer, *Schenkungsteuer;* Besteuerung der unentgeltlichen Zuwendung von Vermögen. Die Höhe der E. richtet sich nach dem persönlichen Verhältnis zwischen Begünstigtem und Erblasser bzw. Schenker. In diesem Zusammenhang werden drei Steuerklassen (z.B. Steuerklasse I für Ehegatten, Kinder und Enkel, Steuerklasse II für Geschwister, Nichten, Neffen etc.; Eltern und Großeltern werden bei Erbschaften der Steuerklasse I und bei Schenkungen der Steuerklasse II zugeordnet; die Steuerklasse III gilt für eingetragene Lebenspartner sowie für weitere Erwerber, z.B. nicht oder entfernt verwandte Personen). Ferner sind sachliche und persönliche Freibeträge sowie Versorgungsfreibeträge für Ehegatten und Kinder zu berücksichtigen. Ein sachlicher Freibetrag gilt z.B. bei Schenkungen bzw. Erbschaften von Hausrat. Persönliche Freibeträge sind gestaffelt nach den genannten Steuerklassen. Die bei der E. anzuwendenden Steuersätze (Tarife) sind nach Höhe der Erbschaft bzw. Schenkung sowie nach Steuerklasse gestaffelt (je höher der Vermögenswert bzw. die Steuerklasse, desto höher der Steuersatz – die Spanne reicht von 7% bis 50%). Zur Vermeidung einer unangemessen hohen Besteuerung bei einer Vererbung von Betriebsvermögen und selbst genutzten Wohnimmobilien hat der Gesetzgeber Sondervergünstigungen geschaffen. So fällt bei einer geerbten Wohnimmobilie z.B. keine E. an, wenn ein Ehegatte, ein eingetragener Lebenspartner oder ein Kind als Erbe die Immobilie mindestens 10 Jahre selbst nutzt. – Zur Unterstützung der Erfassung von Erbschaften über Kontoguthaben und deponierte Vermögenswerte sind Kreditinstitute beim Tod eines ihrer Kunden gesetzlich verpflichtet, eine → Meldung an das Finanzamt zu machen.

Erbschein, Nachweis der Erbberechtigung im Todesfall. Der E. wird vom Nachlassgericht nach Prüfung der Erbangelegenheit ausgestellt. Er enthält die erbenden Personen sowie deren Anteile an der Erbschaft. Über das Vermögen der verstorbenen Person dürfen die Erben grundsätzlich nur gemeinsam verfügen. Es handelt sich um ein → Gesamthandsvermögen.

Erfüllung, sachenrechtliche Abwicklung eines Schuldverhältnisses. Im deutschen Recht werden Verpflichtungs- und Erfüllungsgeschäft unterschieden. – *Beispiel:* Kaufvertrag über ein Buch. Das Verpflichtungsgeschäft (Kaufvertrag) besteht aus zwei übereinstimmenden Willenserklärungen, ein bestimmtes Buch zu einem bestimmten Preis zu kaufen bzw. zu verkaufen. Das Erfüllungsgeschäft resultiert hieraus: Dem Käufer muss das → Eigentum am Buch verschafft werden. Dies geschieht im Regelfall durch die Einigung über den Eigentumsübergang und die Übergabe des Buches an den Erwerber. Schließlich hat der Verkäufer Anspruch auf Zahlung des Kaufpreises. Wird dieser bar gezahlt, schließt sich das Erfüllungsgeschäft über das Geld an (Einigung über den Eigentumsübergang und Übergabe des Geldes). – Im obigen Beispiel werden, wie bei Geschäften des täglichen Bedarfs üblich, Verpflichtungs- und Erfüllungsgeschäft Zug um Zug abgewickelt. Sie können jedoch zu verschiedenen Zeitpunkten stattfinden. Dies ist z.B. bei Wertpapierkäufen bzw. -verkäufen der Fall, bei denen zunächst das Verpflichtungsgeschäft an der Börse und später (i.d.R. nach 2 Geschäftstagen) die E. des Geschäftes (Zahlung des Kaufpreises/Erfassung der Wertpapiere im Depot) stattfindet.

Ergänzungskapital, Bestandteil des → haftenden Eigenkapitals von Kreditinstituten. Zum E. zählen z.B. Verbindlichkeiten aus der Emission von → Genussscheinen, Kapital aus der Ausgabe von kumulativen → Vorzugsaktien und der Haftsummenzuschlag bei Kreditinstituten in der Rechtsform der eingetragenen → Genossenschaft.

ERI, Abk. für → Einheitliche Richtlinien für Inkassi (ERI).

Erneuerungsschein, *Talon;* Bestandteil des Bogens bei effektiven Stücken von Wertpapieren (Urkunden). Im Gegensatz zum Urkundenmantel, der das Recht des Urkundeninhabers verbrieft, repräsentiert der Bogen mit den daran befindlichen → Kupons die regelmäßigen Zins-, Dividenden- oder Ertragsansprüche des Inhabers. Der dem Bogen anhängende E. berechtigt zum Empfang eines neuen Bogens, wenn sämtliche Kupons eingelöst sind. Im Zuge des stückelosen → Effektengiroverkehrs hat der E. im Kundengeschäft an Bedeutung verloren.

Eröffnungskurs, erster Kurs bei Börsenbeginn für Wertpapiere, in denen eine → fortlaufende Notierung vorgesehen ist. Liegen für den E. mehrere Kauf-/Verkaufsaufträge vor, wird dieser nach dem Prinzip der Einheitskursermittlung (→ Einheitskurs) vorgenommen.

erste Abteilung des Grundbuchs, vgl. → Grundbuchblatt.

erstrangige Besicherung, → Grundschuld oder auch → Hypothek, die durch eine erste Rangstelle in der dritten Abteilung des → Grundbuchs abgesichert ist.

Ertrag, Bruttowertzuwachs eines Unternehmens. Alle Erträge werden auf der Habenseite des Gewinn- und Verlustkontos erfasst. Beispiele für Erträge im Bankbetrieb sind Kreditzinsen, Kontoführungsgebühren oder Erträge aus eigenen Wertpapieren des Kreditinstitutes.

Ertragsschein, → Kupon, der einen Ertragsanspruch bei einem → Investmentzertifikat verbrieft.

Ertragswert, Größe im Rahmen der → Beleihungswertermittlung bei Immobilien.

Erwerb, Übergang der rechtlichen Herrschaft an einer Sache von einer Person auf eine andere. Die Person, die das → Eigentum aufgibt (Veräußerer) überträgt die Sache durch eine Einigung über den Eigentumsübergang und eine Übergabe der Sache auf den Erwerber.

ESZB, Abk. für → *Europäisches System der Zentralbanken.*

ETF, → Exchange Traded Funds.

Euler Hermes, Unternehmen, das Kredite versichert. – Vgl. → Hermes-Deckung.

Eurex, vollelektronische Börse für den Handel in → Futures und → Optionen. Teilnehmer an der E. sind Kreditinstitute und → Kursmakler. Die Teilnehmer führen Eigengeschäfte und Kundengeschäfte aus. Darüber hinaus übernehmen einige Teilnehmer eine Market-Maker-Funktion, d.h. sie stellen laufend für die von ihnen betreuten Werte verbindliche Kauf-(Geld) und Verkaufs-(Brief-)Kurse (Quotes). Die Market-Maker-Funktion gewährleistet eine hohe Liquidität der E. Die Aufträge bzw. Quotes werden in das EDV-System der E. eingegeben. Das System führt passende Aufträge automatisch zusammen. Auf diese Weise entsteht ein fortlaufender Handel, an den sich ein ebenfalls automatisiertes Clearing (→ Abrechnung) und → Settlement anschließen. Der Handel an der E. vollzieht sich nach bestimmten → Handelsphasen.

Euribor, Referenzzins für Termingelder (→ aufgenommene Gelder). Der E. wird geschäftstäglich um 11 Uhr MEZ als gewichteter Durchschnittssatz mithilfe von etwa 50 Kreditinstituten errechnet, die zu diesem Zeitpunkt ihre Angebotssätze für Tages- und Termingelder an einen Informationsanbieter melden. Der E. ist ein wichtiger Referenzzinssatz für andere Finanzierungsinstrumente, z.B. bei der Ausgestaltung von → Floating Rate Notes oder → Euronotes.

Euro, seit 1999 (mit Beginn der dritten Stufe der → Europäischen Wirtschafts- und Währungsunion) gesetzliches Zahlungsmittel im Eurowährungsraum. Zum 31.12.1998 wurde der Wert der bis dahin existierenden ECU (European Currency Unit) ermittelt und unwiderruflich fixiert. Durch diese Fixierung ergaben sich für die zu diesem Zeitpunkt existierenden 11 Euroländer feste Umrechnungskurse für einen E. Griechenland trat dem Eurosystem 2001, Slowenien 2007, Malta und Zypern 2008, die Slowakei 2009 bei. Es ergaben sich folgende Kurse:

Belgien 40,3399 bfr	Österreich 13,7603 öS
Deutschland 1,95583 DM	Portugal 200,482 esc
Spanien 166,386 pta	Finnland 5,94573 Fmk
Frankreich 6,55957 FF	Griechenland 340,750 dr
Irland 0,787564 ir. Pfund	Slowenien 239,640 Tolar
Italien 1936,27 lit	Malta 0,4293 MTL
Luxemburg 40,3399 lfr	Zypern 0,585274 CYP
Niederlande 2,20371 hfl	Slowakei 30,1260 SKK

Neben dem E. blieben bis zum Jahr 2002 die nationalen Währungen der Euroländer weiterhin gesetzliches Zahlungsmittel in den jeweiligen Ländern. Darüber hinaus blieben die jeweiligen nationalen Bargeldbestände bis zum Jahr 2002 gesetzliches Zahlungsmittel. – Als Vorteil der gemeinsamen Währung wird vor allem der Wegfall des Kursrisikos innerhalb der Euroländer und die damit verbundene bessere Kalkulierbarkeit von internationalen Transaktionen für Private (z.B. Reiseverkehr) und Unternehmen (Waren-/Dienstleistungsexporte bzw. -importe) angesehen. Darüber hinaus verspricht die mit dem E. verbundene höhere Markttransparenz (E. als einheitlicher Bewertungsmaßstab) eine Tendenz sinkender Preise aufgrund der internationalen Konkurrenzsituation. Als dritter wesentlicher Vorteil resultiert aus den o.g. Gründen ein höheres Wachstumspotenzial im Euroland für die kommenden Jahre. – Kontrovers wird immer wieder die Stabilität des E. diskutiert. In den Verträgen von Maastricht und Dublin wurden zur Gewährleistung von Stabilität Kriterien aufgestellt. Diese sollen sicherstellen, dass gegenwärtige („Dublin“) und zukünftige („Maastricht“) E.-Teilnehmerländer Stabilisierungsmaßnahmen treffen (Preisstabilität, niedrige Zinsen am → Kapitalmarkt, Haushaltsdisziplin etc.).

Euroanleihe, *Euro-Market-Bond;* am westeuropäischen Markt emittierte → Anleihe.

Eurobond, → Anleihe, die von einem internationalen Bankenkonsortium emittiert und gleichzeitig in mehreren Ländern platziert wird (→ Emission). Eurobonds werden in unterschiedlichen Währungen (z.B. US-Dollar, Yen oder Euro) emittiert. Emittenten sind Internationale Institutionen (z.B. die → Weltbank), Großunternehmen und Staaten.

EURO-BUND-Future, offizielle Bezeichnung für den → BUND-Future.

Eurocard, alte Bezeichnung für die → MasterCard.

Euroclear, internationales Clearingsystem. – Vgl. auch → Abrechnung.

Euro Commercial Papers, an internationalen → Geldmärkten und → Eurogeldmärkten gehandelte Commercial Papers. – Vgl. auch → Geldmarktpapiere.

Eurogeldmarkt/Eurokapitalmarkt, internationaler Markt für kurz- und mittelfristige (Geldmarkt) bzw. langfristige (Kapitalmarkt) Anlageformen (z.B. → Euronotes, → Eurobonds). Auf den Euromärkten werden Anlageformen in allen bedeutsamen Währungen gehandelt. Wichtige europäische Finanzplätze für Euromärkte sind London, Paris, Luxemburg und Frankfurt/Main.

EuroGiro, Bezeichnung für die Abwicklung internationaler Zahlungen bei der Postbank.

Euro Interbank Offered Rate, → Euribor.

Euro Market Bond, → Euroanleihe.

Euromärkte, → Eurogeldmarkt/Eurokapitalmarkt.

Euronext, Zusammenschluss der Börsen Amsterdam, Brüssel, Lissabon und Paris. Die E. hat 2006 eine Fusion mit der → New York Stock Exchange (NYSE) beschlossen.

Euronotes, von Nichtbanken am Eurogeldmarkt (→ Eurogeldmarkt/Eurokapitalmarkt) emittierte kurzlaufende Geldmarktpapiere, deren Verzinsung an einen Referenzzinssatz (z.B. → Euribor) gebunden ist.

Euro Notes Facilities, Finanzinnovation, bei der mehrere Kreditinstitute als Kapitalgeber mit einem Kapitalnehmer, vereinbaren, dass dieser sich innerhalb von fünf bis sieben Jahren regelmäßig durch Platzierung von → Euronotes bis zu einer Obergrenze Mittel beschaffen kann.

Euro Overnight Index Average, → Eonia.

Europäische AG (SE), Societas Europaea; seit 2004 gültige europaweite und von den nationalstaatlichen Rechtsformen weitgehend unabhängige Unternehmensform. Die SE ist eine selbstständige Rechtsform (→ juristische Person) mit einem in Aktien eingeteilten Grundkapital von mindestens 120.000 Euro.

europäische Option, → Option, die nur zu einem bestimmten Endfälligkeitstermin durch den Inhaber ausgeübt werden kann. *Gegensatz:* → amerikanische Option.

europäischer Pass, Erlaubnis für deutsche Kreditinstitute oder Finanzdienstleistungsinstitute zum Betreiben von Bankgeschäften in anderen Ländern der Europäischen Union (EU) ohne besondere Genehmigung. Beabsichtigt ein deutsches Kreditinstitut, eine Zweigstelle in einem EU-Land zu eröffnen, muss die → Bundesanstalt für Finanzdienstleistungsaufsicht (BAFin) informiert werden. Diese informiert die Aufsichtsbehörde des anderen Landes, wenn die Voraussetzungen des e.P. vorliegen (z.B. angemessenes → haftendes Eigenkapital im Sinne des KWG).

Europäisches System der Zentralbanken (ESZB), Bezeichnung für das System von Nationalbanken, das aus der Europäischen Zentralbank (EZB) und den Nationalen Zentralbanken (NZB) der 27 EU-Länder besteht. Im engeren Sinne besteht das ESZB aus der EZB und den NZB derjenigen Länder, die den Euro als einheitliche Währung eingeführt haben (Euroländer). Oberstes Ziel des ESZB ist die Wahrung von Preisstabilität in Europa. Das ESZB trägt die Verantwortung für die europäische Geldpolitik. Bei der Wahrnehmung dieser Aufgaben dürfen weder nationale Regierungen noch EU-Institutionen dem ESZB Weisungen erteilen. Die EZB mit Sitz in Frankfurt/Main nahm ihre Tätigkeit zum 1.1.1999 auf. An ihrem Grundkapital von ca. 5,5 Mrd. Euro sind die NZB der Euroländer sowie die NZB der Länder Dänemark, Schweden und Großbritannien sowie der Beitrittsländer zum 1.5.2004 (Estland, Lettland, Litauen, Malta, Polen, Slowakei, Slowenien, Tschechische Republik, Ungarn, Zypern) bzw. zum 1.1.2007 (Bulgarien und Rumänien) beteiligt. Das Direktorium der EZB wird durch einen Präsidenten, einen Vizepräsidenten und vier weiteren Mitgliedern gebildet. Geldpolitische (währungspolitische) Beschlüsse der EZB werden im EZB-Rat getroffen, dem neben dem Direktorium noch die Präsidenten der NZB der Euroländer angehören. Die wesentliche Aufgabe der EZB besteht darin, die Geldpolitik in der europäischen Gemeinschaft zu gestalten. Weitere Aufgaben sind die Durchführung von Devisengeschäften, die Verwaltung von Währungsreserven der Mitgliedsländer und die Förderung funktionierender internationaler Zahlungssysteme. Zur Durchführung der Geldpolitik steht dem ESZB ein weit reichendes Instrumentarium für → geldpolitische Operationen zur Verfügung.

Europäisches Währungssystem (EWS), 1975 geschaffenes Bandbreitensystem zwischen wichtigen europäischen Währungen. Durch die Einführung des Euros ist das EWS für die Länder der → Europäischen Wirtschafts- und Währungsunion hinfällig geworden. Zwischen der Europäischen Zentralbank (→ Europäisches System der Zentralbanken) und den Nationalbanken der Länder Griechenland und Dänemark entstand als Nachfolgesystem 1999 jedoch ein fester Wechselkursmechanismus (WKM II), der vorsah, dass die Währungen dieser beiden Länder zum Euro, von einem bestimmten Leitkurs ausgehend, nur innerhalb einer Bandbreite von jeweils 2,25% nach oben und nach unten (Dänemark; im Falle Griechenlands jeweils 15%) schwanken durften. Bei Überschreiten dieser Bandbreiten sollten die EZB bzw. die betroffene Nationalbank in den Markt eingreifen (intervenieren). Griechenland ist inzwischen dem Euroverbund beigetreten; dem EWS sind aus den Reihen der 10 neuen EU-Mitgliedsländer ab Juni 2004 Slowenien, Litauen und Estland und ab Mai 2005 Lettland, Malta und Zypern beigetreten. Da Slowenien (seit 1.1.2007) und Malta und Zypern (seit 1.1.2008) dem Euro-Verbund angehören, bestehen zurzeit Wechselkursmechanismen zwischen dem Euro und der dänischen Krone sowie außerdem zwischen dem Euro und den Währungen der baltischen Länder Litauen, Estland und Lettland.

Europäische Verbraucherkreditrichtlinie, → Verbraucherkreditrichtlinie,

Europäische Wirtschafts- und Währungsunion (EWWU), Vertragswerk zur Schaffung eines freien Güter-, Dienstleistungs-, Personen- und Kapitalverkehrs in Europa. Die EWWU vollzog sich in drei Stufen:

- *1. Stufe* (1990): Liberalisierung des Kapitalverkehrs und Erreichen einer Konvergenz (Übereinstimmung) der Politik in der Europäischen Union.
- *2. Stufe* (1994): Einrichtung eines gemeinsamen Europäischen Währungsinstitutes (EWI) zur Vorbereitung auf die Einführung des → Euros.
- *3. Stufe* (1999): Einführung des Euros und Übergang geldpolitischer Befugnisse von den Nationalen Zentralbanken auf die Europäische Zentralbank.

Vgl. auch → Europäisches System der Zentralbanken.

Europäische Zentralbank → Europäisches System der Zentralbanken.

Euroscheck (EC), Sonderform eines garantierten → Schecks. Seit dem Wegfall der Garantie im Jahr 2002 hat der EC in der Praxis keine Bedeutung mehr.

EuroStoxx 50, Aktienindex (→ Index), der die Wertentwicklung der 50 größten Aktiengesellschaften in den Ländern der → Europäischen Wirtschafts- und Währungsunion widerspiegelt.

Euro-Zahlungsauftrag, → Auslandsüberweisung.

Eurozinsmethode, Berechnungsverfahren, bei dem das Jahr zu 360 Tagen und die Monatstage genau ermittelt werden (act/360). – Vgl. → Zinsberechnungsmethoden.

EU-Zinsrichtlinie, internationale Rechtsvorschrift. Die beteiligten Länder machen bei Zinserträgen eines Gebietsfremden (vgl. → Außenwirtschaftsgesetz) entweder eine Kontrollmitteilung an dessen Heimatland oder ziehen eine → Quellensteuer in Höhe von 15% ab.

e.V., allgemein übliche Abk. für → *eingetragener Verein.*

E.v., Abk. für *Eingang vorbehalten;* → Schecks und → Lastschriften, die ein Scheckinhaber bzw. Zahlungsempfänger einer Lastschrift zur Gutschrift auf sein Konto einreicht, werden E.v. gutgeschrieben. Das gutschreibende Kreditinstitut gibt seinem Kunden damit zu verstehen, dass er mit einer Rückbelastung des Gutschriftsbetrages zu rechnen hat, falls der Scheck bzw. die Lastschrift nicht eingelöst wird.

Eventualverbindlichkeit, Verbindlichkeit, die nur unter ganz bestimmten Bedingungen für ein Kreditinstitut wirksam wird. Übernimmt z.B. ein Kreditinstitut eine Bürgschaft für einen Kunden (→ Avalkredit), so muss es nur dann zahlen, wenn der Kunde seiner Zahlungsverpflichtung gegenüber seinem Gläubiger nicht nachkommt. Ein weiteres Beispiel für eine E. stellt ein → Dokumentenakkreditiv dar. – Eine E. wird bilanziell bei Kreditinstituten nicht unter den Verbindlichkeiten in der Bilanz, sondern unter dem Bilanzstrich – auf der Passivseite – ausgewiesen.

EWWU, Abk. für → *Europäische Wirtschafts- und Währungsunion.*

ex BA, Kurshinweis *ex* → *Berichtigungsabschlag.* Der Hinweis ex BA wird bei der ersten Kursnotiz einer Aktie nach Umstellung des Kurses auf das aus Gesellschaftsmitteln berichtigte Aktienkapital hinzugefügt.

ex BR, Kurshinweis *ex Bezugsrecht.* Der Hinweis wird bei der ersten Kursnotiz einer Aktie nach → Bezugsrechtsabschlag hinzugefügt.

ex Div/exD, Kurshinweis *ex Dividende.* Er wird bei der ersten Kursnotiz einer Aktie nach → Dividendenabschlag hinzugefügt.

ex works, ab Werk. –Vgl. auch → Incoterms.

Exchangeables, Sonderform eines → Convertible Bond.

Exchange Electronic Trading, → XETRA.

Exchange Traded Funds (ETF), Bezeichnung für börsengehandelte → Investmentfonds. ETF werden im Marktsegment XTF an der → Deutschen Börse AG gehandelt.

Exotische Option, → Option, die nicht durch die Optionsgrundformen Call (Kaufoption) bzw. Put (Verkaufoption) auf einen Basiswert dargestellt werden kann. Beispiele für eine e.O. sind Optionen mit mehreren Basiswerten oder Optionen, deren Wert nicht von aktuellen, sondern von historischen Kursen abhängt.

Export, Ausfuhr von Waren, Dienstleistungen oder Kapital. Waren- und Dienstleistungsexporte schlagen sich in der Leistungsbilanz, Kapitalexporte (z.B. Geldanlage im Ausland) in der Kapitalbilanz nieder. – Vgl. auch → Zahlungsbilanz.

EZB, Abk. für die *Europäische Zentralbank.* – Vgl. → Europäisches System der Zentralbanken.

EZB-Rat, → Europäisches System der Zentralbanken.

EZL, Abk. für → *Elektronischer Zahlungsverkehr für Lastschriften.*

EZÜ, Abk. für → *Elektronischer Zahlungsverkehr für Überweisungen.*

F

F/A, Abk. für *Februar/August;* Kennzeichnung des halbjährlichen Zinszahlungstermins bei → festverzinslichen Wertpapieren jeweils zum 1.2. und 1.8. eines Jahres. Zu diesen Terminen werden die Zinsen für das vergangene Halbjahr gezahlt.

Factoring, laufender Ankauf noch nicht fälliger Forderungen aus Warenlieferungen und Dienstleistungen durch ein Finanzunternehmen (Factor, Factoring-Gesellschaft) aufgrund eines entsprechenden Factoringvertrages. Der Factor stellt dem Vertragspartner den Forderungsgegenwert abzüglich Zinsen und Provision sofort zur Verfügung (*Finanzierungsfunktion des F.*). Der Forderungsankauf erfolgt unter Übernahme des Ausfallrisikos (*Delkrederefunktion des F.*). Die Gesellschaft führt im Rahmen ihrer Organisation die Debitorenbuchhaltung sowie das Inkasso- und Mahnwesen hinsichtlich der angekauften Forderungen (*Dienstleistungsfunktion des F.*). Angekauft werden nur Forderungen gegenüber gewerblichen Abnehmern, die mit dem Vertragspartner der Factoring-Gesellschaft in ständiger Geschäftsbeziehung stehen.

Falschgeld, nachgemachte oder verfälschte → Banknoten oder Münzen. Kreditinstitute sind verpflichtet, F. und als F. verdächtige Banknoten und Münzen anzuhalten und dem Betroffenen eine Empfangsbescheinigung auszustellen. Angehaltenes F. ist der Polizei auszuhändigen. Besteht lediglich der Verdacht auf F., so müssen die entsprechenden Banknoten oder Münzen der → Deutschen Bundesbank zur Prüfung vorgelegt werden.

Feinsteuerung am Geldmarkt, Oberbegriff für → geldpolitische Operationen der Europäischen Zentralbank zur Beeinflussung der kurzfristigen Bankenliquidität. Mit der F.a.G. wird das Ziel verfolgt, starke Schwankungen der Zinssätze am Geldmarkt zu vermeiden.

Feinsteuerungsoperationen des ESZB, → geldpolitische Operationen.

Fernidentifizierung, Identifizierung eines nicht persönlich anwesenden Kunden (z.B. im Zusammenhang mit einer Kontoeröffnung) unter Einschaltung eines zuverlässigen Dritten. Als zuverlässige Dritte kommen u.a. → Korrespondenzbanken am Aufenthaltsort des Kunden, Notare oder die Deutsche Post AG (→ PostIdent Service) in Betracht. Die F. ist insbesondere bei → Direktbanken ein praxisübliches Verfahren der Identitätsfeststellung.

Festdarlehen, *endfälliges Darlehen, Tilgungsaussetzungsdarlehen;* Darlehen, dessen Rückzahlung am Ende der Laufzeit in einer Summe vorgenommen wird. Während der Laufzeit erbringt der Schuldner lediglich Zinsleistungen. F. kommen insbesondere in der → Baufinanzierung vor; die spätere Rückzahlung erfolgt häufig aus den Mitteln eines zugeteilten → Bausparvertrages oder einer fälligen → Lebensversicherung.

fester Wechselkurs. 1. Administrativ festgelegter absolut starrer → Wechselkurs, der unterhalb eines marktgerechten Kurses mit der Folge einer Überbewertung der eigenen Währung fixiert wird. Diese Überbewertung führt zu Devisenknappheit und macht in dem jeweiligen Land Devisenbewirtschaftung erforderlich. – 2. Wechselkurs, der aufgrund einer entsprechenden Vereinbarung zwischen den beteiligten Staaten festgelegt wird, jedoch innerhalb einer festgelegten Bandbreite aufgrund von Angebot und Nachfrage am Markt schwanken kann. Droht der Kurs die festgelegte Bandbreite zu verlassen, so sind die beteiligten → Notenbanken zu Interventionen in Form von Devisenkäufen bzw. -verkäufen verpflichtet. Erweist sich ein Wechselkurs dennoch als nicht marktgerecht, so wird eine Neufestsetzung des Kurses (Aufwertung bzw. Abwertung) erforderlich.

So ist z.B. die Währung Dänemarks über einen f.W. mit einer Bandbreite von 4,5% an den Euro gebunden.

Festgeld, den → Termineinlagen zuzurechnende kurzfristige Anlageform, deren Fälligkeit zum Zeitpunkt der Geldanlage taggenau vorherbestimmt wird. In der Bankpraxis werden Festgelder mit Laufzeiten von einem Monat oder auch mehreren Monaten entgegengenommen. Der vom Kreditinstitut gewährte Zinssatz ist abhängig von der Höhe des Anlagebetrages und der mit dem Kunden vereinbarten Laufzeit. In der Regel ist ein Mindestanlagebetrag (z.B. 5.000 Euro) erforderlich. Bei Fälligkeit des F. verfahren Kreditinstitute unterschiedlich: Entweder erfolgt eine Wiederanlage mit gleicher Laufzeit, sofern der Kunde keine abweichende Weisung erteilt oder das F. wird vom Fälligkeitstag an als → Sichteinlage behandelt. In diesem Fall muss der Kunde gegebenenfalls einen Auftrag zur Wiederanlage erteilen.

Festgeldkonto, auf Guthabenbasis geführtes Bankkonto, das der Verbuchung von Festgeldern (→ Festgeld) dient. Für jedes Festgeld eines Kunden wird in der Praxis üblicherweise ein gesondertes F. eingerichtet und geführt.

Festhypothek, → Hypothek, bei der die zugrunde liegende persönliche Forderung zu einem bestimmten Zeitpunkt in einer Summe getilgt wird. – *Gegensatz:* → Tilgungshypothek.

Festpreisgeschäft, Wertpapierhandelsgeschäft, bei dem ein Kreditinstitut auf der Grundlage eines Kaufvertrages die Übernahme oder Lieferung bestimmter Wertpapiere zu einem festen Preis unabhängig von der aktuellen Börsenkursnotierung vereinbart. Bei einem F. werden dem Kunden lediglich der vereinbarte Preis sowie ggfs. anfallende → Stückzinsen berechnet. Provisionen (→ Bankprovision) oder Maklergebühren werden nicht gesondert geschuldet. – *Gegensatz:* Kommissionsgeschäft (→ Kommissionär).

festverzinsliches Wertpapier, → Anleihe, die neben dem Anspruch auf Rückzahlung eine Verzinsung zu einem bei → Emission fest vereinbarten Zinssatz verbrieft. Die Zinszahlung kann dabei regelmäßig (z.B. jährlich) oder auch bei Fälligkeit des f.W. in einer Summe erfolgen. F.W. sind meist mit einem während der gesamten Laufzeit konstanten Zinssatz ausgestattet, teilweise auch mit von Jahr zu Jahr steigender Verzinsung. Auch in diesem Fall steht die Höhe des Zinssatzes jedoch von Anfang an fest, so dass sowohl der Emittent als auch der Anleger mit sicherem Aufwand bzw. Ertrag kalkulieren können.

Festzinsanleihe, → Anleihe mit gleich bleibendem Nominalzinssatz während der gesamten Laufzeit. – Vgl. auch → Nominalverzinsung.

Festzinsdarlehen, → Darlehen, das während der gesamten Kreditlaufzeit oder während eines vereinbarten Zeitraumes innerhalb der Gesamtlaufzeit (Zinsbindungsfrist) mit einem gleichbleibenden Zinssatz verzinst wird. Der Kreditnehmer hat die Sicherheit einer konstanten, von der Marktzinsentwicklung unabhängigen Belastung aus dem Darlehen. Andererseits besteht während der Zinsbindungsfrist i.d.R. nicht die Möglichkeit, das Darlehen ganz oder teilweise vorzeitig zurückzuzahlen. Wird jedoch eine Zinsbindungsfrist von mehr als zehn Jahren ab Auszahlung des Darlehens vereinbart, so kann der Kreditnehmer das Darlehen nach Ablauf dieser Frist stets unter Einhaltung einer sechsmonatigen Kündigungsfrist ganz oder teilweise kündigen.

Festzinssatz, Zinssatz eines Darlehens oder einer Vermögensanlage, der während der gesamten Laufzeit oder innerhalb eines vereinbarten Zeitraumes während der Gesamtlaufzeit nicht einseitig verändert werden kann. – *Gegensatz:* → Variabler Zinssatz.

Festzinssparen, Sparform, bei der dem Anleger im Gegensatz zum traditionellen Sparkonto für einen festgelegten Zeitraum (z.B. 6 oder 12 Monate) ein fester Zinssatz garantiert wird. F. setzt meist einen bestimmten Mindestanlagebetrag voraus. Verfügungen während der Festzinszeit sind ebenso wie zwischenzeitliche Erhöhungen des Anlagebetrages i.d.R. nicht möglich.

Festzinstender, → Mengentender.

fiduziarische Kreditsicherheit, → treuhänderische Kreditsicherheit.

Filialbank, Bank, die ein flächendeckendes Netz von Geschäftsstellen unterhält, in denen die Kunden persönlich betreut werden. – *Gegensatz:* → Direktbank.

Fill-or-Kill-Order (FOK-Order), besondere Form eines Börsenauftrags im elektronischen Handelssystem → Xetra mit der Maßgabe, dass der Auftrag sofort vollständig oder gar nicht ausgeführt werden soll. Eine Teilausführung wird vom Auftraggeber nicht gewünscht.

Finance Leasing, besondere Form des → Leasing mit mittel- bis langfristiger Vertragslaufzeit. Das Leasing-Objekt wird meist nach den individuellen Wünschen des Leasing-Nehmers hergestellt bzw. von der Leasing-Gesellschaft erworben. Während einer Grundmietzeit von 40–90% der betriebsgewöhnlichen Nutzungsdauer des Objektes ist das Vertragsverhältnis unkündbar. Die während der Grundmietzeit zu zahlenden Leasingraten sind i.d.R. so kalkuliert, dass sie die Investitionskosten der Leasinggesellschaft weitgehend decken. Dadurch hat die Gesellschaft bei Vertragsablauf und Rückgabe des Objekts durch den Leasing-Nehmer nur ein geringes Verwertungsrisiko. Aufgrund der langen Grundmietzeit trägt der Leasing-Nehmer das Investitionsrisiko, insbesondere das Risiko einer verminderten Verwendungsmöglichkeit und technischer Überalterung. – *Gegensatz:* → Operate Leasing.

Financial-Future, → Finanzterminkontrakt.

Finanzagentur GmbH, → Deutsche Finanzagentur.

Finanzderivate, → Derivate.

Finanzdienstleistung im Sinn des KWG. Zu den Finanzdienstleistungen gem. § 1 Ia KWG gehören unter anderem die Anlageberatung und Anlagevermittlung, die Vermögensverwaltung, der Eigenhandel mit Finanzinstrumenten, der Handel mit Sorten, das Kreditkartengeschäft, das Factoringgeschäft (→ Factoring) sowie das Finanzleasinggeschäft (→ Leasing).

Finanzdienstleistungsaufsicht, → Bundesanstalt für Finanzdienstleistungsaufsicht.

Finanzdienstleistungsinstitut, gem. § 1 Ia KWG ein Unternehmen, das → Finanzdienstleistungen gewerbsmäßig oder in einem Umfang erbringt, der einen in kaufmännischer Weise eingerichteten Geschäftsbetrieb erforderlich macht, jedoch kein Kreditinstitut ist.

Finanzierung, Summe aller Maßnahmen zur Beschaffung von → Eigenkapital und → Fremdkapital zum Zwecke der Durchführung unternehmerischer Vorhaben (insbesondere Investitionen). – Siehe Abbildung 5 (Finanzierungsarten).

Finanzierung aus einer Hand, → Verbundfinanzierung.

Finanzierungsschätze, als → Daueremission des Bundes ausgegebene → Anleihen mit Laufzeiten von einem Jahr und zwei Jahren. F. sind → Abzinsungspapiere; der Anleger zahlt hierbei einen um Zinsen geminderten Kaufpreis und erhält am Ende der Laufzeit den → Nennwert zurück. F. werden nicht an der Börse gehandelt und können während der Laufzeit nicht an den Bund zurückgegeben werden. Die Ausgabe von Wertpapierurkunden ist ausgeschlossen; F. sind → Schuldbuchforderungen. F. können von jedermann außer von Kreditinstituten erworben werden. Der Mindestauftragswert ist 500 Euro. – Siehe Abbildung 2 (Übersicht Bundeswertpapiere).

Finanzinstitut, ehemalige Bezeichnung des KWG für ein → Finanzunternehmen.

Finanzinstrumente, gem. § 1 XI KWG Wertpapiere (z.B. Aktien, Anleihen, → Genussscheine, → Optionsscheine, → Investmentzertifikate), Devisen oder Rechnungseinheiten, Geldmarktinstrumente (auf dem Geldmarkt gehandelte Forderungen) sowie → Derivate. F. können Gegenstand von Bankgeschäften oder → Finanzdienstleistungen im Sinn des KWG sein.

Finanzmarktstabilisierungsanstalt, → SoFFin.

Finanzplatz, Bezeichnung eines Ortes (u.U. auch eines Landes), an bzw. in dem sich die Abwicklung umfangreicher Finanzgeschäfte konzentriert. So spricht man beispielsweise

Abbildung 5:

Finanzierungsarten

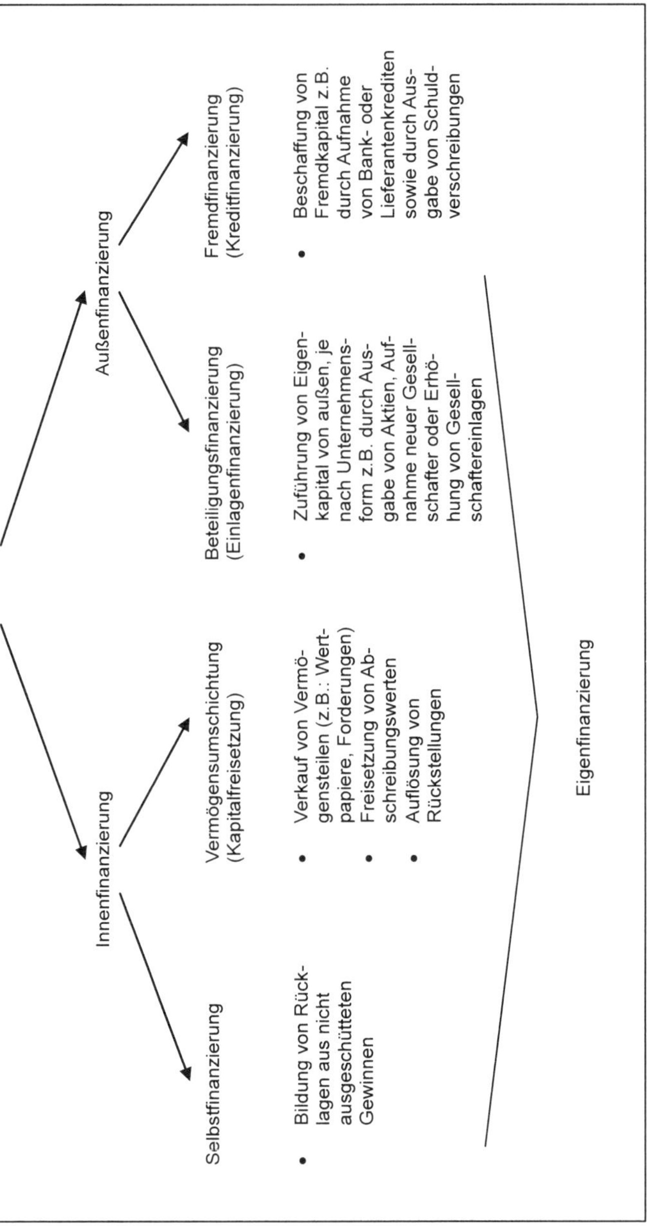

vom Finanzplatz Frankfurt, London oder Luxemburg.

Finanzportfolioverwaltung, → Finanzdienstleistung im Sinn des KWG mit dem Inhalt, einzelne in → Finanzinstrumenten angelegte Vermögen für andere Personen so zu verwalten, dass das mit der Verwaltung beauftragte Institut über einen Entscheidungsspielraum verfügt.

Finanzterminkontrakt, *Financial Future.* 1. *Begriff:* Standardisierter, börsenmäßig gehandelter Terminkontrakt (→ Börsentermingeschäft), der die unbedingte Verpflichtung zur Lieferung oder Abnahme eines bestimmten → Basiswertes (z.B. Devisen, festverzinsliche Wertpapiere, Aktienindices (→ Index) zu einem späteren Zeitpunkt und zu einem bereits bei Vertragsabschluss vereinbarten Preis beinhaltet. F. werden aber i.d.R. nicht effektiv, sondern durch Barausgleich erfüllt (vgl. → Settlement) bzw. vor Fälligkeit durch entsprechende Gegengeschäfte glattgestellt. – 2. *Arten:* a) *Zins-Future:* Basiswerte sind Zinstitel, z.B. bestimmte Bundeswertpapiere (→ Bund-Future, → Bobl-Future). – b) *Devisen-Future:* Basiswerte sind die bedeutendsten Weltwährungen. – c) *Index-Future:* Kontraktgegenstand sind insbesondere bedeutende Aktienindizes (→ DAX-Future). – d) *Edelmetall-Future,* dem z.B. Gold, Silber, Platin oder ein anderes Edelmetall als Wert zugrundegelegt wird.

Finanzunternehmen, gem. § 1 III Kreditwesengesetz ein Unternehmen, das weder ein → Kreditinstitut noch ein → Finanzdienstleistungsinstitut ist und dessen Haupttätigkeit darin besteht, Beteiligungen oder Geldforderungen zu erwerben, Leasingverträge abzuschließen (→ Leasing), mit → Finanzinstrumenten für eigene Rechnung zu handeln, Anlage- und Unternehmensberatung durchzuführen oder Geldmaklergeschäfte zu betreiben.

Finanzwechsel, → Wechsel, der der Geldbeschaffung dient. Der F. wird im Gegensatz zum → Handelswechsel nicht auf der Grundlage eines Waren- oder Dienstleistungsgeschäfts ausgestellt. F. kommen unter anderem im Rahmen von → Akzeptkrediten vor.

Firma, Name, unter dem ein Kaufmann seine Geschäfte betreibt sowie klagen und verklagt werden kann. Die F. muss geeignet sein, den Kaufmann eindeutig zu kennzeichnen und darf keine irreführenden Angaben beinhalten. Im Einzelnen wird unterschieden: a) *Personenfirma:* Die F. besteht aus einem oder mehreren bürgerlichen Namen, z.B. *Fischer und Wagner OHG.* – b) *Sachfirma:* Die F. ist am Gegenstand des Unternehmens orientiert, z.B. *Bayrische Motorenwerke AG.* c) *Phantasiefirma:* Die F. lässt keine Rückschlüsse auf Unternehmensinhaber oder Unternehmensgegenstand zu, z.B. *Saus und Braus GmbH.*

First Data International, Dienstleistungsunternehmen zur Abwicklung von bargeldlosen kartengestützten Zahlungen. In Deutschland und der Schweiz ist das Unternehmen führender Anbieter in diesem Geschäftsfeld. Mitte des Jahres 2006 wurde die → Gesellschaft für Zahlungssysteme von der F.D.I. übernommen.

Fiscal Agent, Kreditinstitut (z.B. → Landesbank/Girozentrale, → Zentralbank), das als → Hausbank der öffentlichen Hand deren finanzielle Transaktionen abwickelt.

Flat Price, Börsenkurs eines Wertpapiers, der aufgelaufene → Stückzinsen beinhaltet.

flexibler Wechselkurs, *freier Wechselkurs;* → Wechselkurs, der sich am → Devisenmarkt aufgrund von Angebot und Nachfrage frei bilden kann. Die → Notenbanken sind nicht verpflichtet, durch Devisenkäufe oder -verkäufe auf die Kursentwicklung Einfluss zu nehmen, können aber nach eigenem Ermessen intervenieren, um das Ausmaß von Wechselkursschwankungen zu begrenzen. Flexible W. begünstigen zwar den Zahlungsbilanzausgleich und fördern den internationalen Wettbewerb, erschweren aber die Kalkulation im Außenhandel. – *Gegensatz:* → fester Wechselkurs.

Floater, → Floating Rate Note.

Float-Gewinn, Zinsgewinn, der für ein Kreditinstitut als Differenz aus einer unterschiedlichen Wertstellung von Belastungen und Gutschriften auf Konten entsteht. – Vgl. auch → Wertstellungsgewinn.

Floating, freies Schwanken eines → Wechselkurses aufgrund von Angebot und Nachfrage am → Devisenmarkt ohne Festsetzung einer Bandbreite und ohne eine Verpflichtung zur Intervention der → Notenbanken. Nehmen die jeweiligen Währungsbehörden von Zeit zu Zeit dennoch Einfluss auf die Kursbildung, so spricht man von kontrolliertem Floating.

Floating Rate Note, *Floater;* → Anleihe mit variabler Verzinsung, bei der der Zinssatz in regelmäßigen Abständen (vierteljährlich, halbjährlich) an einen → Referenzzinssatz, z.B. → Euribor oder → Libor, angepasst wird. Dabei kann der Zinssatz der Anleihe je nach Bonität des Emittenten (→ Emission) dem Referenzzinssatz entsprechen oder um eine festgelegte Spanne darüber bzw. darunter liegen. Diese Differenz zum Referenzzinssatz wird als „Spread“ bezeichnet. F.R.N. eignen sich als Zwischenanlage bei Erwartung steigender Zinsen, da der Anleger an steigenden Geldmarktzinsen (→ Geldmarkt) automatisch partizipiert und bei Erreichen eines höheren Zinsniveaus ohne nennenswerten Kursverlust in eine längerfristige, hochverzinste Anlageform wechseln kann. F.R.N. können auch mit einer Zinsuntergrenze (Floor), einer Zinsobergrenze (Cap) oder einem Zinskorridor (Collar) ausgestattet sein.

Floor, Untergrenze für die Verzinsung z.B. eines variabel verzinslichen Darlehens oder einer → Floating Rate Note. – *Gegensatz:* → Cap.

Flurstück, vermessungstechnische Bezeichnung eines Grundstücks. F. sind auf Flurkarten der Vermessungsverwaltungen mit ihren Umrissen und der jeweiligen F.-Nummer sowie im → Liegenschaftsbuch nach Lage, Größe und Nutzungsart erfasst. Ein F. wird gelegentlich auch als Parzelle bezeichnet.

FOK-Order, → Fill-or-Kill-Order.

Fonds, → Investmentfonds.

fondsgebundene Lebensversicherung, *Fondspolice;* → Kapitallebensversicherung, in der Risikoschutz und Fondssparen kombiniert werden. Bei der f.L. wird das Sparkapital nicht wie bei traditionellen Kapitallebensversicherungen schwerpunktmäßig in → festverzinslichen Wertpapieren, sondern in einem oder mehreren → Investmentfonds angelegt. Die Höhe der Versicherungsleistung bei Vertragsablauf kann nicht garantiert werden, sondern bemisst sich nach dem aktuellen Wert der Fondsanteile. Der Versicherungsnehmer kann entweder (bei entsprechender Sachkenntnis) selbst Einfluss auf die Wahl der Fonds nehmen oder die Anlageentscheidungen der Versicherungsgesellschaft überlassen (gemanagte Police). Möglich ist ebenfalls die Vereinbarung einer variablen Ablaufphase der Lebensversicherung (ca. fünf Jahre vor und nach dem Ende der Laufzeit), um den Versicherungsablauf während einer schwachen Börsenphase verhindern zu können.

fondsgebundene Rentenversicherung, Sonderform der → fondsgebundenen Lebensversicherung, bei der das Fondsguthaben am Ende der Laufzeit nicht in einer Summe ausbezahlt, sondern verrentet wird.

Fondspolice, → fondsgebundene Lebensversicherung.

Fondsvermögen. Unter dem F. wird das von einer Kapitalanlagegesellschaft (→ Investmentgeschäft) verwaltete Vermögen der am → Investmentfonds beteiligten Kapitalanleger verstanden. Es setzt sich zusammen aus den erworbenen Wertpapieren, dem vorhandenen Bankguthaben und evtl. bestehendem sonstigen Vermögen (z.B. Zahlungsansprüchen). Das Investmentgesetz verlangt eine strenge Trennung des auch als Sondervermögen bezeichneten F. vom eigenen Vermögen der Gesellschaft.

Fondszertifikat, → Zertifikat, das die Wertentwicklung verschiedener → Investmentfonds nachvollzieht.

Forderung, Recht eines Gläubigers, aufgrund eines Rechtsgeschäfts, gesetzlicher Vorschriften oder eines Gerichtsurteils vom Schuldner eine Leistung (insbesondere Geldleistung) verlangen zu können. Forderungen aufgrund eines Rechtsgeschäfts entstehen zu dem Zeitpunkt, zu dem die vereinbarte Gegenleistung (z.B. Warenlieferung) erbracht ist. In der Unternehmensbilanz werden F. auf der Aktivseite ausgewiesen. – *Gegensatz:* → Verbindlichkeit.

Forderungspapier, Wertpapier, das einen Anspruch auf eine bestimmte Forderung verbrieft (z.B. → Anleihe, → Scheck oder → Wechsel).

Forfaitierung, Ankauf von mittel- und langfristigen Forderungen aus Exportgeschäften durch ein Finanzierungsunternehmen unter Verzicht auf Inanspruchnahme des Exporteurs bei Ausfall der Forderung. Der F. liegt ein Kaufvertrag zwischen dem Exporteur (Verkäufer der Forderung, Forfaitist) und dem Finanzierungsunternehmen (Käufer der Forderung, Forfaiteur) zugrunde. Der Forfaiteur übernimmt mit dem Forderungsankauf nicht nur das Risiko einer → Zahlungsunfähigkeit des Schuldners. Er trägt zusätzlich das Risiko von Unruhen, Streiks, kriegerischen Auseinandersetzungen oder Zahlungsverboten im Importland (politisches Risiko) sowie im Allgemeinen auch das → Währungsrisiko. Der Exporteur haftet lediglich für die Existenz der Forderung und für etwaige, vom Importeur erhobene Mängelrügen (Gewährleistungsrisiko). Die Absicherung der F. erfolgt häufig durch einen → Solawechsel des Importeurs, versehen mit einer Bürgschaftserklärung einer bonitätsmäßig einwandfreien Bank, den der Exporteur als Wechselnehmer an den Forfaiteur überträgt. Als Sicherheiten kommen außerdem → Bankgarantien oder besondere Bürgschaften des Bundes zugunsten des Schuldners in Betracht.

Formkaufmann, Unternehmen, das aufgrund der Wahl einer bestimmten Rechtsform die Kaufmannseigenschaft (→ Kaufmann) nach dem Handelsgesetzbuch erwirbt. Formkaufleute sind alle → Kapitalgesellschaften (z.B. → Aktiengesellschaft, → Gesellschaft mit beschränkter Haftung) und eingetragene → Genossenschaften.

fortlaufende Notierung, *variable Notierung;* laufende Feststellung von Börsenkursen während der gesamten Handelszeit für einzelne Geschäftsabschlüsse in bestimmten umsatzstarken Wertpapieren. Es wird jeweils dann ein Kurs gebildet und veröffentlicht, wenn ein Umsatz zustandekommt. Im Präsenzhandel (→ Präsenzbörse) wird der erste Kurs (Eröffnungskurs) zu Beginn des fortlaufenden Handels auf der Grundlage der bis zu diesem Zeitpunkt bereits an der Börse vorliegenden Aufträge nach den Regeln der Einheitskursfeststellung (→ Einheitskurs) ermittelt.

Forward, Bezeichnung eines außerbörslich abgeschlossenen, auf individueller Vertragsgestaltung basierenden → Termingeschäfts.

Frachtbrief, Beweisurkunde über den Abschluss eines Transportvertrages im Eisenbahn-, Straßengüter- oder Luftfrachtverkehr. Der beauftragte Frachtführer bestätigt die Entgegennahme der Ware zur Beförderung und Auslieferung an den benannten Empfänger. Im Gegensatz zum → Konnossement ist der F. kein Traditionspapier und kein Wertpapier, d.h. er verkörpert nicht die Ware und verbrieft dem Inhaber keinen Auslieferungsanspruch. Jedoch kann der Auftraggeber unter Vorlage einer entsprechenden Ausfertigung des F. ein Dispositionsrecht geltend machen, d.h. er kann die Ware anhalten, umleiten oder zurückrufen, solange sie den Empfänger noch nicht erreicht hat. F. sind im Bankverkehr u.a. als Inkasso- und Akkreditivpapiere bedeutsam. – Vgl. auch → Dokumenteninkasso, → Dokumentenakkreditiv.

Frachtstundungsbürgschaft, besondere Form einer → Bankbürgschaft, die im Zusammenhang mit der Abrechnung von Frachtgeldern der Deutschen Bahn AG gestellt wird. Die Deutsche Bahn AG stundet den Unternehmen die jeweils fälligen Frachtgelder unter der Voraussetzung, dass diese eine F. ihrer → Hausbank beibringen. Die F. ist den Avalkrediten (→ Aval) zuzurechnen.

Free Float, *Free Floating Capital, Streubesitz;* prozentualer Anteil der Aktien einer börsennotierten Aktiengesellschaft, die sich nicht im festen Besitz eines Anlegers (z.B. einer Beteiligungsgesellschaft) befinden, sondern an der Börse frei gehandelt werden.

freier Wechselkurs, → flexibler Wechselkurs.

freihändiger Rückkauf, außerplanmäßige Rückzahlung von → Anleihen, bei der der Schuldner (Emittent) die eigenen Papiere an der Börse zurückkauft. Grund für einen f.R. kann z.B. sein, dass ein Emittent vorzeitig über ausreichend liquide Mittel verfügt oder einen im Vergleich mit dem vereinbarten → Rückzahlungskurs niedrigeren Tageskurs ausnutzen kann. Gelegentlich will ein Emittent den Anlegern mit einem f.R. auch die Möglichkeit bieten, eine Schuldverschreibung mit nicht mehr marktgerechter Verzinsung zu einem günstigen Kurs vorzeitig zurückzugeben und so das Vertrauen der Anleger im Hinblick auf weitere → Emissionen zu stärken.

Freistellungsauftrag, Auftrag eines Bankkunden an sein Kreditinstitut, anfallende Kapitalerträge (z.B. Zinsen, Dividenden) bis zu der im F. angegebenen Grenze ohne Abzug von → Abgeltungssteuer und Solidaritätszuschlag gutzuschreiben. Der angegebene Freistellungsbetrag gilt für jeweils ein Jahr. Ein F. kann höchstens über 801 Euro bei Alleinstehenden bzw. 1.602 Euro bei zusammen veranlagten Eheleuten erteilt werden. Von einem F. werden nur private Kapitalerträge (Einkünfte aus Kapitalvermögen) erfasst. Eine Freistellung ist nicht möglich, wenn es sich bei den Kapitalerträgen um Betriebseinnahmen oder Einnahmen aus Vermietung und Verpachtung handelt. Der Bankkunde hat sein Freistellungsvolumen selbst zu verwalten, d.h. er hat darauf zu achten, dass bei einer Erteilung von F. an mehrere Kreditinstitute der zulässige Höchstbetrag insgesamt nicht überschritten wird. Kreditinstitute sind dem Bundesamt für Finanzen gegenüber zur Auskunftserteilung hinsichtlich der Daten aus F. ihrer Kunden verpflichtet. – Vgl. auch → Zinsbesteuerung, → Dividendenbesteuerung.

Freiverkehr, → Börsensegment für den → Handel mit Wertpapieren, die nicht zum regulierten Markt zugelassen bzw. hierin einbezogen sind. Im F. können Wertpapiere ohne förmliches Zulassungsverfahren gehandelt werden. Hierbei handelt es sich z.B. um Aktien kleinerer Unternehmen von nur regionaler Bedeutung. Der Freiverkehr der Deutschen Börse trägt seit Oktober 2005 die Bezeichnung „Open Market".

Fremddepot, → Depot B.

Fremdemission, → Emission eines Wertpapiers durch Vermittlung eines Dritten, meist eines Kreditinstituts oder eines → Bankenkonsortiums gegen Provision. Bei der F. profitiert der Emittent von der Sachkenntnis und der Absatzorganisation des Vermittlers. Dieser berät den Emittenten bei der Vorbereitung der Emission und der Gestaltung der Konditionen, zu denen das Wertpapier ausgegeben werden soll. Kreditinstitute verfügen über die erforderliche Nähe zum → Kapitalmarkt, um (oft unter Nutzung ihres Filialnetzes) eine große Zahl interessierter Kapitalanleger zu erreichen und genießen das Vertrauen der Anleger. Sie übernehmen auch die technische Abwicklung der Emission, indem sie z.B. den Antrag auf Börsenzulassung stellen (→ Börsenzulassung von Wertpapieren). Je nach Ausgestaltung des Emissionsvertrages tragen die beteiligten Kreditinstitute auch das Risiko, dass Teile der Emission am Markt nicht abgesetzt werden können.

Fremdfinanzierung, Kapitalbeschaffung durch Inanspruchnahme von Kreditmitteln; die Kapitalgeber haben gegenüber dem Unternehmen die Stellung eines Gläubigers. Die Beschaffung des → Fremdkapitals erfolgt u.a. durch Inanspruchnahme von Bank- und → Lieferantenkrediten sowie durch Ausgabe von Anleihen. Mit der Aufnahme von Fremdmitteln vermeidet das Unternehmen eine Gewährung von → Teilhaberrechten und damit eine direkte Einflussnahme der Kapitalgeber auf die Unternehmenspolitk. Außerdem erwerben die Gläubiger keinen Anspruch auf ertragsabhängige Gewinnbeteiligung. Andererseits stehen die in Anspruch genommenen Fremdmittel nur begrenzte Zeit zur Verfügung und verursachen auch in wirtschaftlich schlechten Jahren konstante Zinskosten. – Vgl. auch → Fremdkapital. – *Gegensatz:* → Eigenfinanzierung.

Fremdgrundschuld, → Grundschuld, die nicht dem Grundstückseigentümer, sondern einem Dritten zusteht. – *Gegensatz:* → Eigentümergrundschuld.

Fremdhypothek, → Hypothek, die nicht dem Grundstückseigentümer, sondern einem Dritten zusteht. – *Gegensatz:* → Eigentümerhypothek.

Fremdkapital, Bezeichnung der auf der Passivseite der Bilanz ausgewiesenen Schulden eines Unternehmens, die z.B. aus aufgenommenen Bankkrediten, in Anspruch genommenen → Lieferantenkrediten und ausgegebenen Wertpapieren resultieren. Fremdkapitalgeber haben gegenüber dem Unternehmen die Stellung eines Gläubigers mit Anspruch auf Verzinsung und Rückzahlung des zur Verfügung gestellten Kapitals. Die von einem Unternehmen für ungewisse Verbindlichkeiten gebildeten Rückstellungen sind ebenfalls dem F. zuzurechnen. – Vgl. auch → Fremdfinanzierung.

Fremdvermutung, → Depot B.

Fremdwährungskonto, → Währungskonto.

Fremdwährungsposition, → Devisenposition.

Fristenkongruenz, Verwendung der im Bankgeschäft erhaltenen Finanzierungsmittel (z.B. → Einlagen von Kunden, Mittel aus ausgegebenen → Anleihen oder aufgenommenen Geldmarktkrediten) zur Anlage mit Fristigkeiten, die den Laufzeiten bzw. Kündigungsfristen der überlassenen Gelder entsprechen. F. ist z.B. dann gegeben, wenn ein Kreditinstitut → Sichteinlagen der Kunden als → Tagesgeld anlegt oder Mittel aus dreijährigen Sparbriefen zu Kreditgewährungen mit entsprechender Laufzeit verwendet. Das Prinzip der F. findet seinen Niederschlag in der → goldenen Bankregel. Abweichend hiervon ist in begrenztem Umfang jedoch → Fristentransformation möglich, da ein Teil der formal kurzfristigen Einlagen erfahrungsgemäß dennoch längerfristig zur Verfügung steht. – Vgl. auch → Bodensatztheorie.

Fristentransformation, Verwendung von im Bankgeschäft mit kurzen Laufzeiten bzw. Kündigungsfristen erhaltenen Geldern (insbesondere → Einlagen von Kunden) für längerfristige Anlagen bzw. zur Gewährung längerfristiger Kredite. F. stellt zwar grundsätzlich einen Verstoß gegen die → goldene Bankregel dar, ist jedoch in begrenztem Umfang möglich, da den Kreditinstituten erfahrungsgemäß ein Teil der formal mit kurzen Fristen erhaltenen Kundeneinlagen tatsächlich längerfristig zur Verfügung steht. Selbst ein Teil der → Sichteinlagen verbleibt als → Bodensatz längere Zeit auf den Konten. – Vgl. dazu auch → Bodensatztheorie.

Front Office, Bereich des Bankbetriebes, in dem unmittelbarer Kundenkontakt besteht und entsprechende Geschäftsabschlüsse getätigt werden (Verkaufsräume). – *Gegensatz:* → Back Office.

Front Running. 1. Erteilung eines Börsenauftrags zum Kauf oder Verkauf von Wertpapieren durch einen Bankmitarbeiter für eigene Rechnung in Kenntnis und vor Ausführung eines bereits vorliegenden entsprechenden (aufgrund des Umfangs kursbeeinflussenden) Kundenauftrags. – 2. Erteilung eines Börsenauftrags durch einen Analysten für eigene Rechnung, bevor er seinen Kunden entsprechende Anlageempfehlungen gibt.

Full-Service-Leasing, Form des → Leasing, bei der die Leasinggesellschaft alle Wartungs- und Reparaturpflichten, Versicherungen und andere Service-Leistungen hinsichtlich des Leasinggegenstandes übernimmt. – *Gegensatz:* → Net-Leasing.

fundamentale Aktienanalyse, → Aktienanalyse.

Fungibilität, *Vertretbarkeit.* Als fungibel werden bewegliche Sachen bezeichnet, die aufgrund gleicher Beschaffenheit untereinander austauschbar sind. So sind z.B. → Effekten fungibel. → Anleihen, → Investmentzertifikate und → Aktien sind innerhalb einer Gattung austauschbar, weil jedes Papier bei gleichem Nennwert bzw. gleicher Stückelung dem Inhaber die gleichen Ansprüche verbrieft. Ein Austausch von Stücken hätte für den Inhaber keine Beeinträchtigung seiner Rechte zur Folge. Fungible Wertpapiere sind börsenmäßig handelbar.

Fusion, Vereinigung zweier oder mehrerer Unternehmen unter Aufgabe der rechtlichen und wirtschaftlichen Selbstständigkeit. Unterschieden wird dabei zwischen *F. durch Aufnahme,* bei der ein Unternehmen bestehen bleibt und das bzw. die andere(n) Unternehmen aufnimmt sowie *F. durch Neubildung,* bei der alle beteiligten Unternehmen in einer neu gegründeten Gesellschaft aufgehen.

Future, standardisierter, börsenmäßig handelbarer Terminkontrakt (→ Börsentermingeschäft), mit dem die Verpflichtung eingegangen wird, Waren (Commodity Future) oder Finanztitel (Financial Future, → Finanzterminkontrakt) zu einem späteren Zeitpunkt und zu einem bereits bei Vertragsabschluss festgelegten Preis zu kaufen oder zu verkaufen. Bei Fälligkeit wird ein Future . durch ein Gegengeschäft glattgestellt oder es findet ein Barausgleich statt (→ Settlement).

G

GAAP, Abk. für *Generally Accepted Accounting Principles;* US-amerikanische Bilanzierungsvorschriften für börsennotierte Gesellschaften. Die Bilanzierung gemäß GAAP ist für internationale Großunternehmen eine Alternative zur Bilanzierung nach den → IAS/IFRS.

Garantie, Verpflichtung, die gegenüber einem Dritten übernommen wird. Im Bankgeschäft kommen Garantien in verschiedenen Varianten vor: 1. Einlösungsgarantie gegenüber dem Inhaber eines → bestätigten Bundesbank-Schecks. – 2. G. im Rahmen einer → Bankgarantie. Hier übernimmt ein Kreditinstitut eine vom Grundgeschäft losgelöste (abstrakte) Zahlungsverpflichtung für seinen Kunden.

Garantiefonds, geschlossener Investmentfonds (→ Closed End Fund), bei dem die Auszahlung eines bestimmten Kapitalbetrages (z.B. 90% oder 100% des eingesetzten Kapitals) bei Fälligkeit garantiert wird.

Garantiezertifikat, Sonderform bei einem → Zertifikat. Ein G. garantiert dem Anleger, dass er zumindest seinen Kapitaleinsatz am Ende der Laufzeit wieder erhält. Es wirft einen geringeren Ertrag ab als ein normales Zertifikat, da der Emittent einen Teil des Anlagebetrages für Sicherungsgeschäfte verwenden muss.

GbR, Abk. für → *Gesellschaft bürgerlichen Rechts.*

Gebietsansässige, → Außenwirtschaftsgesetz.

Gebietsfremde, → Außenwirtschaftsgesetz.

geborenes Orderpapier, → Orderpapier, das von seiner Rechtsnatur her als solches anzusehen ist. Beispiele für ein g.O. sind → Scheck und → Wechsel. – Neben der Rechtsnatur spielt die Frage eine Rolle, ob das Papier durch eine entsprechende Klausel eine andere Rechtsnatur annehmen kann. Beim Scheck ist dies der Fall, da hier durch den Zusatz „oder Überbringer" ein → Inhaberpapier entsteht, das ohne → Indossament durch Einigung über den Eigentumsübergang und Übergabe des Schecks vom jeweiligen Scheckinhaber auf eine andere Person übertragen werden kann. – Gegensatz: → gekorenes Orderpapier.

gedeckter Optionsschein, *Covered Warrant;* Optionsschein, der durch einen Aktienbestand des Emittenten gedeckt ist (→ Option). – *Beispiel:* Ein Kreditinstitut hat 10 Mio. X-Aktien in seinem Wertpapierbestand. Es emittiert 1 Mio. Covered Warrants zu einem bestimmten Optionspreis (z.B. 10 Euro je Schein). Jeder Schein beinhaltet das Recht, eine bestimmte Zahl X-Aktien zu einem bestimmten Basispreis (z.B. 10 Aktien zu je 150 Euro) innerhalb der Laufzeit des Optionsscheins kaufen zu dürfen. – Covered Warrants sind im Gegensatz zu anderen Optionsscheinen nicht mit einer bedingten → Kapitalerhöhung verbunden. Der Vorteil liegt für den Emittenten darin, dass er durch den Verkauf der Warrants liquide Mittel (im obigen Beispiel 10 Mio. Euro) erhält. Andererseits geht er ein Risiko ein, denn falls die X-Aktien über 150 Euro steigen, muss er sie an die Optionsscheininhaber zu 150 Euro abgeben. Steigt der Kurs nicht über 150 Euro, wird die Option nicht ausgeübt. Die 10 Mio. Euro Optionspreis sind eine Prämie, die der Emittent für das Risiko steigender Kurse übernimmt. Für den Anleger liegt andererseits eine hohe Gewinnchance im Falle eines steigenden Kurses der X-Aktie vor.

geduldete Überziehung, *Überziehungskredit;* Überziehung eines Kontos ohne ausdrückliche Vereinbarung zwischen Kreditinstitut und Kunde. Im Gegensatz zum

→ Dispositionskredit findet keine Kreditvereinbarung statt. Das kontoführende Kreditinstitut toleriert lediglich eine Überziehung für einen bestimmten Zeitraum. Wird das Konto länger als drei Monate überzogen, muss das Kreditinstitut dem Kunden gem. den Regelungen zum → Verbraucherdarlehen den effektiven Jahreszins sowie die Kosten des durch die Überziehung entstehenden Kredites mitteilen (z.B. in Form einer Information auf dem Kontoauszug).

Geheimzahl, → Persönliche Identifikationsnummer.

gekorenes Orderpapier, → Rektapapier, das durch die Klausel „oder Order" zum → Orderpapier wird. – *Beispiel:* Ein Lagerschein, mit dem ein Lagerhalter den Empfang einer Ware bescheinigt, ist auf den Namen des Einlieferers der Ware ausgestellt. Möchte dieser die Ware an einen Dritten verkaufen oder sie an ein Kreditinstitut zur Absicherung eines Kredites verpfänden, wäre es eigentlich nötig, die Rechte aus dem Lagerschein abzutreten und den Lagerhalter von der Abtretung zu informieren, damit der Käufer bzw. das Kreditinstitut Zugriff auf die Ware erhält. Weist der Lagerschein den Zusatz „oder Order" auf, handelt es sich um einen Orderlagerschein, der durch Einigung über den Eigentumsübergang, → Indossament und Übergabe des Scheins übertragen wird. Der Lagerhalter muss nicht informiert werden, da der neue Berechtigte durch das Indossament erkennbar ist.

gekreuzter Scheck, *Crossed Cheque, Cheque Barré.* → Scheck, dessen Vorderseite zwei parallele Schrägstriche aufweist. Die Regelungen des Scheckgesetzes zum g.S. (die Artikel 37 und 38) wurden in Deutschland nicht in Kraft gesetzt, so dass der g.S. hier zu Lande keine rechtliche Relevanz besitzt. Von deutschen Kreditinstituten wird ein g.S. in der Praxis wie ein → Verrechnungsscheck behandelt, ohne dass der Scheckaussteller oder der Scheckeinreicher hierauf einen Anspruch hat. Im Ausland ist der g.S. dagegen sehr verbreitet. Durch die beiden Schrägstriche wird das Kreditinstitut des Scheckeinreichers angewiesen, den Scheckbetrag nur an einen eigenen Kunden oder an ein anderes Kreditinstitut, das wiederum in der Regel im Auftrag seines Kunden handelt, auszuzahlen.

Geld. 1. im Zusammenhang mit Börsengeschäften gleichbedeutend mit Nachfrage (z.B. nach Wertpapieren oder Devisen). – 2. Ergänzender Hinweis zu einer Börsenkursangabe (→ Kurshinweis), durch den kenntlich gemacht wird, dass zum festgestellten Kurs nur Nachfrage vorlag und daher keine Umsätze stattfanden. – *Gegensatz:* → Brief. – 3. Sammelbezeichnung für Zahlungsmittel. In einer Volkswirtschaft kommen dem G. verschiedene Funktionen zu: allgemein gültiges Tauschmittel, Wertaufbewahrungsmittel (Ansammlung von Geld gegen Zinsen) und gesetzliches Zahlungsmittel, d.h. die Verpflichtung eines Gläubigers zur Annahme von G. – Als Geldformen unterscheidet man Bargeld und Buchgeld. *Bargeld* umfasst Noten und Münzen. Das alleinige Recht zur Ausgabe von Noten (Notenmonopol) lag früher ausschließlich bei der → Deutschen Bundesbank. Nach der Einführung von Euro-Noten zum 1.1.2002 sind die Europäische Zentralbank (EZB) sowie (mit Genehmigung der EZB) die nationalen Zentralbanken der Euroländer (→ Europäisches System der Zentralbanken) zur Notenausgabe berechtigt. Noten sind unbegrenztes gesetzliches Zahlungsmittel. Das Recht zum Prägen von Münzen (Münzregal) liegt bei der Regierung. Aus diesem Grunde weisen die seit 2002 gültigen Euromünzen auf einer Seite je nach Land unterschiedliche nationale Symbole auf. Münzen sind i.d.R. nur begrenzt als gesetzliches Zahlungsmittel einsetzbar. – *Buchgeld* entsteht durch Gutschrift von Geldbeträgen auf Konten. Hier ist ein Gläubiger nur zur Annahme verpflichtet, wenn er seine Bereitschaft zeigt, bargeldlose Zahlungen anzunehmen (z.B. durch Angabe einer Kontonummer oder Verwendung eines Symbols für → Electronic Cash auf dem Schaufenster eines Geschäftslokals). Auch computerisierte Geldformen (z.B. → elektronisches Geld) spiegeln sich letztlich immer in Form von Buchgeld wider. – Während durch die Übergabe von Bargeld bzw. die Gutschrift von Buchgeld eine Schuld beglichen (erfüllt) wird, führt die Übergabe eines → Schecks noch nicht zur Tilgung der Verbindlichkeit, da es vorkommen kann, dass der Scheck (z.B. wegen fehlender Kontodeckung) nicht eingelöst wird. Schecks werden daher als Geldersatzmittel (Geldsurrogate) bezeichnet. Eine Zahlung per Scheck erfolgt aus diesem Grunde „erfüllungshalber" und nicht „an Erfüllungs statt".

Geldautomat (GA), alte Bezeichnung: *Geldausgabeautomat;* Gerät zur Bargeldversorgung von Bankkunden innerhalb und außerhalb der Schalterstunden. Durch eine mit Magnetstreifen versehene Euroscheck-(EC)-Karte oder Servicekarte (z.B. S-Card der Sparkassen) kann der Kunde nach Eingabe einer → persönlichen Identifikationsnummer (PIN) zu Lasten seines Kontos am GA verfügen. Die Höhe der Verfügung ist im Wesentlichen wie folgt geregelt:

Verfügung bei ...	Verfügung (täglich) bis .....
Hausbank	Höhe des je nach Kunden unterschiedlichen Verfügungsrahmens (z.B. 1.000 Euro)
Kreditinstitute des gleichen Verbundes (z.B. Sparkassenverbund)	Höhe des für den jeweiligen G. geltenden Betrages
fremden Kreditinstituten	Begrenzung im Inland auf i.d.R. 500 oder 1.000 Euro; bei ausländischen GA unterschiedliche Regelungen

Geldbiografie, Zeitschema zur Strukturierung der finanziellen Bedürfnisse eines Anlegers in Abhängigkeit von seinem Lebensalter und seiner familiären Situation. In der G. geht man z.B. davon aus, dass ein 18-jähriger Bankkunde im Normalfall weder hohe Vermögenswerte besitzt noch große Kreditmittel benötigt. Später, bei Gründung einer Familie, entsteht i.d.R. ein erhöhter Kreditbedarf (vor allem durch Immobilienerwerb; gleichzeitig steigt das Bedürfnis nach Altersversorgung und Absicherung der Familie. Die G. ist eine wichtige Grundlage für das → Bankmarketing.

Geldersatzmittel, → Geld.

Geldhandel, Handel von Zentralbankgeld. Unter Zentralbankgeld versteht man Guthaben bei einer nationalen Zentralbank (in Deutschland: → Deutsche Bundesbank) – Vgl. auch → aufgenommene Gelder.

Geldkarte, *Chipkarte;* Sonderform des → elektronischen Geldes. Bei der G. wird ein Guthaben mithilfe von Ladeterminals zu Lasten eines Girokontos auf einem Chip gespeichert. Durch Eingabe in ein Spezialgerät (Terminal) bei einem Händler wird der benötigte Betrag abgezogen; der Chip weist dann ein entsprechend geringeres Guthaben auf und kann nach Aufzehrung des gespeicherten Guthabens wieder aufgeladen werden. Das Terminal des Händlers protokolliert alle Geldkartenumsätze und reicht sie gesammelt zur Gutschrift bei dessen Hausbank ein. – Die „reine“ Form der G. ohne weitere Funktionen konnte sich bisher in der Praxis nicht durchsetzen. Verbreitet ist jedoch die durch ein zusätzliches Symbol gekennzeichnete Bank- oder Sparkassenkarte (→ EC-Service) mit Geldkartenchip.

Geldkurs, *Kaufkurs, Ankaufskurs.* Der G. spielt vor allem im Geld-, Devisen- und Wertpapierhandel eine Rolle. Durch die nach der Einführung des → Euros vorgenommene Umstellung auf eine → Mengennotierung ist der G. bei Devisengeschäften nicht auf die ausländische Währung, sondern auf den Euro anzuwenden: So ist z.B. der G. 1 Euro = 1,5270 US-Dollar der Preis, zu dem ein Kreditinstitut einen Euro ankauft, d.h. also US-Dollar verkauft. – *Gegensatz:* → Briefkurs.

Geldleihe, Teilbereich des Kreditgeschäfts. Bei der G. stellt das Kreditinstitut einem Kunden liquide Mittel zur Verfügung. Beispiele für G. sind Ratenkredite oder Baudarlehen. – *Gegensatz:* → Kreditleihe.

Geldmarkt, Markt für kurz- und mittelfristige Forderungen und Verbindlichkeiten. Am G. werden Zentralbankguthaben (→ aufgenommene Gelder) und → Geldmarktpapiere gehandelt.

Geldmarktfonds, *Geldmarktsondervermögen;* seit 1994 zugelassene → Investmentfonds, die ihr Sondervermögen bis zu 100% in kurzfristige Anlageformen am → Geldmarkt investieren. Anteile an G. sind täglich verfügbar. Ihre Verzinsung liegt i.d.R. über dem Zinssatz für → Termineinlagen. Diesem Vorteil steht als Nachteil für den Anleger jedoch das Risiko entgegen, dass der Wert (Preis) für ein G.-Zertifikat auf Grund steigender Zinsen am Geldmarkt sinken kann.

Geldmarktkonto, Alternative zu → Termineinlagen oder → Spareinlagen. Die Verzinsung beim G. orientiert sich am Geldmarktzins (z.B. → Euribor). Im Gegensatz zu

Termineinlagen finden beim G. regelmäßige Zinsanpassungen statt; meist ist ein Mindestanlageguthaben erforderlich. Ein G. wird i.d.R. kostenlos geführt; der Kunde kann täglich über die Gelder verfügen; zudem geht er kein Kursrisiko ein.

Geldmarktpapiere, kurz- und mittelfristige Wertpapiere. Wichtige Beispiele für G. sind: 1. *Commercial Papers:* → Abzinsungspapiere mit einer Laufzeit von i.d.R. 1 - 270 Tagen. Sie werden von bonitätsmäßig einwandfreien Schuldnern herausgegeben. – 2. *Schatzwechsel:* → Solawechsel des Bundes oder der Bundesländer mit einer Laufzeit von bis zu 90 Tagen. – 3. *U-Schätze (Unverzinsliche Schatzanweisungen):* → Abzinsungspapiere des Bundes oder der Bundesländer mit einer Laufzeit von 3 - 24 Monaten.

Geldmarktsätze, Zinssätze am → Geldmarkt.

Geldmarktsondervermögen, → Geldmarktfonds.

Geldmenge, Indikator im Zusammenhang mit → geldpolitischen Operationen der Europäischen Zentralbank (EZB). Die wichtigste G. ist M3 (M = Money). M3 umfasst im Wesentlichen den Umlauf an Banknoten und Münzen (Bargeldumlauf) ohne die Kassenbestände der Kreditinstitute, → Sichteinlagen, → Termineinlagen, → Spareinlagen (dreimonatliche Kündigung), Anteile an → Geldmarktfonds, → Geldmarktpapiere sowie Schuldverschreibungen (→ Anleihe) bis zu 2 Jahren Laufzeit. Die EZB ermittelt monatlich die absolute Höhe dieser Bestände sowie Monatsdurchschnitte. Abweichungen der G. M3 von einem vorher durch die EZB festgelegten Referenzwert (z.B. Wachstum von M3 um ca. 5,5%) weisen auf die aktuelle Liquiditätsausstattung der Kreditinstitute bzw. der Bevölkerung im Eurowährungsraum hin: Überschreitet M3 nachhaltig den Referenzwert, zeigt dies eine hohe Liquiditätsausstattung und damit die Gefahr steigender Preise (→ Inflation) an, was die EZB zum Anlass nehmen könnte, die Zinssätze im Rahmen ihrer geldpolitischen Operationen zu erhöhen. – Vgl. auch → Quantitätstheorie.

geldpolitische Operationen, Maßnahmen im → Europäischen System der Zentralbanken (ESZB) zur Beeinflussung des Zinsniveaus an den Geld- und Kapitalmärkten zwecks Eindämmung der → Inflation und Vermeidung heftiger Zinsschwankungen. Durch g.O. wird den Kreditinstituten im Eurowährungsraum Liquidität zugeführt oder entzogen. Die g.O. umfassen folgende Maßnahmen: 1. *Offenmarktgeschäfte:* Kredite des ESZB gegen Verpfändung (→ Pfandrecht) von Wertpapieren, → Wechseln oder Kreditforderungen. Als Hauptrefinanzierungsgeschäfte werden Offenmarktgeschäfte wöchentlich mit einer jeweiligen Laufzeit von einer Woche durchgeführt. Längerfristige Refinanzierungsgeschäfte finden bei einer Laufzeit von 3 Monaten im monatlichen Rhythmus statt. Offenmarktgeschäfte werden technisch als → Mengentender oder (wie zurzeit üblich) als → Zinstender durchgeführt. – 2. *Feinsteuerungsoperationen* zum Ausgleich unerwarteter Liquiditätsschwankungen: Angebot und Laufzeit richten sich hier nach den aktuellen geldpolitischen Erfordernissen. Feinsteuerungsoperationen führt das ESZB mit ausgewählten Geschäftspartnern durch. Kauft z.B. die → Deutsche Bundesbank von einem deutschen Kreditinstitut US-Dollar an und vereinbart gleichzeitig mit ihrem Geschäftspartner den Rückkauf der Dollar in 3 Monaten, liegt ein liquiditätszuführendes Swap-Geschäft (→ Swap) vor, da das Kreditinstitut für den Zeitraum von 3 Monaten Euro als Gegenwert für die US-Dollar erhält. Umgekehrt würde ein Verkauf von Dollar mit gleichzeitig vereinbartem späteren Rückkauf durch die Deutsche Bundesbank einen Liquiditätsentzug in Euro für das Kreditinstitut bedeuten. – 3. *Strukturelle Operationen:* Diese finden im wechselnden Rhythmus statt und können ebenfalls liquiditätszuführend oder liquiditätsentziehend wirken. – 4. *Ständige Fazilitäten:* Sie werden auf Initiative der Kreditinstitute in Anspruch genommen. Eine Liquiditätszuführung bietet dabei die Spitzenrefinanzierung, bei der sich die Kreditinstitute für einen Tag (Overnight) Geld beim ESZB beschaffen können. Liquiditätsabschöpfend wirkt die Einlagefazilität, bei der Kreditinstitute überschüssige Liquidität beim ESZB anlegen können. – Die Zinssätze für Spitzenrefinanzierungs-, Hauptrefinanzierungs- und Einlagegeschäfte bilden einen so genannten Zinskorridor. Innerhalb dieses Korridors bildet der Spitzenrefinanzierungssatz den höchsten und der Einlagensatz den niedrigsten Zinssatz. Ziel des ESZB ist es, dafür zu sorgen, dass die aktuellen

Zinssätze zwischen Kreditinstituten am → Geldmarkt sich möglichst innerhalb dieses Korridors bewegen.

geldpolitisches Instrumentarium, → geldpolitische Operationen.

Geldschöpfung, *Kreditschöpfung;* Vermehrung von Bargeld oder Buchgeld. Bargeldbestände können lediglich durch das System der Europäischen Zentralbanken (Banknoten) oder durch die Regierung eines Eurolandes (Münzen) vermehrt werden (vgl. → Geld). Eine G. von Buchgeld kann hingegen durch Kreditinstitute stattfinden. Zu unterscheiden sind passive und aktive G. von Buchgeld. Bei der passiven G. findet eine Umwandlung von Bargeld in Buchgeld statt (z.B. durch Einzahlung eines Geldbetrages auf einem Konto). Aktive G. von Buchgeld entsteht, wenn Kreditinstitute Kredite gewähren: Da die Kreditbeträge irgendwann als neues Buchgeld in den Wirtschaftskreislauf fließen, hat sich die → Geldmenge erhöht.

Geldsurrogat, → Geld.

Geldwäschegesetz, praxisübliche Bezeichnung für das → Gesetz über das Aufspüren von Gewinnen aus schweren Straftaten (Gewinnaufspürgesetz).

Geldwertpapiere, Sonderform der Wertpapiere. G. verbriefen kurzfristige Forderungsrechte. – *Beispiel:* → Scheck.

Geld-zurück-Garantie, Recht eines Kunden auf Erstattung eines geleisteten Geldbetrages bei Widerruf des Kaufvertrages oder Rückgabe der Ware. Die G.-z.-G. spielt als gesetzliche Regelung des BGB für Kreditinstitute im Zusammenhang mit einer nicht ausgeführten Überweisung eine Rolle. – Vgl. → Überweisungsgesetz.

Gemarkung, *Grundbuchbezirk;* oberste Ordnungskategorie bei der Erfassung von Grundstücken im → Grundbuch. Eine G. kann z.B. die Gemeinde X im Landkreis Y sein. Die G. wird in Flure unterteilt. Innerhalb der Flure werden dann alle Flurstücke (Grundstücke in vermessungstechnischer Hinsicht) aufgeführt. Im Liegenschaftsamt des Amtsgerichts der entsprechenden Gemeinde oder Stadt werden alle Flurkarten, im Grundbuchamt entsprechend alle Grundbuchblätter der einzelnen Grundstücke geführt. Der Begriff Grundstück beschreibt ein Flurstück in rechtlicher Hinsicht.

Gemeindesteuer, Steuer, die anteilig oder ganz einer Gemeinde zusteht. In voller Höhe stehen einer Gemeinde z.B. Einnahmen aus der Hunde- oder Getränkesteuer zu. Andere Steuern, wie beispielsweise die Einkommensteuer, werden dagegen oft zwischen Bund, Ländern und Gemeinden aufgeteilt.

Gemeinschaftskonto, Konto, bei dem zwei oder mehrere natürliche oder → juristische Personen als Kontoinhaber fungieren. Im Firmenkundengeschäft kommt das G. bei gemeinsamen Vorhaben verschiedener Unternehmen (z.B. große Bauprojekte) vor. Im Privatkundengeschäft wird das G. vor allem bei Eheleuten eingerichtet. Grundsätzlich ist beim G. eine Einzelverfügung eines jeden Kontoinhabers vorgesehen (Oder-Konto). Falls nur gemeinschaftlich verfügt werden soll, liegt ein „Und-Konto“ vor. Zur Vermeidung von Streitigkeiten z.B. bei Ehescheidungen ist es bei Oder-Konten häufig möglich, mit dem kontoführenden Kreditinstitut zu vereinbaren, dass jeder Ehepartner das Konto ohne Zustimmung des anderen sperren lassen kann. – In der Praxis werden Oder- sowie Und-Konten i.d.R. unter der Bezeichnung „Und-Konto“ geführt. Die Verfügungsberechtigung ist dann nicht aus der Kontobezeichnung, sondern nur aus der Regelung zur Verfügungsberechtigung erkennbar.

gemischte Fonds, Sondervermögen (vgl. → Investmentgeschäft), die unterschiedliche Anlagewerte enthalten. Beispiele für g.F. sind Wertpapierfonds, die sowohl → Aktien als auch → Anleihen enthalten oder Grundstücksfonds, die sowohl bebaute als auch unbebaute Grundstücke aufweisen.

gemischte Lebensversicherung, Sonderform der → Kapitallebensversicherung. Eine g.L. kann z.B. so konstruiert werden, dass zwei Versicherte (Eheleute) als Versicherungsnehmer fungieren und als Zeitpunkt für die Fälligkeit der Versicherungssumme der Tod des zuerst sterbenden Versicherten oder alternativ der Ablauf der Versicherungsdauer festgelegt wird.

genehmigtes Kapital, Sonderform der → Kapitalerhöhung.

Genehmigung, nachträgliche Zustimmung zu einem Rechtsgeschäft eines beschränkt Geschäftsfähigen. – Vgl. auch → Einwilligung.

General Standard, Teilbereich des → regulierten Marktes für den Börsenhandel mit Wertpapieren. Für den G.S. gelten weniger strenge Regeln als im → Prime Standard.

Generalvollmacht, Befugnis zur Vornahme aller rechtlichen Handlungen für einen Vertretenen. Der Vertretene kann eine natürliche oder → juristische Person sein. Der Umfang einer G. kann vertraglich eingeschränkt werden (z.B. „erlaubt sind alle Rechtshandlungen mit Ausnahme der Veräußerung von Grundstücken des Vertretenen“). Andererseits sind gesetzliche Beschränkungen zu beachten: So können so genannte „höchstpersönliche“ Rechtshandlungen (z.B. Leistungen im Rahmen eines Arbeitsverhältnisses) nicht durch einen Bevollmächtigten vorgenommen werden.

Genossenschaft (eG), *e.G.: eingetragene Genossenschaft;* → juristische Person des privaten Rechts. Jede eG wird in ein Genossenschaftsregister eingetragen. Beispiele aus dem Bankensektor sind Volks- und Raiffeisenbanken sowie Spar- und Darlehenskassen. Das Ziel einer eG ist die Förderung ihrer Mitglieder mittels gemeinschaftlichen Geschäftsbetriebes. Das Beschlüsse fassende Organ der eG ist die Generalversammlung (Versammlung der Mitglieder = Genossen). Diese wählt, sofern es sich nicht um eine sog. „Kleinstgenossenschaft“ mit bis zu 20 Mitgliedern handelt, den zumindest aus zwei Personen bestehenden Vorstand, der die Geschäfte führt, und den zumindest aus drei Mitgliedern bestehenden Aufsichtsrat, der den Vorstand kontrolliert. Jeder Genosse hat grundsätzlich unabhängig von der Höhe seiner Beteiligung an der eG in der Generalversammlung nur eine Stimme. – Die Mitglieder beteiligen sich mit einem Geschäftsanteil an der eG. Dieser Anteil ist in der Praxis unterschiedlich hoch. Darüber hinaus wird eine i.d.R. beschränkte Haftsumme festgelegt, die im Falle von Zahlungsschwierigkeiten der eG an diese zu leisten ist. – *Beispiel:* Geschäftsanteil 300 Euro; Haftsumme 400 Euro. Ist der Geschäftsanteil vom Genossen zur Hälfte eingezahlt, kann er bei Zahlungsschwierigkeiten der G. mit bis zu 150 + 400 Euro = 550 Euro noch zur Zahlung herangezogen werden. Die bereits auf den geleisteten Geschäftsanteil eingezahlten 150 Euro werden als Geschäftsguthaben bezeichnet und dienen als eine Berechnungsgrundlage für die Gewinnverteilung.

Genossenschaftliche Zentralbanken, Spitzeninstitute der Genossenschaftsbanken (→ Genossenschaft). Zurzeit bestehen als G.Z. die Westdeutsche Genossenschafts-Zentralbank (WGZ) und die DZ-Bank.

Genossenschaftsregister, Verzeichnis aller → Genossenschaften eines Amtsgerichtsbezirks

Genussrecht, → Genussschein.

Genussschein, Wertpapier, das Genussrechte verbrieft. Unter Genussrechten sind bestimmte Rechte zu verstehen, die fallweise festgelegt werden. Beispiele sind: Regelmäßige Verzinsung, Umtauschrecht in Aktien des Unternehmens (sog. Wandelgenussscheine) oder Recht zum Bezug von Aktien des Unternehmens (sog. Optionsgenussscheine). Ein G. verbrieft kein Teilhaberrecht. Werden Genusscheine z.B. von einer → Aktiengesellschaft emittiert, kann der Inhaber eines G. nicht an der Hauptversammlung der Gesellschaft teilnehmen. Dennoch wird das Kapital aus dem G. beim emittierenden Unternehmen als Eigenkapital (sog. → Ergänzungskapital) angesehen. Für den G.-Inhaber bedeutet dies, dass er im Falle von Zahlungsschwierigkeiten des Unternehmens erst dann mit einer Rückzahlung seines Geldes rechnen kann, wenn andere Fremdkapitalgeber (z.B. Inhaber einer → Anleihe des Unternehmens) befriedigt worden sind. Als Gegenleistung für dieses höhere Risiko weisen G. daher eine relativ hohe → Rendite auf.

Geregelter Markt, nicht-amtliches → Börsensegment. Die von den Maklern am G.M. ermittelten Kurse sind keine amtlichen Kurse. Die Makler sind nicht öffentlich vereidigt, sie werden allerdings vom Börsenvorstand kontrolliert. Am G.M. werden Aktien kleinerer und mittlerer Aktiengesellschaften gehandelt.

gerichtliches Insolvenzverfahren, Folge einer gescheiterten → außergerichtlichen

Schuldenregulierung. Das g.I. wird vom Schuldner beim Insolvenzgericht (Amtsgericht) beantragt. – Vgl. auch → Verbraucherinsolvenz.

gerichtliches Mahnverfahren, Folge eines erfolglosen kaufmännischen Mahnverfahrens. Der Gläubiger einer Forderung beantragt beim g.M. einen Mahnbescheid beim Amtsgericht auf einem einheitlichen Vordruck. Nach Zustellung des Mahnbescheides kann der Schuldner innerhalb von zwei Wochen Einspruch erheben. Geschieht dies nicht und geht auch innerhalb dieser zwei Wochen keine Zahlung ein, wird der Gläubiger die Zustellung eines Vollstreckungsbescheides beantragen. Auch hiergegen kann der Schuldner Einspruch erheben. Unterbleiben auch jetzt Einspruch bzw. Zahlung, ist es dem Gläubiger möglich, mit Hilfe eines Gerichtsvollziehers eine sog. → Zwangsvollstreckung in das Vermögen des Schuldners zu betreiben. Nimmt der Schuldner jedoch ein Einspruchsrecht wahr, muss der Gläubiger über den Weg eines → Klageverfahrens zu seinem Recht kommen.

Gesamtfälligkeit, Regelfall bei der Rückzahlung einer → Anleihe. Die Anleihe wird vom Schuldner zu einem vorher festgelegten Zeitpunkt in einer Summe zurückgezahlt. – *Gegensatz:* → Annuitätenanleihe.

Gesamthandsvermögen, Vermögen, das mehreren Personen in der Weise gehört, dass jede Person einen Vermögensanspruch in Höhe seines prozentualen Vermögensanteils, nicht jedoch Anspruch auf Herausgabe eines bestimmten Vermögensteils besitzt. G. liegen vor bei der → Personenhandelsgesellschaften und bei der → Gesellschaft bürgerlichen Rechts.

Gesamtkapitalrentabilität, Kennzahl zur Beurteilung der Verzinsung des in einem Unternehmen eingesetzten → Eigenkapitals und → Fremdkapitals (FK). Die G. wird nach folgender Formel berechnet:

$$\frac{\text{Erträge} - \text{Aufwendungen} + \text{FK-Zinsen}}{\text{Gesamtkapital (Bilanzsumme)}} \cdot 100$$

Aus der Berücksichtigung von Fremdkapitalzinsen in der Formel wird deutlich, dass Eigenkapitalgeber (z.B. Aktionäre) und Fremdkapitalgeber (z.B. Kreditinstitute) hier zusammengefasst werden, damit die Rentabilität des gesamten Kapitals beurteilt werden kann. Ergibt sich z.B. eine G. von 5%, so muss das Unternehmen bei einem durchschnittlichen Fremdkapitalzins von 8% zu Lasten der Rentabilität von Eigenkapitalgebern 3% an die Fremdkapitalgeber zahlen. Bei einer G. von 12% hingegen ist der an die Fremdkapitalgeber zu zahlende Zins nicht nur abgedeckt, es verbleibt darüber hinaus noch ein Überschuss von 4%.

Gesamtprokura, → Prokura, die nur in Verbindung mit einer anderen zeichnungsberechtigten Person ausgeübt werden kann. Einerseits ist es möglich, dass ein Gesamtprokurist mit einem anderen Gesamtprokuristen das Unternehmen vertritt (echte G.). Andererseits kann die zweite vertretungsberechtigte Person ein Mitglied der Geschäftsleitung sein (unechte G.).

gesamtschuldnerische Haftung, Verantwortlichkeit mehrerer Personen für eine Verbindlichkeit in der Weise, dass jede Person in voller Höhe und auch mit seinem Privatvermögen für die Verbindlichkeit haftet. Unterschreiben z.B. zwei Eheleute gemeinsam einen Kreditvertrag, so haftet jeder voll für die Rückzahlung des Kredites. Wird eine Person durch das Kreditinstitut in Anspruch genommen, kann sie nur im Innenverhältnis einen Ausgleich vom Ehepartner verlangen. G.H. liegt außerdem bei → Personenhandelsgesellschaften und der → Gesellschaft bürgerlichen Rechts vor.

Gesamtvertretung, Berechtigung zweier oder mehrerer Personen, ein Unternehmen gemeinschaftlich nach außen zu repräsentieren, d.h. Geschäfte im Namen des Unternehmens abschließen zu dürfen. Eine G. liegt z.B. vor, wenn ein → Prokurist zusammen mit einem Mitglied der Geschäftsleitung agiert oder zwei Mitglieder der Geschäftsleitung gemeinsam handeln. Die Vertretungsmacht der Vertretungsberechtigten eines Unternehmens geht aus dem → Handelsregister hervor. – *Gegensatz:* → Einzelvertretung. – Vgl. auch → Geschäftsführung.

Gesamtvollmacht, → Handlungsvollmacht.

Geschäftsanteil, Bezeichnung für die finanzielle Beteiligung an einer → Genossenschaft.

Geschäftsbedingungen, → Allgemeine Geschäftsbedingungen (AGB).

Geschäftsbesorgungsvertrag, Vertragsart des BGB. Beim G. handelt ein Beauftragter gegen Entgelt für einen Auftraggeber. Ein G. liegt z.B. vor, wenn ein Kreditinstitut für einen Kunden ein → Inkasso durchführt.

Geschäftsfähigkeit, Verantwortlichkeit natürlicher Personen für Rechtshandlungen, die sich aus Willenserklärungen ergeben. Nach dem BGB werden drei Stufen der G. unterschieden: 1. *Geschäftsunfähigkeit:* Sie gilt für Kinder unter 7 Jahren und Personen, die dauernd geisteskrank sind. Willenserklärungen von Geschäftsunfähigen sind nicht rechtswirksam (nichtig). Nur die → gesetzlicher Vertreter des Geschäftsunfähigen (z.B. Eltern eines Kindes unter 7 Jahren) können für die geschäftunfähige Person handeln. – 2. *Beschränkte G:* Sie gilt für Kinder und Jugendliche von 7 bis unter 18 Jahren (Minderjährige). Bei beschränkt Geschäftsfähigen müssen die gesetzlichen Vertreter grundsätzlich der Willenserklärung zustimmen. Erfolgt diese Zustimmung vorher (Einwilligung), ist die Willenserklärung sofort gültig; erfolgt die Zustimmung im nachhinein (Genehmigung) ist die Willenserklärung bis zur Genehmigung schwebend unwirksam und nach Genehmigung gültig. Beschränkt Geschäftsfähige können jedoch in folgenden *Ausnahmefällen* eigenständig verbindliche Willenserklärungen abgeben: a) Durch die Willenserklärung erhält der Minderjährige lediglich einen *rechtlichen Vorteil* (z.B. Annahme einer Schenkung). – b) Ein Minderjähriger verfügt im Rahmen seines von den gesetzlichen Vertretern überlassenen *Taschengeldes.* – c) Der Minderjährige geht Willenserklärungen in Folge eines mit Zustimmung des gesetzlichen Vertreters begonnenen *Dienst- oder Arbeitsverhältnisses* (nicht jedoch Ausbildungsverhältnis) ein (z.B. Kauf einer Monatsfahrkarte zur Arbeitsstelle). – d) Der Minderjährige geht Willenserklärungen im Zusammenhang mit einem *Erwerbsgeschäft* ein, das er mit Zustimmung des gesetzlichen Vertreters und des Vormundschaftsgerichts selbstständig führt. – 3. *Volle G.:* Sie beginnt mit 18 Jahren. Voll geschäftsfähige Personen sind für ihre Willenserklärungen grundsätzlich voll verantwortlich. Ausgenommen sind Willenserklärungen, die im Zustand der Bewusstlosigkeit oder vorübergehender Störung der Geistestätigkeit (z.B. Trunkenheit) abgegeben werden. – Für Personen, deren Fähigkeit zur Abgabe verbindlicher Willenserklärungen durch dauerhafte physische oder psychische Probleme (z.B. Alkoholsucht, Drogensucht) eingeschränkt ist, gelten spezielle Regelungen zur → Betreuung. Diese Personen erhalten einen Betreuer, der in bestimmten Angelegenheiten (z.B. Vermögenssorge) den Betreuten vertreten kann. Die Geschäftsfähigkeit des Betreuten bleibt dabei jedoch grundsätzlich im vollen Umfang erhalten.

Geschäftsführung, Regelung der Befugnis zur Leitung eines Unternehmens im Innenverhältnis. Die Befugnis zur G. ist gesetzlich definiert oder durch den Gesellschaftsvertrag des Unternehmens festgelegt. Sie kann an eine Person (Einzelgeschäftsführung) oder an mehrere Personen (gemeinschaftliche G.) erteilt werden. Beschränkungen in der G. sind gegenüber Dritten (Außenverhältnis) nicht wirksam. Für das Außenverhältnis gelten gesetzliche bzw. vertragliche Regelungen zur Vertretung. – *Beispiel:* Der Geschäftsführer eines Unternehmens darf nach interner Geschäftsführungsregelung nur Geschäfte bis zum Umfang von 1 Mio. Euro abschließen. Verstößt er gegen diese Regelung, indem er ein Geschäft über 2 Mio. Euro abschließt, ist dieses Geschäft wirksam (Außenverhältnis zum Geschäftspartner). Entsteht aus dem Geschäft dem Unternehmen jedoch ein Schaden, können die anderen Gesellschafter des Unternehmens aufgrund des Verstoßes im Innenverhältnis von dem Geschäftsführer Schadenersatz verlangen.

Geschäftsguthaben, → Genossenschaft.

geschlossene Position, Gegengeschäft zu einer → offenen Position bei Wertpapier- oder Devisengeschäften. Durch das Gegengeschäft erfolgt eine Glattstellung der offenen Position.

geschlossener Fonds, deutsche Bezeichnung für → Closed End Fund.

geschlossenes Depot, Bezeichnung für Bankgeschäfte, bei denen ein Kunde Wertgegenstände bei einem Kreditinstitut hinterlegt, ohne dass das Kreditinstitut Kenntnis von der hinterlegten Sache hat. Der Kunde muss eventuelle, mit der Sache zusammenhängende Verwaltungstätigkeiten selbst übernehmen (z.B. Geltendmachung von Zinsansprüchen bei hinterlegten Wertpapieren). Das g.D. umfasst die Vermietung von → Schrankfächern und die Annahme von → Verwahrstücken. – *Gegensatz:* → offenes Depot.

Gesellschaft bürgerlichen Rechts (GbR), *BGB-Gesellschaft;* Zusammenschluss mehrerer natürlicher oder → juristischer Personen zur Erreichung eines gemeinsamen Zwecks. Dieser Gesellschaftszweck kann auf Dauer oder auf eine vorübergehende Zeit gerichtet sein. Fahrgemeinschaften zur Arbeitsstelle sind ebenso wie Lotto-Tippgemeinschaften oder nicht eingetragene Vereine als GbR zu bezeichnen wie der Zusammenschluss von Kaufleuten zu einem gemeinsamen Unternehmen oder Vorhaben (z.B. → Bankenkonsortium). Die GbR ist keine juristische Person; sie kann allerdings unter ihrem Namen Kredite aufnehmen oder vor Gericht klagen. Rechtshandlungen für die GbR im Verhältnis zu Dritten (Vertretung im Außenverhältnis) sind durch die Gesellschafter vorzunehmen. Hierbei steht das Recht zur Vertretung grundsätzlich allen Gesellschaftern gemeinsam zu; eine andere vertragliche Regelung (z.B. Übertragung der Vertretungsmacht auf einen Gesellschafter) ist möglich. Bei der GbR liegt eine → gesamtschuldnerische Haftung der Gesellschafter für die Gesellschaftsverbindlichkeiten vor. Auch hier ist eine vertragliche Einschränkung möglich. Diese muss jedoch nach außen deutlich erkennbar sein (GbR mit beschränkter Haftung).

Gesellschaft für Zahlungssysteme (GZS), → Gesellschaft mit beschränkter Haftung zur Wahrnehmung bestimmter banktechnischer Aufgaben. Die GZS befasst sich hauptsächlich mit der Abwicklung von Umsätzen, die mit einer → Kreditkarte oder Bank- bzw. Sparkassenkarte (→ EC-Service) getätigt wurden. Die GZS gehört seit 2006 zur → First Data International.

Gesellschaft mit beschränkter Haftung (GmbH), → juristische Person des privaten Rechts. Die GmbH kann durch eine oder mehrere Personen gegründet werden. Das Kapital (Stammkapital) beträgt mindestens 25.000 Euro. Falls mehrere Gründungsmitglieder existieren, muss die Mindeststammeinlage 100 EUR betragen. Die Gesellschafterversammlung trifft Beschlüsse über alle wichtigen Angelegenheiten der GmbH. Sie stellt den Jahresabschluss fest, bestimmt über die Verwendung des Gewinns und erteilt → Prokura und → Handlungsvollmacht. Darüber hinaus bestellt sie einen oder mehrere Geschäftsführer. Je höher die Einlage eines Gesellschafters ist, desto bedeutsamer ist sein Stimmrecht in der Gesellschafterversammlung. Ein Aufsichtsrat zur Kontrolle des Geschäftsführers bzw. der Geschäftsführer ist bei mehr als 500 Arbeitnehmern zwingend vorgeschrieben.

gesetzlicher Löschungsanspruch, seit 1978 existierendes Recht eines nachrangigen Hypothekengläubigers, eine vorrangige → Hypothek löschen zu lassen, wenn der Kredit, der gegen Bestellung der vorrangigen Hypothek gewährt wurde, zurückgezahlt ist. – Vgl. auch → Rangordnung im Grundbuch.

gesetzlicher Vertreter, Person, die auf Grund gesetzlicher Vorschrift für die Regelung rechtlicher Angelegenheiten einer anderen Person zuständig ist. G.V. existieren für natürliche und → juristische Personen:

Beispiele für gesetzliche Vertreter bei natürlichen Personen	Beispiele für gesetzliche Vertreter bei juristischen Personen
Eltern (gemeinsam) bei nicht volljährigen Personen	Geschäftsführer einer Gesellschaft mit beschränkter Haftung
Vormund bei Waisen	Vorstand einer Aktiengesellschaft

gesetzliches Zahlungsmittel, offizielle Währung eines Landes. Für g.Z. besteht Annahmezwang seitens des Gläubigers. – Vgl. auch → Geld.

gesetzliche Verzugszinsen, Zinssatz, der nach § 288 BGB zur Anwendung kommt, wenn ein Schuldner mit seiner Zahlung in Verzug ist und kein vertraglicher Verzugszins vereinbart wurde. Im Rahmen der g.V. kann ein Gläubiger einen Zinssatz in Rechnung stellen, der 5 Prozentpunkte über dem → Basiszinssatz liegt.

Gesetz über das Aufspüren von Gewinnen aus schweren Straftaten, praxisübliche Bezeichnung: *Geldwäschegesetz (GWG)*. Das G. verpflichtet Kreditinstitute im Bargeldverkehr zur Identifizierung von Kunden anhand eines Personalausweises oder eines Reisepasses, zur Feststellung des wirtschaftlich Berechtigten einer Transaktion, zur Aufzeichnung und Aufbewahrung der Identifizierungsdaten sowie zur Anzeige an die Staatsanwaltschaft, wenn ein Verdacht auf Geldwäsche besteht. Zweck des G. ist es zu verhindern, dass Gelder aus Straftaten (z.B. Drogenhandel) in den legalen Wirtschaftskreislauf eingeschleust werden. Generell sind Kreditinstitute verpflichtet, bei der Entgegennahme (Annahme) von Bargeld, Wertpapieren oder Edelmetallen im Wert von 15.000 Euro oder mehr den Kunden zu identifizieren. Auch bei geringeren Beträgen besteht eine entsprechende Pflicht, sofern Anhaltspunkte dafür vorliegen, dass zwischen verschiedenen Transaktionen eine Verbindung besteht. und die Gesamtsumme mindestens 15.000 Euro beträgt (sog. → Smurfing). Ist der Kunde bereits aus einer anderen Geschäftsbeziehung bekannt (z.B. als Inhaber eines Girokontos), muss das Kreditinstitut den Namen des Kunden mit dem Vermerk „persönlich bekannt" kennzeichnen. Darüber hinaus müssen Kreditinstitute Konten und Transaktionen ihrer Kunden laufend überwachen. Besondere Aufmerksamkeit ist z.B. geboten bei Kunden, die ihre Geschäfte unter ungewöhnlichen Umständen ausführen oder deren Geschäfte stark auf Bargeldzahlungen ausgerichtet sind.

Gesetz über das Kreditwesen (KWG), „Grundgesetz" für Kreditinstitute. Das KWG soll ein funktionsfähiges Geld- und Kreditwesen sicherstellen sowie Gläubiger vor Vermögensverlusten schützen. Wichtige Regelungen des KWG betreffen die Festlegung dessen, was als → Kreditinstitut oder als → Finanzdienstleistungsinstitut bezeichnet werden kann, die Regelungen zur Bankenaufsicht durch die → Bundesanstalt für Finanzdienstleistungsaufsicht sowie die Bedingungen zur Gründung von Kreditinstituten bzw. Finanzdienstleistungsinstituten.

Gesetz über den Wertpapierhandel (WpHG), Gesetz zur Förderung der Attraktivität und Wettbewerbsfähigkeit deutscher Finanzmärkte. Das WpHG enthält Regelungen zum Anlegerschutz, (z.B. Verhaltensregeln für Wertpapierdienstleistungsunternehmen, zum Verbot des Insiderhandels (→ Insidergeschäfte) und zur Markttransparenz (z.B. → Ad-hoc-Publizität). Zur Wahrung von Markttransparenz und zur Aufdeckung von Insiderverstößen müssen alle Börsentransaktionen der → Bundesanstalt für Finanzdienstleistungsaufsicht gemeldet werden, wo eine systematische Auswertung der entsprechenden Daten erfolgt.

Gesetz über die Kapitalanlagegesellschaften (KAGG), alte Bezeichnung für das → Investmentgesetz.

Gesetz zur Förderung der Steuerehrlichkeit und Steuergerechtigkeit, seit dem 1.4.2005 gültige Rechtsvorschrift, die allen Finanzämtern sowie Sozialämtern, Arbeitsagenturen, Familienkassen und BAföG-Ämtern einen automatisierten Abruf von Kontoinformationen (Konto-/Depotnummer, Tag der Einrichtung des Kontos/Depots, Verfügungsberechtigte, aber keine Kontoumsätze bzw. Kontostände) erlaubt. Voraussetzung für die Anfrage ist eine Versicherung der jeweiligen Behörde, dass eigene Ermittlungen nicht zum Ziel geführt haben oder keinen Erfolg versprechen. Das Gesetz stellt nach Auffassung vieler Kritiker eine weitere Aufweichung des Bankgeheimnisses dar. – Vgl. auch → Bankgeheimnis.

Gesetz zur Unternehmensintegrität und Modernisierung des Anfechtungsrechts, → UMAG.

Gewährträgerhaftung, Bezeichnung im Zusammenhang mit öffentlich-rechtlichen Unternehmen. Er beschreibt die Haftung des Trägers eines öffentlich-rechtlichen Unternehmens (Stadt, Kreis, Bundesland etc.) für die Verbindlichkeiten des Unternehmens. Für → Sparkassen und → Landesbanken wurde die G. ebenso wie die ähnlich wirkende → Anstaltslast 2005 abgeschafft.

Gewerbe, Voraussetzung für den Erwerb der Kaufmannseigenschaft eines → Ist-Kaufmanns nach dem HGB. Der Ist-Kaufmann ist eine Person, die ein Handelsgewerbe betreibt. Voraussetzung für ein G. ist eine nach außen erkennbare, dauerhafte, selbstständige Tätigkeit mit Gewinnerzielungsabsicht. Ausgenommen von den Regelungen zum G. sind freie Berufe (Ärzte, Rechtsanwälte, Notare etc.) sowie künstlerische, wissenschaftliche und Land-/Forstwirtschaftliche Berufe.

Gewinnanteilsschein, → Kupon.

Gewinnaufspürgesetz, → Gesetz über das Aufspüren von Gewinnen aus schweren Straftaten.

Gewinnrücklagen, → Rücklagen.

Gewinnschuldverschreibung, Sonderform einer → Anleihe. Bei einer G. wird das Gläubigerrecht des Inhabers mit dem bedingten Recht eines Aktionärs auf Gewinnausschüttung verknüpft. Eine G. beinhaltet i.d.R. eine feste Grundverzinsung und eine Zusatzverzinsung, die nur gewährt werden kann, wenn die gezahlte Dividende an die Aktionäre eine in den Bedingungen der G. festgelegte Höhe überschreitet. Eine G. kann allerdings auch ohne Grundverzinsung und dann mit entsprechend höherer (ungewisser) dividendenabhängiger Zusatzverzinsung ausgestattet sein.

Gewinnsparen, → Lossparen.

Gewinn pro Aktie, → Earnings per Share.

GEX, Abk. für *German Entrepreneurial Index;* Aktienindex (→ Index) der → Deutschen Börse AG zur Messung der Wertentwicklung mittelständischer deutscher Unternehmen.

gezeichnetes Kapital, andere Bezeichnung für das Grundkapital einer → Aktiengesellschaft.

Girocard, neue Bezeichnung für die → EC-Karte. Die G. wird zukünftig auslaufende EC-Karten nach und nach ersetzen.

Girokonto, laufendes Konto (→ Kontokorrent).

Gironetze, System von Verrechnungsmöglichkeiten im bargeldlosen Zahlungsverkehr. G. werden von Kreditinstituten, Postbankniederlassungen und der → Deutschen Bundesbank unterhalten. Der Betreiber eines G. versucht grundsätzlich Buchgeldbestände möglichst lange im „hauseigenen" Netz zu halten. So bleibt die Liquiditätsausstattung der entsprechenden Bankengruppe zumindest für einen kurzen Zeitraum erhalten.

Beispiel: Überweisungsauftrag des Kunden einer Düsseldorfer Sparkasse zu Gunsten des Kunden einer Münchener Großbank. Die Verrechnung über die G. von Sparkasse und Großbank könnte wie folgt erledigt werden:

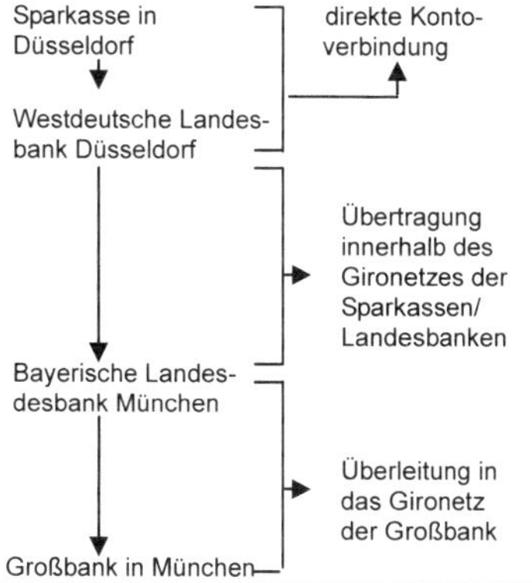

Giropay, Bezahlverfahren für den Handel im Internet („Online-Shop"). Das G.-System soll eine Bezahlung von Waren und Dienstleistungen im Internet ohne zusätzliche Registrierung der Nutzer ermöglichen.

Girosammelverwahrung (GS-Verwahrung), Verwahrungsart, bei der eigene Wertpapiere eines Kreditinstitutes und Wertpapiere seiner Kunden in Form eines → Sammelbestandes durch eine Wertpapiersammelbank (in Deutschland: Clearstream Banking AG) erfasst werden. Die G. ist Voraussetzung für die Durchführung des stückelosen → Effektengiroverkehrs.

Girovertrag, → Überweisungsgesetz.

Girozentrale, Zusatzbezeichnung für die → Landesbanken. Die Zusatzbezeichnung ist darauf zurückzuführen, dass die Landesbanken für ihre angeschlossenen Sparkassen weitgehende Dienstleistungen im Zusammenhang mit der Abwicklung des bargeldlosen Zahlungsverkehrs anbieten.

Gläubigereffekten, Sammelbezeichnung für Wertpapiere, die Gläubigerrechte verbriefen. – Vgl. auch → Anleihe.

Gläubigerschutz, Maßnahmen bzw. Institutionen, die den Zweck verfolgen, Gläubiger von Kreditinstituten („Sparer") vor der Zahlungsunfähigkeit ihres Kreditinstitutes zu bewahren bzw. im Falle der Zahlungsunfähigkeit zu entschädigen. Der G. umfasst vor allem die → Einlagensicherung und die Einhaltung rechtlicher Schutzvorschriften wie z.B. → Mindestreserve bzw. die von der → Bundesanstalt für Finanzdienstleistungsaufsicht erlassenen → Grundsätze über die Eigenmittel und die Liquidität der Institute.

Globalabtretung, *Globalzession;* → Abtretung mehrerer Forderungen zur Besicherung eines Kredites. – *Beispiel:* Zur Absicherung einer Kreditforderung von 100.000 Euro lässt sich die X-Bank von ihrem Kunden, der Y-GmbH, Forderungen in Höhe von 120.000 Euro abtreten. Die Y-GmbH tritt lt. G.-Vertrag sämtliche bestehenden und zukünftigen Forderungen gegenüber ihrem Kundenkreis mit den Anfangsbuchstaben A bis H ab. Mit Vertragsabschluss gehen die bestehenden Forderungen bereits auf die X-Bank über; die zukünftigen Forderungen sind im Augenblick ihres Entstehens abgetreten. Die Y-GmbH reicht ihrer Bank regelmäßig sogenannte Debitorenlisten ein, aus denen die Einzelforderungen hervorgehen. Da diese lediglich der Kontrolle dienen und rechtlich für die G. nicht notwendig sind, haben sie deklaratorischen (rechtsbekundenden) Charakter. Im Gegensatz zur G. steht die (in der Praxis jedoch nicht mehr bedeutsame) Konstruktion der → Mantelabtretung.

Globalisation, Globalisierung im Kreditwesen. Die G. ist vor allem an folgenden Trends erkennbar: 1. *Verlagerung der Geschäftstätigkeit,* z.B. Abkehr vom herkömmlichen Kreditgeschäft und Hinwendung zu einer wertpapierverbrieften Ausstattung von (Groß-)Unternehmen mit Finanzierungsmitteln (→ Investment Banking). – 2. *Zunehmende Internationalisierung* durch Integration nationaler Finanzmärkte in internationale Finanzmärkte (z.B. Schaffung des Eurowährungsraums, europaweite Börsenzusammenschlüsse wie → Eigenkapital)

Globalurkunde, Wertpapierurkunde, in der mehrere Wertpapiere derselben Art verbrieft werden. So können z.B. 10 Mio. X-Aktien im → Nennwert von je 1 Euro zu einer einzigen G. im Gesamtnennwert von 10 Mio. Euro zusammengeführt werden. Die Form der G. ist eine wesentliche Erleichterung bei der Durchführung des stückelosen → Effektengiroverkehrs.

GmbH, Abk. für → *Gesellschaft mit beschränkter Haftung.*

GmbH u. Co KG, → Kommanditgesellschaft, deren Vollhafter eine → Gesellschaft mit beschränkter Haftung (GmbH) ist. Da auch bei der GmbH lediglich die Gesellschaft mit ihrem Geschäftsvermögen haftet, existiert bei der GmbH u. Co. KG keine Haftung durch das Vermögen einer Privatperson.

Going Public, Börsengang einer → Aktiengesellschaft (AG). Börseneinführungen können z.B. durch Umwandlung eines Unternehmens von einer anderen Rechtsform in eine AG oder durch Börsenzulassung von Aktien erfolgen, die bisher noch nicht börsenmäßig notiert waren (Aktien im Familienbesitz, Aktien im Besitz des Bundes etc.). Im Zusammenhang mit der wachsenden Zahl potenzieller Aktienanleger erhält das G.P. für Unternehmen eine immer größere Bedeutung für die Beschaffung von → Eigenkapital.

Gold, → Edelmetalle.

goldene Bankregel, *goldene Bilanzregel;* Finanzierungsregel für Kreditinstitute, die besagt, dass langfristig angelegtes Vermögen (z.B. langfristige Kredite an Kunden) auch langfristig (z.B. durch Spareinlagen) finanziert sein muss. Die G.B. wird in der Bankpraxis jedoch nicht in dieser strikten Form angewendet. Vielmehr sind Kreditinstitute in Grenzen fähig, langfristige Vermögensanlagen auch über Mittel mit einer kürzeren Laufzeit zu refinanzieren. Bei Fälligkeit dieser Mittel ist dann jedoch eine Anschlussfinanzierung durchzuführen. Es findet auf diese Weise eine → Fristentransformation statt, die für Kreditinstitute vorteilhaft ist, da kurzfristige Finanzierungsmittel i.d.R. geringer verzinslich sind als langfristige (normale Zinsstruktur. – *Gegensatz:* → inverse Zinsstruktur. – Durch Fristentransformation steigt die Marge der Kreditinstitute zwischen Refinanzierungskosten und Zinserträgen aus dem Aktivgeschäft (Kreditgeschäft). Die G.B. findet indirekt ihren Niederschlag im Grundsatz II der → Grundsätze über die Eigenmittel und die Liquidität der Institute der → Bundesanstalt für Finanzdienstleistungsaufsicht.

goldene Bilanzregel, → goldene Bankregel.

Goldparität, Währungskurssystem, bei dem eine heimische Währung in einem festen Verhältnis zu einer bestimmten Goldmenge steht. Eine G. wurde früher häufig zur Stabilisierung von Währungen oder Währungssystemen festgelegt; sie ist heute nicht mehr von Bedeutung, da andere Stabilisierungsmöglichkeiten (z.B. → Currency Board oder die konsequente Durchführung von → geldpolitischen Operationen) effektiver sind.

Goldzertifikat, → Investmentzertifikat, das einen Anspruch auf eine bestimmte Menge Gold verbrieft.

Gratisaktie, praxisüblicher Ausdruck für eine → Berichtigungsaktie.

Grauer Kapitalmarkt, Kapitalmarkt, der keiner staatlichen Aufsicht unterliegt. Auf dem G.K. werden z.B. Beteiligungen an Feriensiedlungen oder hoch spekulative Unternehmensbeteiligungen gehandelt.

Grauer Markt, „Handel per Erscheinen". Vor dem eigentlichen Börsengang eines Wertpapiers kann dieses bereits über die Makler gehandelt werden. Der G.M. stellt vor allem bei neuen Aktien ein wichtiges Indiz für die zu Beginn des offiziellen Handels zu erwartende Kursentwicklung dar, da neue Aktien heutzutage i.d.R. im Bookbuildingverfahren emittiert werden, bei dem kein fester Preis, sondern nur eine Preisspanne vor dem Erscheinen festgelegt wird (→ Emission). Wird diese Spanne z.B. mit 25–30 Euro festgelegt und liegt der Preis im G.M. bei 40 Euro, sind für die Zeichner dieser Aktie, die bei Erscheinen eine Zuteilung erhalten, kurzfristige Zeichnungsgewinne sehr wahrscheinlich.

Greenshoe, Mehrzuteilungsreserve beim Bookbuildingverfahren. Der G. ermöglicht dem konsortialführenden Kreditinstitut eine höhere Zuteilung von Aktien für die Zeichner als ursprünglich geplant. Er dient so als Instrument zur Stabilisierung eines durch sehr großes Anlegerinteresse in die Höhe getriebenen Kurses für die neuen Aktien. – Vgl. auch → Emission.

Großbanken, Bezeichnung in den Bankenstatistiken der → Deutschen Bundesbank. Unter G. fasst die Deutsche Bundesbank die Deutsche Bank, Dresdner Bank, Commerzbank und Bayerische Hypo- und Vereinsbank zusammen.

Großbetrag-Scheckeinzug (GSE), Verfahren zum Einzug von Schecks ab 6.000 Euro. Beim GSE werden (wie auch bei Schecks unter 6.000 Euro im → beleglosen Scheckeinzugsverfahren) die Scheckdaten in Datensätze umgewandelt und die Scheckgegenwerte beleglos verrechnet. Der Scheck selbst wird beim GSE jedoch „körperlich", also beleghaft, dem bezogenen Kreditinstitut vorgelegt, um eine Prüfung der Unterschrift des Ausstellers und der Echtheit des Schecks zu gewährleisten. Im Falle der Nichteinlösung des Schecks kann das bezogene Kreditinstitut den lt. Scheckgesetz vorgeschriebenen → Vorlegungsvermerk anbringen, der dem Scheckeinreicher dann die Möglichkeit eröffnet, einen Scheckprozess (→ Urkundenprozess) gegen den Scheckaussteller zu führen. Das Verfahren des → ISE wird zukünftig das GSE-Verfahren ablösen.

Großkredit, Bezeichnung des KWG für Kredite, die 10% des → haftenden Eigenkapitals eines Kreditinstitutes übersteigen. Die Gewährung eines G. ist gem. KWG nur unter bestimmten Bedingungen (z.B. einstimmiger Beschluss aller Gesellschafter) möglich.

Grundakte, Sammlung von Urkunden und Protokollen, die sich auf ein bestimmtes Grundstück beziehen. Die G. enthält außerdem eine Kopie des entsprechenden → Grundbuchblattes.

Grundbuch, Verzeichnis aller Grundstücke eines Amtsgerichtsbezirkes. Das G. genießt öffentlichen Glauben, d.h. ein Leser kann sich auf die Richtigkeit einer G.-Eintragung berufen. Ausgenommen sind hierbei die Angaben zu Größe, Lage und Nutzungsart des Grundstücks. Für diese Angaben genießt das im → Katasteramt geführte Kataster öffentlichen Glauben. Zur Einsicht in das G. ist ein berechtigtes Interesse nachzuweisen. So haben z.B. Kreditinstitute bei der Finanzierung eines Bauvorhabens ein Recht auf Einsicht in das G.

Grundbuchbezirk, andere Bezeichnung für → Gemarkung.

Grundbuchblatt, Aufzeichnung aller rechtlich relevanten Tatbestände im Zusammenhang mit einem Grundstück. Das G. enthält eine Aufschrift (Amtsgerichtsbezirk, Band-Nummer, Blatt-Nummer), ein Bestandsverzeichnis (Kennzeichnung von Größe, Lage und Nutzungsart des Grundstücks) und drei Abteilungen. In der ersten Abteilung sind Angaben zum Eigentümer enthalten; die zweite Abteilung führt Lasten und Beschränkungen des Grundstücks auf (z.B. → Grunddienstbarkeit); in der dritten Abteilung werden → Grundpfandrechte aufgeführt.

Grunddienstbarkeit, Belastung eines Grundstücks in der Weise, dass der jeweilige Eigentümer eines anderen Grundstückes bestimmte Rechte an dem belasteten Grundstück hat. Da das Recht nicht nur an eine bestimmte Person gebunden ist, kann es vererbt oder veräußert werden. Eine G. wird in der zweiten Abteilung des für das belastete Grundstück („dienendes" Grundstück) ausgefertigten → Grundbuchblattes eingetragen. Beispiele für eine G. sind Wegerecht (Recht, das dienende Grundstück überqueren zu dürfen) oder Unterlassungsrechte (z.B. Verbot bestimmter Gewerbebetriebe auf dem dienenden Grundstück). Im Gegensatz zur G. können Rechte am dienenden Grundstück auch an eine bestimmte Person gebunden sein. In diesem Fall handelt es sich um eine → beschränkt persönliche Dienstbarkeit.

Grunderwerbsteuer, vom Käufer eines Grundstücks zu zahlende Steuer, die z.Zt. 3,5% des Kaufpreises beträgt.

Grundkapital, Bezeichnung für das in Aktien zerlegte Kapital einer → Aktiengesellschaft.

Grundpfandrechte, Sammelbegriff für Belastungen eines Grundstückes in der Weise, dass eine begünstigte Person aus dem Grundstück eine Geldsumme fordern kann. Unter die G. fallen → Hypothek, → Grundschuld und → Rentenschuld, wobei in der Praxis der Grundschuld die größte Bedeutung zukommt.

Grundsätze über die Eigenmittel und die Liquidität der Institute, Vorschriften der → Bundesanstalt für Finanzdienstleistungsaufsicht zur konkreten Ausgestaltung allgemeiner Regelungen des → Gesetzes über das Kreditwesen (KWG). Der Grundsatz I regelt die Erfassung von Risiken aus Fremdwährungspositionen (→ offene Position) sowie das Verhältnis zwischen dem → haftenden Eigenkapital und den Aktiva eines Kreditinstitutes; er besagt, dass das haftende Eigenkapital mindestens 8% der gewichteten Aktiva betragen muss (Solvabilitätskoeffizient). – *Beispiel:* Ein Kreditinstitut hat Kredite an Kunden in Höhe von 200 Mio. Euro gewährt; die Kredite an andere Kreditinstitute (z.B. von diesen Kreditinstituten → aufgenommene Gelder) betragen 400 Mio. Euro. Kundenkredite werden mit 100%, Kredite an andere Kreditinstitute aufgrund ihres geringeren Risikos mit 20% gewichtet. Es ergeben sich also 200 + 80 = 280 Mio. Euro. Falls die Summe anderer gewichteter Aktiva (z.B. Wertpapieranlagen etc.) weitere 400 Mio. Euro beträgt, verfügt das Kreditinstitut über 680 Mio. Euro risikogewichteter Aktiva. Folglich muss es zum Betrachtungszeitpunkt (täglich bei Geschäftsabschluss) ein haftendes Eigenkapital von mindestens 54,4 Mio. Euro (8% von 680 Mio. Euro aufweisen. Nach den Regelungen zu „Basel II" müssen die Kreditinstitute seit 2007 bei der Gewichtung ihrer Aktiva noch differenzierter verfahren. Das Gewicht und damit die Höhe des zu unterlegenden Eigenkapitals sind dann von einem bankinternen oder einem externen → Rating des jeweiligen Kunden abhängig. – Der Grundsatz II regelt das Verhältnis kurzfristiger Zahlungsmittel bzw. Aktiva (Laufzeit bis zu einem Jahr, z.B. Kassenbestand, Guthaben bei der → Deutschen Bundesbank, kurzfristige Forderungen an Kunden) zu kurzfristigen Zahlungsverpflichtungen (z.B. Einlagen auf Girokonten). Dieses Verhältnis wird am Ende eines Kalendermonats festgestellt. Die Bundesanstalt für Finanzdienstleistungsaufsicht geht davon aus, dass die Liquidität eines Kreditinstitutes als ausreichend anzusehen ist, wenn dieses Verhältnis mindestens 1 : 1 beträgt. Durch den Grundsatz II ergibt sich automatisch eine Aussage über die langfristige Finanzierung von langfristigen Vermögensanlagen. – Vgl. auch → goldene Bankregel.

Grundschuld, Belastung eines Grundstücks in der Weise, dass ein Begünstigter (Grundschuldgläubiger) die Zahlung eines Geldbetrages aus dem Grundstück verlangen kann. Der Gläubiger kann den Geldbetrag nach einer festgelegten Kündigungsfrist geltend machen; ihm steht dabei eventuell auch eine mit der G. eingetragene Verzinsung (dinglicher Zins) zu. Zur Begleichung der Schuld können z.B. die Erträge des Grundstücks (Mieteinnahmen etc.) verwendet werden. – Diese Grundform einer G. ist in der Praxis nur selten anzutreffen. Für Kreditinstitute kommt die sicherungsweise G. (Sicherungs-G.) zur Anwendung, bei der eine kreditgewährende Bank oder Sparkasse sich als Grundschuldgläubiger in das → Grundbuch eintragen lässt. Dem Kreditinstitut haftet dann der Kreditnehmer aus dem Darlehen sowie das Grundstück aus der G. (bis zur Höhe der G.-Summe zuzüglich dinglichem Zins), falls das Darlehen nicht zurückgezahlt wird. Der Bezug zwischen G. und Darlehensvertrag (Kreditvertrag) wird durch eine Sicherungszweckerklärung (Sicherungsabrede) hergestellt, in der Kreditinstitut und Kunde vereinbaren, dass die Grundschuld nur zur Sicherung des Kredites verwendet werden kann. Das Kreditinstitut darf also höchstens den noch ausstehenden Kreditbetrag zuzüglich der in diesem Vertrag vereinbarten Zinsen und evtl. weiteren Kosten aus der G. fordern. Die G. ist damit nicht formal rechtlich an den Kredit gebunden (also nicht akzessorisch); es besteht eine wirtschaftliche Bindung. Die G. genießt in der Praxis eine höhere Bedeutung als die (akzessorische) Hypothek, da eine G. im Gegensatz zur Hypothek ohne weitere Änderungen bestehen bleiben kann, falls das Kreditinstitut ein Darlehen aufstockt oder ein zusätzliches Darlehen gewährt. – Durch Eintragung einer Zwangsvollstreckungsklausel unterwirft sich ein Kreditnehmer bei der Bestellung einer G. sofort einer → Zwangsvollstreckung, sofern der Kredit nicht zurückgezahlt wird. Aufgrund dieser schnellen Verwertungsmöglichkeit bevorzugen Kreditinstitute Grundschulden mit Zwangsvollstreckungsklauseln, die nur bei → öffentlicher Beurkundung wirksam sind. – Eine G. wird durch Eintragung in das Grundbuch dokumentiert. Zusätzlich ist es möglich, einen → Grundschuldbrief ausstellen zu lassen. Wird kein Brief ausgestellt, erhält die G. bei der Eintragung ins Grundbuch einen entsprechenden Zusatz („ohne Brief“, „brieflos“ etc.) Die Briefausstellung ist zwar mit höheren Kosten verbunden; Briefgrundschulden sind jedoch „verkehrsfreundlich“, da bei einem Gläubigerwechsel (z.B. Wechsel des finanzierenden Kreditinstitutes bei Grundstücksverkauf) eine Übertragung der G. durch schriftliche → Abtretung der dinglichen Forderung und Briefübergabe auch ohne Eintragung des neuen Gläubigers in das Grundbuch möglich ist.

Grundschuldbrief, vom Grundbuchamt im Zusammenhang mit der Eintragung einer → Briefgrundschuld ausgestellte Urkunde mit Wertpapiercharakter, die als Mindestbestandteile den Geldbetrag der Grundschuld und das belastete Grundstück enthält sowie mit Unterschrift und Siegel bzw. Stempel versehen sein muss. Die Geltendmachung des Anspruchs aus der zugrunde liegenden Grundschuld oder die Übertragung des Grundschuldanspruchs setzen die Vorlage des G. voraus.

Grundzulage, → Altersvorsorgezulage.

GSE, Abk. für den → *Großbetrags-Scheckeinzug.*

GS-Verwahrung, Abk. für → *Girosammelverwahrung.*

Gültigkeit von Wertpapieraufträgen, wichtige Regelung der zwischen Kunde und Kreditinstitut bei Wertpapiergeschäften zu vereinbarenden → Sonderbedingungen für Wertpapiergeschäfte. Nach diesen Sonderbedingungen sind (sofern keine anders lautende Kundenweisung vorliegt) preislich nicht limitierte Kundenaufträge nur am Tag ihrer Erteilung gültig. Limitierte Aufträge bleiben bis zum letzten Geschäftstag des Auftragsmonats gültig, wobei limitierte Aufträge, die zum letzten Geschäftstag eingehen und an diesem Tag nicht mehr ausgeführt werden können, für den gesamten nächsten Monat gelten. Findet eine Dividendenzahlung oder ein → Bezugsrechtshandel während der Geltungsdauer eines limitierten Auftrags statt, so wird der Auftrag gelöscht.

Günstigerprüfung, Verfahren bei dem staatlich geförderten Altersvorsorgeinstrument → Riester-Vertrag. Da Aufwendungen zur Altersvorsorge steuerlich als → Sonderausgaben absetzbar sind, prüft das Finanzamt im Rahmen eines Einkommensteuerbescheides, ob sich der Sonderausgabenabzug günstiger auswirkt als die gewährte → Altersvorsorgezulage. Ist dies der Fall, erstattet das Finanzamt die Differenz.

Gütergemeinschaft, → Güterstand.

Güterrechtsregister, Verzeichnis der Eheleute, die den → Güterstand der Gütertrennung oder Gütergemeinschaft vereinbart haben. Die Eintragung in das G. ist nicht zwingend vorgeschrieben.

Güterstand, Regelung der Vermögens- und Einkommensverhältnisse in einer Ehe. Gesetzlicher G. (ohne besondere Vereinbarung zwischen den Ehepartnern) ist die → Zugewinngemeinschaft. Beim G. der Gütertrennung wird durch → öffentliche Beurkundung genau festgehalten, welchem Ehepartner welches Vermögen gehört. Dadurch besteht die Möglichkeit, Gläubiger vom Zugriff auf bestimmte Vermögensteile auszuschließen, wenn diese dem nicht haftenden Ehepartner zustehen. – Die dritte Form zur Regelung des G., die Gütergemeinschaft, hat in der Praxis keine große Bedeutung. Hier werden Anfangsvermögen und Zugewinn der Ehe gemeinsames Vermögen der Ehepartner. Verfügungen über dieses Vermögen sowie ein eventueller Ausgleich bei Scheidung werden vertraglich geregelt.

Gütertrennung, → Güterstand.

gutgläubiger Eigentumserwerb, Rechtswirksame Übertragung des → Eigentums an einer Sache durch eine nicht berechtigte Person. Verleiht z.B. die Person A eine Sache an Person B, so ist B zur Rückgabe der Sache verpflichtet. Verkauft B jedoch widerrechtlich diese ihm nicht gehörende Sache an C, kann das Eigentum rechtswirksam auf C übertragen werden, sofern C nicht weiß, dass B nicht der Eigentümer ist. C ist dann gutgläubig. A verliert so sein Eigentum, kann jedoch von B Schadenersatz verlangen, da B gegen den Leihvertrag verstoßen hat. Der g.E. ist nicht möglich, wenn die Sache dem rechtmäßigen Eigentümer gestohlen wurde oder wenn sie ihm abhanden kam. Bei gestohlenem Geld, bei → Inhaberpapieren und öffentlich ersteigerten Sachen ist allerdings ein Eigentumserwerb durch einen gutgläubigen Dritten wieder möglich.

Gutschrift Eingang vorbehalten (Gutschrift E.v.), → e.V.

GWG, Abk. für *Geldwäschegesetz*. Praxisübliche Bezeichnung für das → Gesetz über das Aufspüren von Gewinnen aus schweren Straftaten.

GZS, Abk. für die → *Gesellschaft für Zahlungssysteme.*

H

Haben. 1. Bezeichnung der rechten Seite eines Kontos in der Buchführung. Dabei erfasst die Habenseite bei einem Aktivkonto Minderungen sowie den Endbestand, bei einem Passivkonto den Anfangsbestand sowie Mehrungen und bei Erfolgskonten Erträge. – 2. Bei Bankgeschäften aus Sicht des Kunden gleichbedeutend mit Guthaben. – Vgl. auch → Habensaldo.

Habensaldo. 1. Wertmäßiger Überhang der Buchungen auf der Habenseite gegenüber den Buchungen auf der Sollseite eines Kontos. – 2. Aus der Sicht eines Bankkunden stellt ein ihm mitgeteilter H. ein Guthaben (also eine Forderung an sein Kreditinstitut) dar.

Habenzinsen, Zinsen, die von Kreditinstituten für von Kunden überlassene Gelder (z.B. → Spareinlagen, → Termineinlagen) gezahlt werden. – *Gegensatz:* → Sollzinsen.

haftendes Eigenkapital im Sinn des KWG, Bestandteil der Eigenmittel eines Kreditinstituts nach dem KWG. Das h.E. setzt sich aus dem → Kernkapital und (in begrenztem Umfang) dem → Ergänzungskapital unter Berücksichtigung bestimmter Abzugsbeträge zusammen. Neben dem h.E. sind die → Drittrangmittel weiterer Bestandteil der Eigenmittel eines Kreditinstituts.

halbbare Zahlung, Zahlung, bei der Buchgeld (→ Geld) durch Auszahlung von Konten zu Bargeld bzw. Bargeld durch Einzahlung auf Konten zu Buchgeld wird. Die Abwicklung von h.Z. erfolgt mittels → Barscheck oder → Zahlschein. Die h.Z kommt insbesondere in denjenigen Fällen vor, in denen nur einer der beiden an einem Zahlungsvorgang Beteiligten über eine Kontoverbindung verfügt.

Halbeinkünfteverfahren, zum 31.12.2008 abgeschafftes Verfahren für die Besteuerung von → Dividenden und Kursgewinnen aus Aktien. Nach diesem Verfahren war nur die Hälfte des Dividendenertrags steuerpflichtig. Vom H. waren nicht nur Dividendenerträge betroffen, sondern auch Gewinne und Verluste, die aus Aktiengeschäften innerhalb eines Jahres realisiert wurden. Diese Spekulationsgewinne stellten nur zur Hälfte steuerpflichtige Einkünfte dar; andererseits wurden aber auch Spekulationsverluste halbiert und konnten daher nur zur Hälfte mit Spekulationsgewinnen verrechnet werden. – Zur Neuregelung der Besteuerung von Dividenden und Spekulationsgewinnen seit 1.1.2009 vgl. → Dividendenbesteuerung sowie → Spekulationsgeschäft.

Halbjahrescoupon. 1. Ausstattungsmerkmal eines → festverzinslichen Wertpapiers, das die halbjährlichen Zinszahlungen des Papiers kennzeichnet. – 2. Bezeichnung des → Zinsscheines selbst, der zu dem angegebenen Zinstermin den Anspruch auf Zahlung der Zinsen des vergangenen Halbjahres verbrieft.

Halbjahresgeld, → Termingeld mit halbjähriger Laufzeit im Interbankenhandel am → Geldmarkt.

Handelsbuch, Gesamtheit der Wertpapiergeschäfte bzw. Geschäfte mit anderen Finanzinstrumenten eines Kreditinstituts oder eines → Finanzdienstleistungsinstituts im Sinn des Kreditwesengesetzes (KWG), die auf die Erzielung eines Handelserfolges gerichtet sind (Eigenhandel der Institute). Das H. dient der Erfassung und Bewertung von Risiken aus dem Eigenhandel.

Handelsbuchinstitut, Kreditinstitut oder → Finanzdienstleistungsinstitut, das den Vorschriften des Kreditwesengesetzes über das → Handelsbuch unterliegt. Die Unterscheidung zwischen Handelsbuchinstitut und Nichthandelsbuchinstitut ist u.a. im Zusammenhang mit der Vergabe von Großkrediten von Bedeutung.

Handelskreditbrief, → Commercial Letter of Credit.

Handelsmakler, Makler, der gewerbsmäßig für andere Personen die Vermittlung von Handelsgeschäften (z.B. Waren-, Versicherungs-, Wertpapier- oder Devisengeschäfte) übernimmt, ohne damit von seinem jeweiligen Auftraggeber aufgrund eines entsprechenden Vertragsverhältnisses ständig betraut zu sein.

Handelsphasen (Eurex). Der Eurex-Handel (→ Eurex) vollzieht sich in drei Phasen: 1. *Pre-Trading* (vorbörsliche Phase): Börsenteilnehmer können Daten abrufen sowie Aufträge und → Quotes in das Handelssystem eingeben, die jedoch auch noch geändert oder gelöscht werden können. – 2. *Trading* (börslicher Handel): Eigentliche Handelsphase, in der den Teilnehmern alle Handelsfunktionen des Systems zur Verfügung stehen. Zueinander passende Aufträge und Quotes werden durch das System laufend zusammengeführt (Matching) und Abschlüsse sofort bestätigt. – 3. *Post-Trading* (nachbörsliche Phase): Orders für den folgenden Handelstag können eingegeben werden. Das System steht weiterhin für die Abfrage von Informationen zur Verfügung.

Handelsrechnung, Dokument, das detaillierte Informationen über ein bestimmtes Warengeschäft beinhaltet. Im Einzelnen werden in der Regel u.a. der Preis, die Lieferbedingungen (→ Incoterms), die Zahlungsbedingungen (→ internationale Zahlungsbedingungen), die genaue Warenbezeichnung sowie das Transportmittel ausgewiesen. Die H. dient zum einen als Nachweis der vertragsgerechten Lieferung, bei Außenhandelsgeschäften zusätzlich auch als Unterlage für die Einfuhrprüfung und Verzollung. Erfolgt auf Verlangen eines Importlandes eine Beglaubigung der Rechnung durch dessen Konsulat oder die örtliche Industrie- und Handelskammer, so spricht man von einer legalisierten Handelsrechnung. In der Bankpraxis ist die H. als Inkasso- und Akkreditivpapier von Bedeutung (→ Dokumenteninkasso, → Dokumentenakkreditiv).

Handelsregister, amtliches Verzeichnis der Kaufleute eines Amtsgerichtsbezirks. Das H. informiert die Öffentlichkeit über grundlegende Rechtsverhältnisse (z.B. Firma, Geschäftssitz, Vertretungsbefugnisse und teilweise Kapitalverhältnisse) der Unternehmen. Jeder hat ein Recht auf Einsichtnahme. Das H. ist in zwei Abteilungen gegliedert: Abt. A für → Einzelkaufleute und → Personenhandelsgesellschaften, Abt. B für → Kapitalgesellschaften. Eintragungen in das H. können deklaratorische oder konstitutive Wirkung haben. Eintragungen mit deklaratorischer Wirkung (z.B. Erteilung oder Widerruf einer → Prokura) bekunden lediglich einen bereits bestehenden Rechtszustand, Eintragungen mit konstitutiver Wirkung (z.B. Erwerb der → Rechtsfähigkeit einer Kapitalgesellschaft) bewirken erst einen neuen Rechtszustand. Für Kreditinstitute hat das H. im Zusammenhang mit Kontoeröffnungen für Firmenkunden (Prüfung der Existenz der Unternehmung und der Vertretungsbefugnisse) und bei Kreditgewährungen als eine von mehreren Informationsquellen zur Beurteilung der → Kreditwürdigkeit Bedeutung.

Handelsüberwachungsstelle (HÜSt), Organ zur Überwachung des Handels an der Börse und der → Börsengeschäftsabwicklung. Die H. ist verpflichtet, Daten über den Börsenhandel und die Geschäftsabwicklung lückenlos und systematisch zu erfassen und auszuwerten sowie ggfs. erforderliche Ermittlungen durchzuführen. Die H. ist der Börsenaufsichtsbehörde (→ Börsenaufsicht) gegenüber weisungsabhängig. Stellt die H. Verletzungen börsenrechtlicher Bestimmungen oder Missstände fest, die den ordnungsgemäßen Börsenhandel oder die Geschäftsabwicklung beeinträchtigen können, so hat sie die Börsenaufsichtsbehörde und die → Börsengeschäftsführung zu unterrichten.

Handelswechsel, → Wechsel, dem ein Waren- oder Dienstleistungsgeschäft zugrunde liegt. – *Gegensatz:* → Finanzwechsel.

Handlungsvollmacht, handelsrechtliche Vollmacht, die zur Vornahme aller Geschäfte und Rechtshandlungen berechtigt, die der Betrieb eines bestimmten Handelsgewerbes oder einzelne in einem bestimmten Handelsgewerbe vorkommende Tätigkeiten gewöhnlich mit sich bringen. Dazu gehören z.B. der An- und Verkauf von Waren der jeweiligen

Branche und bei Bankgeschäften die Verfügung über Kontoguthaben und eingeräumte Kredite. Nur mit entsprechender besonderer Befugnis ermächtigt eine H. auch zur Veräußerung oder Belastung von Grundstücken, zur Eingehung von Wechselverbindlichkeiten (→ Wechsel), zur Aufnahme von Darlehen und zur Prozessführung. Eine H. kann ausdrücklich oder auch stillschweigend erteilt werden. Sie wird nicht in das → Handelsregister eingetragen. Je nach Umfang der H. wird unterschieden zwischen einer *Gesamtvollmacht*, die zu allen gewöhnlichen Rechtsgeschäften berechtigt, einer *Artvollmacht,* die zu Rechtshandlungen innerhalb eines Teilbereiches (z.B. Vollmacht eines Bankkassierers) berechtigt und einer *Einzelvollmacht,* die einmalig zur Vornahme eines bestimmten Rechtsgeschäfts erteilt wird.

harte Währung, Bezeichnung einer uneingeschränkt konvertiblen Währung (→ Konvertibilität) mit langfristig stabilem Außenwert. H.W. dienen häufig als Währungsreserven anderer Länder und als Grundlage für Transaktionen im internationalen Zahlungsverkehr. Länder mit h.W. werden als Hartwährungsländer bezeichnet.

Hauptkommissionsgeschäft (Wertpapiere), Kommissionsgeschäft (→ Kommissionär), bei dem der Auftrag zum Kauf oder Verkauf von Wertpapieren durch ein Kreditinstitut übernommen und ausgeführt wird, das selbst an der Börse vertreten ist. Die Einschaltung eines Zwischenkommissionärs (→ Zwischenkommissionsgeschäft) unterbleibt.

Hauptrefinanzierungsinstrument, → geldpolitische Operationen.

Hauptversammlung, beschlussfassendes Organ einer → Aktiengesellschaft und gleichzeitig Interessenvertretung der Aktionäre. Die H. entscheidet insbesondere über die Verwendung des Bilanzgewinns, beschließt Kapitalmaßnahmen und Satzungsänderungen, wählt einen Teil der Aufsichtsratsmitglieder, erteilt Vorstand und Aufsichtsrat Entlastung und fasst gegebenenfalls den Beschluss zur Auflösung der Aktiengesellschaft.

Hausbank, Kreditinstitut, von dem ein Kunde (insbesondere ein Firmenkunde) den überwiegenden Teil seiner Bankgeschäfte abwickeln lässt. Die Hausbankfunktion entsteht häufig erst durch ein langjähriges Vertrauensverhältnis zwischen Bank und Kunden, aus dem die Beteiligten sich einander verpflichtet fühlen.

Haushaltsrechnung, Gegenüberstellung der laufenden Einnahmen und Ausgaben eines privaten Haushalts. Die H. wird im Zusammenhang mit der Kreditwürdigkeitsprüfung (→ Kreditwürdigkeit) bei einer Vergabe von Krediten an Privatkunden aufgestellt. In der Regel erscheint eine Kreditgewährung nur dann wirtschaftlich vertretbar, wenn als Differenz zwischen Einnahmen und Ausgaben ein deutlicher Überschuss verbleibt. Im Fall einer positiven Kreditentscheidung kann der ermittelte Überschuss als Anhaltspunkt für die Höhe der monatliche Kreditrate dienen.

Haussammelverwahrung, Form der → Sammelverwahrung von Wertpapieren, bei der ein Kreditinstitut die ihm anvertrauten Wertpapiere ungetrennt von eigenen Beständen oder Beständen Dritter im eigenen Haus aufbewahrt, anstatt mit der Verwahrung eine Wertpapiersammelbank (→ Girosammelverwahrung) zu beauftragen. Die H. setzt eine ausdrückliche, schriftliche Ermächtigung des Hinterlegers für jedes einzelne Verwahrgeschäft voraus. Die H. ist in der Praxis heute kaum noch von Bedeutung.

Hausse, *Bull Market, Bullenmarkt;* Entwicklung an einer Börse, die über einen längeren Zeitraum durch steigende Kurse gekennzeichnet ist. – *Gegensatz:* → Baisse.

Hausse-Anleihe, → Indexzertifikat, dessen Rückzahlungskurs in der Weise von der Entwicklung eines Aktienindex (→ Index) abhängig ist, dass ihr Kurs sich mit steigendem Index erhöht und bei sinkendem Index fällt. – *Gegensatz:* → Baisse-Anleihe.

Hausse-Spekulation, Verhalten eines Anlegers, der bei seinen Entscheidungen von künftig steigenden Börsenkursen ausgeht und daher insbesondere Käufe tätigt. Der Spekulant ist → Haussier. – *Gegensatz:* → Baisse-Spekulation.

Haussier, *Bull;* Investor, der bei seinen Anlageentscheidungen von künftig steigenden Börsenkursen ausgeht. – *Gegensatz:* → Baissier.

HBCI, Abk. für → *Home Banking Computer Interface.*

Hebelwirkung bei Optionsscheinen (Leverage-Effekt). Die H.b.O. besagt, dass eine Veränderung des Börsenkurses einer Aktie wegen des geringeren Kapitaleinsatzes beim Erwerb des entsprechenden Optionsscheins (→ Option) eine prozentual stärkere Veränderung des jeweiligen Optionsscheinkurses nach sich zieht. Dabei gibt der Leverage-Faktor (Hebel) an, mit dem Wievielfachen der relativen Aktienkursänderung der Optionsscheinkurs rechnerisch auf diese Veränderung reagiert. – *Beispiel:* Es wird ein Bezugsverhältnis von 1 : 1 unterstellt, d.h. ein Optionsschein berechtigt zum Bezug einer Aktie. Von einem → Aufgeld wird abgesehen. Bei einem Aktienkurs von 100 Euro und einem Optionspreis (Bezugspreis) von 70 Euro ergibt sich daraus ein rechnerischer Optionsscheinkurs von 30 Euro. Steigt nun der Aktienkurs um 20 Euro und der Optionsscheinkurs um den gleichen Betrag, so beträgt der prozentuale Anstieg des Aktienkurses 20%, der prozentuale Anstieg des Optionsscheinkurses jedoch 66,67%. Der Hebel beträgt hier also 66,67 : 20 = 3,33.

Hebelwirkung des Fremdkapitals (Leverage-Effekt). Die H.d.F. beschreibt die Möglichkeit einer Erhöhung der → Eigenkapitalrentabilität durch den Einsatz von → Fremdkapital. Dabei erhöht sich die Eigenkapitalrentabilität, solange die → Gesamtkapitalrentabilität den Zinssatz des Fremdkapitals übersteigt. In diesem Fall ist also eine Kreditaufnahme unter dem Rentabilitätsaspekt lohnend. Die Eigenkapitalrentabilität steigt umso stärker, je mehr Fremdkapital im Verhältnis zum → Eigenkapital eingesetzt wird.

Hebelzertifikat, hochspekulative Anlageform, mit der ein Anleger einen höheren Gewinn bzw. Verlust erzielen kann als mit einer Direktanlage in den zugrundeliegenden Basiswert (z.B. Aktie, → Index, Währung). Der Erwerber eines H. kann seinen Kapitaleinsatz sogar vollständig verlieren, wenn der Kurs des Basiswertes während der Laufzeit eine festgelegte Untergrenze (Knock-out-Schwelle) erreicht. Hebelzertifikate werden an der Börse gehandelt.

Hedge Fonds, besondere Form eines → Investmentfonds, bei dem das Fondsvermögen überwiegend in hochspekulativen Finanzinstrumenten (z.B. → Optionen, → Futures) angelegt wird. H.F. bieten einerseits die Chance überdurchschnittlicher Renditen, beinhalten andererseits aber auch hohe Risiken für den Anleger. Selbst ein Totalverlust des eingesetzten Kapitals ist nicht ausgeschlossen. Unterschieden werden *Single-Hedge-Fonds* sowie *Dach-Hedge-Fonds.* Single-H.-F. legen das Fondsvermögen unmittelbar in Einzelprodukte wie z.B. Optionen und Futures an. Dach-H.-F. investieren dagegen ausschließlich in andere Single-H.-F. und beinhalten aufgrund der so erzielten breiteren Streuung geringere Risiken. Hinsichtlich der Zusammensetzung von Dach-H.-F. existieren zum Schutz der Anleger gesetzliche Beschränkungen.

Hedging, Oberbegriff für Maßnahmen zur Absicherung von Vermögenspositionen gegen Kursrisiken (z.B. Aktienkursrisiken oder Währungsrisiken), insbesondere durch Abschluss eines risikokompensierenden → Termingeschäftes in Form eines → Future oder einer → Option.

Hermes-Deckung, Bezeichnung für eine von der Euler Hermes Kreditversicherungs AG abgewickelte → Bürgschaft oder → Garantie, die von der Bundesrepublik Deutschland zur Absicherung von Exportrisiken deutscher Exporteure unter bestimmten Voraussetzungen übernommen wird.

Hersteller-Leasing, *direktes Leasing;* Form des → Leasing, bei der die Vermietung des Leasinggegenstandes durch den Hersteller des Produktes selbst oder durch ein Verbundunternehmen erfolgt. In diesem Fall steht nicht die Erzielung von Erlösen aus dem Leasinggeschäft im Vordergrund des unternehmerischen Interesses, sondern die Absatzförderung der eigenen Produkte. – *Gegensatz:* → Indirektes Leasing.

High Flyer, Bezeichnung für eine Aktie mit starkem, im Vergleich mit Wertpapieren der jeweiligen Branche oder des jeweiligen Teilmarktes überdurchschnittlichem Anstieg des Börsenkurses.

High Yield Bond, → Junk Bond.

hinkendes Inhaberpapier, → Legitimationspapier, dessen Vorlage einen (gutgläubigen) Schuldner zwar zur schuldbefreienden Leistung an den Vorleger berechtigt, bei dem der Inhaber sich jedoch auf die Legitimationswirkung der Urkunde zu seinen Gunsten nicht berufen kann. Zu den h.I. zählt u.a. das Spar(kassen)buch. Ein Kreditinstitut ist nicht verpflichtet, dessen Legitimationswirkung zu vertrauen; der Sparer kann seine Forderung im Zweifelsfall nicht allein aus dem Besitz des Spar(kassen)buches ableiten. Das Kreditinstitut ist berechtigt, zusätzlich eine Legitimationsprüfung (z.B. anhand eines amtlichen Lichtbildausweises) durchzuführen.

Höchstbetragsbürgschaft, → Bürgschaft, bei der die Haftung des Bürgen auf einen bestimmten Höchstbetrag der zugrunde liegenden Kreditschuld begrenzt wird. In der Bankpraxis wird i.d.R. vereinbart, dass die Bürgschaftsschuld sich nicht durch Zinsen und Nebenleistungen über den Maximalbetrag hinaus erhöhen kann. Vielmehr wird der Höchstbetrag von vornherein so bemessen, dass zusätzlich zur Hauptschuld anfallende Zinsen, Provisionen, Spesen und sonstige Kosten einkalkuliert sind.

Höchstbetragshypothek, Sonderform der → Sicherungshypothek, bei der das belastete Grundstück nur bis zu einem Höchstbetrag haften soll, der in das → Grundbuch eingetragen werden muss. In diesen Höchstbetrag werden Zinsen eingerechnet. Die Feststellung der Forderung bleibt vorbehalten. Mit Rückzahlung der zugrunde liegenden Darlehensschuld wird die H. zur → Eigentümergrundschuld. Sie lebt jedoch bei erneuter Entstehung einer Forderung als Hypothek wieder auf und eignet sich daher auch zur Besicherung von Forderungen in wechselnder Höhe (z.B. aus einem → Kontokorrentkredit).

Hochzinsland, Land, das im internationalen Vergleich ein erheblich höheres Zinsniveau aufweist als der Durchschnitt der übrigen Länder. – *Gegensatz:* → Niedrigzinsland.

Holding, → Konzern.

Holgelder, Bezeichnung für die von Kreditinstituten am → Geld- und → Kapitalmarkt aufgenommenen Gelder. Da das Kreditinstitut zur Beschaffung dieser Gelder selbst die Initiative ergreift, kann es deren Volumen unmittelbar beeinflussen. – *Gegensatz:* → Bringgelder.

Home Banking, Oberbegriff für die Erledigung von Bankgeschäften von zu Hause aus per Fax, Telefon oder PC. Zur Entgegennahme telefonischer Aufträge unterhalten Kreditinstitute häufig besondere Call Center. Zunehmend werden Bankgeschäfte jedoch online abgewickelt. Dabei können u.a. Wertpapierkäufe und -verkäufe getätigt, Überweisungsaufträge erteilt und Kontoinformationen abgerufen werden. Der Kunde legitimiert sich im H.B. meist durch Eingabe der Kontonummer, der → persönlichen Identifikationsnummer sowie einer für jeden Auftrag unterschiedlichen Transaktionsnummer.

Home Banking Computer Interface (HBCI), gemeinsamer Standard der Banken und Sparkassen zur Durchführung von Home Banking-Transaktionen (→ Home-Banking). HBCI soll nicht nur die Sicherheit von Transaktionen verbessern, sondern eine einheitliche Basis für die Nutzung verschiedener Bankverbindungen schaffen und dem Nutzer die Inanspruchnahme der gesamten Palette von Bankleistungen ermöglichen, unabhängig davon, welches Endgerät oder welche Software er verwendet oder welches Datennetz von ihm genutzt wird.

HVPI, *harmonisierter Verbraucherpreisindex;* von den nationalen statistischen Ämtern im Euro-Währungsraum berechneter Preisindex (→ Index), der die Preisentwicklung im Euro-Währungsraum beschreibt.

Hybridkarte, → Zahlungskarte, die sowohl mit einem Magnetstreifen als auch mit einem Speicherchip ausgestattet ist.

Hypothek, → Grundpfandrecht zur Sicherung einer dem Hypothekengläubiger zustehenden Forderung. Die H. ist im Gegensatz zur → Grundschuld von der Existenz einer bestimmten Forderung abhängig und gehört damit zu den akzessorischen Kreditsicherheiten. (→ Akzessorietät). Die Abhängigkeit zwischen H. und Forderung bewirkt, dass eine bereits eingetragene H. vor Auszahlung des zugrunde liegenden Darlehens als (vorläufige) → Eigentümergrundschuld dem Grundstückseigentümer zusteht. Ebenso entsteht bei einer späteren Rückzahlung des Darlehens in Höhe der geleisteten Rückzahlungen aus der H. eine Eigentümergrundschuld. Kreditinstitute ziehen als Kreditsicherungsmittel i.d.R. die Grundschuld der H. vor, da jede (auch nur zwischenzeitliche) Kredittilgung den Wert der von der Hauptschuld abhängigen H. mindert. Insbesondere führt eine vorübergehende vollständige Rückführung eines → Kontokorrentkredits zum Erlöschen der H., die dann auch bei erneuter Kreditinanspruchnahme nicht mehr auflebt. Die Eintragung der H. in das → Grundbuch kann als → Buchhypothek oder als → Briefhypothek erfolgen.

Hypothekarkredit, → Hypothekendarlehen.

Hypothekenbank, Bank, die grundpfandrechtlich besicherte langfristige Darlehen (→ Grundpfandrechte) sowie Darlehen an inländische Körperschaften bzw. Anstalten des öffentlichen Rechts gewährt. Grundlage der Geschäftstätigkeit von H. war bis 2005 das Hypothekenbankgesetz. Danach wurde dieses Gesetz durch das → Pfandbriefgesetz abgelöst.

Hypothekenbankgesetz (HypBankG), bis 2005 gültiges Gesetz, das die Gründung, Geschäftstätigkeit und Beaufsichtigung von → Hypothekenbanken regelte und Bestimmungen zur Ausgabe von → Pfandbriefen durch diese Banken enthielt. Einen Schwerpunkt bildeten Vorschriften zum Schutz der Erwerber von Pfandbriefen. Das H. wurde inzwischen durch das → Pfandbriefgesetz abgelöst.

Hypothekenbrief, vom Grundbuchamt im Zusammenhang mit der Eintragung einer → Briefhypothek ausgestellte Urkunde mit Wertpapiercharakter, die zumindest den Geldbetrag der Hypothek und das belastete Grundstück enthält sowie mit Unterschrift und Siegel bzw. Stempel versehen sein muss. Zur Geltendmachung des Anspruchs aus der Hypothek oder zur Übertragung des Hypothekenanspruchs ist die Vorlage des H. erforderlich.

Hypothekendarlehen, *Hypothekarkredit;* langfristiges Darlehen, das durch → Grundpfandrechte besichert und insbesondere zur Immobilienfinanzierung gewährt wird. H. werden häufig auch als → Realkredite bezeichnet.

I

IAS/IFRS, Abk. für *International Accounting Standards* bzw. *International Financial Reporting Standards*. Bei den IAS/IFRS geht es um Internationale Rechnungslegungsgrundsätze. Die IAS/IFRS wurden vom IASB (International Accounting Standard Board) entwickelt. Für die Rechnungslegung deutscher Unternehmen (Bilanz, Gewinn- und Verlust-(GuV)-Rechnung) sind grundsätzlich die handelsrechtlichen Vorschriften des HGB und steuerrechtliche Vorschriften maßgeblich. Seit 2005 müssen kapitalmarktorientierte Unternehmen für den Konzernabschluss (→ Konzern) nach den IAS/IFRS bilanzieren. Zweck der IAS/IFRS ist es, möglichst objektive Informationen für die interessierte Öffentlichkeit (z.B. Investoren, Gläubiger, Aktionäre des Unternehmens) zu vermitteln. – Mit dem Bilanzrechtsmodernisierungsgesetz wurden Anfang 2009 die HGB-Regelungen den Regelungen zu den IAS/IFRS angenähert.

IASB, Abk. für *International Accounting Standards Board.* Organisation zur Festlegung verbindlicher Standards bei internationaler Finanz-Berichterstattung. Das IASB entwickelte die → IAS/IFRS.

IBAN, Abk. für *International Bank Account Number.* Die IBAN ist die internationale Kontonummer eines Kunden. Sie besteht aus einer Länderkennung, einer Prüfziffer, der → Bankleitzahl des kontoführenden Kreditinstituts sowie der normalen Kontonummer des Kunden und soll, ebenso wie der → Bank Identifier Code (BIC), eine schnelle und kostengünstige Weiterverarbeitung internationaler Zahlungsaufträge ermöglichen.

IFRS, International Financial Reporting Standards, → IAS/IFRS.

im Geld, → at the Money.

Imagegestützter Scheckeinzug, → ISE.

IMF, Abk. für *International Monetary Fund,* → Internationaler Währungsfonds.

Immobilienleasing, → Leasing von Grundstücken, Gebäuden und Betriebsanlagen.

Immobilienzertifikate, → Investmentzertifikate, die Anteile an einem Immobilienfonds verbriefen. I. können Anteile an offenen Fonds (jederzeitiger Verkauf neuer Zertifikate an interessierte Anleger) oder geschlossenen Fonds (nur ein Objekt wird durch einen festen Anlegerkreis finanziert) sein.

implizite Volatilität, → Volatilität.

Import, Einfuhr von Waren, Dienstleistungen oder Kapital. Waren- und Dienstleistungsimporte schlagen sich in der Leistungsbilanz, Kapitalimporte in der Kapitalbilanz nieder. – Vgl. auch → Zahlungsbilanz.

importierte Inflation, → Inflation, die durch außenwirtschaftliche Beziehungen entsteht. Erwirtschaftet z.B. ein Land dauerhaft einen positiven Außenbeitrag im Warenverkehr (Überschuss der Wareneinfuhren über die Warenausfuhren), fließen dem Land entsprechend hohe Exporterlöse zu, welche die inländische → Geldmenge erhöhen. Durch dieses Missverhältnis von Geld- und Gütermenge droht eine inflationäre Tendenz. Eine i.I. liegt auch dann vor, wenn aufgrund steigender Importpreise (z.B. Öl-, Rohstoffpreise) die Produktionskosten im Inland ansteigen.

in the Money, → at the Money.

Incoterms, Internationale Lieferbedingungen bzw. Handelsklauseln (International Commercial Terms), die bei Export- und Importgeschäften den Gefahrenübergang vom Exporteur auf den Importeur (Risiko des Verlustes bzw. von Beschädigungen der

Ware) sowie die Verteilung der Transport- und Versicherungskosten zwischen Exporteur und Importeur regeln. Ziel der I. ist es, einen einheitlichen Sprachgebrauch im internationalen Warenverkehr festzulegen. Die I. wurden erstmals 1936 von der Internationalen Handelskammer in Paris veröffentlicht und sind seitdem immer wieder fortentwickelt worden. Die I. enthalten insgesamt 13 Klauseln, die je nach Kosten- und Gefahrenübergang in vier Gruppen (E-Gruppe, F-Gruppe, C-Gruppe und D-Gruppe unterteilt sind. – Vgl. Abbildung „Incoterms".

Index, Maßzahl zur Bewertung wirtschaftiicher Daten. Hauptsächlich können Preis- und Wertpapierindizes unterschieden werden. 1. *Preisindex:* Dieser drückt die Veränderung des Preisniveaus im Zeitablauf aus. Zur Berechnung wird ein Warenkorb definiert, in dem alle für einen repräsentativen Haushalt relevanten Waren- und Dienstleistungen mit einer jeweiligen Gewichtung enthalten sind. Es werden dann die Preise für diese Waren und Dienstleistungen zu zwei verschiedenen Zeitpunkten ermittelt und ins Verhältnis zueinander gesetzt. Der Warenkorb wird regelmäßig (ca. alle 5 Jahre) überprüft und modifiziert, da sich die Konsumgewohnheiten der Haushalte im Zeitablauf ändern. Bei Festlegung eines neuen Warenkorbes wird der Indexwert mit 100 angesetzt (Basisjahr). Ein aktueller Preisindex von 102 bedeutet z.B., dass sich die Preise für die im Warenkorb enthaltenen Waren und Dienstleistungen seit dem Basisjahr um 2% erhöht haben, dass die Kaufkraft des Geldes also gesunken ist. Wichtigster Preisindex innerhalb des Eurowährungsraumes ist der von der → Europäischen Zentralbank veröffentlichte HVPI (Harmonisierter Verbraucherpreisindex). Preisindizes sind wichtige Indikatoren im

Incoterms

Beispiel: Ein Unternehmen aus Düsseldorf verkauft Waren an ein New Yorker Unternehmen

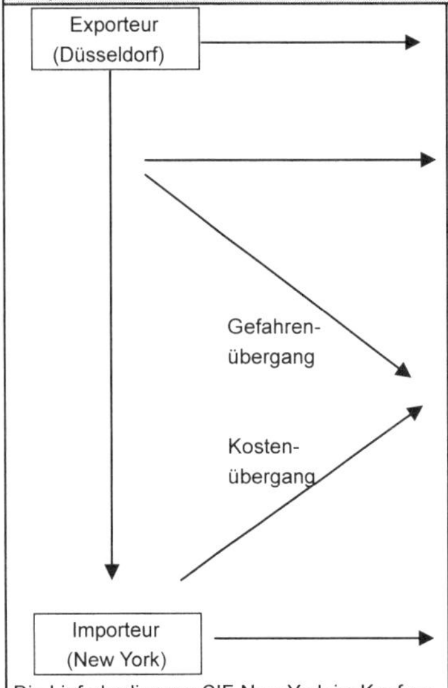

Die Lieferbedingung CIF New York im Kaufvertrag würde bedeuten, dass der Exporteur die Fracht- und Versicherungskosten bis zur Ankunft des Schiffes in New York tragen müsste; das Risiko ginge jedoch bereits im Verschiffungshafen (z.B. Rotterdam) auf den Importeur über.

E-Gruppe

Kosten- und Gefahrenübergang auf den Importeur, wenn die Ware auf dem Grundstück des Exporteurs bereitgestellt wird: **EXW** = Ex Works (ab Werk)

F-Gruppe

Kosten- und Gefahrenübergang, wenn der Exporteur die Ware einem Frachtführer übergeben oder im Verschiffungshafen verbracht hat: **FCA** = Free Carrier (frei Frachtführer); **FAS** = Free Alongside Ship (frei Längsseite Schiff); **FOB** = Free On Board (frei an Bord)

C-Gruppe

Zwei-Punkt-Klauseln, d.h. Kosten- und Gefahrenübergang finden an zwei verschiedenen Orten statt. Der Exporteur trägt die Frachtkosten und evtl. die Versicherungskosten bis zum Bestimmungsort; das Risiko geht nach Verladung bzw. Versand auf den Importeur über: **CFR** = Cost and Freight (Kosten und Fracht); **CIF** = Cost Insurance and Freight (Kosten, Versicherung und Fracht); **CPT** = Carriage Paid To (frachtfrei); **CIP** = Carriage and Insurance Paid to (frachtfrei versichert)

D-Gruppe

Kosten- und Gefahrenübergang auf den Importeur, wenn die Ware den Bestimmungsort erreicht hat: **DAF** = Delivered at Frontier (geliefert frei Grenze); **DES** = Delivered Ex Ship (geliefert ab Schiff); **DEQ** = Delivered Ex Quai (geliefert ab Kai); **DDU** = Delivered Duty Unpaid (geliefert unverzollt); **DDP** = Delivered Duty Paid (geliefert verzollt).

Zusammenhang mit der fundamentalen Aktienanalyse. – Vgl. dazu → Deutscher Aktienindex. – 2. *Wertpapierindex*: Hier steht wie beim Preisindex ein „Korb“ (Basket) von Wertpapieren hinter der Berechnung der Indexwerte. Beim DAX (→ Deutscher Aktienindex) und beim amerikanischen Dow Jones handelt es sich dabei um die Aktien der 30 „größten“ (d.h. im Prinzip börsenumsatzstärksten) deutschen bzw. amerikanischen Unternehmen. Im Gegensatz zum Dow Jones enthält der DAX jedoch eine Gewichtung: Je höher die → Börsenkapitalisierung eines DAX-Wertes ist, desto höher sein Gewicht. Kursschwankungen von hoch gewichteten DAX-Werten führen damit zu einem größeren Einfluss auf die Indexentwicklung als Kursschwankungen geringer gewichteter Aktien. – Wertpapierindizes erfüllen neben ihrer Informationsfunktion zwei weitere wichtige Funktionen. Zum einen dienen sie als Benchmark, d.h. als Vergleichmaßstab für Wertpapieranlagen. Ist z.B. der DAX innerhalb eines Zeitraums um 10% gestiegen, so ist diese Veränderung eine wichtige Vergleichsziffer für Anleger, deren Aktiendepot aus Werten großer deutscher Unternehmen zusammengesetzt ist. Zum anderen erfüllen Wertpapierindizes eine operative Funktion, indem sie als Grundlage für → Optionen und → Futures fungieren. – Ein weiteres wichtiges Merkmal für Wertpapierindizes ist die Eigenschaft als Performance-Index. Bei dieser Indexart werden Kursrückgänge aufgrund von Ausschüttungen oder Kapitaländerungsmaßnahmen in der Indexformel berücksichtigt. Schüttet z.B. eine Aktiengesellschaft eine Dividende aus, so verringert sich durch den hiermit verbundenen Liquiditätsabfluss i.d.R. der Aktienkurs des Unternehmens. Die Aktie wird am Tag der Ausschüttung daher auch mit dem Kurszusatz „ex Div.“ bzw. „ex D“ (→ Dividendenabschlag) notiert. Für den Anleger ist hiermit jedoch rechnerisch kein realer Verlust verbunden, da der Kursrückgang durch die Dividendenzahlung entsprechend ausgeglichen wird. In einem Performanceindex würde daher im Gegensatz zu einem Kursindex der Kursrückgang korrigiert um die diesem Rückgang gegenüber stehende Dividendenzahlung. Bekannte Indizes wie der DAX werden i.d.R. als Kurs- und als Performanceindex berechnet. Der wichtigste Performanceindex für deutsche → Anleihen ist der → REX-Performance-Index. – Die Zusammensetzung von Wertpapierindizes wird regelmäßig nach bestimmten Regeln überprüft. Die Regeln für den DAX schreiben beispielsweise vor, dass die Aktie eines Unternehmens zu den größten deutschen Werten hinsichtlich des Börsenumsatzes (gehandelte Stückzahl) und hinsichtlich der Börsenkapitalisierung (Zahl der frei handelbaren Aktien, multipliziert mit dem Kurs je Aktie) gehören muss.

Indexaktien, Anteilscheine an einem Wertpapierindex (→ Index). I. werden fortlaufend an der Börse gehandelt. Da die Wertermittlung somit nicht nur einmal täglich erfolgt, kann der Anleger flexibel auf Kursänderungen innerhalb eines Börsentages reagieren.

Indexanleihe, → Indexzertifikat.

Indexfonds, Sonderform von → Investmentfonds. Bei I. werden die Wertpapiere des Sondervermögens in einem Verhältnis zueinander gewichtet, das der Gewichtung dieser Wertpapiere bei einem korrespondierenden Wertpapierindex (z.B. → Deutscher Aktienindex DAX) entspricht. I. werden als passive Form der Vermögensverwaltung bezeichnet, da hier das Fondsmanagement keine Entscheidung über die Anschaffung der seiner Meinung nach attraktivsten Wertpapiere treffen kann, sondern lediglich die jeweilige Gewichtung des Indexes nachvollziehen muss. Reine I. werden erst seit dem Jahr 2000 aufgelegt. Verbreitet waren jedoch vorher (und sind es noch immer) sog. indexnahe Fonds. Bei dieser Variante erfolgt keine Abbildung des Sondervermögens zum Index im Verhältnis eins zu eins, sondern in schwächerer Form.

Indexoption, → Option, die sich auf einen → Index bezieht. Eine I. kann durch einen Optionsschein (Warrant) verbrieft sein. Bedeutsamer sind jedoch die nicht verbrieften Indexoptionen, die an der → Eurex gehandelt werden. – *Beispiel:* Kauf einer Kaufoption auf einen Index (1 Indexpunkt = 1 EUR); Basispreis 4.000 Indexpunkte, Optionspreis 100 Euro. Während der Optionslaufzeit hat der Optionsinhaber das Recht (jedoch nicht die Pflicht), die Option auszuüben. Bei einem Indexstand von 4.220 Indexpunkten hätte er einen Gewinn von 120 Euro (Differenz der Indexstände abzüglich Optionspreis) je Kontrakteinheit. Alternativ zur Ausübung kann der Anleger die Option während der

Laufzeit mit Gewinn weiterverkaufen, wenn der Index steigt.

Indexterminkontrakt, Finanzterminkontrakt (→ Future), der die Verpflichtung enthält, einen bestimmten Indexwert (z.B. → Deutscher Aktienindex DAX) zu einem bestimmten Preis zu kaufen oder zu verkaufen. – *Beispiel:* Ein Anleger kauft im April einen Future auf einen Index per Juni zu 6.611 Indexpunkten. Der Kontraktwert ist festgelegt auf die Zahl der Indexpunkte, multipliziert mit 25 Euro. Der Kontraktwert beträgt also 6.611 · 25 = 165.275 Euro. Notiert der Index im Juni mit 6.700 Indexpunkten, so wird die Differenz zwischen den Indexpunkten bar ausgeglichen (Cash Settlement (→ Settlement)). Bei einem Kauf zu 165.275 und einem aktuellen Kontraktwert von 6.700 · 25 = 167.500 Euro ergibt sich ein Gewinn von 2.225 Euro, der dem Anleger gutgeschrieben wird. – Die an der Terminbörse → Eurex gehandelten I. können auch während der Laufzeit jederzeit glattgestellt werden.

Indexwarrant, → Indexoption, die durch einen Optionsschein (Warrant) verbrieft ist.

Indexzertifikat, → Anleihe, die keinen Anspruch auf eine Zinszahlung verbrieft, sondern dem Anleger eine Gewinnchance durch Anbindung an die Entwicklung eines Aktienindex (→ Index) bietet. Bei einem I. ist die Höhe der Rückzahlung des Kapitals von der Indexhöhe zum Fälligkeitszeitpunkt abhängig. Bei Emission eines I. kann ein bestimmter Anlagebetrag, z.B. 100 Euro, als Bezugsgröße definiert werden. Der Gewinn bzw. Verlust des Anlegers ergibt sich dann aufgrund der prozentualen Entwicklung des Indexes. Steigt dieser beispielsweise um 10%, erhält der Anleger eine Rückzahlung von 110%, sinkt der Index um 15%, beträgt die Rückzahlung nur 85%. Eine andere Möglichkeit ist die Festlegung eines Bezugsverhältnisses, das den Anlagebetrag widerspiegelt. Ein Bezugsverhältnis von 20 : 1 bedeutet z.B., dass bei einem Indexstand von 5.000 Punkten ein Mindestanlagebetrag von 250 Euro (5.000 : 20) zu investieren ist. Erwirbt ein Anleger bei diesem Indexstand ein Zertifikat, würde er am Ende der Laufzeit bei einem Indexstand von 8.000 eine Rückzahlung von 8.000 : 20 = 400 Euro erhalten. Bei sinkendem Index trägt er jedoch ein Verlustrisiko. – Der Vorteil einer Anlage in einem I. besteht für den Anleger darin, dass er bereits mit relativ geringen Anlagebeträgen einen Index „nachbilden“ kann. Da Indizes viele verschiedene Aktien umfassen, hat er sein Risiko breit gestreut. – Die Emissionshäuser, die I. emittieren, gewährleisten durch ein System von → Market-Makern, dass die Zertifikate jederzeit handelbar sind und so auch während der Laufzeit liquidiert werden können. Market-Maker stellen regelmäßig Ankaufs- (Geld-)Kurse und Verkaufs-(Brief-)Kurse für die von ihnen betreuten I. Der Unterschied zwischen Ankaufs- und Verkaufskurs wird Spread genannt. Sonderformen eines I. stellen → Discount-Zertifikate, → Bonuszertifikate und → Garantiezertifikate dar.

indirektes Leasing, herstellerunabhängiges → Leasing. Die Leasinggesellschaft (z.B. die Tochtergesellschaft eines Kreditinstitutes) erwirbt ein Gut (z.B. eine Maschine) beim Hersteller und schließt dann einen Leasingvertrag über dieses Gut mit ihrem Kunden (Leasing-Nehmer). – *Gegensatz:* → Hersteller-Leasing.

indirekte Steuern, Steuern, die von einer anderen Person als dem Steuerpflichtigen an das Finanzamt überwiesen werden. So wird z.B. die Mehrwertsteuer von einem Händler überwiesen (→ Umsatzsteuer); der Verbraucher trägt jedoch die Steuerlast. Weitere Beispiele für i.S. sind Tabak-, und Mineralölsteuer.

Individualisierungsgrundsatz, → Bestimmbarkeitsgrundsatz im Kreditsicherungsrecht.

Individualkredite, Kredite, die nach jeweils für den Einzelfall geltenden Bedingungen und Regelungen gewährt werden. I. liegen beispielsweise bei einer → Baufinanzierung vor. – *Gegensatz:* → standardisierte Kredite.

Indossament, Übertragungsvermerk auf einem Wertpapier. Bei einem auf den Namen des Berechtigten lautenden Wertpapier, das durch I. übertragen werden kann (→ geborenes bzw. → gekorenes Orderpapier) werden alle Rechte aus dem Papier durch das I. bei Übergabe des Papiers auf eine andere Person (Indossatar) übertragen. – *Beispiel:* Firma A stellt einen Orderscheck zugunsten der Firma B zur Begleichung einer Verbindlichkeit aus. Die Firma B reicht diesen Scheck – ebenfalls zur Begleichung einer Verbindlichkeit – weiter an die Firma C. Auf der Rückseite des Schecks (ital. *in dosso*) bringt Firma B den Vermerk „Für uns an die Order der Firma C" inkl. Ort, Datum und Unterschrift (Vollindossament) an. Die Firma C ist damit der Berechtigte aus dem Scheck (Übertragungsfunktion des I.). Durch das I. legitimiert sich die Firma C weiteren Personen gegenüber als Berechtigter (Legitimationsfunktion des I.). Außerdem haftet sie gemeinsam mit dem Scheckaussteller und der Firma B scheckrechtlich für die Bezahlung der Schecksumme einem eventuellen weiteren Indossatar gegenüber, falls der Scheck vom Aussteller nicht eingelöst wird (Haftungsfunktion des I.). Ein I. muss den Indossatar nicht zwangsläufig benennen. Bringt die Firma B nur ihre Unterschrift auf dem Scheck an, ist die Firma C nicht als Indossatar ersichtlich. Es handelt sich in diesem Fall um ein → Blankoindossament.

Industrieanleihe, → Industrieobligation.

Industrieobligation, *Industrieschuldverschreibung, Industrieanleihe, Corporate Bond/Debt;* → Anleihe eines Industrieunternehmens, durch die das Unternehmen sich → Fremdkapital für Investitionen beschafft. Emittenten von I. sind häufig spezialisierte Finanzierungs-Tochtergesellschaften großer Industrieunternehmen, die im Auftrag ihrer Muttergesellschaften am Kapitalmarkt auftreten (z.B. BMW-Finance).

Industrieschuldverschreibung, → Industrieobligation.

Inflation, Geldentwertung durch Anstieg des Preisniveaus und damit verbundenem Sinken der Kaufkraft. I. wird mithilfe von Preisindizes (→ Index) gemessen. Der prozentuale Anstieg des Preisindexes ist die I.-Rate. Die Ursachen für I. sind mannigfaltig. Entsprechend zahlreich sind die Theorien, die das Phänomen der I. zu erklären versuchen. Grundsätzlich kann man nachfrage- und angebotsorientierte Theorien unterscheiden. Die nachfrageorientierten Theorien führen I. darauf zurück, dass die volkswirtschaftliche Gesamtnachfrage nach Konsum- oder Investitionsgütern das gesamte Güterangebot übersteigt (inflatorische Lücke). Die angebotsorientierten Theorien führen I. auf die Verteuerung der Produktionsfaktoren Arbeit, Boden oder Kapital zurück (z.B. Verteuerung der Arbeit durch zu hohe Löhne, Verteuerung des Kapitals durch zu hohe Zinsen). Hierdurch sehen sich die Unternehmen gezwungen, ihre Preise zu erhöhen, was zu Kaufkraftverlusten bei den Konsumenten führt, deren Interessenvertreter (z.B. Gewerkschaften) darauf wieder eine höhere Entlohnung fordern (Lohn-Preis-Spirale oder Kosteninflation). – Unabhängig vom Erklärungsmodell steht bei der I. stets das Verhältnis von Gütermenge zur Geldmenge im Mittelpunkt. – Vgl. auch → Quantitätstheorie. – Dieser Zusammenhang von Geld- und Gütermenge findet auch bei der Geldpolitik des Europäischen Systems der Zentralbanken (→ geldpolitische Operationen) eine Berücksichtigung. – *Gegensatz:* → Deflation.

Inhaberaktie, → Aktie.

Inhaberpapier, Wertpapier, das nicht auf einen bestimmten Namen lautet. Bei einem I. gilt der Inhaber als Berechtigter. Beispiel für ein I. ist der Inhaberscheck (→ Scheck), der den Zusatz „oder Überbringer" hinter der Zahlungsanweisung auf dem Scheckformular trägt. Ein gestohlener Überbringerscheck könnte, falls er nicht gesperrt wird, an einen Dieb ausgezahlt werden. – Vgl. auch → Orderpapier, → Rektapapier.

Inhaberscheck, → Inhaberpapier.

Inhaberschuldverschreibung, → Anleihe, die nicht auf den Namen eines bestimmten Gläubigers lautet. Die I. ist die am meisten verbreitete Anleiheform. – *Gegensatz:* → Namensschuldverschreibung.

Inhouse-Banking, durch eine Nichtbank für den eigenen Bedarf produzierte Bankleistung. I.B. kommt vor allem im Finanzmanagement multinationaler Konzerne zur Anwendung (z.B. beim → Cash Management).

Initial Margin, *„Ersteinschuss";* Sicherheitsleistung, die bei Aufnahme einer Position in einem → Future oder einer → Option zu hinterlegen ist.

Initial Public Offering (IPO), „Erstes öffentliches Angebot", d.h. Erstinanspruchnahme eines nationalen Aktienmarktes. IPO werden im Zusammenhang mit einer → Kapitalerhöhung, bei Umwandlung von Unternehmen in eine → Aktiengesellschaft oder bei Umplatzierungen (z.B. Umschichtung von Bundesbesitz in Privatbesitz) wirksam. Die Aktien werden den Anlegern zum Kauf angeboten. Mit einem IPO ist i.d.R. eine gleichzeitige Zulassung der Aktien an der Börse verbunden.

Inkasso, Einzug von Gegenwerten, die mit dem Besitz von Wertpapieren oder Dokumenten verbunden sind. Wichtige I-Formen sind das Scheckinkasso (→ e.V.) und das → Dokumenteninkasso.

Innenfinanzierung, *Selbstfinanzierung;* Maßnahme, mit der sich Unternehmen die für Investitionen notwendigen Mittel selbst (vor allem über nicht ausgeschüttete Gewinne) beschaffen. – Vgl. auch → Finanzierung. – *Gegensatz:* → Außenfinanzierung.

innerer Wert, Wert einer → Option, die sich „im Geld" (→ at the Money) befindet. Der i.W. gibt denjenigen Optionspreis an, bei dem ein Erwerb der Aktie über die Börse genau so günstig ist wie der Erwerb über die Option. – *Beispiel:* Kaufoption über X-Aktien, Basispreis 95 Euro. Bei einem aktuellen Kurs der X-Aktie von 100 Euro und einem Optionsverhältnis von 1 : 1 ist der i.W. 5 Euro (Erwerb über Option: 95 + 5 = 100 = aktueller Börsenkurs). Der i.W. einer Option liegt i.d.R. unter dem tatsächlichen Optionspreis an der Börse, da der tatsächliche Preis die Spekulationserwartung der Anleger widerspiegelt, die umso höher ist, je länger die Restlaufzeit der Option und die → Volatilität des Basiswertes ist – Vgl. auch → Zeitwert einer Option.

Insidergeschäfte, verbotene Börsengeschäfte unter Ausnutzung einer Kenntnis nicht-öffentlicher Informationen, die geeignet sind, den Börsenkurs einer Aktie zu beeinflussen. Das → Gesetz über den Wertpapierhandel (WpHG) unterscheidet Primärinsider (Mitglieder eines Geschäftsführungs- oder Aufsichtsorgans, persönlich haftende Gesellschafter, Kapitaleigner oder mit einem Unternehmen eng verbundene Personen wie z.B. Wirtschaftsprüfer) und Sekundärinsider (andere Personen, die über Primärinsider, beispielsweise durch familiäre oder freundschaftliche Beziehungen, Kenntnis von einer Insidertatsache erlangen). Die Insiderüberwachung unterliegt der → Bundesanstalt für Finanzdienstleistungsaufsicht. I. können mit Geld- oder auch Freiheitsstrafen geahndet werden.

Insolvenzverfahren, gesetzlich geregeltes Verfahren zur gemeinsamen Befriedigung aller Gläubiger eines Schuldners. Rechtsgrundlage des I. ist die Insolvenzordnung (InsO) von 1999, welche die alten Regelungen des Konkurs- und Vergleichsrechts ersetzt hat. Für Privatpersonen findet nach der InsO das Verfahren der → Verbraucherinsolvenz Anwendung. – Das Verfahren zur Eröffnung eines I. kann durch den Schuldner oder durch einen Gläubiger beim zuständigen Amtsgericht (Insolvenzgericht) gestellt werden. Eröffnungsgrund ist die Zahlungsunfähigkeit des Schuldners. Diese ist anzunehmen, wenn Zahlungen eingestellt werden. Weiterer Eröffnungsgrund ist die drohende Zahlungsunfähigkeit; hierbei ist nur der Schuldner antragsberechtigt, da er seine drohende Zahlungsunfähigkeit am ehesten erkennen kann. Zum Antrag verpflichtet ist der Schuldner, wenn er überschuldet ist. – Ist eine ausreichende Masse zur Deckung der Kosten des Verfahrens vorhanden, wird das I. eröffnet. Bei nicht ausreichender Masse erfolgt eine Abweisung „m.M." (mangels Masse). Bei der Verwaltung der Insolvenzmasse (Vermögen zum Zeitpunkt der Eröffnung des Verfahrens zuzüglich Vermögenszuwachs während des Verfahrens) haben Kreditinstitute Absonderungsrechte im Hinblick auf ihre Kreditsicherheiten. Absonderungsrecht bedeutet, dass das Kreditinstitut seine Forderung aus der getrennten Verwertung der Kreditsicherheit abdecken kann. Hierbei ist zu unterscheiden, in wessen tatsächlichem Herrschaftsbereich (d.h. Besitz) sich die Kreditsicherheit im Einzelfall befindet:

Kreditsicherheit im Herrschaftsbereich

des Insolvenzverwalters	des Kreditinstituts (KI)
↓	↓
Verwertungsrecht beim Verwalter; evtl. Übertragung auf KI (Zession, Sicherungsübereignung, Grundpfandrecht)	Verwertungsrecht beim KI (z.B. Pfandrecht an einem Wertpapierdepot)

Kernstück der Neuordnung des I. für Unternehmen ist das Insolvenzplanverfahren, das die alten Regelungen zum Vergleich ablöst. Inhalt des Insolvenzplans kann heute sowohl die Liquidierung (Auflösung) als auch die Sanierung des Schuldnerunternehmens sein. Der Insolvenzplan muss durch die Gläubiger sowie die Arbeitnehmer des Unternehmens angenommen werden.

institutionelle Investoren, Bankkunden, die sich aufgrund großer Nachfrage nach Bankleistungen von üblichen Firmenkunden unterscheiden. Beispiele für i.I. sind Versicherungsgesellschaften oder Pensionskassen.

Interbankenhandel, Bezeichnung für Handelsgeschäfte zwischen Kreditinstituten. Wichtigste Beispiele für den I. sind → Geldhandel und → Devisenhandel.

interessewahrend, Verpflichtung eines Kreditinstitutes bei der Ausführung von Wertpapieraufträgen, die z.B. auf Grund ihrer Größenordnung starken Einfluss auf den Kurs oder das Börsengeschehen nehmen könnten. Das Kreditinstitut muss i. so handeln, dass dem Auftrag gebenden Kunden kein Nachteil entsteht (z.B. Verteilung eines Großauftrages auf verschiedene Börsenplätze).

International Accounting Standards, → IAS/IFRS.

internationale Lieferbedingungen, vgl. → Incoterms.

internationale Zahlungsbedingungen, Zahlungsvereinbarungen im internationalen Handel, bei denen die Risikopositionen von Importeur und Exporteur jeweils unterschiedlich ausfallen. 1. *Vorauszahlung/Anzahlung:* Hierbei trägt der Importeur das volle Risiko, da er zahlt, ohne die Ware erhalten zu haben. – 2. → *Dokumenteninkasso:* Der Importeur muss auch hier zahlen, ohne die Ware prüfen zu können. Er erhält durch seine Zahlung jedoch die Verfügungsgewalt über die im Zusammenhang mit der Warenlieferung stehenden Dokumente. – 3. → *Dokumentenakkreditiv:* Der Importeur wird von seinem Kreditinstitut auch dann belastet, wenn die Ware nicht ordnungsgemäß ist, da das beim Akkreditiv abgegebene Zahlungsversprechen seiner Bank nur an die fristgemäße Vorlage ordnungsgemäßer Dokumente gebunden ist (abstraktes Schuldversprechen). Der Exporteur hat auch hier eine relativ geringe Risikoposition. – 4. *Zahlung bei Lieferung/offenes Zahlungsziel:* Hier trägt der Exporteur das Risiko, da er mit der Warenlieferung in Vorleistung tritt.

Internationaler Währungsfonds (IWF), *International Monetary Fund (IMF);* 1944 in Bretton Woods (USA) gegründete Institution zur Neuordnung der internationalen Wirtschaftsbeziehungen. Hauptziele des zurzeit über 180 Mitgliedsländer umfassenden IWF sind die Förderung der Zusammenarbeit von Ländern in der Wirtschaftspolitik, die Förderung von Währungsstabilität und Wachstum im Welthandel, die Einrichtung multinationaler Zahlungssysteme sowie die Unterstützung der Mitgliedsländer bei Liquiditätsproblemen (Devisenmangel). Jedes Mitgliedsland übernimmt einerseits die Verpflichtung zur Einzahlung von Mitteln zur Finanzierung des IWF. Andererseits hat es das Recht, Mittel in Anspruch zu nehmen (Ziehungsrecht, → Sonderziehungsrecht). Nach der Höhe der Mittelbereitstellung bemisst sich auch das Stimmrecht (Quote) bei der Mittelvergabe an andere Länder. Auf diese Weise haben die wenigen „reichen" Mitgliedsländer einen sehr großen Einfluss auf die Geschäftspolitik des IWF.

International Financial Reporting Standards, → IAS/IFRS.

Internetbanking, → Electronic Banking.

Interventionen am Devisenmarkt, Eingriffe von Nationalbanken zur Beeinflussung von Devisenkursen. Zu unterscheiden sind vertragliche und freiwillige I. *Vertragliche* I.a.D. liegen in Europa zurzeit hinsichtlich einiger Währungen des → Abwertung vor: Hier sind die Nationalbanken des → Europäischen Systems der Zentralbanken (ESZB) sowie die entsprechenden Nationalbanken verpflichtet einzugreifen, wenn der Devisenkurs dieser Währung zum Euro ein bestimmtes Niveau unter- bzw. überschreitet (→ Abwertung). Die Interventionspunkte werden durch eine Bandbreite definiert, die sich von einem bestimmten festgelegten Leitkurs aus berechnet. – *Freiwillige* I.a.D. liegen dann vor, wenn eine Zentralbank ohne vertragliche Verpflichtung interveniert, um auf diese

Weise zu starke Kursausschläge zu vermeiden (z.B. Intervention der Europäischen Zentralbank (EZB) zugunsten des Euros bei sinkendem Außenwert des Euros zum US-Dollar; in diesem Fall würde die EZB US-Dollar gegen Euro verkaufen).

Inventar, vollständiges Verzeichnis aller Vermögensteile und Schulden eines Unternehmens. Nach den Bestimmungen des § 240 HGB ist jeder → Kaufmann am Schluss eines Geschäftsjahres zur Erstellung eines I. verpflichtet.

Inventarwert, → Investmentgeschäft.

Inventur, körperliche Bestandsaufnahme im Zusammenhang mit der Erstellung eines → Inventars.

inverse Zinsstruktur, Sonderfall beim Verhältnis von kurz- und langfristigen Zinssätzen. Während langfristige Zinssätze i.d.R. höher sind als kurzfristige, kehrt sich dieses Verhältnis bei der i.Z. um.

Investitionskredit, langfristiger Kredit zur Finanzierung von Anlagevermögen (z.B. Maschinen, Produktionsstätten). – *Gegensatz:* → Betriebsmittelkredit.

Investment Banking, Sammelbegriff für Tätigkeiten von Kreditinstituten im Wertpapier- und Emissionsgeschäft und bei Geschäften im Zusammenhang mit Firmenübernahmen. Das I.B. umfasst → Emission und Handel von Wertpapieren, Verwahrung und Verwaltung von Wertpapieren, Anlageberatung bzw. (bei Großanlegern und vermögenden Privatkunden) Vermögensverwaltung. Bei Kreditinstituten, die sich auf I.B. spezialisiert haben, wird diese Palette erweitert durch Corporate Finance Geschäfte, d.h. Vermittlung von → Fusionen bzw. Unternehmensübernahmen und Finanzierung dieser Geschäfte (→ Mergers and Acquisitions), sowie Unternehmensberatung (Consulting). – Gegensatz: → Commercial Banking.

Investmentfonds, Sondervermögen im → Investmentgeschäft. I. können nach verschiedenen Gesichtspunkten unterteilt werden. 1. Unterteilung nach *rechtlicher Ausgestaltung* in offene I. (Open End Funds), d.h. regelmäßiger Verkauf von Investmentzertifikaten und geschlossene I. (Closed End Funds), d.h. zeitlich begrenzter Verkauf von Investmentzertifikaten zur Finanzierung eines bestimmten Projektes, z.B. eines Einkaufcenters. – 2. Unterteilung nach *Art der Anlagewerte* in Wertpapiersondervermögen (z.B. Aktienfonds), Grundstückssondervermögen, Sondervermögen über Geldmarktpapiere (→ Geldmarktfonds), gemischte Sondervermögen und sonstige (z.B. Goldfonds).

Investmentgeschäft, 1. *Begriff:* Bankgeschäft im Sinne des → Gesetzes über das Kreditwesen (KWG). Beim I. stellen Anleger einer → Investmentgesellschaft (Kapitalanlagegesellschaft (KAG)) Geld zur Verfügung. Dieses Geld wird in einem Sondervermögen (→ Investmentfonds) angelegt, wobei gesetzliche Regelungen des → Investmentgesetzes zu beachten sind. Über den Wert des Sondervermögens werden Anteilscheine (Investmentzertifikate) ausgestellt. Der Anleger hat damit einen prozentualen Anteil am Sondervermögen und profitiert von einer Wertsteigerung des Sondervermögens. Die KAG steuert durch ihre Anlageentscheidungen die Rendite (Performance) des Anlegers. Diese Performance ist die Verzinsung unter der Annahme, dass ausgeschüttete Beträge wieder in Zertifikate angelegt werden. Performance-Vergleiche sind jedoch stets im Zusammenhang mit dem Risiko zu sehen: Ist der Fonds z.B. in Aktien spekulativer Branchen oder Regionen investiert, sind hohe Renditechancen, aber auch starke Kursverluste möglich. – Ein weiteres Gütekriterium neben der Performance ist die Kostenhöhe. Kosten fallen vor allem für das Management des Fonds und für die Verwaltung des Sondervermögens an; sie mindern den Wert des Sondervermögens und damit die Performance des Anlegers. – 2. *Kalkulation von Ausgabe- und Rücknahmepreis:* Bei Wertpapierfonds haben die Anleger i.d.R. das Recht, ihre Zertifikate jederzeit an die KAG zurückzugeben. Die KAG ermittelt börsentäglich den Wert des Sondervermögens (Inventarwert), der sich aus dem Kurswert der Fondspapiere, dem Barvermögen des Fonds und weiteren Erträgen (z.B. aufgelaufene Zinsansprüche) zusammensetzt. Der Inventarwert wird geteilt durch die Zahl der ausgegebenen Zertifikate. Es ergibt sich dann der sog. Rückkaufswert eines Zertifikates, den der Anleger bei Rückgabe erhält. Für Anleger, die neue Zertifikate erwerben wollen, wird ein Ausgabepreis i.d.R. als Aufschlag auf den

Inventarwert kalkuliert, der von Fonds zu Fonds unterschiedlich hoch ist, im Durchschnitt bei Aktienfonds jedoch ca. 5 Prozent beträgt. Der Aufschlag ist ein weiteres Mittel für die KAG zur Bestreitung ihrer Kosten. – 3. *Bedeutung des I. für den Anleger:* Investmentzertifikate bringen für Anleger den Vorteil mit sich, dass bereits bei relativ geringen Anlagebeträgen eine breite Streuung in verschiedene Wertpapierformen, Branchen oder Regionen möglich ist. Darüber hinaus hat der Anleger keine eigenen Transaktionsentscheidungen zu treffen, da diese ihm vom Management der KAG abgenommen werden. Weiterhin ist es möglich, durch sog. Investmentansparprogramme regelmäßig einen bestimmten Geldbetrag für den Kauf von Investmentzertifikaten zu verwenden (vgl. → Cost Average). Hierbei kann unter bestimmten Voraussetzungen eine staatliche Förderung (→ Arbeitnehmer-Sparzulage) in Anspruch genommen werden.

Investmentgesellschaft, Kapitalanlagegesellschaft (KAG), die das Geld von Anlegern in → Investmentfonds investiert. Eine I. ist i.d.R. ein Tochterunternehmen eines Kreditinstitutes oder eines Verbundes von Kreditinstituten. Nach dem → Investmentgesetz ist eine I. in der Rechtsform einer → Gesellschaft mit beschränkter Haftung (GmbH) oder → Aktiengesellschaft (AG) zu führen, wobei in der Praxis die GmbH zur Anwendung kommt. Beispiele für Kapitalanlagegesellschaften sind DWS (Deutsche Bank), DEKA (Sparkassen), Union (Genossenschaftsbanken).

Investmentgesetz, maßgebliche Grundlage für die Ausgabe von → Investmentzertifikaten. Investmentgesellschaften (Kapitalanlagegesellschaften (KAG)) übernehmen nach dem I. die Verpflichtung, die ihnen anvertrauten Einlagen im eigenen Namen für gemeinschaftliche Rechnung des Investmentfonds nach dem Grundsatz der Risikomischung anzulegen. KAG dürfen nur in der Rechtsform der → Gesellschaft mit beschränkter Haftung (GmbH) oder → Aktiengesellschaft (AG) geführt werden. In der Praxis werden KAG als GmbH betrieben. – Wichtige Vorschriften des I. sind die sog. Streuungsgrundsätze, die u.a. besagen, dass für einen Investmentfonds nur bis zu 5% des Fondsvermögens (max. 10% bei entsprechender Regelung in den Vertragsbedingungen der KAG) Wertpapiere eines Schuldners gekauft werden dürfen. Ferner dürfen in allen Fonds der KAG nur Aktien im Nennwert von maximal 10% des Grundkapitals einer → Aktiengesellschaft enthalten sein, um die Stimmrechtsmacht der KAG bei Hauptversammlungen derjenigen Gesellschaften, an denen die KAG Anteile hält, einzuschränken.

Investmentmodernisierungsgesetz, seit 2003 geltende Rechtsvorschrift zur Regelung von Einzelfragen des → Investmentgeschäftes. Durch das I. wurden in Deutschland erstmals → Hedge Fonds für Privatanlager zugänglich gemacht.

Investmentzertifikat, Anteilsschein über die Beteiligung an dem Sondervermögen einer Investmentgesellschaft. – Vgl. auch → Investmentgeschäft.

Investor Relations, Kommunikation eines Unternehmens mit ihren Aktionären. Ziel der I.R. ist es, die Vertrauensbasis zwischen Unternehmen und Öffentlichkeit auszubauen. I.R. erhöhen außerdem den Bekanntheitsgrad des Unternehmens und vergrößern damit die potenzielle Zahl anlagewilliger Kunden.

IPO, Abk. für → *Initial Public Offering.*

ISIN, Abk. für *International Securities Identification Number*. Die ISIN ist ein internationaler zwölfstelliger alphanumerischer Code zur Identifizierung eines bestimmten Wertpapiers. Er soll die jeweiligen nationalen Wertpapierkennummern nach und nach ablösen.

ISE, Abk. für *Imagegestützter Scheckeinzug.* Möglichkeit für Kreditinstitute, beim Einzug von Schecks ab 6.000 EUR (vgl. → Großbetrag-Scheckeinzug (GSE) über die → Deutsche Bundesbank auf die körperliche Vorlage des Schecks zu verzichten. Stattdessen wird ein eingescanntes Bild („Image“) des Schecks übermittelt.

Ist-Kaufmann, Bezeichnung des HGB für denjenigen, der ein → Gewerbe betreibt. Der I.-K. benötigt für seine Geschäftstätigkeit einen in kaufmännischer Weise eingerichteten Betrieb. Ist dieser nicht vorhanden (z.B. bei einem Kiosk oder einer Imbissstube), liegt ein Kleingewerbebetrieb vor, der nicht in das → Handelsregister eingetragen wird. –

Vgl. auch → Partnerschaft, → Kannkaufmann.

ISO-Code, von der International Standardization Organisation (ISO) entwickelter Buchstabencode für Währungsbezeichnungen. Beim dreistelligen ISO-C. stehen die ersten beiden Buchstaben für das Land und der dritte für die Währung. So wird beispielsweise mit dem Kürzel GBP das britische Pfund und mit USD der amerikanische Dollar bezeichnet. Der → Euro als supranationale Währung kann nicht in dieses Schema eingeordnet werden. Er trägt die Bezeichnung EUR.

IWF, Abk. für → *Internationaler Währungsfonds.*

J

Jahrescoupon. 1. Ausstattungsmerkmal eines → festverzinslichen Wertpapiers, das die jährlichen Zinszahlungen des Papiers kennzeichnet. – 2. Bezeichnung des → Zinsscheins selbst, der zum angegebenen Zinstermin den Anspruch auf Zahlung der Zinsen des vergangenen Jahres verbrieft.

Jahressteuerbescheinigung, Bescheinigung eines Kreditinstituts als Nachweis der einem Sparer im abgelaufenen Jahr gutgeschriebenen Kapitalerträge und darauf abgeführten Steuern. Die J. kann z.B. genutzt werden, um im Rahmen der Einkommensteuererklärung eine teilweise Rückerstattung einbehaltener → Abgeltungssteuern zu beantragen, wenn der persönliche Steuersatz des betreffenden Sparers den pauschalen Abgeltungssteuersatz von 25% unterschreitet.

Jahresüberschuss, Saldo aus Erträgen und Aufwendungen in der Gewinn- und Verlustrechnung einer Unternehmung. Bei einer → Aktiengesellschaft ergibt sich aus dem J. nach Abzug der → Rücklagen der Bilanzgewinn, über dessen Verwendung die Hauptversammlung beschließt.

J/D, Abk. für *Juni/Dezember;* Kennzeichnung des halbjährlichen Zinszahlungstermins bei → festverzinslichen Wertpapieren jeweils zum 1.6. und 1.12. eines Jahres. Zu diesen Terminen werden die Zinsen rückwirkend für das vergangene Halbjahr gezahlt.

J/J, Abk. für *Januar/Juli;* Kennzeichnung des halbjährlichen Zinszahlungstermins bei → festverzinslichen Wertpapieren jeweils zum 1.1. und 1.7. eines Jahres. Zu diesen Terminen werden die Zinsen rückwirkend für das vergangene Halbjahr gezahlt.

junge Aktie, Aktie, die im Rahmen einer → Kapitalerhöhung gegen Einlagen mit einer von den alten Aktien der Gesellschaft abweichenden Dividendenberechtigung (→ Dividende) ausgegeben wird. Den bisherigen Aktionären steht ein gesetzliches → Bezugsrecht auf die j.A. zu, das jedoch ganz oder teilweise durch einen Beschluss der Hauptversammlung ausgeschlossen werden kann.

Junk Bond, *Risiko-Anleihe, High Yield Bond;* Anleihe, die aufgrund zweifelhafter → Kreditwürdigkeit des Emittenten ein hohes Ausfallrisiko bei überdurchschnittlicher Verzinsung aufweist. Es handelt sich daher um eine sehr spekulative Anlageform.

juristische Personen, Personenvereinigungen oder Vermögensmassen mit eigener Rechtspersönlichkeit. Die → Rechtsfähigkeit der j.P. wird durch einen Rechtsakt (z.B. Eintragung einer Aktiengesellschaft in das Handelsregister) erlangt.

Juristische Personen	
Juristische Personen des Privatrechts	Juristische Personen des öffentlichen Rechts
• Rechtsfähige Personenvereinigungen (z.B. eingetragener Verein, eingetragene Genossenschaft, Aktiengesellschaft) • Privatrechtliche Stiftungen (z.B. Stiftung Volkswagenwerk, Konrad-Adenauer-Stiftung)	• Körperschaften des öffentlichen Rechts (z.B. Bund, Länder, Industrie- und Handelskammern) • Anstalten des öffentlichen Rechts (z.B. öffentlich-rechtliche Sparkassen, Rundfunk-und Fernsehanstalten) • Öffentlich-rechtliche Stiftungen (z.B. Stiftung Kulturfonds)

K

KAG, Abk. für *Kapitalanlagegesellschaft*. Rechtsgrundlage für eine KAG ist das → Investmentgesetz (InvG).

Kannkaufmann, Kaufmannsbegriff des HGB. Der K. erlangt Kaufmannseigenschaft durch freiwillige Eintragung in das → Handelsregister. Die Eintragung hat → konstitutive Wirkung. Land- und forstwirtschaftliche Unternehmen und → Kleingewerbetreibende können als K. die Kaufmannseigenschaft erhalten; für sie gelten dann alle Vorschriften des HGB.

Kapitalanlagegesellschaft, → Investmentgesellschaft.

Kapitalanleger - Musterverfahrensgesetz (KapMuG), seit Ende 2005 geltendes Regelwerk zur Stärkung von Anlegerrechten. Das KapMuG ermöglicht die Anwendung eines Musterverfahrens in den Fällen, bei denen eine Vielzahl von gleich gearteten Schadenersatzklagen aufgrund fehlerhafter Kapitalmarktinformationen vorliegt. Klagen beispielsweise sehr viele Käufer einer → jungen Aktie Schadenersatz ein, weil Angaben im Verkaufsprospekt der Aktie (vgl. → Prospekthaftung) unrichtig waren, kann ein einziger Fall exemplarisch für alle anderen bis zum Urteil durchgeführt werden. Der dann getroffene Musterentscheid hat bindende Wirkung für alle anderen Kläger. Für die Anwendung des KapMuG sind mindestens 10 Verfahren notwendig. Der Vorteil liegt darin, dass hohe Prozesskosten, die im Zusammenhang mit dem Verfahren anfallen, auf alle Musterkläger verteilt werden können. – Das Verfahren nach dem KapMuG darf nicht mit den in den USA üblichen Sammelklagen verwechselt werden: Bei einer Sammelklage können alle Geschädigten, bei einem Verfahren nach dem KapMuG jedoch nur diejenigen Kläger von dem Urteil profitieren, die selbst eine Klageschrift eingereicht oder ein gerichtliches Güteverfahren beantragt haben.

Kapitalbilanz, Teilbilanz der → Zahlungsbilanz.

Kapitaldienstfähigkeit, Fähigkeit, Zins- und Tilgungsraten eines Kredites erbringen zu können. Bei Unternehmen wird die K. vor allem über den → Cash Flow beurteilt.

Kapitalerhöhung, Heraufsetzung des Kapitals eines Unternehmens. Insbesondere bei der → Aktiengesellschaft (AG) spielt die K. eine wichtige Rolle. Für die K. einer AG ist die Zustimmung der Hauptversammlung (HV) mit einer ¾-Mehrheit des bei Beschlussfassung vertretenen (anwesenden) Kapitals erforderlich. Es werden vier verschiedene Arten unterschieden. 1. *Ordentliche K.* (K. gegen Einlagen) durch Ausgabe neuer Aktien. Den Altaktionären steht ein → Bezugsrecht für die neuen Aktien zu, das unter bestimmten Bedingungen ausgeschlossen werden kann. Der AG fließen durch die ordentliche K. liquide Mittel (Anzahl der neuen Aktien, multipliziert mit dem Ausgabepreis) zu. – 2. *K. aus Gesellschaftsmitteln* (nominelle K.) durch Umwandlung von Rücklagen in Grundkapital. Die Altaktionäre erhalten hierbei in einem bestimmten Verhältnis → Berichtigungsaktien (in der Praxis auch als Gratisaktien bezeichnet). Es fließen der AG keine liquiden Mittel zu, da es sich nur um einen buchungstechnischen Tausch auf der Passivseite der Bilanz handelt. Der Grund für eine K. aus Gesellschaftsmitteln liegt bei Aktien mit sehr hohem Börsenkurs vor allem darin, das Vermögen der AG auf eine größere Zahl von Aktien zu verteilen, um so den Kurs „leichter" zu machen, womit die Aktie insbesondere für Kleinanleger interessanter wird. Durch die Ausgabe der Berichtigungsaktien ändert sich die Vermögensposition der Aktionäre trotz der Kurssenkung nicht. – 3. *Genehmigte K.* durch Ermächtigung des Vorstandes der AG, innerhalb von fünf Jahren das Grundkapital um einen bestimmten Nennbetrag durch eine ordentliche K. zu erhöhen (sog. Vorratsbeschluss). – 4. *Bedingte K.* durch Bereitstellung von Aktien für den Fall, dass Gläubiger einer Wandelanleihe (→ Convertible Bond) oder → Optionsanleihe von ihrem Recht Gebrauch machen, ihre Wandelanleihe in einem bestimmten Verhältnis in Aktien zu tauschen bzw. ihr aufgrund der Optionsanleihe bestehendes Recht zum Bezug von Aktien zu einem bestimmten Preis auszuüben. Die Ausgabe von Wandel- oder Optionsanleihen zieht also immer einen weiteren Beschluss zur bedingten K. nach sich.

Kapitalertragsteuer (KESt, KapESt), offizielle Bezeichnung für die seit dem 1.1.2009 geltende → Abgeltungssteuer. In der Form der Abgeltungssteuer ist die K. keine reine Vorauszahlung auf die → Einkommensteuer mehr, da mit dem Abzug von 25% (zuzüglich → Solidaritätszuschlag und evtl. Kirchensteuer) auf den Ertrag (Zinsen, Dividenden oder Kursgewinne) der Vorgang grundsätzlich „erledigt" ist. Der Steuerpflichtige kann einen K.-Abzug daher auch nicht mehr als → anrechenbare Steuer bei der Einkommensteuererklärung geltend machen, es sei denn, sein persönlicher Steuersatz liegt unter dem Satz der Abgeltungssteuer. In diesem Fall kann er den zu viel erhobenen Abzug zurückfordern.

Kapitalgesellschaft, Gesellschaft mit eigener Rechtspersönlichkeit (→ juristische Person). Zu den Kapitalgesellschaften zählen die → Aktiengesellschaft (AG), die → Gesellschaft mit beschränkter Haftung (GmbH) und die → Kommanditgesellschaft auf Aktien (KGaA). Im Gegensatz zu einer → Personengesellschaft haftet bei der K. nur das Gesellschaftsvermögen und nicht das private Vermögen von Gesellschaftern den Gläubigern für die Verbindlichkeiten des Unternehmens. Ausnahme: KGaA; hier haften auch natürliche Personen mit ihrem Privatvermögen.

Kapitalherabsetzung, Verminderung des Kapitals eines Unternehmens durch Gesellschafterbeschluss. Eine K. findet meist dann statt, wenn das Unternehmen gezwungen ist, Verluste auszugleichen.

Kapitalisierung, Ermittlung des Wertes (Kapitalwertes) eines Vermögensobjektes. So ergibt z.B. die K. eines Geldvermögens, das bei 6% p.a. Verzinsung einen festen jährlichen Ertrag von 15.000 Euro abwirft, einen Kapitalwert von 250.000 Euro (15.000 : 6) · 100. Für schwankende Erträge (z.B. jährliche Gewinne eines Unternehmens) ist die K. schwierig. In der Bankpraxis spielt die K. im Zusammenhang mit der → Beleihungswertermittlung bei Immobilien eine Rolle.

Kapitallebensversicherung, Vertrag mit einer Versicherungsgesellschaft, der die Vereinbarung enthält, dass im Falle des Todes des Versicherungsnehmers oder nach Ablauf einer bestimmten Frist die vereinbarte Versicherungssumme inkl. Zinsen und eventueller Überschussbeteiligungen (Ertragsanteile aus den Gewinnen der Versicherungsgesellschaft) ausbezahlt wird. Der Versicherungsnehmer verpflichtet sich zur regelmäßigen Ansparung von Beiträgen (Prämien). Die Beiträge enthalten einen Risikoanteil für → Rückstellungen der Versicherungsgesellschaft im Hinblick auf das Risiko der vorzeitigen Auszahlung im Todesfall, einen Verwaltungskostenanteil zur Deckung allgemeiner Kosten der Versicherung (z.B. Werbung, Vertreterprovisionen) und einen Sparanteil. Das Verhältnis dieser Anteile zueinander ist bei den einzelnen Versicherungsgesellschaften unterschiedlich. Außerdem ist das Verhältnis abhängig vom Eintrittsalter des Versicherten und der Laufzeit des Vertrages. Auf den Sparanteil ist eine Mindestverzinsung von zurzeit 2,25% p.a. gesetzlich garantiert. Die Versicherungsgesellschaft kann jedoch durch geschickte Anlage der Sparanteile am → Kapitalmarkt eine wesentlich höhere Verzinsung erwirtschaften, die bei der Auszahlung dem Versicherungsnehmer zu Gute kommt. Unterschiede bei der Anlage des Sparanteils, der Höhe von Überschussbeteiligungen und der Höhe des Sparanteils führen in der Praxis dazu, dass je nach Versicherungsgesellschaft sehr große Unterschiede bei der → Rendite einer K. bestehen. – Die steuerliche Begünstigung der K. ist im Zuge der Bestimmungen zum → Alterseinkünftegesetz entfallen. Seit 2005 unterliegen Erträge aus einer K. mit mindestens 12 Jahren Laufzeit im Falle einer Auszahlung nach Vollendung des 60. Lebensjahres dem → Halbeinkünfteverfahren. Erträge aus anderen K. sind voll steuerpflichtig.

Kapitalmarkt, Markt für langfristige Kredite (unabhängig davon, ob sie, wie z.B. → Anleihen, in Wertpapierform verbrieft sind oder nicht) und Beteiligungskapital (vor allem → Aktien). Man unterscheidet den organisierten (z.B. Börse) und den nicht-organisierten K. (z.B. Markt für langfristige Darlehen).

Kapitalrücklagen, → Rücklagen.

Kapitalsparbrief, → Sparbriefe.

Kapitalstruktur, Bilanzrelationen im Zusammenhang mit der → Bilanzanalyse, die Kreditinstitute im Rahmen einer Prüfung der → Kreditwürdigkeit vornehmen. Eine wichtige Kennziffer für die K. ist die → Eigenkapitalquote.

Kapitalverkehr, Teilbereich des Außenwirtschaftsverkehrs. Im Gegensatz zum Waren- und Dienstleistungsverkehr (Leistungsbereich), der Exporte und Importe von Waren und Dienstleistungen zwischen verschiedenen Ländern umfasst, bezieht sich der K. auf die Verbringung von Vermögenswerten von einem Land in ein anderes. K. liegt einerseits bei der Begleichung von Rechnungen für Waren- bzw. Dienstleistungsgeschäfte vor; andererseits findet er in Form sog. „autonomer Transaktionen" ohne Bezug zum Leistungsbereich statt, wenn ausländische Anlagen am inländischen bzw. inländische Anlagen am ausländischen → Geldmarkt oder → Kapitalmarkt getätigt werden. Der K. wird von der Europäischen Zentralbank (→ Europäisches System der Zentralbanken) im Rahmen ihrer Statistik zur → Zahlungsbilanz erfasst.

Kapitalwertpapiere, Wertpapiere, die im Gegensatz zu → Geldwertpapieren langfristige Vermögenswerte verbriefen. Wichtige K. sind → Anleihen, → Aktien und → Grundschuldbriefe. Während Anleihen ein Forderungsrecht verbriefen, beinhalten Aktien Beteiligungsrechte. Der Grundschuldbrief umfasst ebenfalls ein Forderungsrecht; er ist im Gegensatz zu einer Anleihe oder einer Aktie nicht vertretbar (austauschbar), da er individuelle Vereinbarungen enthält (Summe, Zinssatz, Fälligkeit). Vertretbare K. werden als → Effekten bezeichnet.

KapMuG, Abk. für → *Kapitalanleger-Musterverfahrensgesetz.*

Kartenzahlungen, Sammelbezeichnung für Zahlungen, die unter Verwendung von Bank- bzw. Sparkassenkarten (→ EC-Service), → Geldkarten oder → Kreditkarten vorgenommen werden.

Kassageschäft, *Spot-Geschäft;* Wertpapier- Devisen- oder Warengeschäft, das sofort oder innerhalb einer kurzen Frist zu erfüllen ist. Bei Wertpapieren und Devisen ist eine Frist von zwei Geschäftstagen allgemein üblich (usancegemäß), d.h. nach Ablauf von zwei Geschäftstagen erhält der Käufer gegen Bezahlung die Wertpapiere in seinem Depot bzw. die Gutschrift des Währungsbetrages bei Devisengeschäften. – *Gegensatz:* → Termingeschäft.

Kassahandel, Wertpapiergeschäfte, bei denen ein Kassakurs ermittelt wird (vgl. → Einheitskurs). – *Gegensatz:* → Fortlaufende Notierung.

Kassakurs, → Einheitskurs.

kassatorische Klausel, Vermerk auf einem → Konnossement, das zum Schutz gegen Verlust einer Briefsendung in mehreren Originalen getrennt versendet wird. Bei der Vorlage nur eines Originals wird die Ware von der Reederei ausgeliefert; die anderen Originale verlieren dann auf Grund der k.K. ihre Gültigkeit.

Kassenobligation, → Anleihe mit i.d.R. zwei- bis vierjähriger Laufzeit, die zur Finanzierung kurz- bzw. mittelfristiger Investitionen herausgegeben (emittiert) wird. Als Emittenten kommen → Universalbanken oder spezialisierte Kreditinstitute (z.B. → Realkreditinstitute) in Frage. Der Bund emittiert ebenfalls K.; die Bezeichnung für K. des Bundes wurde inzwischen jedoch geändert in Bundesschatzanweisungen (→ Bundeswertpapiere).

Kassenverkehr, Bezeichnung für Bargeldgeschäfte in Kreditinstituten. Der K. ist heute weitgehend automatisiert. Die Kunden verfügen entweder selbstständig an → Geldautomaten oder es finden Verfügungen an Automatischen Kassentresoren (AKT) statt, die zwar von Angestellten des Kreditinstitutes bedient werden, bei denen jedoch manuelle Tätigkeiten wie das Abzählen von Geldscheinen weitgehend entfallen. Beim K. haben Kreditinstitute die Regelungen des → Gesetzes über das Aufspüren von Gewinnen aus schweren Straftaten (Gewinnaufspürgesetz, in der Praxis meist Geldwäschegesetz genannt) zu beachten. Zum K. gehört auch die Annahme von Einzahlungen im → Nachttresor.

Katasteramt, staatliche Behörde, die das Liegenschaftsbuch führt, in dem die Grundstücke eines Eigentümers innerhalb eines Amtsgerichtsbezirkes eingetragen sind. Bei Baufinanzierungen nimmt eine kreditgewährende Bank oder Sparkasse nicht nur Einblick in das → Grundbuch, sondern auch in die Aufzeichnungen des K., da die Angaben zu Größe, Lage und Nutzungsart eines Grundstückes nur im Kataster und nicht im Grundbuch → öffentlichen Glauben genießen.

Kaufkraft, Fähigkeit zum Erwerb von Gütern und Dienstleistungen mit Hilfe von Geld (→ Geld). Die K. des Geldes wird auch als Geldwert bezeichnet; sie steht im reziproken (umgekehrten) Verhältnis zur Preisentwicklung. – Vgl. auch → Inflation.

Kaufkurs, → Geldkurs.

Kaufmann, Begriff aus dem HGB. Kaufleute haben nach dem HGB das Recht zum Führen einer → Firma und zur Erteilung einer → Prokura. Andererseits gelten für Kaufleute strengere Pflichten als für Privatpersonen oder → Kleingewerbetreibende, z.B. hinsichtlich der Rügepflicht von Mängeln bei Lieferungen. Das HGB unterscheidet verschiedene K.-Arten (→ Ist-Kaufmann, → Kannkaufmann). Voraussetzung für die K.-Eigenschaft ist das Führen eines nach Art und Umfang in kaufmännischer Weise eingerichteten Geschäftsbetriebes.

Kaufoption, → Option.

Kernkapital, Ordnungsbegriff zur Ausgestaltung der im § 10 KWG geforderten Eigenmittelausstattung von Kreditinstituten. Der § 10 enthält lediglich die Regelung, dass Kreditinstitute „angemessene Eigenmittel" haben müssen. Diese Eigenmittel setzen sich nach einer Vorschrift der → Bundesanstalt für Finanzdienstleistungsaufsicht aus dem K., den → Drittrangmitteln und dem → Ergänzungskapital zusammen. Die Summe aus K. und Ergänzungskapital wird als haftendes Eigenkapital bezeichnet. K. steht dem Institut uneingeschränkt zum Ausgleich eventueller Verluste zur Verfügung. Es besteht im Wesentlichen aus dem Geschäftskapital (z.B. bei → Aktiengesellschaften: Grundkapital und → Rücklagen). Das Ergänzungskapital steht unter bestimmten Voraussetzungen für einen Verlustausgleich zur Verfügung.

KfW, Abk. für → *Kreditanstalt für Wiederaufbau.*

KG, Abk. für → *Kommanditgesellschaft.*

KGa.A., Abk. für → *Kommanditgesellschaft auf Aktien.*

KGV, Abk. für → *Kurs-Gewinn-Verhältnis.*

Kinderzulage, → Altersvorsorgezulage.

Klageverfahren, gerichtliches Verfahren zur Geltendmachung von Forderungen. Das K. kommt bei Kreditinstituten zur Anwendung, wenn ein Kreditnehmer gegen die Zustellung eines Mahnbescheides (→ gerichtliches Mahnverfahren) Widerspruch einlegt. Nach Klageerhebung prüft das zuständige Gericht den Grund der Klage sowie den erhobenen Anspruch. Es findet dann eine mündliche Gerichtsverhandlung statt, die mit einem Urteil endet. Fällt das Urteil zugunsten des Kreditinstitutes aus, so kann es eine → Zwangsvollstreckung in das Vermögen des Schuldners betreiben. Weitere Gründe, die zum Abschluss des Verfahrens führen, sind Rücknahme der Klage und eine Einigung (Vergleich) zwischen den Parteien. Da das K. sehr zeitaufwendig ist, sind Kreditinstitute bei der Vergabe von Krediten vorrangig an der Hereinnahme von → Kreditsicherheiten interessiert; hierbei können sie i.d.R. sehr schnell, d.h. ohne K. auf die Kreditsicherheit zugreifen.

Kleingewerbetreibende, Bezeichnung für Unternehmen, die aufgrund der Art und des Umfangs ihrer Geschäfte einen in kaufmännischer Weise eingerichteten Geschäftsbetrieb nicht benötigen (z.B. Imbissstube, Kiosk). K. haben die Möglichkeit, sich freiwillig als → Kannkaufmann in das → Handelsregister eintragen zu lassen.

Kleinkredit, Bezeichnung für cin kurz- bis mittelfristiges Darlehen, das in einer Summe zur Verfügung gestellt und in festen Raten zurückgezahlt wird. Der K. dient einer Finanzierung von Konsumgütern. Alternative Bezeichnungen für den K. sind z.B. „persönliches Anschaffungsdarlehen“, „Konsumentenkredit“.

Kombinierter Auftrag, Auftrag, der sich auf mehrere → Optionen oder → Futures bezieht. Ein Beispiel für einen k.A. ist der → Straddle.

Kombizinsanleihe, *Stufenzinsanleihe;* Anleihe, bei der im ersten Laufzeitjahr keine Zinsen, später jedoch dafür umso höhere Zinsen gezahlt werden. Eine Variante stellen Step-up-Anleihen dar, bei denen der jährliche Zinsertrag regelmäßig ansteigt. Eine K. ist z.B. für Anleger interessant, die in den ersten Laufzeitjahren eine hohe Steuerbelastung, dann jedoch (z.B. durch Erreichen des Rentenalters) eine geringe Steuerbelastung zu erwarten haben.

Kommanditgesellschaft (KG), Personenhandelsgesellschaft, bei der mindestens ein Gesellschafter auch mit seinem privaten Vermögen haftet (Komplementär, persönlich haftender Gesellschafter oder Vollhafter), die anderen jedoch nur bis zur Höhe einer vereinbarten Einlage haften (Kommanditisten oder Teilhafter). Nach dem HGB gelten für die KG die gleichen Bestimmungen wie für die → offene Handelsgesellschaft (oHG), sofern keine ausdrückliche andere Regelung des HGB vorliegt. Die Geschäftsführung (Innenverhältnis) und die Vertretung (Außenverhältnis) der KG stehen jedem Komplementär einzeln zu. Andere vertragliche Regelungen (z.B. Ausschluss eines Komplementärs von der Vertretung oder gemeinsame Vertretung durch zwei Komplementäre) sind gültig, sofern sie ins → Handelsregister eingetragen werden. Bei außergewöhnlichen Geschäften besitzen die Kommanditisten ein Widerspruchsrecht. Darüber hinaus sind sie berechtigt, eine Abschrift der Bilanz zu verlangen und ihre Richtigkeit anhand der Geschäftsunterlagen nachzuprüfen. Die Gewinnbeteiligung der Kommanditisten erfolgt gemäß konkreter vertraglicher Regelung in einem „angemessenen Verhältnis“ gegenüber den Vollhaftern.

Kommanditgesellschaft auf Aktien, KGaA, → Kapitalgesellschaft mit eigener Rechtspersönlichkeit (juristische Person). Die Konstruktion entspricht weitgehend der Kommanditgesellschaft (KG). Die Kommanditisten sind bei der KGaA jedoch mit Einlagen auf das in Aktien zerlegte Kommanditkapital beteiligt. Die KGaA hat, wie auch die → Aktiengesellschaft, einen Aufsichtsrat, der den Vorstand kontrolliert. Komplementäre können keine Aufsichtsratsmitglieder sein. Die Beschlüsse werden bei der KGaA durch die Hauptversammlung (Versammlung der Kommanditaktionäre) getroffen. Die KGaA ist als Rechtsform vor allem für Familiengesellschaften interessant, wenn ein großer Kreis von Gesellschaftern vorhanden ist, aber gleichzeitig hoher Eigenkapitalbedarf und damit die Tendenz zur Kapitalgesellschaft besteht. Der KGaA ist es möglich, sich eine breite Basis für ihr → Eigenkapital über die Herausgabe von Aktien zu beschaffen.

Kommanditist, Teilhafter einer → Kommanditgesellschaft.

Kommissionär, Person, die den Kauf oder Verkauf von Waren oder Wertpapieren im eigenen Namen, jedoch für fremde Rechnung eines Auftraggebers (Kommittent) übernimmt. Kreditinstitute führen Kundenaufträge über die Anschaffung oder Veräußerung von Wertpapieren im In- und Ausland grundsätzlich als K. aus (andere Möglichkeit: → Festpreisgeschäft). Gegenüber dem Kunden weist der K. den Preis des Ausführungsgeschäftes (Börsenkurs) sowie eine Provision und sonstige Transaktionskosten (z.B. Maklergebühr) aus. Bei Aufträgen, die über ausländische Börsen abgewickelt werden, an denen das Kreditinstitut selbst nicht vertreten ist, wird eine andere Bank (z.B. Zentralinstitut oder → Korrespondenzbank) am Börsenplatz eingeschaltet; diese andere Bank tritt dann als Zwischenkommissionär auf. Die beiden Banken teilen sich in diesem Fall die Provision.

Kommissionsgeschäft, → Kommissionär

Kommunalanleihe, → Anleihe, die von einer großen Gemeinde emittiert wird (z.B. K. der Hansestadt Hamburg). Kleinere Gemeinden können sich über eine → Kommunalobligation Finanzmittel beschaffen.

Kommunalkredit, langfristiges Darlehen zur Finanzierung öffentlicher Investitionen.

Als Kreditnehmer kommen Gemeinden, Gemeindeverbände (z.B. Landschaftsverband) oder Körperschaften des öffentlichen Rechts in Frage. Als K. wird auch ein Darlehen an private Unternehmen bezeichnet, wenn eine öffentlich-rechtliche Körperschaft hierfür eine Bürgschaft übernimmt (z.B. Kredit an eine private Wohnungsbaugesellschaft zur Finanzierung von Projekten des Sozialen Wohnungsbaus).

Kommunalobligation, *Kommunalschuldverschreibung;* → Anleihe, die zum Zweck der Beschaffung von Mitteln zur Gewährung langfristiger Kredite an Kommunen emittiert wird. Im Gegensatz zur Kommunalanleihe, bei der die Kommune selbst Emittentin ist, fungiert bei einer K. ein → Realkreditinstitut als Emittent. Die zufließenden Mittel werden im Aktivgeschäft dieses Instituts für die Gewährung von → Kommunalkrediten verwendet. Eine K. wird heute emittiert unter der modernen Bezeichnung öffentlicher → Pfandbrief.

Komplementär, Vollhafter einer → Kommanditgesellschaft.

Konjunktur, im Zeitablauf feststellbare Schwankungen in der wirtschaftlichen Entwicklung einer Volkswirtschaft. Im Wesentlichen werden in der Literatur zur Konjunkturforschung die folgenden K.-Phasen unterschieden:

Phase	wichtige Merkmale
Aufschwung	sinkende Sparneigung; relativ geringe Preissteigerungsraten; langsam steigendes Zinsniveau; sinkende Arbeitslosenquote
Boom (Hochkonjunktur)	sehr niedrige Sparneigung; hohe Preissteigerungsraten , hohes Zinsniveau, relativ geringe Arbeitslosigkeit
Abschwung (Rezession)	wachsende Sparneigung; Sinken von Preisen und Zinsen; steigende Arbeitslosigkeit
Tiefstand (Depression)	hohe Sparneigung; geringes Preis- und Zinsniveau; hohe Arbeitslosigkeit

Für Kreditinstitute sind die Auswirkungen der Konjunkturphasen auf das Zinsniveau und damit auf die Kursentwicklung von → Aktien und → Anleihen besonders wichtig. Das in Aufschwungphasen zu beobachtende Ansteigen des Zinsniveaus führt zu sinkenden Aktien- bzw. Anleihekursen: So müssen die Emittenten von Anleihen einerseits bei steigenden Zinsen eine höhere → Nominalverzinsung anbieten, was bestehende Anleihen im Kurs sinken lässt, damit diese wiederum dieselbe → Rendite aufweisen wie Neuemissionen. Die Gewinnaussichten der Unternehmen leiden andererseits durch die höhere Kostenbelastung aufgrund steigender Zinsen; die Investitionstätigkeit geht zurück. Die sinkenden Gewinnerwartungen der Unternehmen ziehen die Aktienkurse nach unten. Generell ist zu beobachten, dass sich die Wertpapierkurse ähnlich wie ein Konjunkturverlauf entwickeln, dass sie diesem jedoch meist vorausgehen. Bei Anlageentscheidungen ist also stets der Konjunkturverlauf zu berücksichtigen. Der K. kommt eine wichtige Bedeutung im Zusammenhang mit der so genannten fundamentalen → Aktienanalyse zu.

Konkurs, Zwangsauflösung eines Unternehmens auf Grund von Zahlungsunfähigkeit. Die Regelungen der Konkursordnung zum K. wurden 1999 in die Regelungen zum → Insolvenzverfahren überführt.

Konnossement, Empfangsbestätigung einer Reederei. Die Reederei bestätigt auf dem K. einem Exporteur den Empfang einer Ware und verpflichtet sich, die Ware dem berechtigten Empfänger (Importeur) auszuhändigen. Das K. lautet auf den Namen des Lieferers und ist damit ein → Rektapapier; es kann jedoch durch eine Orderklausel („oder Order") zu → Orderpapier gemacht werden und dann durch → Indossament unter eventueller Zwischenschaltung von Kreditinstituten an den Importeur weitergegeben werden. Ferner ist das K. ein Traditionspapier, d.h. es verbrieft das Eigentum an der Ware. Die Übergabe des K. hat folglich die gleiche Wirkung wie die Übergabe der Ware. Im Zusammenhang mit einem → Dokumentenakkreditiv stellen Kreditinstitute verschiedene Qualitätsanforderungen an ein K.: Es muss einerseits „rein" (Clean) sein, d.h. es darf keinen Vermerk über nach außen sichtbare Schäden der Ware enthalten. Andererseits ist dem akkreditveröffnenden Kreditinstitut ein „voller Satz“ (Full Set) von mehreren K.-Ausfertigungen vorzulegen. Drittens muss aus dem K. hervorgehen, dass die Ware nicht nur zur Verschiffung übernommen wurde (Übernahme-K), sondern dass sie sich an Bord eines bestimmten Schiffes (An-Bord-K.) befindet.

Konnossementsgarantie, Sonderform der → Bankgarantie. Möchte ein Importeur einer Ware bereits vor Ankunft des → Konnossements über die von ihm bestellte Ware verfügen, hat er eine K. seines Kreditinstitutes beizubringen, welche die Reederei vor Schadenersatzansprüchen im Zusammenhang mit der Warenauslieferung ohne Konnossement schützt.

Konsolidierung, 1. *Zusammenfassung von Bilanzen* verschiedener Gesellschaften eines → Konzerns zu einer Konzernbilanz. – 2. *Umschuldung* bei → Anleihen (Umwandlung kurzfristiger Schulden in langfristige). – 3. *Zusammenfassung älterer Anleihen* zu einer neuen Anleihe, die nach der Zusammenfassung mit aktuellen Marktkonditionen ausgestattet wird (auch Konvertierung oder Konversion genannt).

Konsortialkredit, *Metakredit, syndizierter Kredit;* von einem → Bankenkonsortium gemeinschaftlich eingeräumter Kredit. Ein K. kommt zur Anwendung, wenn das Kreditvolumen so hoch ist, dass es nicht von einer Bank allein zur Verfügung gestellt werden kann.

Konsortium, Zusammenschluss von Kreditinstituten zur gemeinsamen Durchführung eines Geschäftes. Das K. ist rechtlich eine → Gesellschaft bürgerlichen Rechts (GbR). Die Rechtskonstruktion des K. spielt vor allem bei der → Emission von Wertpapieren eine Rolle.

konstitutive Wirkung, rechtsbegründende Wirkung einer Handlung oder Eintragung in ein Register. Eine k.W. liegt z.B. vor bei der Eintragung einer → Aktiengesellschaft oder einer → Gesellschaft mit beschränkter Haftung in das → Handelregister. Vor dieser Eintragung existieren diese Gesellschaften als solche nicht, auch wenn sie bereits ihre Geschäfte aufgenommen haben. – *Gegensatz:* → Deklaratorische Wirkung.

Konsulatsfaktura, Wertpapier im Außenwirtschaftsverkehr, durch das der Ursprung einer Ware und die Handelsüblichkeit des Rechnungspreises dieser Ware bestätigt werden. Durch die K. kann sich z.B. ein brasilianischer Importeur beim Kauf deutscher Ware durch sein Konsulat in Deutschland Herkunft und marktgerechten Preis bestätigen lassen. Zweck der K., die in vielen Ländern aufgrund staatlicher Vorschriften verlangt wird, ist vor allem die korrekte Erfassung des Warenwertes bei der Berechnung von Importzöllen.

Konsumkredit, → Kleinkredit.

Kontensparvertrag, Bezeichnung für eine Anlageform nach dem Vermögensbildungsgesetz. → Vermögenswirksame Leistungen können in einen K. angelegt werden, es wird hierbei jedoch keine → Arbeitnehmer-Sparzulage gewährt.

Kontenwahrheit, Rechtsgrundsatz des § 154 der → Abgabenordnung (AO), nach dem niemand auf einen falschen oder erdichteten Namen ein Konto errichten oder Buchungen vornehmen lassen, Wertsachen in Verwahrung geben oder verpfänden oder sich ein Schließfach geben lassen darf. Für die Kreditinstitute bedeutet dieser Grundsatz, dass sie bei jedem Neukunden eine Identifikation mittels amtlichen Lichtbildausweises sowie eine Dokumentation der Ausweisdaten vornehmen muss. – Vgl. auch → Legitimationsprüfung.

Konten zugunsten Dritter, Konten, bei denen eine dritte Person zum Zeitpunkt der Antragstellung benannt wird, die nach Eintritt einer bestimmten Bedingung (z.B. Erreichen der Volljährigkeit oder Tod des Antragstellers) Gläubiger der Einlage werden soll. Bis zum Eintritt der Bedingung bleibt der Antragsteller Kontoinhaber und Gläubiger. – *Beispiel:* A eröffnet ein → Sparkonto zugunsten seines 14-jährigen Patenkindes B. Bei Volljährigkeit soll B verfügungsberechtigt sein. Zum Zeitpunkt der Kontoeröffnung ist nur die Legitimation des A zu prüfen. Hinsichtlich des Patenkindes genügt zur Erfüllung der Vorschriften zur → Kontenwahrheit der Nachweis einer Existenzberechtigung (z.B. Geburtsurkunde des B). Nach 4 Jahren kann B über das Konto verfügen. In diesem Fall hat er sich gegenüber dem Kreditinstitut zu legitimieren. – Rechtlich ist die Eröffnung von K.z.D. als Schenkungsangebot anzusehen. Solange dieses noch nicht vom Begünstigten angenommen wurde (z.B. durch Unterschrift auf dem Kontoeröffnungsantrag), kann das Angebot widerrufen werden. Für den Fall, dass als Bedingung der Tod des Kontoinhabers vereinbart wird, ergibt sich das Problem, dass die Erben des Kontoinhabers das Angebot widerrufen können. Ob diese Widerrufsmöglichkeit vertraglich ausgeschlossen werden kann, ist rechtlich umstritten. Die Kreditinstitute verfahren daher bei K.z.D. unterschiedlich in der vertraglichen Ausgestaltung.

Konto, Instrument zur Erfassung von Forderungen und Verbindlichkeiten zwischen Kreditinstitut und Kunde. Rechtlich ist der Kontovertrag eine Konstruktion, die auf den Regelungen des § 355 HGB basiert. Kreditinstitute unterscheiden je nach Zweck der Kontoverbindung verschiedene Kontoarten. – Vgl. auch → Bankkonto.

Kontoabschluss, → Kontoauszug.

Kontoauflösung, Willenserklärung eines Kunden (eventuell auch eines Kreditinstitutes) zur Beendigung eines Kontovertrages. Verträge über ein → Girokonto sind durch den Kunden jederzeit fristlos kündbar. Das Konto wird bei Kündigung abgerechnet und gelöscht; ein Guthaben wird ausgezahlt, ein Sollsaldo ist sofort zur Rückzahlung fällig. Bei anderen Konten sind eventuell Fristen zu beachten. So ist die vorzeitige Auflösung eines Kontos über eine → Termineinlage (z.B. 3-Monats-Festgeld) vor Ablauf der Fälligkeit der Einlage zwar möglich, die Kreditinstitute sind jedoch nicht zur Auflösung verpflichtet. In der Praxis erfolgt meist eine Auszahlung vor Fälligkeit unter Berechnung von → Vorschusszinsen oder die Vergütung eines unter dem ursprünglich vereinbarten Zinssatz liegenden Zinses.

Kontoauszug, Dokumentation von Umsätzen eines laufenden Kontos (→ Kontokorrentkonto). Ein Kontokorrentkonto ist mindestens einmal jährlich abzurechnen. In der Praxis findet i.d.R. eine vierteljährliche Abrechnung statt. Die Abrechnung wird durch einen Abrechnungs-K. dokumentiert. Der ausgewiesene Abschlusssaldo enthält den Kontostand vor Abschluss sowie die vom Kreditinstitut in Rechnung gestellten Entgelte (z.B. Kontoführungsgebühr, Überziehungszinsen). Einwendungen gegen den Rechnungsabschluss müssen bei Banken innerhalb von sechs Wochen durch den Kunden erfolgen. Unterbleibt ein Einwand, gilt der Rechnungsabschluss als genehmigt (Saldenbestätigung). Auch nach Ablauf der genannten Frist ist es dem Kunden möglich, Einwendungen vorzubringen; er ist dann jedoch seiner Bank gegenüber beweispflichtig. Kontoauszüge, die der Kunde innerhalb der Abrechnungszeiträume erhält, dienen lediglich der Information. – Der Anspruch auf Berichtigung einer Kontobewegung bei unberechtigter Abbuchung einer → Lastschrift ist nach einem Grundsatzurteil des Bundesgerichtshofs grundsätzlich nicht durch die Regelung zur Abschlusssaldenbestätigung abgedeckt, sofern der Kunde nicht auf eine entsprechende Regelung seines Kreditinstitutes hingewiesen wird. Daher haben die Kreditinstitute inzwischen einen entsprechenden Hinweis in ihre → Allgemeinen Geschäftsbedingungen aufgenommen.

Kontoeröffnungsantrag, rechtliche Willenserklärung eines Kunden zur Eingehung eines Kontovertrages mit einem Kreditinstitut. Der K. wird durch ein Formular dokumentiert, das persönliche Daten des Kunden sowie weitere für die Kontoführung relevante Angaben (verfügungsberechtigte Personen, Anerkennung der → SCHUFA-Klausel, Anerkennung der → Allgemeinen Geschäftsbedingungen, Dokumentation der Ausweisdaten zur → Legitimationsprüfung sowie Unterschrift von Kontoinhaber und Verfügungsberechtigten) enthält. Die Willenserklärung des Kreditinstitutes zur Kontoeröffnung (Annahme des Antrags) erfolgt häufig konkludent, d.h. es wird keine schriftliche oder mündliche Willenserklärung formuliert; das Kreditinstitut eröffnet das Konto durch schlüssiges Handeln (z.B. Zusendung des ersten Kontoauszuges).

Kontoerrichtung, → Einrichtung von Konten.

Kontoinformationssystem, *Balance Report;* Software zum Abruf von Tagessalden und Umsätzen verschiedener Konten eines Unternehmens. Ein K. bildet die Basis für die Durchführung eines effizienten → Cash Management.

Kontoinhaber, Gläubiger einer Einlage, die sich auf einem Konto befindet. Als K. von Privatkonten bzw. Konten für Freiberufler kommen natürliche Personen, rechtsfähige Personenvereinigungen (→ Partnerschaft, → eingetragener Verein) und nicht rechtsfähige Personenvereinigungen (z.B. nicht eingetragener Verein) in Frage. Bei nicht rechtsfähigen Personenvereinigungen fungiert eine natürliche Person als K.; das Konto wird mit einem Zusatz (z.B. „wegen Kegelclub ....") gekennzeichnet. Bei Konten von Firmenkunden kommen als K. der → Einzelkaufmann, → Personenhandelsgesellschaften, → Kapitalgesellschaften und → juristische Personen des öffentlichen Rechts (z.B. Bund, Gemeinde, Industrie- und Handelskammer) in Betracht.

Kontokorrent, *Kontokorrentkonto;* Konto in laufender Rechnung. Bestimmungen zum K. sind im § 355 des HGB geregelt. Danach muss mindestens einer der beiden Vertragspartner → Kaufmann sein. Das K. dient der gegenseitigen Verrechnung von Forderungen und Verbindlichkeiten. Es ist mindestens einmal jährlich abzuschließen; beim Abschluss tritt der festgestellte Abschlusssaldo an die Stelle der Einzelpositionen (→ Kontoauszug). Die Berechnung von → Zinseszinsen ist beim K. erlaubt.

Kontokorrentkredit, Ermächtigung eines Kreditinstitutes an den Inhaber eines → Kontokorrentkontos, dieses bis zu einer bestimmten Höhe (Limit) überziehen zu dürfen. Der K. ist rechtlich kurzfristiger Natur (i.d.R. 6 Monate); er wird in der Praxis jedoch oft durch regelmäßige Prolongation wie ein langfristiger Kredit gehandhabt. Der K. findet bei Firmenkunden vor allem bei der Gewährung eines → Betriebsmittelkredites Anwendung. Bei Privatkunden wird er meist als → Dispositionskredit bezeichnet. Vom K. ist die → geduldete Überziehung zu unterscheiden.

Konversion, → Konsolidierung.

Konvertibilität, *Konvertierbarkeit;* Umtauschmöglichkeit von Devisen. Uneingeschränkte K. einer Währung ist gegeben, wenn die Währung unbegrenzt und ohne behördliche Genehmigung in eine andere Währung umgetauscht werden kann (Freizügigkeit des Devisenverkehrs).

Konvertierung, mögliche Maßnahme bei einer → Konsolidierung.

Konzern, Kapitalverflechtung eines Unternehmens. Bei einem Unterordnungs-K. übt ein herrschendes Unternehmen („Muttergesellschaft") die einheitliche Leitung über mehrere abhängige Unternehmen („Tochterunternehmen") aus. Bei einem Gleichordnungs-K. bestehen gegenseitige Kapitalbeteiligungen, die so ausgewogen sind, dass kein herrschender Einfluss ausgeübt wird. Einen Sonderfall beim K. bildet die Holding: Hier stellt eine Dachgesellschaft die Spitze des K. Die Holding ist i.d.R. eine reine Verwaltungs- und Finanzierungsgesellschaft.

Körperschaft, → juristische Person des öffentlichen Rechts. Beispiele für eine K. sind Bund, Gemeinden, Universitäten und Kirchen.

Körperschaftsteuer, Steuer auf den Gewinn einer → juristischen Person. Von der K. befreit sind z.B. die → Deutsche Bundesbank, die → Kreditanstalt für Wiederaufbau oder gemeinnützige, mildtätige und kirchliche Institutionen. Im Gegensatz zur → Einkommensteuer, bei der für verschiedene Einkommenshöhen unterschiedliche (individuelle) Steuersätze vorliegen, existiert bei der K. nur ein Satz, und zwar zurzeit 25%. Die auf einer Ausschüttung von Gewinnen einer → Aktiengesellschaft lastende K. kann nicht bei der Einkommensteuerfeststellung des Aktionärs angerechnet werden.

Korrespondenzbank, Kreditinstitut, mit dem eine Bank oder Sparkasse in ständiger Geschäftsverbindung (Korrespondenzverhältnis) steht. Das Korrespondenzverhältnis zeichnet sich vor allem dadurch aus, dass dic beiden Kreditinstitute per → Kontokorrent (Banken-Kontokorrent) ihre gegenseitigen Forderungen und Verbindlichkeiten verrechnen.

Kraftloserklärung, bei Verlust bestimmter Urkunden (z.B. eines Sparbuches) anzuwendendes Verfahren. Der Verlust ist dem Kreditinstitut unverzüglich anzuzeigen. Die Ausstellung einer neuen Urkunde ist grundsätzlich erst nach K. möglich. Die K. kann durch ein Aufgebotsverfahren beim Amtsgericht eingeleitet werden. Bei Sparkassen ist auch der Vorstand zur K. berechtigt. In der

Praxis wird das Verfahren der K. eines Sparbuchs aus Gründen der Kosten- und Zeitersparnis bei geringem Guthaben nicht mehr durchgeführt. Stattdessen wird ein Sperrvermerk für das → Sparkonto angebracht.

Kreditanstalt für Wiederaufbau (KfW), Spezialinstitut des Bundes und der Bundesländer. Die KfW-Bankengruppe stellt zinsgünstige Kredite zur Förderung bestimmter Wirtschaftsbereiche (z.B. Mittelstand), Zwecke (z.B. Baudarlehen) oder Regionen (z.B. Entwicklungsländer) zur Verfügung

Kreditantrag, Willenserklärung eines Kunden zum Abschluss eines Kreditvertrages (Darlehensvertrages). Der K. wird durch Unterschrift auf einem Formular dokumentiert, das persönliche Angaben zum Kunden, Hinweis auf die → Allgemeinen Geschäftsbedingungen, evtl. einen Hinweis auf Bestimmungen des BGB zum → Verbraucherdarlehen sowie einen Hinweis auf → Kreditsicherheiten (die i.d.R. durch Zusatzverträge bestellt werden) enthält. Die Annahme des K. durch das Kreditinstitut erfolgt nach → Bonitätsprüfung konkludent (d.h. durch schlüssiges Handeln, z.B. Auszahlung oder Gutschrift des Darlehensbetrages) oder durch Zusendung eines Kreditbewilligungsschreibens.

Kreditarten, Klassifizierung von Krediten. Als Klassifizierungskriterium dient vor allem die Kreditlaufzeit. Hierbei werden kurzfristige (z.B. → Kontokorrentkredit) und langfristige Kredite (z.B. → Realkredit) unterschieden. Ein weiteres Kriterium für die Klassifizierung von K. ist die Unterscheidung in → Geldleihe und → Kreditleihe.

Kreditbanken, Begriff aus der Bankengruppenstatistik der → Deutschen Bundesbank. Unter dem Begriff K. werden dort die → Großbanken, regional tätige Banken (Regionalbanken) und Zweigstellen ausländischer Banken zusammengefasst.

Kreditbewilligung, *Kreditzusage;* Willenserklärung eines Kreditinstitutes als Reaktion auf den → Kreditantrag eines Kunden.

Kreditderivate, Finanzinstrumente, bei denen nicht Kredite, sondern die jedem Kredit zugrunde liegenden Bonitätsrisiken gehandelt werden. Ein Beispiel für K. ist der → Credit Default Swap.

Kreditfazilität, *Kreditmöglichkeit;* Kreditrahmen, der bei Bedarf in Anspruch genommen werden kann. Beispiele sind der → Kontokorrentkredit und die Kredite der Europäischen Zentralbank. – Vgl. auch → geldpolitische Operationen.

Kreditgarantiegemeinschaften, → Bürgschaftsbanken.

Kreditgenossenschaften, Kreditinstitute, die in der Rechtsform der eingetragenen → Genossenschaft (eG) geführt werden. K. sind Volksbanken, Raiffeisenbanken sowie Spar- und Darlehenskassen.

Kreditinstitut, Unternehmen, das → Bank-

Merkmale von Kreditkarten/Zahlungskarten

Kartenart	Merkmale
„Charge Cards"	Der Kunde erhält regelmäßig (z.B. einmal monatlich) eine Rechnung über seine Kartenumsätze, die er dann zulasten seines Kontos bezahlt.
„Credit Cards"	Der Kunde zahlt seine Rechnung nicht in einer Summe, sondern in Raten gegen Berechnung von Zinsen. Er unterhält bei der Kreditkartengesellschaft ein Kartenkonto, das im Falle eines Guthabens auch Sparfunktion besitzt. *Beispiel:* Bestimmte Visa-Produkte, bei denen die kartenausgebenden Kreditinstitute Marketing, Kartendesign und Preisgestaltung übernehmen.
„Debit Cards" (Post Paid Cards)	Alle Transaktionen mit der Karte werden zinsmäßig taggenau erfasst und vom Konto des Kunden eingezogen. *Beispiel:* Bank-/ Sparkassenkarte.
Wertkarte (Pre Paid Cards)	Der Kunde zahlt vorher einen Betrag ein, der nach und nach durch elektronische Abbuchung verbraucht wird. *Beispiel:* Geldkarte.
Co-Brandig Card	Kreditkarte, die auf einer Kooperation zwischen Kartenanbieter und einem anderen Unternehmen (z.B. Automobilclub) beruht. Das Mitglied des Automobilclubs erhält über seine Mitgliedschaft die Möglichkeit, eine Charge Card, Credit Card etc. zu beziehen.

geschäfte betreibt (Definition nach § 1 des KWG). Im § 1 KWG erfolgt eine Aufzählung der Bankgeschäfte (z.B. Einlagengeschäft, Kreditgeschäft, Investmentgeschäft). Nach der Rechtsprechung der Europäischen Union bezieht sich der Begriff K. nur auf Unternehmen, die sowohl Einlagen- als auch Kreditgeschäfte betreiben. Erweitert wird der Begriff K. im KWG durch weitere Begriffe, z.B. → Finanzdienstleistungsinstitut.

Kreditkarten, *Zahlungskarten;* Instrumente des bargeldlosen Zahlungsverkehrs. – Vgl. die Abbildung „Merkmale von Kreditkarten/ Zahlungskarten“ auf S. 140.

Kreditklemme, Situation, in der Kreditinstitute die Wirtschaft trotz ausreichender → Liquidität in zu geringem Maße mit Krediten versorgen. Eine K. führt zu negativen Auswirkungen auf die → Konjunktur.

Kreditkosten, Entgelte bei der Inanspruchnahme eines Kredites. K. setzen sich aus Zinsen, Provisionen sowie Auslagen und Nebenkosten zusammen. Bei Verbraucherkrediten im Sinne der Regelungen des BGB zum → Verbraucherdarlehen ist die umfassende Angabe aller K. in Schriftform vorgeschrieben. Sonderregelungen gelten hier bei → geduldeten Überziehungen. Zu beachten sind bei Krediten an Privatleute ferner die Vorschriften der → Preisangabenverordnung.

Kreditleihe, Teilbereich des Kreditgeschäftes. Bei einer K. stellt ein Kreditinstitut seinem Kunden keine liquiden Mittel, sondern seinen „guten Namen“ zur Verfügung, indem es beispielsweise eine Bürgschaft für den Kunden übernimmt. Zur K. gehören → Aval und → Akzeptkredit. – *Gegensatz:* → Geldleihe.

Kreditor, Bezeichnung für einen Bankkunden, dessen Konto einen Habensaldo aufweist. – *Gegensatz:* → Debitor.

Kreditprovision, *Bereitstellungsprovision,* Entgelt für die Liquiditätsbereitschaft eines Kreditinstitutes. Bei einem → Kontokorrentkredit muss ein Kreditinstitut täglich damit rechnen, dass der Kunde sein Konto überzieht. Für eine solche nicht vorhersehbare Liquiditätsbeanspruchung des Kredit gewährenden Instituts wird eine K. berechnet; diese wird i.d.R. in den Zinssatz einkalkuliert, der dem Kunden bei Inanspruchnahme des Kontokorrentkredites in Rechnung gestellt wird.

Kreditschöpfung, andere Bezeichnung für → Geldschöpfung.

Kreditscoring, mathematisch-statistisches Prognoseverfahren für die Kalkulation von → Kreditkosten sowie für die Prüfung der → Kreditwürdigkeit. Scoringdaten sind bestimmte Kundenmerkmale (Alter, Beruf, Geschlecht etc.). Bei Firmenkunden kommen Aussagen zu den Bilanzverhältnissen (→ Bilanzanalyse), zur Marktstellung, zum Management etc. hinzu. Hochleistungsrechner ermitteln aus den Kundendaten einen individuellen Scoringwert, der angibt, mit welcher Wahrscheinlichkeit es bei dem entsprechenden Kunden zu einem Kreditausfall kommt. Damit kann jeder Kunde einer bestimmten Ratingstufe (einer Risikoklasse) zugeordnet werden; die Kreditkonditionen werden so individuell kalkuliert. Auch die → SCHUFA bietet ein Scoringverfahren an. – Von Bedeutung ist das K. auch im Zusammenhang mit den Regelungen zu „Basel II“, wonach Kreditinstitute in Zukunft dadurch, dass der bei einem Kredit zu unterlegende Eigenkapitalanteil bei abnehmender Bonität des Kreditnehmers steigen muss (→ Grundsätze über die Eigenmittel und die Liquidität der Institute), eine Bonitätsermittlung für jeden Kreditnehmer durch ein → Rating vornehmen müssen. Als Instrument dient hier auch das K.

Kreditsicherheiten, Sammelbegriff für Absicherungsmöglichkeiten von Kreditengagements. K. können → Personensicherheiten oder Sachsicherheiten sein:

Vermögensart	Sicherheitsbestellung
bewegliches Vermögen (Maschinen, KfZ, Wertpapiere etc)	Sicherungsübereignung oder Pfandrecht
unbewegliches Vermögen (Grundstücke und Gebäude)	Grundpfandrecht
Forderungen (z.B. Forderungen aus Lieferung und Leistung, Lebensversicherungsansprüche)	sicherungsweise Abtretung (Regelfall), evtl. Pfandrecht

Kreditüberwachung, Beobachtung von Kreditengagements. Überwacht werden neben der ordnungsgemäßen Rückführung des Kreditbetrages und der Zinszahlung auch die Verwendung der Kreditmittel, die Entwicklung der persönlichen und wirtschaftlichen Verhältnisse des Kreditnehmers sowie die Wertentwicklung der Kreditsicherheiten.

Kreditverbriefung, → Asset Backed Securities (ABS).

Kreditwesengesetz, → Gesetz über das Kreditwesen.

Kreditwürdigkeit, personelle und materielle Voraussetzung für die Fähigkeit, Kredite ordnungsgemäß zurückführen zu können. Unter die persönliche K. fallen Eigenschaften wie Zuverlässigkeit, berufliches Können etc., unter materielle K. geordnete wirtschaftliche und finanzielle Verhältnisse. Die Prüfung der K. erfolgt anhand zahlreicher Unterlagen, z.B. Auskünfte, Kontounterlagen, Einkommensnachweise. Bei Krediten an Firmenkunden werden zusätzlich Bilanzen (→ Bilanzanalyse), Lageberichte, Marktanalysen etc. hinzugezogen.

Kreditzusage, *Kreditbewilligung;* Willenserklärung eines Kreditinstitutes als Reaktion auf den → Kreditantrag eines Kunden.

Kumulative Vorzugsaktie, → Vorzugsaktie.

Kundenberatung, → Anlageberatung.

Kundentypen, Klassifizierung der Anlagementalität (Zielvorstellung) verschiedener Kunden im Rahmen der → Anlageberatung. Als „klassische" K. werden unterschieden:

Kundentyp	Zielvorstellung
konservativer Kunde	langfristiger Wertzuwachs bei hoher Sicherheitserwartung
wachstumsorientierter Kunde	mittel-/langfristiger Wertzuwachs mit überschaubarem Risiko
dynamischer Kunde	hohe langfristige Wertsteigerungserwartung bei großer Risikobereitschaft

Kündigung, einseitige empfangsbedürftige Willenserklärung, die auf eine Auflösung eines Vertragsverhältnisses gerichtet ist. Bei einer K. sind eventuelle gesetzliche oder vertragliche Fristen zu beachten. Unter bestimmten Voraussetzungen ist eine fristlose K. möglich. In der Praxis der Kreditinstitute sind insbesondere die Regelungen zur K. von Einlagen oder auch Kreditverhältnissen relevant (→ Kontoauflösung, → Festzinsdarlehen).

Kündigungsfreibetrag, Betragsgrenze für → Spareinlagen mit einer Kündigungsfrist von 3 Monaten. Bei diesen Spareinlagen kann ein Kunde bis zu 2.000 Euro innerhalb eines Kalendermonats ohne → Kündigung und ohne Berechnung von → Vorschusszinsen von seinem Kreditinstitut fordern.

Kündigungsgeld, Sonderform einer → Termineinlage. Bei einem K. wird im Gegensatz zum → Festgeld die Einlage für eine unbestimmte Zeit geleistet. Es wird jedoch eine Kündigungsfrist vereinbart (z.B. 1 Monat). Kündigt der Kunde die Einlage, kann er nach Ablauf der Kündigungsfrist über diese verfügen. Das K. kommt in der Praxis nur selten zur Anwendung.

Kündigungssperrfrist, zusätzliche Fristvereinbarung zwischen Kreditinstitut und Kunde bei → Spareinlagen mit einer Kündigungsfrist ab 6 Monaten. Wird eine K. vereinbart, kann innerhalb dieser Frist keine → Kündigung der Einlage erfolgen. Die K. gilt für jede Einzahlung. – *Beispiel:* Wird bei einer Spareinlage mit 1-jähriger Kündigungsfrist eine K. von 6 Monaten vereinbart, so kann eine Einzahlung, die am 20.1. erfolgt, erst zum 20.7. gekündigt werden. Eine Verfügung über diese Einzahlung ist ohne Berechnung von → Vorschusszinsen erst ab dem 20.7. des nächsten Jahres möglich.

Kupon, Wertpapier, das bei einer → Anleihe, → Aktie oder bei einem → Investmentzertifikat den Anspruch des Anlegers auf Zinsen, Dividende bzw. Ertragsausschüttung verbrieft. Bei effektiven Stücken (Urkunden im Besitz des Kunden) wird der K. durch einen Abschnitt auf dem → Bogen der Urkunde dokumentiert. Dieser Abschnitt ist zur Geltendmachung des Anspruchs vom Kunden an der Kasse eines Kreditinstitutes vorzulegen. Kuponansprüche, die Kreditinstitute im

Rahmen ihrer Depotverwaltungstätigkeiten für ihre Kunden geltend machen, werden heute im Zuge des stückelosen → Effektengiroverkehrs nicht mehr durch Vorlage effektiver Kupons abgewickelt.

Kursänderungsrisiko, Risiko einer für den Anleger negativen Kursentwicklung seiner Wertpapiere. Das K. entsteht aufgrund allgemeinwirtschaftlicher Einflüsse (→ Konjunktur) oder branchen- bzw. unternehmensspezifischer Einflüsse.

Kursfeststellung, Ermittlung des für die Abwicklung eines bestimmten Wertpapierauftrags maßgeblichen → Börsenkurses. – Vgl. auch → fortlaufende Notierung und → Einheitskurs.

Kurs-Gewinn-Verhältnis (KGV), *Price-Earnings-Ratio, P/E, PER;* wichtige Kennziffer im Zusammenhang mit der fundamentalen → Aktienanalyse. Das KGV errechnet sich aus dem Verhältnis des Aktienkurses zum geschätzten Gewinn je Aktie. Als Gewinn können die voraussichtliche → Dividende oder das voraussichtliche → DVFA-Ergebnis hinzugezogen werden. Beträgt z.B. der aktuelle Aktienkurs 100 Euro, so ergibt sich bei einer voraussichtlichen Dividende für das laufende Jahr von 2 Euro ein KGV von 50. Je höher das KGV, desto „teurer" erscheint die Aktie. Im Beispiel müsste der Gewinn des Unternehmens in 50 Folgejahren „verdient" werden, um den hohen Kurs zu rechtfertigen. Würde sich in den nächsten Jahren der Gewinn jedoch nachhaltig erhöhen, führte dies zu einer erheblichen Senkung des KGV. – KGV-Analysen sind nur bedingt zur Bewertung von Aktien geeignet, da die Gewinnprognosen für die Zukunft äußerst schwierig sind. Das KGV ist allerdings ein interessanter Maßstab für die Vergleichbarkeit von Unternehmen einer Branche oder eines → Börsensegments.

Kurshinweis, über die Funktion eines → Kurszusatzes hinausgehende Erläuterung der Marktlage (Einzelheiten zu Angebot und Nachfrage) bei der Ermittlung eines Wertpapierkurses. – Vgl. auch Abbildung „Kurshinweise".

Kursindex, Börsenindex (→ Index), der die Wertentwicklung der im Index enthaltenen Wertpapiere nur aufgrund der Kursentwick-

Kurshinweise

Hinweis	Bedeutung
G (Geld)	Es fand kein Umsatz statt; zum angegebenen Kurs bestand nur Nachfrage.
B (Brief)	Es fand kein Umsatz statt; zu dem angegebenen Kurs bestand nur Angebot,
- (gestrichen)	Ein Kurs konnte nicht festgestellt werden.
- G (gestrichen Geld)	Es lagen ein Kaufauftrag oder mehrere Kaufaufträge vor, die jedoch nicht limitiert waren, so dass kein Kurs festgestellt werden konnte.
- Brief (gestrichen Brief)	Es lagen ein Verkaufsauftrag oder mehrere Verkaufsaufträge vor, die jedoch nicht limitiert waren, so dass kein Kurs festgestellt werden konnte.
- T (gestrichen Taxe)	Ein Kurs konnte nicht festgestellt werden; der angegebene Kurs ist geschätzt.
ex BR (ex Bezugsrecht)	Bei dem angegebenen Kurs handelt es sich um die erste Kursnotierung nach Aufnahme des → Bezugsrechtshandels.
ex BA (ex Berichtigungsabschlag)	Bei dem angegebenen Kurs handelt es sich um die erste Kursnotierung nach Aufnahme des Handels mit → Teilrechten.
ex Div/ex D (ex Dividende)	Bei dem angegeben Kurs handelt es sich um die erste Kursnotierung nach Beschluss der Hauptversammlung zur Ausschüttung der → Dividende.

lung im Zeitablauf berücksichtigt. Wichtigstes Beispiel für einen K. ist der US-amerikanische Dow Jones. – *Gegensatz:* → Performance-Index.

Kursinformationssystem, EDV-gestützes System zur Verbreitung von Wertpapierdaten. Außer Kursinformationen liefert ein K. i.d.R. auch Umsatzzahlen und Basisinformationen zu den Wertpapieren.

Kurslimit, preisliche Obergrenze beim Kauf bzw. Untergrenze beim Verkauf eines Wertpapiers. Die Angabe eines K. ist für Kunden besonders bei relativ stark schwankenden („volatilen") Kursen empfehlenswert. – Vgl. auch → Einheitskurs.

Kursmakler, Vermittler von Wertpapieraufträgen im amtlichen Handel (→ Börsensegment). Rechtsgrundlage für den K. sind die Bestimmungen des HGB zum → Handelsmakler. Neben der Vermittlungstätigkeit übernehmen K. die Aufgabe der Kursfeststellung (→ Einheitskurs). K. werden nach den Regelungen des Börsengesetzes als Skontroführer bezeichnet.

Kursnotierung, offizieller Börsenkurs (Börsenpreis). Die K. erfolgt als → Einheitskurs oder als → fortlaufende Notierung. Je nach Marktlage wird eine K. mit einem → Kurszusatz oder einem → Kurshinweis versehen.

Kurspflege, Interventionen in Form von Käufen oder Verkäufen von Wertpapieren oder Devisen mit dem Ziel, größere Kursschwankungen zu verhindern. Bei Wertpapieren übernehmen z.B. Kreditinstitute eines → Konsortiums die K. für die vom Konsortium emittierten Wertpapiere. Bei → Computerbörsen sind → Market Maker für eine K. der von ihnen betreuten Papiere zuständig. Im Devisenhandel übernehmen die Nationalbanken eines Landes häufig eine K. – Vgl. auch → Interventionen am Devisenmarkt.

Kurssicherung, Maßnahme zur Absicherung eines bestimmten Engagements in Wertpapieren oder Devisen („Hedging"). Bei Wertpapieren wird eine K. über → Optionen oder → Futures durchgeführt. Bei Devisen kommen → Devisenoptionen oder → Devisentermingeschäfte zur Anwendung.

Kursvolatilität, → Volatilität.

Kurswert, Produkt aus Stückzahl und Kurs bei → Aktien. 100 Aktien zum Kurs von je 15 Euro ergeben 1.500 Euro K. Bei → Anleihen wird der K. als Produkt von → Nennwert und (Prozent-)Kurs ermittelt. Ein Nennwert von 20.000 Euro ergibt bei einem Kurs von 98,5(%) einen K. von 19.700 Euro.

Kurszusatz, ergänzende Erläuterung der Marktlage bei der Ermittlung eines Börsenkurses (→ Einheitskurs). Bei einem Kurs ohne K. wurden alle vorliegenden Aufträge ausgeführt. Dieser Kurs wird manchmal auch mit einem „b" (bezahlt) gekennzeichnet. Die weiteren Kurszusätze geben Auskunft darüber, welche Aufträge nicht ausgeführt werden konnten. Erteilt ein Kunde z.B. einen Kaufauftrag mit einem Limit von 56 Euro, so weiß er bei einem Kurs von 56 bG erst nach Zustellung einer Ausführungsanzeige, ob sein Auftrag ausgeführt wurde. Bei einem Verkaufsauftrag mit dem Limit 56 Euro wäre eine Ausführung zum Kurs von 56 bG jedoch sicher.

Kurszusatz	nicht ausgeführte Aufträge
bG (bezahlt Geld)	einige der zum Kurs limitierten Kaufaufträge
bB (bezahlt Brief)	einige der zum Kurs limitierten Verkaufsaufträge
ebG (etwas bezaht Geld)	die meisten der zum Kurs limitierten Kaufaufträge
ebB (etwas bezahlt Brief)	die meisten der zum Kurs limitierten Verkaufsaufträge
rat. G oder B (rationiert Geld oder Brief)	die meisten der zum Kurs limitierten Kauf- und Verkaufsaufträge sowie die meisten unlimitierten Aufträge

KWG, Abk. für das *Kreditwesengesetz* – Vgl. dazu die Ausführungen zum → Gesetz über das Kreditwesen.

L

Lagerstellenbuch, *Lagerstellendatei;* im Rahmen der → Depotbuchführung von Kreditinstituten angelegtes Verzeichnis, das zur Verwahrung übernommene Wertpapierbestände getrennt nach ihren Lagerstellen ausweist. L. werden insbesondere von größeren Kreditinstituten geführt, die mit der Verwahrung der Wertpapiere unterschiedliche Drittverwahrer beauftragen (→ Drittverwahrung). Das L. dient u.a. der Lieferungsabwicklung und -kontrolle im Effektenhandel sowie der Eingangskontrolle bei Zins- und Dividendenzahlungen.

Lagerstellendatei, → Lagerstellenbuch.

Länderanleihe, → Anleihe eines Bundeslandes mit üblicherweise jährlicher Zinszahlung und einer Laufzeit bis zu zehn Jahren. Die Ausgabe von Urkunden ist ausgeschlossen; zugunsten des Erwerbers erfolgt eine Eintragung in das Landesschuldbuch. Der Handel an deutschen Wertpapierbörsen ist ohne besonderes Zulassungsverfahren möglich. L. sind mündelsicher (→ Mündelsicherheit) und deckungsstockfähig (→ Deckungsstockfähigkeit).

Länderfonds, → Investmentfonds mit einem Anlageschwerpunkt in Aktien eines bestimmten Landes bzw. bestimmter Länder.

Landesbank/Girozentrale, überregionales Spitzeninstitut des Sparkassensektors mit Zentralbankfunktion (→ Zentralbank) für die angeschlossenen Sparkassen. Die L./G. besorgt einerseits als Landesbank die Bankgeschäfte des jeweiligen Bundeslandes, betreibt das Kommunalkreditgeschäft, führt öffentliche Fördermaßnahmen durch und dient der Wirtschaft des Landes als Geschäftsbank im Privat- und Firmenkundengeschäft. Andererseits ist sie als Girozentrale zentrales Institut der angeschlossenen Sparkassen. In dieser Funktion dient sie vor allem als zentrale Verrechnungsstelle für den bargeldlosen Zahlungsverkehr, verwaltet Liquiditätsreserven der Sparkassen und dient ihnen als Refinanzierungsstelle.

Landeszentralbank (LZB), alte Bezeichnung für eine Hauptverwaltung der → Deutschen Bundesbank für den Bereich eines einzelnen Bundeslandes oder mehrerer Bundesländer. Die einzelnen Hauptverwaltungen werden jeweils von einem Präsidenten geleitet, der dem Vorstand der Deutschen Bundesbank untersteht.

längerfristige Refinanzierungsgeschäfte des ESZB, → geldpolitische Operationen.

Lastschrift. 1. *Begriff:* Instrument des bargeldlosen Zahlungsverkehrs (→ bargeldlose Zahlung), mit dem der Zahlungsempfänger über seine Bank den Einzug fälliger Forderungen vom Konto des Zahlungspflichtigen veranlassen kann. – 2. *Voraussetzungen für den Forderungseinzug durch Lastschriften:* Die Teilnahme am Lastschriftverfahren setzt eine entsprechende Lastschriftvereinbarung (→ Vereinbarung über den Einzug von Forderungen durch L.) zwischen dem Zahlungsempfänger und seinem Kreditinstitut voraus. Der Kunde kann seiner Bank wahlweise Beleglastschriften oder Lastschriftdaten auf Datenträgern (z.B. CD`s) einreichen. Der auf der Grundlage des Abkommens über den Lastschriftverkehr (→ Abkommen) durchgeführte Forderungseinzug zwischen den Kreditinstituten erfolgt dagegen stets beleglos. Der Einzug von Forderungen durch L. setzt außerdem die Zustimmung des Zahlungspflichtigen voraus, die entweder in Form einer Einzugsermächtigung (→ Einzugsermächtigungsverfahren) direkt dem Zahlungsempfänger oder als → Abbuchungsauftrag der Bank des Zahlungspflichtigen erteilt wird. – 3. *Nutzen des Lastschrifteinzugs:* Das Lastschriftverfahren ist zum Einzug von Forderungen auch in wechselnder Höhe (z.B. Telefonrechnungen) sowie in unregelmäßigen Zeitabständen geeignet. Dem Zahlungsempfänger erleichtert der Lastschrifteinzug die Disposition der eigenen Liquidität und gewährleistet pünktlichen Zahlungseingang, da er den Zahlungsvorgang selbst auslöst. Außerdem wird die Debitorenbuchhaltung entlastet und das Mahnwesen vereinfacht. Für den Zahlungspflichtigen entfallen die Terminüberwachung und das Anfertigen von Zahlungsbelegen. Er akzeptiert jedoch Einschränkungen seiner finanziellen Dispositionsmöglichkeiten, da er zu den Fälligkeitsterminen für Kontodeckung sorgen muss.

Lastschriftabkommen, → Abkommen.

Lastschriftobligo. Das von der ersten Inkassostelle geführte L. zeigt dem jeweiligen Kreditinstitut den Gesamtbetrag möglicher Rückbelastungen an, die sich aus den einem bestimmten Zahlungsempfänger bereits unter Vorbehalt des Eingangs gutgeschriebenen → Lastschriften ergeben können. Die möglichen Rücklastschriften stellen für die Bank des Zahlungsempfängers ein Kreditrisiko dar, weil der Kunde über den Gutschriftsbetrag verfügen kann, bevor für das Kreditinstitut die Einlösung einer Lastschrift endgültig gewährleistet ist. Dies ist insbesondere im → Einzugsermächtigungsverfahren relevant, da der Zahlungspflichtige hier einer Belastung auch nachträglich noch widersprechen kann. Zur Begrenzung dieses Risikos legen Kreditinstitute nach Prüfung der → Kreditwürdigkeit eines Lastschrifteinreichers ein individuell für ihn geltendes Einreicherlimit fest.

Lastschriftvereinbarung, → Vereinbarung über den Einzug von Forderungen durch Lastschriften.

laufende Rechnung, → Kontokorrent.

laufendes Konto, → Kontokorrent.

laufende Verzinsung, Verzinsung einer → Anleihe unter Berücksichtigung von Nominalzins und Kapitaleinsatz. L.V. = Nominalzins · 100 : Erwerbskurs. Ein Rückzahlungsgewinn bzw. -verlust bleibt unberücksichtigt. Liegt der Kapitaleinsatz aufgrund eines entsprechenden Erwerbskurses unter (über) dem → Nennwert der Schuldverschreibung, so ist die l.V. höher (niedriger) als die → Nominalverzinsung. Anstelle des Nominalzinses wird zur Ermittlung der l.V. einer Aktie der jeweilige Dividendensatz zugrundegelegt; jedoch wird die l.V. von Aktien im Allgemeinen als → Dividendenrendite bezeichnet.

Laufindex, *Real-Time-Index;* Aktienindex (→ Index), der während der Börsenzeit aufgrund der Kursentwicklung permanent aktualisiert wird und damit auch sehr kurzfristige Veränderungen der Marktentwicklung anzeigt.

Laufzeitfonds, → Investmentfonds mit begrenzter Laufzeit. Zu einem vorgegebenen Fälligkeitstermin wird der L. aufgelöst und die Anteilseigner erhalten den ihnen zustehenden Anteil des Fondsvermögens ausgezahlt. L. sind meist → thesaurierende Fonds, bei denen die Erträge während der Laufzeit regelmäßig wiederangelegt werden. L. werden teilweise mit einer Rückzahlungsgarantie versehen (Garantiefonds).

LC, Abk. für *Letter of Credit;* → Commercial Letter of Credit.

Lead Manager, → Bankenkonsortium.

Lean Banking, Oberbegriff für Maßnahmen zur Optimierung bankbetrieblicher Strukturen und Prozesse. L.B. ist nicht nur auf Rationalisierung und damit auf Kostenersparnis, sondern auch auf eine Erhöhung der Dienstleistungsqualität und der Kundenzufriedenheit ausgerichtet. Konkrete Ansatzpunkte können z.B. in einer Ausdünnung des Zweigstellennetzes, einer Bereinigung des Produktangebots, einem Abbau von Hierarchieebenen oder einer Spezialisierung auf bestimmte Kundengruppen bestehen.

Leasing. 1. *Begriff:* Vermietung oder Verpachtung von beweglichen oder unbeweglichen Wirtschaftsgütern (z.B. Büromaschinen, Kraftfahrzeuge, Produktionsanlagen) durch den Hersteller der Güter oder durch spezielle Leasinggesellschaften. Dabei wird der Vermieter bzw. Verpächter als Leasinggeber, der Mieter bzw. Pächter als Leasingnehmer bezeichnet. Leasingnehmer können Unternehmen, Privathaushalte oder Behörden sein. Der Leasingvertrag sieht i.d.R. eine unkündbare Grundmiet- bzw. -pachtzeit vor, beinhaltet zusätzliche Dienstleistungen des Leasinggebers (z.B. Wartung, Reparaturdienst) und gewährt dem Leasingnehmer häufig eine Option zum Erwerb des Leasinggegenstandes bei Vertragsablauf. – 2. *Formen:* a) *Nach der Dauer bzw. Kündbarkeit des Leasingvertrages:* → Finance Leasing und → Operate Leasing, b) *nach der Stellung des Leasinggebers:* Direktes Leasing (→ Hersteller-Leasing) und → indirektes Leasing, c) *nach der Art des Leasinggegenstandes:* → Mobilienleasing und → Immobilienleasing sowie d) *nach dem Umfang der vereinbarten Dienstleistungen:* → Full-Service-Leasing, → Teil-Service-Leasing und → Net-Leasing. – 3. *Nutzen:* L. ermöglicht dem Leasingnehmer Investitionen bei nur geringer Inanspruchnahme von → Eigenkapital und → Liquidität. Der monatliche Leasingaufwand kann aus den Erträgen, die durch den Einsatz des Leasinggegenstandes erwirtschaftet werden bestritten werden. Bei kurzfristigen Leasingverträgen ist die schnelle Anpassung an den technischen Fortschritt möglich, wodurch das Investitionsrisiko begrenzt werden kann. Feste, unter bestimmten Voraussetzungen steuerlich absetzbare Leasingraten gewährleisten dem Leasingnehmer eine sichere Kalkulationsbasis. Jedoch kann die Summe der Leasingraten je nach Vertragsgestaltung den Kaufpreis des Gegenstandes übersteigen. Außerdem ist der Leasingnehmer während der Grundmietzeit vertraglich gebunden, selbst wenn z.B. rückläufiger Absatz oder sinkende Produktpreise die Weiterverwendung des Leasinggegenstandes im Betrieb unrentabel werden lassen.

Lebensversicherung, Personenversicherung, aus der bei Vertragsablauf oder im Todesfall des Versicherten die Ablaufleistung (vereinbarte Versicherungssumme zuzüglich einer Überschussbeteiligung) in Form einer einmaligen Zahlung oder als regelmäßige Rente an den Bezugsberechtigten ausgezahlt wird. Der Anspruch auf die Versicherungsleistung wird durch einmalige oder über einen längeren Zeitraum regelmäßig geleistete Prämienzahlungen erworben. Mögliche Zielsetzungen beim Abschluss einer L. sind z.B. Versorgung von Angehörigen im Todesfall, Sicherung aufgenommener Darlehen (u.a. im Rahmen einer → Baufinanzierung) und Vermögensbildung bzw. Altersvorsorge. Grundsätzlich lassen sich zwei Arten der L. unterscheiden: Bei der → Kapitallebensversicherung auf den Todes- und Erlebensfall (gemischte L.) erfolgt die Auszahlung der Versicherungsleistung bei Tod des Versicherten sofort an den jeweiligen Bezugsberechtigen, im Erlebensfall nach Ablauf der festgelegten Vertragslaufzeit an den Versicherten. Bei einer (reinen) → Risikolebensversicherung dagegen wird die Versicherungsleistung nur beim Tode des Versicherten fällig, im Erlebensfall endet die Versicherung mit Erreichen der vereinbarten Laufzeit ohne einen Anspruch auf Zahlung. Im Zusammenhang mit L. werden häufig Zusatzversicherungen abgeschlossen. Dabei handelt es sich z.B. um Unfallzusatzversicherungen, aus denen bei Unfalltod erhöhte Leistungen fällig werden oder um Berufsunfähigkeitsversicherungen, die bereits bei Berufsunfähigkeit des Versicherten die Zahlung der Versicherungssumme oder einer monatlichen Rente vorsehen. Beiträge zu L. können in begrenztem Umfang als Vorsorgeaufwendungen bei der Einkommensteuererklärung geltend gemacht werden.

Leerverkauf, → Wertpapierleihe.

Legalzession, Übergang einer Forderung auf einen neuen Gläubiger, der nicht durch einen Abtretungsvertrag (→ Abtretung), sondern aufgrund gesetzlicher Bestimmung bewirkt wird. Zu einem gesetzlichen Forderungsübergang kommt es z.B. im Zusammenhang mit der Verwertung eines Pfandes (→ Pfandrecht), wenn der Verpfänder nicht gleichzeitig persönlicher Schuldner ist. Bei einer Befriedigung des Gläubigers aus dem Pfand geht dessen Forderung auf den Verpfänder über.

Legitimationspapier, Urkunde, gegen deren Vorlage ein Schuldner zur Leistung mit befreiender Wirkung berechtigt ist, ohne zur Überprüfung der tatsächlichen Berechtigung des Inhabers der Urkunde verpflichtet zu sein. Dies gilt jedoch nur, wenn der Schuldner in gutem Glauben auf die Legitimationswirkung vertraut, d.h. ihm im Fall fehlender Berechtigung des Inhabers nicht Vorsatz oder grobe Fahrlässigkeit zur Last gelegt werden kann. Unterschieden werden *einfache L. (Legitimationszeichen)* und *qualifizierte L.* Bei *einfachen L.* (z.B. Gepäckschein, Garderobenmarke) kann der Berechtigte seinen Anspruch auch ohne Vorlage der Urkunde geltend machen. Sie erleichtern lediglich den

Nachweis des Anspruchs. Beim → qualifizierten *L.* ist dagegen die Vorlage der Urkunde zur Geltendmachung des Rechts nötig.

Legitimationsprüfung. Die Kreditinstitute sind gemäß Abgabenordnung verpflichtet, sich im Zusammenhang mit der Eröffnung eines Kontos oder der Überlassung eines → Schrankfachs Gewissheit über die Person und die Anschrift des Verfügungsberechtigten zu verschaffen und die entsprechenden Angaben in geeigneter Form, bei Konten auf dem Konto, festzuhalten. Die Errichtung von Konten auf falsche oder erdichtete Namen ist unzulässig. Dieser Grundsatz der Kontenwahrheit soll dazu beitragen, Steuerhinterziehungen zu verhindern. Die Verpflichtung zur L. erstreckt sich nicht nur auf den Kontoinhaber, sondern (von bestimmten Ausnahmen abgesehen) auch auf den bzw. die gesetzlichen Vertreter und Bevollmächtigte eines Kontoinhabers. Gewissheit über die Person eines Verfügungsberechtigten besteht nur dann, wenn der vollständige Name, das Geburtsdatum und der Wohnsitz bekannt sind. Die L. erfolgt anhand eines amtlichen Lichtbildausweises (i.d.R. Personalausweis oder Reisepass mit Meldebestätigung). Bei → juristischen Personen und → Personenhandelsgesellschaften wird die L. unter Bezugnahme auf eine amtliche Veröffentlichung oder ein amtliches Register (z.B. → Handelsregister) vorgenommen. Bei der Eröffnung von Konten für Kinder kann die L. des Kontoinhabers ggfs. auch anhand der Geburtsurkunde oder des Familienstammbuches erfolgen. Zusätzlich wird hier die Legitimation der gesetzlichen Vertreter geprüft. - Die Verpflichtung der Kreditinstitute zur Legitimationsprüfung im Zusammenhang mit der Eröffnung von Konten ergibt sich darüber hinaus auch aus den Vorschriften des → Gesetzes über das Aufspüren von Gewinnen aus schweren Straftaten.

Leihe, Überlassung einer Sache zum unentgeltlichen Gebrauch. Der Entleiher darf die Sache nur zum vertragsmäßigen Gebrauch verwenden und ist ohne Erlaubnis des Verleihers nicht berechtigt, sie einem Dritten zum Gebrauch zu überlassen. Er ist verpflichtet, die geliehene Sache nach Ablauf der vereinbarten Zeit zurückzugeben.

Leistungsbilanz, Teilbilanz der → Zahlungsbilanz.

Leistungsgarantie, → Bankgarantie, bei der sich die gewährleistende Bank gegenüber dem Auftraggeber bestimmter vertraglicher Leistungen (z.B. Baumaßnahmen) zur Zahlung des festgelegten Garantiebetrages für den Fall verpflichtet, dass der Auftragnehmer (Unternehmer) die vertraglich vereinbarten Leistungen nicht erbringt. Die Leistungsgarantie ist den Avalkrediten (→ Aval) zuzurechnen.

Leitkurs, → Parität.

Leitzinsen, Oberbegriff für die von der → Zentralnotenbank eines Landes oder eines Währungsgebietes für die → Refinanzierung der Kreditinstitute festgelegten Zinssätze. Die L. einer Zentralnotenbank sind für das gesamte Bankensystem von Bedeutung, da die Kreditinstitute ihre im Kundengeschäft geltenden Zinssätze wesentlich an Veränderungen der L. orientieren. Dadurch beeinflussen die Leitzinsen der Zentralnotenbanken letzten Endes das Zinsniveau des Landes bzw. des Währungsgebietes.

Letter of Credit (LC). 1. Kurzbezeichnung für → Commercial Letter of Credit. – 2. In der Fachliteratur teilweise gleichbedeutend verwendet mit → Dokumentenakkreditiv.

letzte Inkassostelle, Kreditinstitut, dem ein Einzugspapier (Scheck, Wechsel, Lastschrift) zur Einlösung zu Lasten des dort geführten Kontos vorgelegt wird.

Leverage-Effekt (bei Optionsscheinen), → Hebelwirkung bei Optionsscheinen.

Leverage-Effekt (des Fremdkapitals), → Hebelwirkung des Fremdkapitals.

Leverage-Fonds, → Investmentfonds, bei dem das Fondsvermögen überwiegend durch Kredite finanziert wird. Ist die mit den kreditfinanzierten Anlagen erzielte → Rendite höher als der Zinsaufwand für den Fremdkapitaleinsatz, so entsteht eine Hebelwirkung zugunsten der Fondsrendite (→ Hebelwirkung des Fremdkapitals).

LIBOR, Abk. für *London Interbank Offered Rate;* bankarbeitstäglich ermittelter Durchschnittszinssatz, zu dem bestimmte Londoner Banken zur Geldausleihung im → Interbankenhandel bereit sind. Der L. dient als →

Referenzzinssatz für die Festlegung anderer Zinssätze.

Lieferantenkredit. 1. Im Außenhandel vor allem von der → Ausfuhrkredit-Gesellschaft mbH (AKA) deutschen Exporteuren gewährter Kredit zur Finanzierung ihrer Exportaufwendungen oder der an ausländische Importeure gewährten Zahlungsziele. – *Gegensatz:* → Bestellerkredit. – 2. Kredit eines Lieferanten an seinen Abnehmer für den Zeitraum zwischen Lieferung und Bezahlung der Ware. Der L. stellt eine Form des → Warenkredits dar und wird kurzfristig für ein bis drei Monate eingeräumt. Für den Lieferanten hat der L. absatzfördernde Wirkung. Er verbindet die Kreditgewährung i.d.R. mit einem Anreiz zu sofortiger Rechnungsbegleichung durch Einräumung eines Skontoabzugs (z.B. Rechnungsbetrag wahlweise zahlbar innerhalb von 4 Wochen ohne Abzug oder innerhalb einer Woche mit 2% Skonto). Für den Abnehmer ist die Inanspruchnahme des L. unkomplizierter möglich als die Aufnahme eines Bankkredites; jedoch stellt der L. durch den Verzicht auf Skontoabzug eine sehr teure Kreditart dar.

Lieferbedingungen im Außenhandel, Vertragsbedingungen zur Regelung der Rechte und Pflichten der Vertragspartner aus Außenhandelsgeschäften im Zusammenhang mit der Lieferung und Abnahme der Ware. Die L.i.A. beziehen sich unter anderem auf die Regelung der Transportkosten (Kostenübergang) und das Risiko von Beschädigungen oder des Verlustes der Ware auf dem Transport (Gefahrenübergang). Grundlage der L.i.A. sind in der Regel die → Incoterms.

Lieferungsgarantie, → Bankgarantie, bei der sich das gewährleistende Kreditinstitut im Zusammenhang mit einer Warenlieferung gegenüber dem Käufer zur Zahlung des festgelegten Garantiebetrages für den Fall verpflichtet, dass der Verkäufer seine Lieferverpflichtung nicht erfüllt. Die L. ist den Avalkrediten (→ Aval) zuzurechnen.

Liegenschaftsbuch, beim Katasteramt einer Kreis- bzw. Stadtverwaltung geführtes, nach Eigentümern geordnetes Grundstücksverzeichnis. Es fasst die → Flurstücke eines Eigentümers innerhalb einer Gemeinde zusammen und weist neben dem Eigentümer die Lage, Größe und Nutzungsart eines Flurstücks aus. Auszüge aus dem L. werden neben dem Grundbuchauszug als Beleihungsunterlage im Rahmen einer → Baufinanzierung benötigt, da die Angaben zur Lage, Größe und Nutzungsart im → Grundbuch nicht verlässlich sind.

Liko-Bank, Abk. für → *Liquiditäts-Konsortialbank GmbH.*

Limit. 1. Im Kreditgeschäft Bezeichnung für eine betragliche Obergrenze, bis zu der ein → Kontokorrentkredit durch den Kreditnehmer in Anspruch genommen werden darf. – 2. Bei Börsenaufträgen zum Kauf bzw. Verkauf von Wertpapieren bezeichnet Limit den durch den Auftraggeber angegebenen Kurs, zu dem höchstens gekauft bzw. mindestens verkauft werden soll.

limitierter Auftrag, Börsenauftrag zum Kauf oder Verkauf von Wertpapieren mit Angabe einer Kursbegrenzung. Der Auftraggeber wünscht eine Ausführung seines Auftrags nur dann, wenn er im Fall eines Kaufs höchstens den angegebenen Kurs zahlt bzw. im Fall eines Verkaufs mindestens den angegebenen Kurs erhält.

lineare Verzinsung, Verzinsung eines Kapitals in der Weise, dass die zum jeweiligen Zinstermin fälligen Zinsen nicht dem Kapital zugeschlagen und für den folgenden Anlagezeitraum mitverzinst, sondern ausgezahlt bzw. einem separaten Konto gutgeschrieben werden.

Linienchart, grafische Darstellung von Höchst-, Tiefst- und Schlusskursen innerhalb eines Betrachtungszeitraumes. Die einzelnen Kurse werden durch eine Linie verbunden, so dass eine Kurskurve entsteht, die die Kursentwicklung übersichtlich abbildet.

Liquidität. 1. Fähigkeit einer Person oder Unternehmung, alle Zahlungsverpflichtungen fristgerecht zu erfüllen. – 2. Eigenschaft eines Vermögensgegenstandes, als sofort verfügbares Zahlungsmittel zu dienen bzw. sich bei Bedarf in sofort verfügbares Zahlungsmittel umwandeln zu lassen. Je nach dem Aufwand und der Zeit, die für diese Umwandlung benötigt wird, werden Vermögensgegenstände unterschiedlichen Gruppen von liquiden Mitteln zugeordnet. Dabei sind *liquide Mittel erster Ordnung* unmittelbar als

Zahlungsmittel verfügbare Vermögensteile, wozu vor allem der Kassenbestand sowie täglich fällige Bankguthaben gehören. Daneben existieren *liquide Mittel zweiter Ordnung,* also Vermögensgegenstände, die nicht unmittelbar, jedoch sehr kurzfristig in Barmittel umgewandelt werden können. Hierzu zählen insbesondere Forderungen aus Lieferungen und Leistungen sowie sonstige kurzfristig fällige Forderungen. *Liquide Mittel dritter Ordnung* bilden schließlich Vermögensteile, die zunächst umgesetzt werden müssen, also insbesondere im Unternehmen erzeugte oder zum Weiterverkauf erworbene Waren.

Liquiditätsgrundsätze, → Grundsätze über die Eigenmittel und die Liquidität der Institute.

Liquiditäts-Konsortialbank GmbH, *Liko-Bank;* im Zusammenwirken mit der → Deutschen Bundesbank 1974 mit Sitz in Frankfurt am Main gegründete Gemeinschaftseinrichtung des deutschen Kreditgewerbes. Aufgabe der Liko-Bank ist es, wirtschaftlich an sich gesunden Banken mit vorübergehenden, unverschuldeten Zahlungsschwierigkeiten, Liquiditätshilfen zu leisten.

Locus-Prinzip, → Rangordnung im Grundbuch.

Lombardkredit, Gewährung eines Kredits gegen Verpfändung (→ Pfandrecht) von beweglichen Sachen oder Forderungen, wobei das Darlehen üblicherweise über einen festen Betrag lautet und in einer Summe bereitgestellt sowie zurückgezahlt wird. Die Höhe des L. hängt im Einzelfall unmittelbar vom Wert der überlassenen Sicherheit ab. Als Pfandobjekte kommen grundsätzlich z.B. Waren, Edelmetalle, Wertpapiere, Forderungen aus Warenlieferungen, Ansprüche aus → Lebensversicherungen und Sparguthaben sowie Lohn- und Gehaltsansprüche in Betracht. Der L. dient vor allem der kurzfristigen Überbrückung von Liquiditätsengpässen. In der Bankpraxis wird vom (echten) L. der sogen. „unechte" L. abgegrenzt, bei dem Darlehen in Form von → Kontokorrentkrediten gegen Verpfändung von börsengängigen Wertpapieren gewährt werden. Die vertretbare Kredithöhe ergibt sich hier aus dem → Beleihungswert der vom kreditgebenden Institut für den betreffenden Kunden im → offenen Depot verwahrten Wertpapiere.

Long Call, Bezeichnung für den Erwerb einer Kaufoption (→ Option). Der Käufer geht von einem steigenden Kurs des zugrunde liegenden → Basiswertes aus. Da er selbst über die Ausübung der Option entscheidet, ist sein Verlustrisiko auf den gezahlten Optionspreis begrenzt. – *Gegensatz:* → Short Call.

Long Put, Bezeichnung für den Erwerb einer Verkaufsoption (→ Option). Der Käufer geht von einem fallenden Kurs des zugrunde liegenden → Basiswertes aus. Da er über die Ausübung der Option entscheidet, ist sein Verlustrisiko auf den gezahlten Optionspreis begrenzt. – *Gegensatz:* → Short Put.

Long Zertifikat, → Zertifikat, bei dem der Anleger von steigenden Kursen des zugrundeliegenden Basiswertes profitiert. – *Gegensatz:* → Short Zertifikat.

Lorokonto, Bezeichnung eines → Banken-Kontokorrent aus der Sicht des kontoführenden Kreditinstituts. Dieses Kreditinstitut ist gegenüber der → Korrespondenzbank zuständig für Erstellung und Versand der Kontoauszüge. Das L. stellt die Originalrechnung der gegenseitigen Kontoverbindung dar; das entsprechende → Nostrokonto der Korrespondenzbank bildet die Gegenrechnung.

Löschungsbewilligung, öffentlich beglaubigte Erklärung eines Berechtigten, dass er der Löschung eines zu seinen Gunsten im → Grundbuch eingetragenen Rechts zustimmt. Unter Vorlage der L. kann der jeweilige Grundstückseigentümer die Löschung des Rechts veranlassen. Kreditinstitute erteilen eine L. nach vollständiger Rückzahlung eines grundpfandrechtlich besicherten Darlehens (→ Grundpfandrechte), damit der Kreditnehmer die eingetragene Grundschuld oder Hypothek löschen lassen kann.

Lossparen, *Gewinnsparen;* Sparform, bei der der Anleger regelmäßig niedrige Sparraten erbringt und gleichzeitig mit einem Teilbetrag seiner Einzahlungen Gewinnlose erwirbt. Die entsprechenden Auslosungen erfolgen zum Beispiel monatlich oder vierteljährlich. Die geleisteten Sparbeiträge werden in regelmäßigen Abständen ausgezahlt oder einem Sparkonto des Kunden gutgeschrieben.

LZB, Abk. für → Landeszentralbank.

LZB-Girokonto, veraltete Bezeichnung für ein → Bundesbank-Girokonto.

M

Maestro, → Electronic Cash.

Magisches Dreieck der Vermögensanlage, Spannungsverhältnis zwischen den Größen „Sicherheit", „Rentabilität" und „Liquidität" bei einer Geld- bzw. Vermögensanlage. Es bestehen Zielkonflikte zwischen diesen Größen. So ist z.B. eine höhere Rentabilität stets mit einem größeren Risiko verbunden. Das M.D.d.V. berücksichtigt solche Zielkonflikte; es dient dazu, einen Kunden innerhalb dieses Dreiecks zu positionieren, um so seine Anlageziele und Anlageschwerpunkte herauszufiltern. – Vgl. auch → Anlageberatung und → Kundentypen.

Magnetband-Clearing, durch ein → Abkommen zwischen Kreditinstituten geregeltes Verfahren zur beleglosen Weitergabe beleghaft oder beleglos eingereichter Zahlungsverkehrsaufträge.

Mahnbescheid, amtliche Aufforderung zur Leistung einer fälligen Zahlung im Rahmen des → gerichtlichen Mahnverfahrens.

Makler, → Börsenmakler.

Managed Floating, kontrolliertes → Floating.

Management Buy-in (MBI), Übernahme eines Unternehmens durch Manager eines anderen Unternehmens.

Management Buy-out (MBO), Übernahme eines Unternehmens durch Manager des eigenen Unternehmens.

mangels Masse (m.M.), → Insolvenzverfahren.

Mantel, Urkunde, die das Hauptrecht eines Wertpapiers verbrieft. So wird durch den M. einer → Anleihe das Forderungsrecht und durch den M. einer → Aktie das Teilhaberrecht verbrieft. – *Gegenstück:* → Bogen.

Mantelabtretung, *Mantelzession;* Sonderform bei der sicherungsweisen → Abtretung mehrer Forderungen (z.B. Forderungen aus Lieferungen und Leistungen). Bei der M. verpflichtet sich ein Kreditnehmer, laufend Forderungen bis zu einer bestimmten Höhe abzutreten. Die Abtretung der einzelnen Forderungen wird jedoch erst wirksam, wenn der Kunde (Zedent) die einzelnen Forderungen bei Fälligkeit auf einer Debitorenliste zusammenstellt und diese Liste seinem Kreditinstitut einreicht. Der M. kommt in der Praxis keine Bedeutung zu. Kreditinstitute bevorzugen bei der Abtretung mehrerer Forderungen die → Globalabtretung.

Margin, Sicherheitsleistung, welche die → Eurex von ihren Mitgliedern verlangt.

MaRisk, Abk. für → *Mindestanforderungen an das Risikomanagement.*

Market Maker, Marktteilnehmer, der an einer → Börse verbindliche Kauf- und Verkaufspreise für die von ihm betreuten Wertpapiere stellt. Durch die Verbindlichkeit der Kauf- und Verkaufspreise sorgt der M.M. für einen liquiden Markt. Die Mitglieder eines Bankenkonsortiums bei der → Emission von Wertpapieren übernehmen ebenfalls eine M.M.-Funktion.

Marketing, → Bankmarketing.

Market-To-Market, *Daily Settlement;* Verrechnungsprinzip von Sicherheitsleistungen (Margins) an Terminbörsen (z.B. → Eurex). Beim M.-T.-M. werden börsentäglich die aufgrund von Kursveränderungen entstehenden Gewinne und Verluste → offener Positionen von → Optionen oder → Futures auf den Konten der Teilnehmer verrechnet. Bei hohen Verlusten sind zusätzliche Margins zu leisten.

Marktforschung, Analyse eines Marktes als Voraussetzung für effizientes → Bankmarketing. M. kann durch ein Kreditinstitut selbst durchgeführt werden (primäre M.). Das Kreditinstitut kann sich auch fremder Analysen bedienen (sekundäre M.). Für Marketingentscheidungen relevante Daten sind z.B. Informationen über Einkommensstruktur oder Konkurrenzsituation im Absatzbereich. Zur besseren Handhabung der M. werden Märkte meist in Teilmärkte bzw. Kunden nach verschiedenen Kriterien klassifiziert (sog. → Marktsegmentierung).

Marktkapitalisierung, → Börsenkapitalisierung.

Marktpflege, → Kurspflege.

Marktsegmentierung, Klassifizierung von Bankkunden nach verschiedenen Kriterien. Eine klassische M. ist die Unterscheidung von Privat- und Firmenkunden. Innerhalb dieser Unterscheidung werden weitere Segmentierungen vorgenommen, bei Privatkunden z.B. die Unterteilung in Mengenkundschaft (standardisierte Produkte mit geringer Beratungsintensität) und vermögende Privatkundschaft (individuelles Produktangebot mit hoher Beratungsintensität).

Masseverbindlichkeit, Gerichtskosten (Massekosten) und durch die Insolvenzverwaltung begründete Verbindlichkeiten bei einem → Insolvenzverfahren. M. werden vorrangig bedient. Reicht das Vermögen des Schuldners nicht zur Deckung der M. aus, wird das Insolvenzverfahren mangels Masse (m.M.) eingestellt.

MasterCard, neue Bezeichnung für die Eurocard. Die M. ist als international verwendbare Kreditkarte ein bargeldloses Zahlungsverkehrsinstrument, das insbesondere für Zahlungen im Reiseverkehr gedacht ist. Sie wird von Kreditinstituten oder von der → Gesellschaft für Zahlungssysteme (GZS) in Frankfurt herausgegeben (emittiert) und dabei als Standardkarte oder als Goldkarte (mit entsprechend größerem Service und erweiterten Versicherungsleistungen) angeboten. – Der Inhaber einer M. kann sich mittels der Karte Bargeld bei Kreditinstituten im In- und Ausland beschaffen oder die Karte zur Zahlung von Verbindlichkeiten in Hotels, Reiseunternehmen etc. (Akzeptanzstellen) vorlegen. Die Akzeptanzstellen rufen i.d.R. online beim zuständigen Rechenzentrum die Autorisierungsdaten des Karteninhabers ab (Verfügungsrahmen des Kunden, Prüfung auf evtl. vorliegende Kartensperre). Nach Autorisierung ist der Betrag für das akzeptierende Unternehmen garantiert.

Matching, automatische Zusammenführung passender Wertpapieraufträge (Orders) bei einer → Computerbörse. Unlimitierte Aufträge werden beim M. zuerst berücksichtigt. Bei limitierten Aufträgen erfolgt die Zuordnung nach dem Preis, wobei die höchsten Kauflimits und die niedrigsten Verkaufslimits Vorrang haben. Bei gleichem Preis entscheidet die zeitliche Reihenfolge der Eingabe des Auftrags in das Computersystem. – Vgl. auch → Einheitskurs.

Mate´s Receipt, vorläufige Bescheinigung einer Reederei über den Empfang einer Ware an Bord eines Schiffes. Das M.R. kann später dann durch ein → Konnossement ersetzt werden.

Materielle Kreditwürdigkeit, → Kreditwürdigkeit.

MBI, Abk. für → *Management Buy-in.*

MBO, Abk. für → *Management Buy-out.*

MDAX, *Midcaps Index;* Börsenindex (→ Index), der aus den Kursen von 50 Aktien deutscher Aktiengesellschaften mittlerer Größe gebildet wird.

Medium Term Notes, → Anleihen, die im Rahmen eines zeitlich unbegrenzten Programms fortlaufend (revolvierend) emittiert werden können (→ Daueremissionen). Die Laufzeit von M.T.N. beträgt i.d.R. zwei bis zehn Jahre. M.T.N. werden in relativ kleinen Einheiten (Tranchen) im Wege einer Privatplatzierung bestimmten Großanlegern angeboten.

Mehrstimmrechtsaktien, Sonderform der → Vorzugsaktie. M. bieten, da sie ein Vielfaches des normalen Stimmrechts gewähren, einen Schutz der Aktiengesellschaft vor Überfremdung, sofern der Inhaber der M.

sich einer Übernahme widersetzen kann. Die Ausgabe von M. ist gem. Aktiengesetz nicht mehr zulässig.

Mehrwertsteuer, seit 1968 übliche Bezeichnung für die → Umsatzsteuer.

Meistausführungsprinzip, Zuteilungsprinzip bei der Ermittlung eines → Einheitskurses.

Meldepflicht im Außenwirtschaftsverkehr, Vorschrift in der → Außenwirtschaftsverordnung (AWV), nach der grenzüberschreitende Zahlungen zwischen Gebietsfremden und Gebietsansässigen (→ Außenwirtschaftsgesetz) der → Deutschen Bundesbank für deren Zahlungsbilanzstatistik zu melden sind. Nicht meldpflichtig sind Zahlungen bis zum Betrag von 12.500 Euro oder entsprechendem Währungsgegenwert, Auszahlungen oder Rückzahlungen von Krediten bzw. Einlagen mit einer vereinbarten Laufzeit bis zu 12 Monaten (Zinsen sind dabei jedoch meldepflichtig), Zahlungen, die nur Wareneinfuhren betreffen und Zahlungen zwischen Gebietsfremden, die von Gebietsansässigen nur weitergeleitet werden (Transitzahlungen). Zur Meldung verpflichtet sind die Gebietsansässigen, die von der Zahlung betroffen sind. Bei ausgehenden Zahlungen werden jedoch die Kreditinstitute in das Meldesystem einbezogen: Ein meldepflichtiger Kundenauftrag wird auf einem besonderen Formular bzw. beleglos in einer besonderen Computermaske erfasst. Ein Teil des Formulars („Z-Formular") bzw. ein Teil des Datensatzes wird durch das Kreditinstitut des Auftrag gebenden Kunden an die Deutsche Bundesbank weitergeleitet – Vgl. auch → Auslandsüberweisung.

Meldesystem für Wertpapiere und Derivate, elektronisches System zur Erfassung aller Transaktionen in Wertpapieren und → Derivate bei der → Bundesanstalt für Finanzdienstleitungsaufsicht. Das M. dient zur Aufdeckung von Verstößen gegen das Insiderhandelsverbot (→ Insidergeschäfte) und die → Ad-hoc-Publizität.

Meldung an das Finanzamt, Vorschrift aufgrund des Erbschaftsteuergesetzes und der Erbschaftsteuerdurchführungsverordnung bei Tod eines Kunden. Danach ist jedes Kreditinstitut verpflichtet, spätestens einen Monat nach Bekanntwerden des Todes dem zuständigen Finanzamt (Erbschaftsteuerstelle) die für den Kunden verwalteten Vermögenswerte anzuzeigen, wenn diese den Betrag von 2.500 Euro übersteigen. Guthaben dürfen dabei nicht mit eventuellen Verbindlichkeiten (z.B. aus Krediten) verrechnet werden. Anzeigepflichtig sind Kontoguthaben und Bestände von Wertpapierdepots; maßgeblich ist der Saldo bzw. Bestand zu Beginn des Todestages (bei Konten) bzw. am Todestag (bei Depots). → Schrankfächer und dem Kreditinstitut anvertraute → Verwahrstücke sind in jedem Fall zu melden. Die Meldepflicht ist auch zu beachten, wenn ein Inhaber eines → Gemeinschaftskontos oder Gemeinschaftsdepots stirbt. In diesem Fall ist das gesamte Guthaben bzw. der gesamte Bestand zu melden. – Vgl. auch → Nachlasskonto.

Mengengeschäft, andere Bezeichnung für das → Retail Banking.

Mengennotierung, seit der Einführung des → Euros im Jahre 1999 übliche Form der Notierung zweier Währungen zueinander. Bei der M. wird der Wert der ausländischen Währung jeweils einer Einheit der Inlandswährung gegenüber gestellt. So stellt die Notierung 1 Euro = 1,5000 US-Dollar eine europäische M. dar. Ein sinkender Außenwert (→ Abwertung) des US-Dollars äußert sich bei der M. als Kurssteigerung (z.B. auf 1,5500 US-Dollar) da mehr US-Dollar für einen Euro zu zahlen sind. – *Gegensatz:* → Preisnotierung.

Mengentender, *Festzinstender;* Ausschreibungsmodus bei den Offenmarktgeschäften (→ geldpolitische Operationen) der Europäischen Zentralbank (EZB). Beim M. bieten die Kreditinstitute lediglich einen Geldbetrag. Die EZB teilt dann nach Sammlung aller Gebote einen Gesamtbetrag (Zuteilungsvolumen) zum vorher angekündigten Zinssatz zu. Da die Gebote bei einem M. i.d.R. das Zuteilungsvolumen übersteigen, erhält jedes Kreditinstitut nur einen Prozentsatz seines Gebotes. So ergeben z.B. Gebote von 625 Mrd. Euro bei einem Zuteilungsvolumen von 75 Mrd. Euro durch die EZB eine Zuteilungsquote von 12%. – *Gegensatz:* → Zinstender.

Mergers & Acquisitions, Teilbereich des → Investment Banking. Unter M.&A. versteht man die Vermittlung von Unternehmenszusammenschlüssen bzw. Aufkäufen von Unternehmen oder Unternehmensteilen. Die Vermittler helfen interessierten Unternehmen bei der Suche nach Beteiligungen bzw. Übernahmeobjekten und beraten sie (z.B. hinsichtlich der Finanzierung).

Metakredit, andere Bezeichnung für einen → Konsortialkredit.

Mezzanine-Kapital, Finanzierungsformen, die weder eindeutig dem → Eigenkapital noch dem → Fremdkapital zuzuordnen sind. Unter M.-K. fallen z.B. die → stille Beteiligung oder der → Genussschein.

MFI, Abk. für → *Monetäre Finanzinstitute.*

Midcaps, Aktien von Unternehmen mit mittelgroßer → Börsenkapitalisierung. Die 50 größten M. werden in Deutschland durch den Midcaps Index (MDAX) repräsentiert.

Mietkautionskonto, Sparkonto zur Anlage von Mietkautionen. Ein M. kann auf den Namen von Mieter und Vermieter als → Gemeinschaftskonto oder als Einzelkonto geführt werden. Lautet das Einzelkonto auf den Namen des Mieters, ist eine → Verpfändung des Guthabens an den Vermieter oder eine Sperrung des Guthabens zugunsten des Vermieters durchzuführen. In beiden Fällen wird das zugehörige Sparbuch dem Vermieter ausgehändigt. Bei einem Einzelkonto auf den Namen des Vermieters ist dieser Gläubiger der Einlage und muss sich die anfallenden Guthabenzinsen auf seinen → Freistellungsauftrag anrechnen lassen. In der Praxis ist die Einrichtung des Kontos auf den Namen des Mieters und damit die Anrechnung der Zinsen auf dessen Freistellungsauftrag üblich. Eine Alternative zum M. stellt die Möglichkeit dar, dass das Kreditinstitut des Mieters dem Vermieter gegenüber eine Mietbürgschaft/Mietgarantie (→ Aval) übernimmt.

Mietvertrag, Vertragsart des BGB über die entgeltliche Überlassung von Sachen zum Gebrauch. Bei Kreditinstituten kommt der M. bei der Überlassung von → Schrankfächern zur Anwendung. Ein Mietvertrag liegt auch dem → Operate Leasing zugrunde.

MiFiD, Abk. für *Markets in Financial Instruments Directive.* Die MiFiD ist eine EU-Richtlinie zur Harmonisierung der Finanzmärkte im europäischen Binnenmarkt. Ziele der MiFiD sind ein verbesserter Anlegerschutz sowie ein verstärkter, harmonisierter europäischer Finanzmarkt. Die Umsetzung der MiFiD Ende 2007 in Deutschland führte zu einer Ausweitung der Beratungspflichten von Kreditinstituten sowie zu Regelungen hinsichtlich → Best Execution im WpHG (vgl. → Gesetz über den Wertpapierhandel).

Millionenkredit, meldepflichtiger Kredit im Sinne des § 14 KWG. Als M. gilt ein Kredit ab 1,5 Mio. Euro.

Minderjährige, Bezeichnung des BGB für natürliche Personen ab 7 Jahren bis unter 18 Jahre. Für M. gelten die BGB-Regelung zur beschränkten → Geschäftsfähigkeit. Kredite an M. (also auch Kontoüberziehungen) bedürfen der Zustimmung der Eltern und des Vormundschaftsgerichts.

Mindestanforderungen an das Risikomanagement (MaRisk), Regelwerk der → Bundesanstalt für Finanzdienstleistungsaufsicht. In den MaRisk werden die Anforderungen an die Innere Revision, an die Kreditgeschäfte sowie an die Handelsgeschäfte von Kreditinstituten festgelegt. Nach den MaRisk müssen Kreditinstitute u.a. organisatorische Maßnahmen (z.B. Regelung von Kompetenzen und Kontrollaufgaben) und geschäftspolitische Maßnahmen (z.B. Errichtung von Frühwarnsystemen, regelmäßige Überprüfung von Kreditsicherheiten) treffen.

Mindestbewertungszahl, Bewertungszahl, die ein Bausparer erreichen muss, um eine Zuteilung seines → Bausparvertrages zu erhalten. Die M. erhöht sich durch die regelmäßigen Sparleistungen des Bausparers.

Mindestreserve, Instrument des → Europäischen Systems der Zentralbanken (ESZB) zur Beeinflussung der Liquidität von Kreditinstituten. Durch die M. sind Kreditinstitute verpflichtet, einen bestimmten Prozentsatz (zurzeit 2%) bestimmter Verbindlichkeiten (z.B. aus → Sichteinlagen, → Termineinlagen oder → Spareinlagen) auf ihren Konten bei den nationalen Zentralbanken (in Deutschland: Bundesbank-Girokonto) zu unterhalten. Dieses M.-Soll wird jeweils anhand der Bestände zum Monatsende berechnet. Dem M.-Soll ist dann das M.-Ist (Summe der

Guthaben auf dem Bundesbank-Girokonto, geteilt durch die Tage des Berichtszeitraums) gegenüber zu stellen. Unterschreitet das M.-Ist den Sollwert, kann das ESZB einen Strafzins auf den Fehlbetrag verlangen und weitere Sanktionen durchführen (z.B. Zwang zu höheren Einlagen auf dem Bundesbank-Girokonto). Die dem M.-Soll gegenüber stehenden Guthaben werden verzinst; es gilt dabei der jeweils gültige Zinssatz des Hauptrefinanzierungsgeschäftes. – Vgl. auch → geldpolitische Operationen.

Minimax-Floater, Sonderform bei einer → Floating Rate Note. Bei M.-F. sind die sich aus der variablen Verzinsung ergebenden Schwankungen nach oben und unten begrenzt, so dass sich der Zinssatz innerhalb eines vorgegebenen Korridors bewegt.

Minusankündigung, Hinweis eines Börsenmaklers auf der Kursanzeigetafel, dass der aktuelle Börsenkurs eines Wertpapiers aufgrund der vorliegenden Aufträge erheblich unter dem zuletzt festgestellten Kurs liegen wird. → Börsenhändler bzw. deren Auftraggeber erhalten damit Gelegenheit, erteilte Aufträge zu ändern oder zurückzunehmen. – *Gegensatz:* → Plusankündigung.

Mitbestimmung, Möglichkeit der Mitgestaltung betrieblicher Entscheidungen durch die Arbeitnehmer. Für die überbetriebliche Mitbestimmung im Aufsichtsrat einer → Kapitalgesellschaft gelten drei verschiedene Mitbestimmungsmodelle:

Modell	Geltungsbereich	Verhältnis: Arbeitgeber (AG)- / Arbeitnehmer(AN)vertreter
Drittelbeteiligungsgesetz	Kapitalgesellschaften bis 2.000 AN	$^{2}/_{3}$ AG-Vertreter $^{1}/_{3}$ AN-Vertreter
Mitbestimmungsgesetz v. 1976	Kapitalgesellschaften mit mehr als 2.000 AN	½ AG-, ½ AN-Vertreter (paritätische Mitbestimmung); bei Stimmengleichheit entscheidet die Stimme des Aufsichtsratsvorsitzenden; dieser kann gegen den Willen der AN-Vertreter bestimmt werden.
Montanmitbestimmungsgesetz von 1951	Kohle-, Eisen- und Stahlverarbeitende Industrie	11 Mitglieder: 5 AG- und 5 AN-Vertreter zuzüglich einer „neutralen Person“

Neben der M. im Aufsichtsrat kann M. auch am Arbeitsplatz durch direkte Einflussnahme einzelner Arbeitnehmer erfolgen. Innerhalb eines Betriebes wird M. durch die Vorschriften des Betriebsverfassungsgesetzes (bei Sparkassen: Personalvertretungsgesetz) zum Betriebsrat und zur Jugend- und Auszubildendenvertretung bestimmt.

Mitbürgschaft, → Bürgschaft, die mehrere Personen für dieselbe Verbindlichkeit übernehmen. Bei den Bürgen liegt dann eine → gesamtschuldnerische Haftung vor.

Miteigentum, *Bruchteilseigentum;* → Eigentum an einer Sache, das mehreren Personen nach Bruchteilen zusteht. Jedem Eigentümer steht ein ideeller Anteil zu (z.B. je ½ Anteil am Haus eines Ehepaares). Das M. hat in Kreditinstituten bei der → Sammelverwahrung von Wertpapieren eine Bedeutung. – Vgl. auch → Gesamthandsvermögen. – *Gegensatz:* Gesamthandseigentum.

Mitgliedschaftspapier, Wertpapier, das die Beteiligung an einem Unternehmen verbrieft. Beispiel für ein M. ist die → Aktie.

mittelbarer Besitzer, → Besitzkonstitut.

Mittelbeschaffung, Maßnahmen in Kreditinstituten zur Aufnahme von → Fremdkapital durch Hereinnahme von Kundeneinlagen oder Mitteln am → Geldmarkt.

Mittelkurs, → Devisen-Referenzkurs.

Mittelstandsbank, Spezialinstitut der KfW-Bankengruppe (→ Kreditanstalt für Wiederaufbau).

Mittelverwendung, bilanztechnische Bezeichnung für das Aktivgeschäft (Kreditgeschäft) der Kreditinstitute.

mittlere Laufzeit, Berechnungsgröße zur Ermittlung der wahrscheinlichen Laufzeit einer → Annuitätenanleihe. Wird z.B. eine Anleihe nach 5 Jahren Grundlaufzeit in 7 Raten zurückgezahlt, so kalkuliert der Anleger, der eine bestimmte Serie dieser Anleihe erwirbt, für die Berechnung seiner voraussichtlichen → Rendite mit der mittleren Laufzeit von 8,5 Jahren ((kürzeste Laufzeit + längste Laufzeit) : 2); somit ergeben sich 8,5 Jahre: (5 + 12) : 2 = 8,5.

Mitverschluss, Kreditsicherungsmaßnahme bei der → Verpfändung von Waren als Kreditsicherheit. Beim M. stellen Kreditinstitut und Kunde sicher, dass sie nur gemeinsam über die Ware verfügen können. Aufgrund seiner geringen Praktikabilität kommt der M. in der Praxis kaum zur Anwendung.

Mitwirkungspflicht, Regelung in den → Allgemeinen Geschäftsbedingungen der Kreditinstitute, nach der Kunden verpflichtet sind, Änderungen ihres Namens und ihrer Adresse sowie das Erlöschen oder die Änderung einer Kontovollmacht unverzüglich ihrer kontoführenden Stelle mitzuteilen. Die M. ist besonders wichtig bei Änderungen von Vollmachten über Firmenkonten durch Ausscheiden oder Neueintritt von zeichnungsberechtigten Angestellten.

m.M., Abk. für *„mangels Masse"*. – Vgl. auch → Insolvenzverfahren.

Mobilienleasing, → Leasing von beweglichen Wirtschaftsgütern wie z.B. KfZ, Maschinen.

Monatsgeld, Sonderform eines → Termingeldes, das zwischen Kreditinstituten mit einer festen Laufzeit von mindestens 30 Tagen aufgenommen wird.

Monetäre Finanzinstitute (MFI), von der Europäischen Zentralbank 1999 neu eingeführter Begriff zur Abgrenzung von Banken und Nichtbanken. Unter die MFI fallen Banken und Sparkassen, → Bausparkassen, → Geldmarktfonds sowie die Mitglieder des → Europäischen Systems der Zentralbanken.

Monetarismus, volkswirtschaftliche Theorie, bei der ein enger Zusammenhang zwischen → Geldmenge und → Inflation unterstellt wird. – Vgl. auch → Quantitätstheorie.

Montanmitbestimmung, → Mitbestimmung.

Moody`s, → Rating.

Moratorium, Verbot der → Bundesanstalt für Finanzdienstleistungsaufsicht an ein in Schwierigkeiten geratenes Kreditinstitut zur Leistung von Zahlungen.

Mortgage Backed Securities, durch → Grundpfandrechte gedeckte Anleihen.

Multibanksystem, Computersystem, das über Geldbewegungen und Kontostände verschiedener Inlands- und Auslandskonten eines Unternehmens informiert. Ein M. ist Grundlage für das → Cash Management.

Mündelsicherheit, Qualitätsmerkmal, das insbesondere für → Anleihen und für Anlagen auf Sparkonten bei öffentlichen Sparkassen relevant ist. M. bedeutet, dass die genannten Anlageformen für die Anlage von Mündelgeldern geeignet sind. Mündel sind → Minderjährige, die z.B. aufgrund des Todes beider Elternteile nicht unter elterlicher Sorge stehen. Für sie handelt ein amtlich bestellter Vormund als → gesetzlicher Vertreter; dieser darf nur mündelsichere Anlageformen für die Mündelgelder wählen.

Münzen, → Geld.

Münzregal, Recht einer Regierung, Münzen prägen und in den Verkehr bringen zu dürfen. Nach Artikel 73, Nr. 4 des Grundgesetzes steht das M. in Deutschland dem Bund zu. Die Münzen werden in Umlauf gebracht, indem die → Deutsche Bundesbank sie dem Bund zum aufgeprägten Nennwert abkauft und sie über die Barabhebungen der Kreditinstitute diesen zur Verfügung stellt. Herstellungskosten und Nennwert der Münzen sind nicht identisch (Scheidemünzen). Da die Herstellungskosten i.d.R. geringer sind als der Nennwert, realisiert der Bund einen Prägegewinn. Mit Einführung des Eurobargeldes verblieb das M. jeweils bei den Regierungen der Euroländer, die berechtigt sind, eine Seite jeder von ihr geprägten Euro- oder Cent-Münze mit einem nationalen Symbol zu versehen. – Gegensatz: Kurantmünzen.

Musterklage, → Kapitalanleger-Musterverfahrensgesetz (KapMuG).

N

Nachbürgschaft, → Bürgschaft, aus der der Nachbürge dem Gläubiger einer Forderung gegenüber dafür haftet, dass ein anderer Bürge (Hauptbürge, Vorbürge) seinen Verpflichtungen aus einem Bürgschaftsvertrag nachkommt. – *Gegensatz:* → Rückbürgschaft.

Nachdatierung. Das tatsächliche Datum einer Scheckausstellung liegt nach dem auf der Scheckurkunde angegebenen Ausstellungsdatum. Die N. eines → Schecks verkürzt die vom Scheckinhaber einzuhaltende effektive Vorlegungsfrist, da gemäß ScheckG diese Frist an dem Tage zu laufen beginnt, der in dem Scheck als Ausstellungstag angegeben ist. – Vgl. auch → Vorlegungsfristen bei Schecks.

Nachdisposition. Aus Gründen der Arbeitsvereinfachung werden bei Kreditinstituten eingehende → Schecks und → Lastschriften den Konten der Zahlungspflichtigen i.d.R. zunächst ohne eine vorherige Prüfung der Kontodeckung belastet. Erst nach erfolgter Buchung prüft die Zahlstelle, ob das Konto eines Zahlungspflichtigen das zur Einlösung erforderliche Guthaben aufweist. Die Zahlstelle behält sich gemäß den → Allgemeinen Geschäftsbedingungen der Banken und Sparkassen aber vor, im Falle mangelnder Kontodeckung Schecks und Lastschriften wieder gutzuschreiben und an die erste Inkassostelle als nicht eingelöst zurückzugeben. Die Einzugspapiere gelten erst dann als eingelöst, wenn die Belastungsbuchung nicht bis zum Ablauf des übernächsten Bankarbeitstages rückgängig gemacht wird.

nachgelagerte Besteuerung, → Alterseinkünftegesetz.

Nachlasskonto, Konto, das von einem Kreditinstitut nach dem Tod des bisherigen Kontoinhabers weitergeführt wird. Rechtsnachfolger des Verstorbenen werden seine Erben; sie treten vermögensrechtlich an seine Stelle. Wollen Erben über das N. verfügen, so haben sie sich der Bank gegenüber als Erben zu legitimieren. I.d.R. erfolgt die Legitimation durch Vorlage eines Erbscheins. Das kontoführende Institut ist jedoch auch berechtigt, eine Testamentsausfertigung oder beglaubigte Abschrift bei gleichzeitiger Vorlage der zugehörigen Eröffnungsniederschrift als ausreichend zu akzeptieren. Mehrere Erben können nur gemeinschaftlich über den Nachlass verfügen. Verfügungen über das N. sind außerdem durch evtl. vorhandene Kontobevollmächtigte, Testamentsvollstrecker sowie Nachlasspfleger und Nachlassverwalter möglich. In besonderen Fällen (z.B. Begleichung von Bestattungskosten, Unterhaltszahlungen an bedürftige Angehörige) können Verfügungen zu Lasten des N. auch ohne besondere Verfügungsberechtigung zugelassen werden. Zu Lebzeiten des Kontoinhabers erteilte Zahlungsaufträge werden weiterhin ausgeführt. So werden beispielweise vorgelegte Schecks eingelöst. Daueraufträge werden ausgeführt und Lastschriften eingelöst, sofern dies dem mutmaßlichen Willen des Verstorbenen nicht widerspricht. Das kontoführende Kreditinstitut ist gem. ErbStG beim Tod eines Kunden unter bestimmten Voraussetzungen zu einer Erbfallmeldung an das für die Erbschaftsteuer des Verstorbenen zuständige Finanzamt verpflichtet. – Vgl. auch → Meldung an das Finanzamt.

Nachsichtakkreditiv, *Deferred-Payment-Akkreditiv;* → Dokumentenakkreditiv, bei dem die Zahlungsverpflichtung der eröffnenden Bank erst zu einem bestimmten Zeitpunkt nach Vorlage der vorgeschriebenen Dokumente ausgelöst wird. Der Begünstigte gewährt dem Auftraggeber des Akkreditivs ein Zahlungsziel, da dieser unmittelbar nach Erhalt der Dokumente über die gelieferte Ware verfügen kann, sein Konto aber erst zu dem im N. bestimmten Zeitpunkt mit dem Akkreditivbetrag belastet wird.

Nachsichtwechsel, → Wechsel, der zu einem bestimmten Zeitpunkt nach der Annahme durch den → Bezogenen fällig ist. *Beispiel:* Ein Wechsel mit Annahmedatum 4.2. und der Verfallangabe „2 Monate nach Sicht" ist am 4.4. fällig.

Nachttresor, Einrichtung, die insbesondere Geschäftskunden Einzahlungen auch außerhalb der Banköffnungszeiten ermöglicht. Das angelieferte Geld wird zusammen mit einem Einlieferungsbeleg in einer Geldbombe in den N. geworfen. Die Bank erhält ein Duplikat des Einlieferungsscheins über ihren Hausbriefkasten. Am folgenden Geschäftstag wird der Inhalt der Geldbombe gezählt und die Einzahlung gebucht.

nackter Optionsschein, *Naked Warrant;* → Optionsschein, der nicht aufgrund eines Finanzierungsvorhabens von Unternehmen im Zusammenhang mit der Emission einer → Optionsanleihe begeben wird, sondern eine eigenständige Emission (meist eines Kreditinstitutes) darstellt. Bei n.O. ist häufig anstelle der Abnahme bzw. Lieferung eines → Basiswertes ein Barausgleich (→ Settlement) vorgesehen.

Naked Warrant, → nackter Optionsschein.

Namensaktie, auf den Namen des Aktionärs lautende → Aktie. Der Inhaber einer N. wird mit Namen, Geburtsdatum und Adresse in das Aktienregister der Gesellschaft eingetragen. N. sind kraft Gesetzes → Orderpapiere. Die Übertragung einer N. erfolgt nach dem Gesetz durch → Indossament und ist bei der jeweiligen Aktiengesellschaft zum Vermerk des Übergangs im Aktienregister anzumelden. In der Praxis wird das Indossament meist durch eine gesonderte Abtretungserklärung ersetzt, die zusammen mit der Aktie übergeben wird. Die Übertragung einer N. kann an die Zustimmung der Gesellschaft gebunden sein (→ vinkulierte N.). N. bieten der jeweiligen Aktiengesellschaft aufgrund der Angaben des Aktienregisters die Möglichkeit einer direkten Kontaktpflege zu den Aktionären und machen darüber hinaus Verschiebungen der Aktionärsstruktur frühzeitig erkennbar. Aktien *müssen* aufgrund aktienrechtlicher Vorschrift als Namensaktien ausgegeben werden, wenn ihre Ausgabe vor der vollständigen Zahlung des Ausgabebetrages erfolgt.

Namensschuldverschreibung, → Anleihe, die auf den Namen des Anspruchsberechtigten lautet. N. sind → Rektapapiere. Der Emittent (→ Emission) hat fällige Zahlungen (nach entsprechender Legitimationsprüfung) an die namentlich genannte Person oder einen Rechtsnachfolger zu leisten, dem die Ansprüche durch → Abtretung übertragen wurden. Aufgrund der Abtretung geht das Eigentum an der N. auf den Rechtsnachfolger über.

NASDAQ, Abk. für *National Association of Securities Dealers Automated Quotation;* amerikanische Computerbörse, an der vor allem Aktien des Technologiesektors gehandelt werden. Mit der N. soll insbesondere innovativen Jungunternehmen der Zugang zum → Kapitalmarkt ermöglicht werden.

nationale Zentralbank (NZB), Bezeichnung für → Zentralnotenbank eines Staates.

Near Bank, Bezeichnung einer Institution, die finanzielle Dienstleistungen erbringt, bei denen es sich nicht um → Bankgeschäfte im Sinn des KWG handelt. Zu den N.B. zählen z.B. Leasing- und Factoringgesellschaften, Versicherungen, Vermögensverwaltungsgesellschaften, Finanzmakler, Kreditkartengesellschaften und Kapitalbeteiligungsgesellschaften.

negative Orderklausel, *Rektaklausel;* Vermerk „nicht an Order" auf einem Wertpapier (z.B. → Scheck, → Wechsel, → Namensaktie), mit der eine Übertragung der Rechte durch → Indossament untersagt wird.

Negativerklärung, *Negativklausel.* 1. Verpflichtungserklärung eines Kreditnehmers, auf die Bestellung bestimmter Sicherheiten (insbesondere → Grundpfandrechte) zugunsten weiterer Kreditgeber zu verzichten. – 2. Erklärung eines Anleiheschuldners (→ Anleihe) zur Absicherung der Anleihegläubiger, die unterschiedliche Verpflichtungen beinhalten kann. So wird in der N. beispielsweise zugesichert, künftig ausgegebene weitere Anleihen höchstens gleichrangig zu besichern, während der Laufzeit der Anleihe keine weiteren Anleihen zu begeben oder bei der Besicherung künftig ausgegebener Anleihen den Gläubigern bereits umlaufender Anleihen nachträglich eine gleichrangige Sicherheit einzuräumen.

negatives Schuldanerkenntnis, Vertrag zwischen Gläubiger und Schuldner, in dem der Gläubiger anerkennt, dass eine Schuld nicht bzw. nicht mehr besteht.

Negativklausel, → Negativerklärung.

Negativmerkmale, vertragswidriges Kundenverhalten oder gerichtliche Zwangsvollstreckungsmaßnahmen gegen einen Kunden, die der → SCHUFA gemeldet werden. N. sind z.B. Scheckkartenmissbrauch durch den Kontoinhaber, Kreditkündigung aufgrund mehrerer nicht gezahlter Raten, Scheckrückgabe mangels Deckung und Lohnpfändung aufgrund eines gerichtlichen → Pfändungs- und Überweisungsbeschlusses. Die gemeldeten N. werden von der SCHUFA gespeichert und den angeschlossenen Vertragsunternehmen übermittelt. Der SCHUFA übermittelte N. werden am Ende des dritten Kalenderjahres nach Einspeicherung gelöscht. – *Gegensatz:* → Positivmerkmale.

Nennbetrag, → Nennwert.

Nennbetragsaktie, *Nennwertaktie;* → Aktie, die auf einen bestimmten → Nennwert lautet, der mindestens einen Euro beträgt. Die Ausgabe einer N. zu einem Preis unter ihrem Nennwert ist unzulässig. Der Anteil einer N. am Grundkapital der Aktiengesellschaft ergibt sich aus dem Verhältnis ihres Nennwertes zum Grundkapital.

Nennwert, *Nominalwert, Nennbetrag;* auf Wertpapieren (z.B. → Aktien, → Anleihen), → Banknoten oder Münzen aufgedruckter bzw. aufgeprägter Betrag in Einheiten einer bestimmten Währung.

Nennwertaktie, → Nennbetragsaktie.

nennwertlose Aktie, andere Bezeichnung für Stückaktie (→ Aktie).

Net-Leasing, Form des → Leasing, bei der der Leasingnehmer vereinbarungsgemäß alle Wartungs-, Reparatur- und Versicherungspflichten für den Leasinggegenstand trägt. – *Gegensatz:* → Full-Service-Leasing.

Netting, → Cash Management.

Nettodividende, → Dividende nach Abzug von → Abgeltungssteuer, Solidaritätszuschlag und ggfs. Kirchensteuer. Die N. wird einem Aktionär gutgeschrieben, der bei seinem Kreditinstitut weder über einen → Freistellungsauftrag in ausreichender Höhe noch über eine → Nichtveranlagungsbescheinigung verfügt.

Nettorendite, → Rendite einer Geld- bzw. Kapitalanlage nach Abzug von Steuern.

neue Aktie, aktienrechtlicher Begriff für → junge Aktie.

Neuer Markt, zu Beginn des Jahres 2003 abgeschafftes → Börsensegment für den Handel mit Aktien kleiner und mittlerer innovativer Wachstumsunternehmen.

New York Stock Exchange (NYSE), größte Wertpapierbörse der Welt in Manhattan/New York. Sie wird in privater Trägerschaft geführt. An durchschnittlichen Handelstagen werden an der N. über eine Milliarde Aktien von mehr als 2.500 registrierten in- und ausländischen Aktiengesellschaften gehandelt.

nichtakzessorische Kreditsicherheit, *abstrakte Kreditsicherheit;* → Kreditsicherheit, deren Entstehung oder Fortbestand nicht von der Existenz einer Kreditverbindlichkeit abhängt. Sie kann grundsätzlich auch ohne Bestehen einer Schuld in Anspruch genommen werden. Zu den n.K. gehören u.a. Sicherungsgrundschuld (→ Grundschuld), → Sicherungsübereignung, → sicherungsweise Abtretung und → Garantie. Dem Schutzbedürfnis des Kreditkunden wird in der Praxis durch eine besondere → Sicherungsabrede Rechnung getragen, in der ein Zusammenhang zwischen Kreditsicherheit und Kreditverbindlichkeit hergestellt wird. Durch die Sicherungsabrede wird die n.K. zu einer → treuhänderischen Kreditsicherheit mit der Folge, dass eine Inanspruchnahme nur dann zulässig ist, wenn der Kreditnehmer seine Pflichten aus dem Kreditvertrag nicht erfüllt. – *Gegensatz:* Akzessorische Kreditsicherheit (→ Akzessorietät).

Nicht-bezahlt-Vermerk, → Vorlegungsvermerk.

nichtdokumentäre Zahlung, *Clean Payment;* Zahlung im Außenwirtschaftsverkehr, die nicht auf Inkasso- oder Akkreditivbasis

(→ Dokumenteninkasso, → Dokumentenakkreditiv), sondern per → Auslandsüberweisung oder durch Übersendung eines Schecks abgewickelt wird.

Nichteinlösung von Lastschriften. Die Gründe für eine N.v.L. durch das Kreditinstitut des Zahlungspflichtigen können sein: *nicht ausreichende Kontodeckung* (Teileinlösungen werden nicht vorgenommen), *Unanbringlichkeit* (Es fehlen eindeutige Angaben über den Zahlungspflichtigen oder das Konto wurde aufgelöst), *fehlender → Abbuchungsauftrag* (bei Lastschriften im Abbuchungsauftragsverfahren) sowie *Widerspruch des Zahlungspflichtigen* (bei Lastschriften im → Einzugsermächtigungsverfahren). Da Lastschriften grundsätzlich beleglos zurückgegeben werden, hat die Zahlstelle der ersten Inkassostelle unter Angabe des Rückgabegrundes bis spätestens am auf den Eingangstag folgenden Geschäftstag einen Rücklastschriftdatensatz (Rückrechnung) zu übermitteln. Bei größeren Lastschriftbeträgen ist der ersten Inkassostelle darüber hinaus bis spätestens 14.30 Uhr an dem auf den Eingang folgenden Geschäftstag eine Eilnachricht (d.h. auf telekommunikativem Wege) über die N. zuzuleiten.

Nichteinlösung von Schecks. 1. *Gründe der N.v.S.:* Das bezogene Kreditinstitut (→ Bezogener) kann die Einlösung eines Schecks verweigern, wenn keine ausreichende Kontodeckung vorhanden ist oder die Vorlegungsfrist abgelaufen ist (→ Vorlegungsfristen bei Schecks). Dagegen muss die Einlösung verweigert werden, wenn der Scheck vom Aussteller rechtzeitig widerrufen wurde (→ Scheckwiderruf), wesentliche Formmängel bestehen (z.B. fehlende Ausstellerunterschrift) oder wenn an der Rechtmäßigkeit der Scheckvorlage Zweifel bestehen. – 2. *Bearbeitung nicht eingelöster Schecks:* Im Fall der N. bringt die erste Inkassostelle im Auftrag der bezogenen Bank einen Vorlegungsvermerk auf dem Scheck an. Bei Scheckbeträgen unter 6.000 Euro ist mit diesem Vermerk kein Urkundenprozess gegen den Aussteller möglich. Bei Beträgen ab 6.000 Euro bestätigt die Bundesbank auf Antrag in einer Nichteinlösungserklärung die Rückgabe mit der Folge, dass der Scheckinhaber einen Urkundenprozess gegen den Aussteller führen und scheckrechtliche Rückgriffsansprüche geltend machen kann. Die bezogene Bank übermittelt der ersten Inkassostelle spätestens am auf den Eingangstag folgenden Geschäftstag eine Rückrechnung. Bei Scheckbeträgen ab 6.000 Euro ist darüber hinaus der ersten Inkassostelle bis spätestens 14.30 Uhr an dem auf den Eingang folgenden Geschäftstag eine Eilnachricht (d.h. auf telekommunikativem Wege) über die N. zu übermitteln.

Nichthandelsbuchinstitut, Kreditinstitut oder → Finanzdienstleistungsinstitut, das von den Vorschriften des Kreditwesengesetzes über das → Handelsbuch befreit ist.

nicht realisierter Kursgewinn, Gewinn, der sich als Differenz zwischen Erwerbskurs und einem höheren aktuellen Börsenkurs eines im Bestand gehaltenen Wertpapiers ergibt. Der n.r.K. ist zunächst nur ein (nicht gesicherter) Buchgewinn, der durch Verkauf des Papiers realisiert werden kann (→ realisierter Kursgewinn).

nicht realisierter Kursverlust, Verlust, der sich als Differenz zwischen Erwerbskurs und einem niedrigeren aktuellen Börsenkurs eines im Bestand gehaltenen Wertpapiers ergibt. Der n.r.K. ist zunächst nur ein Buchverlust, der erst durch Verkauf des Papiers realisiert wird (→ realisierter Kursverlust).

Nichtveranlagungsbescheinigung, vom Wohnsitzfinanzamt für einen Steuerpflichtigen erteilte Bescheinigung darüber, dass eine Veranlagung zur Einkommensteuer voraussichtlich nicht erfolgen wird (z.B. weil Einkünfte den Grundfreibetrag nicht übersteigen). Eine N. ist auf drei Jahre befristet und kann durch das Finanzamt bei einer Änderung der Voraussetzungen vorzeitig widerrufen werden. Ein Bankkunde erreicht mit der Vorlage der N. bei seinem Kreditinstitut, dass ihm Kapitalerträge (im Gegensatz zum → Freistellungsauftrag ohne betragliche Begrenzung) ohne Abzug von Steuern gutgeschrieben werden.

Niederstwertprinzip, handelsrechtliches Bewertungsprinzip, nach dem aus Gründen kaufmännischer Vorsicht bei der Bewertung von Vermögensgegenständen in der Bilanz als Ergebnis eines Vergleichs zwischen Anschaffungswert und aktuellem Börsen- bzw. Marktwert der jeweils niedrigere von beiden Werten anzusetzen ist. Wertpapiere im Eigenbestand eines Kreditinstitutes können dem Anlagevermögen oder dem Umlaufvermögen zugeordnet sein. Bei Wertpapieren des Anlagevermögens gilt das gemilderte N. Demnach *kann* die Bewertung dieser Wertpapiere zu einem im Vergleich zum Anschaffungskurs niedrigeren Tageskurs am Bilanzstichtag erfolgen. Das Kreditinstitut ist dazu allerdings nicht verpflichtet, es sei denn, es muss von einer dauerhaften Wertminderung ausgegangen werden. Bei Wertpapieren des Umlaufvermögens gilt das strenge N. Bei der Bewertung dieser Wertpapiere *muss* der niedrigere der beiden Werte angesetzt werden. Nach internationalen Rechnungslegungsvorschriften (z.B. → IAS/IFRS) gelten andere Bewertungsbestimmungen.

Niedrigzins-Anleihe, *Disagio-Anleihe, Deep Discount Bond;* → Anleihe, die mit einer deutlich unter dem Marktzinsniveau liegenden → Nominalverzinsung und (als Ausgleich) zu einem Kurs erheblich unter 100% (unter pari) ausgegeben wird. Bei einer Rückzahlung des Papiers zu 100% erzielt der Anleger einen Rückzahlungsgewinn in Höhe des → Disagios. Dieser Rückzahlungsgewinn kann im Rahmen der durch die → Disagio-Staffel vorgegebenen Sätze steuerfrei vereinnahmt werden.

Niedrigzinsland, Land, das im internationalen Vergleich ein erheblich niedrigeres Zinsniveau aufweist als der Durchschnitt der übrigen Länder. – *Gegensatz:* → Hochzinsland.

Nießbrauch, Belastung einer Sache oder eines Rechts in der Weise, dass der Begünstigte berechtigt ist, die Nutzungen daraus zu ziehen. Der N. kann z.B. einen Anspruch auf Miet- oder Ernteerträge eines Grundstücks beinhalten. Das Recht ist nicht vererbbar und unveräußerlich. Ein N. an Grundstücken wird in der zweiten Abteilung des → Grundbuches eingetragen und führt zu einer erheblichen Minderung des → Beleihungswertes für den Fall einer Kreditgewährung, in deren Zusammenhang das belastete Grundstück als Sicherheit dienen soll.

No-Load-Fonds, *Trading-Fonds;* → Investmentfonds, deren Anteile ohne Ausgabeaufschlag ausgegeben werden. Bei N.-L.-F. wird von der Kapitalanlagegesellschaft statt des Ausgabeaufschlags eine höhere jährliche Verwaltungsvergütung berechnet als bei Fonds mit Ausgabeaufschlag. N.L.F. sind für Investoren interessant, die von einer relativ kurzen Anlagedauer ausgehen und ihr Kapital häufiger umschichten, da die durchschnittliche Kostenbelastung in den ersten Jahren niedriger ist als bei Fonds mit Ausgabeaufschlag. Für langfristig orientierte Anleger sind Fonds mit Ausgabeaufschlag dagegen meist kostengünstiger.

Nominalkapital, → nominelles Eigenkapital.

Nominalverzinsung. 1. Auf den → Nennwert bzw. Nennbetrag eines Kapitals (z.B. Darlehen, Sparguthaben, Anlage in Wertpapieren) bezogene Verzinsung. – *Gegensatz:* Effektivverzinsung (→ Rendite). – 2. Verzinsung eines Kapitals ohne Berücksichtigung der Preissteigerungsrate. – *Gegensatz:* → Realverzinsung.

Nominalwert, → Nennwert.

nominelle Kapitalerhöhung, andere Bezeichnung für → Kapitalerhöhung aus Gesellschaftsmitteln.

nominelles Eigenkapital, *Nominalkapital;* das in der Bilanz ausgewiesene Stammkapital einer → Gesellschaft mit beschränkter Haftung beziehungsweise das Grundkapital einer → Aktiengesellschaft sowie die Summe der Geschäftsguthaben bei einer → Genossenschaft.

Nonvaleurs, → Wertpapiere, bei denen die ursprünglich verbrieften Ansprüche (insbesondere auf Rückzahlung und Ertrag) nicht mehr geltend gemacht werden können („wertlose Wertpapiere"). N. können jedoch als historische Wertpapiere Sammlerwert besitzen.

normale Zinsstruktur, Bezeichnung einer Situation, in der am → Geld- und → Kapitalmarkt für langfristige Geldanlagen bzw. Geldaufnahmen höhere Zinsen gezahlt werden als für kurzfristige. – *Gegensatz:* → inverse Zinsstruktur. – Vgl. auch → Zinsstrukturkurve.

normalverzinslicher Sparbrief, Grundform des → Sparbriefs, gekennzeichnet durch Ausgabe zum → Nennwert, jährliche Zinsausschüttung und jährliche Versteuerung der Zinsen sowie Rückzahlung zum Nennwert.

Nostrokonto, Bezeichnung eines → Banken-Kontokorrent, das als Gegenrechnung zu einem bei einer → Korrespondenzbank eingerichteten → Lorokonto durch den Kontoinhaber mitgeführt wird.

Notadresse, Angabe einer Person auf einem → Wechsel, die im Fall einer Nichtzahlung oder Nichtannahme für den jeweiligen Wechselverpflichteten eintreten soll, um einen Wechselrückgriff (→ Rückgriff) zu vermeiden.

Notar-Anderkonto, → Anderkonto.

notarielle Beglaubigung, → öffentliche Beglaubigung.

notarielle Beurkundung, → öffentliche Beurkundung.

Noten, → Banknoten.

Notenbank, ursprünglich jedes Kreditinstitut mit dem Recht zur Ausgabe von → Banknoten. Heute meist als Synonym verwendet für eine staatliche Zentralbank (→ Zentralnotenbank), die im Rahmen ihrer geldpolitischen Funktionen auch das → Notenmonopol innehat.

Notenmonopol, alleiniges Recht einer → Zentralnotenbank zur Ausgabe von → Banknoten. Im Euro-Währungsgebiet sind die Europäische Zentralbank (→ Europäisches System der Zentralbanken) und die nationalen Zentralbanken zur Notenausgabe berechtigt. Dabei steht der Europäischen Zentralbank das ausschließliche Recht zu, die Ausgabe der als → gesetzliches Zahlungsmittel geltenden Banknoten innerhalb der Europäischen Währungsgemeinschaft zu genehmigen.

Notierung, → Kursnotierung.

Not leidender Kredit, Bezeichnung eines Kredits, bei dem Zins- und/oder Tilgungsleistungen nicht mehr fristgerecht erbracht werden.

Not leidender Wechsel, Bezeichnung eines → Wechsels, a) der bei Verfall nicht bezahlt wird, b) der vom → Bezogenen nicht angenommen (akzeptiert) wird, c) dessen Einlösung durch den Bezogenen (z.B. wegen Eröffnung eines Insolvenzverfahrens) bereits während der Laufzeit unsicher wird oder d) bei dem (falls eine Vorlegung zur Annahme untersagt ist) über das Vermögen des Ausstellers das Insolvenzverfahren eröffnet worden ist. Der Inhaber eines N.l.W. kann gem. Wechselgesetz auf Indossanten (→ Indossament), Aussteller und evtl. vorhandene andere Wechselverpflichtete → Rückgriff nehmen.

Nullkupon-Anleihe, *Zero-Bond;* mittel- bis langfristige → Anleihe ohne laufende Zinszahlung. N. werden meist als → Abzinsungspapiere zu einem Preis unter dem → Nennwert ausgegeben und bei Fälligkeit zum Nennwert zurückgezahlt. Für den Anleger ergibt sich als Differenz zwischen Ausgabepreis und Rückzahlungswert ein Gewinn, der den gesamten Zinsertrag der Anlage beinhaltet. Die Höhe des Abschlags vom Nennwert beim Erwerb der N.A. richtet sich nach dem Zinsniveau am Kapitalmarkt zum Zeitpunkt der Emission und der Laufzeit der Anleihe. Seltener kommen N.A. auch als → Aufzinsungspapiere vor, die zum Nennwert ausgegeben und zu einem bestimmten Kurs über dem Nennwert zurückgezahlt werden. Steuerlich ist bei N. zu beachten, dass aufgrund des Zuflussprinzips der Ertrag nicht laufend jährlich, sondern insgesamt bei Fälligkeit oder vorzeitigem Verkauf der Anleihe zu versteuern ist. Veränderungen des Kapitalmarktzinsniveaus während der Laufzeit bewirken vor allem bei N.A. mit längeren Restlaufzeiten und wegen des Zinseszinseffekts (→ Zinseszinsen) starke Kursschwankungen. Steigen die Marktzinsen, so sind deutliche Kursverluste in Kauf zu nehmen. Bei sinkenden Marktzinsen hat der Anleger dagegen die Möglichkeit, von Kursgewinnen zu profitieren.

Nummerndatei, im Rahmen der → Depotbuchführung von Banken angelegtes Verzeichnis, das in → Sonderverwahrung übernommene Wertpapiere nach ihren Stückenummern ausweist. Die N. dient u.a. der Identifizierung von Wertpapieren, die vorzeitig im Wege der Auslosung gekündigt werden.

Nummernkonto, Konto, das zur Gewährleistung der Anonymität des Kontoinhabers nicht durch dessen Namen, sondern lediglichdurch eine Ziffernkombination gekennzeichnet ist. In Deutschland ist die Errichtung von N. nicht zulässig; die Abgabenordnung verpflichtet Banken zur Vermeidung von Steuerhinterziehung, bei der Kontoeröffnung den Namen und die Anschrift des Verfügungsberechtigten auf dem Konto festzuhalten.

NV-Bescheinigung, Abk. für → *Nichtveranlagungsbescheingung.*

NYSE, Abk. für → *New York Stock Exchange.*

NZB, Abk. für → *nationale Zentralbank.*

O

Obligation, andere Bezeichnung für eine → Anleihe.

Obligo, Bezeichnung für eine Verbindlichkeit im kaufmännischen Sprachgebrauch. Beispiele für ein O. in der Bankpraxis sind Wechsel- und Lastschrift-O. 1. *Bei einem* → Wechsel unterscheidet man Einreicher- und Bezogenen-O. Bei Ankauf eines Wechsels vor Fälligkeit durch ein Kreditinstitut (Diskontierung) erhält der Wechselinhaber eine Gutschrift. Vor dem Ankauf schließt er mit seinem Kreditinstitut einen Kaufvertrag ab, in dem u.a. die Summe festgelegt wird, bis zu der er Wechsel diskontieren lassen darf (Einreicher-O.). Bei Ankauf mehrerer Wechsel eines bestimmten Bezogenen wird die Höhe der Wechselsumme dieses Bezogenen festgehalten (Bezogenenobligo). – 2. *Bei einer* → Lastschrift wird für den Kunden, der Lastschriften zur Gutschrift auf seinem Konto einreicht, ein bestimmtes Limit festgelegt, bis zu dem das Kreditinstitut Lastschriften gutschreibt.

Oder-Konto, → Gemeinschaftskonto.

offene Abtretung, → Abtretung (Zession) mit Benachrichtigung des Drittschuldners – Vgl. auch → Offenlegung einer Zession. – *Gegensatz:* Stille Abtretung (→ stille Zession).

Offene Handelsgesellschaft (OHG), → Personenhandelsgesellschaft, bei der alle Gesellschafter auch mit ihrem privaten Vermögen für die Verbindlichkeiten der Gesellschaft haften. Die Geschäftsführung (Innenverhältnis) und die Vertretung (Außenverhältnis) der OHG steht jedem Gesellschafter einzeln zu. Vertragliche Änderungen zur Vertretung der Gesellschaft (z.B. Gesamtvertretung durch zwei Gesellschafter gemeinsam oder Ausschluss eines Gesellschafters von der Vertretung) sind gültig, sofern sie im → Handelsregister eingetragen werden.

offene Position, Risikoposition, die nicht durch ein Gegengeschäft glattgestellt wird. 1. *Offene Devisenposition:* Forderung oder Verbindlichkeit in einer Fremdwährung. Hat ein Kreditinstitut z.B. eine Forderung in US-Dollar ohne eine Verbindlichkeit in gleicher Höhe und Fälligkeit, besteht das Risiko des Wertverlustes des US-Dollar gegenüber dem Euro, da die Forderung dann geringer bewertet werden muss. Liegt umgekehrt eine US-Dollar Verbindlichkeit vor, besteht das Risiko eines steigenden Dollarwertes, da die Verbindlichkeit dann höher zu bewerten ist. – 2. *Offene Positionen aus Wertpapiertermingeschäften* (→ Optionen und → Futures). Hat ein Kreditinstitut z.B. einem anderen Marktteilnehmer das Recht verkauft, eine bestimmte Anzahl X-Aktien zum Preis von 100 Euro zu kaufen (Verkauf einer Kaufoption) ohne diese Aktien im Bestand zu haben, geht das Kreditinstitut das Risiko ein, dass der Kurs der X-Aktie stark steigt. Würde der Optionskäufer die Lieferung verlangen, müsste das Kreditinstitut die Aktien zum höheren Börsenkurs erwerben und dem Kontrahenten zu 100 Euro überlassen. Üblich ist in solchen Fällen die Glattstellung über den Erwerb einer Gegenposition. Das Kreditinstitut würde dann eine Kaufoption über die entsprechende Aktienzahl bei gleicher Laufzeit und ebenfalls zum Basispreis 100 Euro erwerben und hätte dann die offene Position geschlossen, allerdings einen finanziellen Verlust erlitten, da es beim Gegengeschäft aufgrund der zwischenzeitlichen Marktentwicklung einen Optionspreis zu zahlen hat, der den beim ersten Geschäft erhaltenen Optionspreis übersteigt.

offene Reserven, *offene Rücklagen,* → Rücklagen.

offene Zession, → Zession (Abtretung) mit Benachrichtigung des Drittschuldners. – Vgl. auch → Offenlegung einer Zession. – *Gegensatz:* → stille Zession.

offener Fonds, → Open End Fund.

offenes Depot, Bankgeschäfte, bei denen ein Kunde Wertpapiere unverschlossen hinterlegt. Das Kreditinstitut übt die tatsächliche Herrschaft (Besitz) über die Wertpapiere aus und übernimmt Verwaltungsaufgaben für den Kunden (z.B. Geltendmachung von Zins- und Dividendenansprüchen des Kunden). Wertpapiere des o.D. werden im Regelfall in Girosammelverwahrung genommen (→ Effektengiroverkehr). In Ausnahmefällen kommt die → Sonderverwahrung in Betracht. – *Gegensatz:* → geschlossenes Depot.

offenes Zahlungsziel, → internationale Zahlungsbedingungen.

Offenlegung der wirtschaftlichen Verhältnisse, Verpflichtung nach § 18 KWG, nach der Kreditinstitute sich bei Gewährung von Krediten über mehr als 750.000 Euro die wirtschaftlichen Verhältnisse des Kreditnehmers, insbesondere durch Vorlage der Jahresabschlüsse (→ Bilanzanalyse) offen legen lassen muss. Auf eine O.d.w.V. kann in bestimmten Ausnahmefällen verzichtet werden, z.B. dann, wenn der Kredit durch → Grundpfandrechte gesichert ist.

Offenlegung einer Zession, Anzeige an den Drittschuldner, um eine stille → Abtretung (Zession) zu einer offenen Abtretung zu machen. Die O.e.Z. erfolgt in der Praxis durch Absendung von Benachrichtigungsschreiben, die der Kreditnehmer bei Kreditgewährung blanko unterschreibt. Im Bedarfsfall, d.h. bei Verschlechterung der wirtschaftlichen Verhältnisse des Kreditnehmers, kann das Kreditinstitut durch Einfügen der Adresse des Drittschuldners diesen benachrichtigen. Damit kann erreicht werden, dass die Zahlung des geschuldeten Geldbetrages sofort an das Kreditinstitut erfolgt.

Offenmarktgeschäfte, → geldpolitische Operationen.

öffentliche Anleihe, → Anleihe, deren Schuldner (Emittent) eine → juristische Person des öffentlichen Rechts (z.B. Bund, Bundesland) ist. – Vgl. auch → Bundeswertpapiere.

öffentliche Beglaubigung, *notarielle Beglaubigung;* Formvorschrift für bestimmte Rechtsgeschäfte. Bei der ö.B. ist eine Erklärung in Schriftform und eine Beglaubigung der Unterschrift des Erklärenden durch einen Notar vorgeschrieben. Sie hat damit eine höhere Rechtskraft als eine → amtliche Beglaubigung. Eine ö.B. ist u.a. erforderlich für Anträge auf Eintragung von Sachverhalten in das → Handelsregister und für Erklärungen zwecks Eintragung in das → Grundbuch.

öffentliche Beurkundung, *notarielle Beurkundung.* Formvorschrift für bestimmte Rechtsgeschäfte. Bei der ö.B. ist zunächst eine Erklärung in Schriftform notwendig. Darüber hinaus wird diese Erklärung vom beurkundenden Notar den Beteiligten vorgelesen und von allen (inkl. Notar) durch Unterschrift genehmigt. Eine ö.B. ist u.a. erforderlich für Grundstückskaufverträge und Gesellschaftsverträge von → Kapitalgesellschaften.

öffentlicher Glaube, Rechtsgrundsatz, aufgrund dessen sich ein gutgläubiger Leser einer Eintragung im → Handelsregister oder → Grundbuch auf das Eingetragene berufen kann. 1. *Ö.G. (Publizität) des Handelsregisters.* Hierbei unterscheidet man die positive und die negative Publizität. – *Beispiel:* Herr X, Prokurist der Y-GmbH scheidet aus dem Unternehmen aus. Die Prokura erlischt damit. Die Löschung der Prokura wird in das Handelsregister eingetragen. Würde Herr X nach Eintragung der Löschung noch Geschäfte im Namen der Y-GmbH abschließen, müsste der Geschäftspartner sich vorhalten lassen, dass er die Löschung der Prokura aus dem Handelregister hätte ersehen müssen (positive Publizität). Die Y-GmbH könnte dann die Erfüllung des Geschäftes verweigern. Wenn die Löschung der Prokura jedoch unterbleiben würde, müsste die Y-GmbH das von Herrn X abgeschlossene Geschäft erfüllen. Der Geschäftspartner könnte sich, sofern er nicht anderweitig vom Ausscheiden des Herrn X. Kenntnis hätte, auf die fehlende Löschung berufen (negative Publizität). Kreditinstitute treffen in diesem Zusammenhang zur Umgehung des Aufwandes, der mit einer regelmäßigen Kontrolle des Handelsregisters notwendig wäre, mit ihren Kunden besondere Absprachen zur → Mitwirkungspflicht. – 2. *Ö. G. des* → Grundbuchs. Hier besteht ein ö. G. im engeren Sinne, der besagt, dass alle Grundbuchangaben gegenüber gutgläubigen Dritten als richtig gelten. Eine nicht eingetragene Änderung (z.B. der Wechsel des Eigentümers) ist als nicht existierend anzusehen. Voraussetzung ist aber auch hier, dass der Grundbuchleser keine Kenntnis von der wirklichen Rechtslage hat. Der ö.G. bezieht sich nicht auf Angaben zu Größe, Lage und Nutzungsart eines Grundstücks im Bestandsverzeichnis. – Vgl. auch → Katasteramt.

öffentlicher Haushalt, Zusammenstellung von Ausgaben und Einnahmen einer → juristischen Person des öffentlichen Rechts (z.B. Bund, Bundesland).

öffentlicher Pfandbrief, neue Bezeichnung für eine → Kommunalobligation.

Öffentliches Recht, Rechtsbereich, der das Verhältnis zwischen staatlichen Stellen und Bürgern sowie zwischen staatlichen Stellen untereinander regelt. Beispiele für Ö.R. sind Straf- oder Steuergesetze. Die Geschäftstätigkeit der Kreditinstitute bezieht sich hauptsächlich auf das private Recht. Nur bei bestimmten Rechtshandlungen (z.B. → Meldung an das Finanzamt bei Tod eines Kontoinhabers oder Legitimationsprüfung aufgrund der Vorschriften der → Abgabenordnung) ist das Ö.R. zu beachten.

öffentliches Register, von Behörden geführte Datensammlung über rechtserhebliche Tatsachen und Umstände. Beispiele für ein ö.R. sind u.a. → Bundesschuldbuch, → Grundbuch und → Handelsregister.

öffentliche Versteigerung, Verfahren im Zusammenhang mit der Verwertung einer Sache, die ein Kreditinstitut zur Besicherung eines Kredites im Wege der → Verpfändung erhalten hat. Die ö.V. wird nach Bekanntgabe des Versteigerungstermins durch einen Gerichtsvollzieher, Notar oder öffentlich bestellten Versteigerer vorgenommen. Pfandgläubiger (Kreditinstitut) und Eigentümer der Sache (Kreditnehmer) können bei der Versteigerung mitbieten. – In der Praxis der Kreditinstitute kommt die ö.V. bei der Verwertung von Grundstücken und Gebäuden vor, die aufgrund der Gewährung eines Baudarlehens mit einer → Grundschuld belastet wurden. Bei verpfändeten Wertpapieren eines Kreditnehmers ist eine ö.V. nicht notwendig, da diese einen Börsenpreis (Marktpreis) haben und somit gemäß den Bestimmungen des BGB im Wege des „freihändigen Verkaufs" über die Börse verwertet werden können.

öffentliche Zeichnung, → Emission.

öffentlich-rechtliche Kreditinstitute, Kreditinstitute in öffentlich-rechtlicher Organisationsform. Zu den ö.-r.K. gehören z.B. → Sparkassen und → Landesbanken/Girozentralen.

Offered Rate, *Briefkurs, Verkaufskurs;* Preis, zu dem ein Marktteilnehmer bereit ist, Wertpapiere oder → Zentralbankgeld anzubieten. Am Markt für → aufgenommene Gelder kommt dem Referenzzins → Euribor (Euro Interbank Offered Rate) eine wichtige Orientierungsfunktion zu.

Offline-Verarbeitung, Verarbeitung von Daten ohne Verbindung mit einem zentralen Rechner (Zentraleinheit). Bei der O.-V. werden Daten bis zu einem bestimmten Zeitpunkt gesammelt und anschließend in einem Arbeitsgang in die EDV-Anlage eingegeben oder eingelesen. – *Gegensatz:* → Online-Verarbeitung.

Offshore-Märkte, internationale Finanzplätze mit besonders günstigen Standorteigenschaften (z.B. Steuervergünstigungen, Kapitalverkehr ohne Meldepflichten). O.-M. sind i.d.R. außerhalb des hoheitlichen Geltungsbereichs desjenigen Staates anzutreffen, dessen Währung am Offshore-Markt gehandelt wird (z.B. US-Dollar-Handel auf einer exterritorialen Insel vor der amerikanischen Küste = „Offshore"). Durch diese Ansiedlung unterliegen O.-M. nicht der Rechtsprechung des Währungslandes, wodurch die günstigen Standortbedingungen möglich sind.

OHG, Abk. für → *Offene Handelsgesellschaft.*

Ombudsmannverfahren, vom → Bundesverband Deutscher Banken geschaffene Einrichtung zur raschen und kostengünstigen Beilegung von Meinungsverschiedenheiten zwischen Banken und privaten Kunden als Alternative zum aufwendigen → Klageverfahren. Nach Vorprüfung einer Kundenbeschwerde prüft eine Beschwerdestelle des Bundesverbandes den Sachverhalt. Ein unabhängiger Ombudsmann (Schiedsmann) fällt dann einen Schlichtungsspruch, gegen den der Kunde stets, das Kreditinstitut jedoch nur bei einem Streitwert über 5.000 Euro gerichtlich vorgehen kann.

Online Banking, Teilbereich des → Electronic Banking. Beim O.B. wickelt ein Bankkunde über das Internet mit seinem Kreditinstitut Geschäfte (z.B. Überweisungsaufträge, Wertpapieraufträge) ab.

Online-Verarbeitung, Verarbeitung von Daten in der Weise, dass eine Verbindung zwischen Terminals vor Ort (z.B. Kassenterminal einer Filiale) und der EDV-Zentraleinheit besteht, in der die Daten weiterverarbeitet werden können. – *Gegensatz:* → Offline-Verarbeitung

Open End Fund, *offener Fonds;* allgemein übliche Form bei → Investmentfonds. Bei O.E.F. können die Fondsanteile (Zertifikate) jederzeit erworben werden; andererseits ist es einem Anleger jederzeit möglich, seine Anteile an die Fondsgesellschaft zurückzugeben. – *Gegensatz:* → Closed End Fund.

Open Interest, Zahl der am Ende eines Börsentages noch nicht glattgestellten Kontrakte. – Vgl. auch → offene Position.

Open Market, andere Bezeichnung für den → Freiverkehr.

Operate Leasing, → Leasing mit kurzfristiger Laufzeit oder Kündigungsmöglichkeit. Der Begriff kurzfristig ist auf das Verhältnis von Mietdauer (Leasingdauer) zur betriebsgewöhnlichen Nutzungsdauer zu beziehen. Die Mietdauer beim O.L. liegt i.d.R. unter einem Jahr. Nach Kündigung oder Ablauf des Mietverhältnisses wird das Gut an den Leasing-Geber, meist gegen Abschluss eines neuen Leasing-Vertrages, zurückgegeben und von diesem an einen anderen Vertragspartner weitervermietet oder am Markt für Gebrauchtgüter verkauft. Aus diesem Grunde kommen als Leasinggüter nur leicht verwertbare, standardisierte Objekte (z.B. Kopierer) in Frage. Für den Leasing-Nehmer besteht der Vorteil des O.L. darin, dass er jederzeit über ein Objekt verfügen kann, das dem neuesten technischen Stand entspricht. – *Gegensatz:* → Finance Leasing

Opération Blanche, Methode zur Vergrößerung eines Aktienbestandes ohne Einsatz liquider Mittel bei einer → Kapitalerhöhung gegen Bareinlagen. Bei der O.B. wird genau die Anzahl an → Bezugsrechten verkauft, die notwendig ist, um eine bestimmte Zahl junger Aktien ohne Einsatz liquider Mittel beziehen zu können.

operatives Ergebnis, Erfolg der laufenden Geschäftstätigkeit eines Kreditinstituts. Beim o.E. werden Sondereinflüsse wie beispielsweise außerordentliche Aufwendungen und Erträge eliminiert. Das o.E. umfasst den Zins- und Provisionsüberschuss und Gewinne aus Finanzgeschäften (z.B. Eigenhandel in Devisen und Wertpapieren) abzüglich Verwaltungsaufwendungen und Risikovorsorge (also z.B. → Rückstellungen, → Abschreibungen).

Oppositionsliste, → Wertpapiermitteilungen.

Option, Recht, ein nach Preis und Menge bestimmtes Vertragsangebot anzunehmen oder abzulehnen (bedingtes → Termingeschäft). Eine O. kann sich auf Waren, Devisen, Wertpapiere oder → Derivate beziehen. Optionen können durch einen Optionsschein (Warrant) verbrieft sein. Dieser kann im Zusammenhang mit einer → Optionsanleihe emittiert werden oder ohne Bezug zu einer Optionsanleihe existieren. Im letzteren Fall spricht man von „nackten" Optionsscheinen (Naked Warrants). Bei Optionsscheinen ist i.d.R. ein Optionsverhältnis (OV) zu berücksichtigen (z.B.: Für zwei Optionsscheine kann eine Aktie bezogen werden; OV 2 : 1, in der Praxis mitunter auch umgekehrt, d.h. 1 : 2 oder 0,5 ausgedrückt). Nicht durch Optionsscheine verbriefte Optionen werden an der → Eurex gehandelt. Eine O. an der Eurex kann zudem jederzeit glattgestellt werden (→ offene Position). Das Grundprinzip einer O. ist unabhängig von der Frage einer Verbriefung stets gleich: 1. *Kaufoption/Call bzw. Kaufoptionsschein/Call Warrant:* Der Erwerber des Rechts bzw. der Optionsscheininhaber hat das Recht, innerhalb einer bestimmten Frist das Basisprodukt (z.B. eine bestimmte Aktie) zu einem festgelegten Preis (Basispreis) kaufen zu dürfen. Der Kontrahent (Stillhalter) ist zur Lieferung verpflichtet, falls die O. ausgeübt wird. Er erhält dafür vom Optionskäufer einen Optionspreis. – *Beispiel:* Kaufoption über 100 X-Aktien zum Basispreis von 150 Euro je Aktie; Optionspreis 10 Euro je Aktie. Der Optionskäufer (Long Call) spekuliert auf steigende Kurse, denn wenn der Kurs der X-Aktie während der Laufzeit z.B. auf 180 Euro steigt, kann er 100 Aktien zu einem um 30 Euro geringeren Preis vom Verkäufer der O. (Short Call) beziehen. Abzüglich Optionspreis verbleibt ein Gewinn von 20 Euro je Aktie. – 2. *Verkaufsoption/Put bzw. Verkaufsoptionsschein/ Put Warrant:* Der Erwerber des Rechts bzw. der Optionsscheininhaber hat das Recht, innerhalb einer bestimmten Frist das Basisprodukt (z.B. eine bestimmte Aktie) zu einem festgelegten Preis (Basispreis) verkaufen zu dürfen. Der Kontrahent (Stillhalter in Geld) ist zur Zahlung verpflichtet, falls die O. ausgeübt wird. Er erhält dafür vom Optionskäufer einen Optionspreis. – *Beispiel:* Verkaufsoption über 100 Y-Aktien zum Basispreis von 50 Euro je Aktie; Optionspreis 5 Euro je Aktie. Der Optionskäufer (Long Put) spekuliert auf fallende Kurse, denn wenn der Kurs der Y-Aktie während der Laufzeit z.B. auf 30 Euro fällt, kann er 100 Aktien zu einem um 20 Euro höheren Preis an den Verkäufer der O. (Short Put) verkaufen. Abzüglich Optionspreis verbleibt ein Gewinn von 15 Euro je Aktie. – Der Inhaber einer O. kann mithilfe der O. Wertpapiere zu einem festen Basispreis beziehen (Kaufoption) oder verkaufen (Verkaufsoption). Möchte er z.B. zu einem späteren Zeitpunkt in eine bestimmte Aktie „einsteigen" kann er sich über einen Call durch den festgelegten Basispreis einen bestimmten Kaufkurs sichern. Liegt der aktuelle Börsenkurs am Ende der Laufzeit über dem Basispreis, bezieht er die Aktie zum Basispreis, liegt er darunter, lässt der Inhaber die O. verfallen. In jedem Fall ist nicht mehr als der Basispreis zu zahlen. Umgekehrt ist es möglich, sich über den Erwerb eines Put einen Verkaufspreis zu sichern, falls man im Depot befindliche Aktien zu einem späteren Zeitpunkt verkaufen möchte. – Vorrangiges Motiv bei einer O. ist jedoch der Spekulationsanreiz: Bei entsprechend positiver Entwicklung des Basiswertes steigt der Optionspreis und damit die Gewinnchance für den Inhaber der O. Da bei entsprechend langer Restlaufzeit des Optionsrechtes der Optionspreis über seinem rechnerischen Wert (→ innerer Wert) liegt, entsteht ein → Aufgeld, d.h. der Bezug des Basiswertes über die O. ist teurer als der direkte Bezug des Basiswertes über die Börse. Für den Inhaber der O. bringt das Aufgeld jedoch den Vorteil mit sich, dass sich seine → Rendite erhöht. Da der Kapitaleinsatz beim Kauf einer O. geringer ist als beim Kauf des Basiswertes, entsteht zusätzlich ein Hebeleffekt. – Vgl. auch → Hebelwirkung bei Optionsscheinen.

Optionsanleihe, Sonderform einer → Anleihe, bei der ein Gläubiger neben seinem Zins- und Rückzahlungsanspruch einen Anspruch auf Bezug von Aktien des Emittenten besitzt (Optionsrecht). Das Optionsrecht wird verbrieft durch einen Optionsschein (Warrant, → Option). Der Optionsschein kann von der Anleihe getrennt und gesondert gehandelt werden. Es ergeben sich dann drei Kurse im Zusammenhang mit der O.: Kurs „cum" (Anleihe mit Optionsschein), Kurs „ex" (Anleihe ohne Optionsschein) und der Kurs für den Optionsschein.

Optionsgenussschein, Sonderform eines → Genusscheins, der das Recht beinhaltet, Aktien des emittierenden Unternehmens zu einem festgelegten Preis beziehen zu dürfen. Der O. ähnelt in seiner Konstruktion einer Optionsanleihe, allerdings werden die dem Emittenten zufließenden Mittel bei einer Optionsanleihe als → Fremdkapital angesehen, während sie beim O. als → Ergänzungskapital auf das haftende Eigenkapital angerechnet werden.

Optionsgeschäft, → Option.

Optionshandel, Börsenmäßiger Kauf und Verkauf einer → Option. Der O. vollzieht sich an der → Eurex und an anderen → Präsenzbörsen bzw. → Computerbörsen.

Optionsprämie, Bezeichnung für das in Prozent des Börsenkurses eines Basiswertes (z.B. Aktie) ausgedrückte → Aufgeld bei einer → Option.

Optionsrecht, → Option.

Optionsschein, verbriefte → Option.

Optionsverhältnis, Bezugsverhältnis, das im Zusammenhang mit der Geltendmachung einer → Option angibt, wie viele Optionsscheine zum Bezug einer Einheit des Basiswertes (z.B. 1 Aktie) notwendig sind.

optische Beleglesung, → Codierung.

ordentliche Hauptversammlung, alljährliche Versammlung der Aktionäre einer → Aktiengesellschaft. – *Gegensatz:* → außerordentliche Hauptversammlung.

ordentliche Kapitalerhöhung, andere Bezeichnung für eine Kapitalerhöhung gegen Einlagen. – Vgl. auch → Kapitalerhöhung.

Orderklausel, Zusatz „oder Order“ bzw. „to Order“ auf einem Wertpapier. Ein → geborenes Orderpapier ist auch ohne einen solchen Zusatz als Orderpapier anzusehen. Ein → gekorenes Orderpapier müsste den Zusatz aufweisen, damit dieses die Rechtsnatur eines Orderpapiers aufweist.

Orderlagerschein, Bescheinigung eines Lagerhalters über den Empfang einer Ware. Der O. ist ein → gekorenes Orderpapier.; er kommt im Kreditsicherungsrecht bei der → Verpfändung von Waren zur Anwendung.

Orderpapier, Wertpapier, dessen Rechte durch Einigung über den Eigentumsübergang am Papier, → Indossament und Übergabe auf eine andere Person übertragen werden können.

Orderrouting, → elektronisches Orderrouting.

Orderscheck, → Scheck, der nicht durch die Klausel „oder Überbringer“, sondern durch den Zusatz „oder Order“ hinter dem Namen des Zahlungsempfängers gekennzeichnet ist. Da der Scheck ein → geborenes Orderpapier ist, wäre der Zusatz rechtlich nicht erforderlich; er wird in der Praxis jedoch angewendet. Darüber hinaus weist ein O. an der rechten Seite zur besseren Unterscheidbarkeit von normalen Überbringerschecks eine vertikale rote Orderkante auf. Für die Praxis der Kreditinstitute bringt die Gutschrift eines O. relativ aufwendige Prüfungshandlungen mit sich. Der Scheckvorleger muss aus der Urkunde als Berechtigter hervorgehen und den Scheck durch → Indossament auf sein Kreditinstitut übertagen. Aufgrund des höheren Arbeitsaufwands werden O. nur an Firmenkunden ausgegeben und von diesen im Falle der Begleichung hoher Verbindlichkeiten weitergegeben.

Organe, natürliche Personen, die für eine → juristische Person handeln. Da juristische Personen zwar → Rechtsfähigkeit besitzen, jedoch nicht selbstständig handeln können, benötigen sie O. für rechtswirksame Handlungen. Die Bezeichnung der O. ist bei den verschiedenen juristischen Personen unterschiedlich; bei der → Aktiengesellschaft unterscheidet man z.B. als O: Vorstand, Aufsichtsrat und Hauptversammlung. Die O. des → Europäisches System der Zentralbanken bestehen aus dem Direktorium der Europäischen Zentralbank (EZB) und dem EZB-Rat.

Organkredite, Kredite an natürliche Personen (Personal-O.) oder Unternehmen (Unternehmens-O.), die mit dem kreditgewährenden Institut eng verbunden sind. Beispiele sind Kredite an Geschäftsstellenleiter oder Prokuristen (→ Prokura). Als O. sind auch Kredite zu bezeichnen, bei denen das Kreditinstitut oder ein Mitglied der Geschäftsleitung als Gesellschafter fungiert. – O. sind nach dem → Gesetz über das Kreditwesen (KWG) grundsätzlich nur aufgrund eines einstimmigen Beschlusses der Geschäftsleitung möglich und dürfen nur mit Zustimmung des Aufsichtsorgans (z.B. Aufsichtsrat) gewährt werden.

OTC-Instrumente, *Over the Counter-Instrumente;* Bezeichnung für außerbörslich gehandelte Finanzinstrumente (z.B. → Aktien, → Anleihen, → Optionen). OTC-I. werden von Kreditinstituten oder sonstigen Finanzdienstleistungsunternehmen (z.B. Anlageberatungsgesellschaften) den Investoren direkt angeboten und außerbörslich ge- und verkauft. Der Vorteil von OTC-I. liegt darin, dass sie individuell ausgestaltbar sind (z.B. hinsichtlich Betrag, Laufzeit). Auf der anderen Seite beinhalten sie größere Risiken, da sie keiner börslichen Kontrollinstanz unterliegen, häufig nicht schnell liquidiert werden können und zudem zu Preisen gehandelt werden, die nicht so objektiv nachvollziehbar sind wie Börsenpreise.

out of the Money, *aus dem Geld.* – Vgl. auch → at the Money.

Outperformance, Begriff im Zusammenhang mit dem Vergleich der Wertentwicklung zweier Finanzinstrumente. Von einer O. spricht man z.B., wenn eine im Deutschen Aktienindex (DAX, → Index) enthaltene Aktie eine höhere Wertsteigerung erfährt als der Index. – *Gegensatz:* → Underperformance).

Outperformancezertifikat, → Zertifikat, bei dem mit steigendem Basiswert ein zusätzlicher Ertrag („Turbo") möglich ist. Bei Kursrückgang des Basiswertes fallen dagegen bei einem O. i.d.R. nur „einfache" Verluste an.

Outrightgeschäft, *Sologeschäft;* Geschäft ohne entsprechendes Gegengeschäft. – Vgl. auch → offene Position.

Outsourcing, Kunstwort, das aus den englischen Begriffen „Outside" und „Resourcing" gebildet wurde. Mit O. wird die Ausgliederung bestimmter Unternehmensaktivitäten mit dem gleichzeitigen Auftrag zur Übernahme dieser Aktivitäten durch ein fremdes Unternehmen bezeichnet. O. liegt z.B. vor, wenn ein Kreditinstitut seine Datenverarbeitungsabteilung schließt und die Datenverarbeitung einem EDV-Unternehmen überlässt. Mit dem O.-Gedanken ist die Erwartung verbunden, dass die entsprechende Unternehmensaktivität von der Fremdfirma rationeller und kostengünstiger ausgeübt werden kann als im eigenen Unternehmen und dass ein weiteres Kostensenkungspotenzial in einer Straffung der Organisation des eigenen Unternehmens liegt. Den Kreditinstituten werden durch das KWG beim O. Grenzen auferlegt. Nach den Bestimmungen des KWG sind bestimmte O.-Maßnahmen der → Bundesanstalt für Finanzdienstleistungsaufsicht und der → Deutschen Bundesbank anzuzeigen.

Overlay-Struktur, Verfahren beim → Cash Management. Bei der O.-S. pflegen alle Konzerngesellschaften zwar ihre regionalen Bankkontakte vor Ort, die einzelnen Kontosalden werden jedoch bei einer Bank (Overlay-Bank) zusammengefasst (Pooling).

Overnight Money, Sonderform des Tagesgeldes (→ aufgenommene Gelder). Ein O.M. wird am Tag nach dem Abschlusstag zuzüglich der Zinsen zurückgezahlt. Die Geldaufnahme erfolgt also „über Nacht" (Over Night).

Over the Counter, → OTC-Instrumente.

P

p.a., Abk. für *per annum* (auf ein Jahr bezogen). Im Bankgeschäft insbesondere zur Kennzeichnung eines auf ein Jahr bezogenen Zinssatzes gebräuchlicher Zusatz.

Pacht, Vertrag, durch den sich der Verpächter verpflichtet, dem Pächter den Gebrauch eines bestimmten Gegenstandes und (im Unterschied zur Miete) den Genuss der als Ertrag anzusehenden Früchte zu gestatten. Der Pächter hat im Gegenzug den vereinbarten Pachtzins zu entrichten. Für die Pacht gelten, soweit das BGB keine Abweichungen vorsieht, die Vorschriften des Mietrechts.

Papiergeld, → Banknoten.

Parallelanleihe, → Anleihe, die gleichzeitig in mehreren Ländern in der jeweiligen Landeswährung ausgegeben wird. Weist die P. eine einheitliche → Nominalverzinsung auf, so kann Zinsniveauunterschieden zwischen den einzelnen Ländern durch eine entsprechende Veränderung des Ausgabekurses Rechnung getragen werden.

Pari, Kurs eines Wertpapiers, der exakt dem → Nennwert des Papiers entspricht, d.h. 100% beträgt. I.d.R. erfolgt eine Rückzahlung fälliger → Anleihen zu pari. – Vgl. auch → Pari-Emission.

Pari-Emission, Ausgabe eines Wertpapiers exakt zum Nennwert. → Anleihen können auch über oder unter pari ausgegeben werden. Dagegen ist bei → Aktien eine Ausgabe über pari möglich, unter pari jedoch unzulässig.

Parität, *Leitkurs;* im Rahmen einer internationalen Währungsordnung durch die Währungsbehörden offiziell festgelegtes Austauschverhältnis einer Währung zu bestimmten anderen Währungen, zu → Sonderziehungsrechten oder zum Gold.

Parkettbörse, → Präsenzbörse.

partiarisches Darlehen, langfristiges → Darlehen an ein Unternehmen, bei dem der Anspruch des Darlehensgebers auf regelmäßige Zinszahlungen durch eine prozentuale Gewinnbeteiligung ersetzt wird.

Partizipationsrate. Die P. gibt an, in welchem Umfang der Inhaber eines → Zertifikats an einer positiven Wertentwicklung des zugrundeliegenden Basiswertes beteiligt ist.

Partizipationsschein, Wertpapier, das Vermögensrechte (insbesondere Anspruch auf Anteil am Gewinn) an einer → Aktiengesellschaft gewährt, Mitgliedschaftsrechte (Stimmrecht, Kontrollrecht) jedoch ausschließt. P. werden z.B. als Finanzierungsinstrumente von Schweizer Aktiengesellschaften ausgegeben.

Partnerschaft, Gesellschaftsform für den Zusammenschluss von Angehörigen freier Berufe (z.B. Ärzte, Architekten, Rechtsanwälte) zur gemeinsamen Berufsausübung. Gesellschafter können nur natürliche Personen sein. Die P. entsteht im Außenverhältnis durch Eintragung in das beim Amtsgericht geführte Partnerschaftsregister. → Geschäftsführung und → Vertretung der P. sind im Wesentlichen an die Bestimmungen zur → Offenen Handelsgesellschaft angelehnt.

passive Scheckfähigkeit, → Scheckfähigkeit.

Passivgeschäft, Oberbegriff für Bankgeschäfte, die der Beschaffung von → Fremdkapital dienen. Diese Maßnahmen der Mittelbeschaffung schlagen sich auf der Passivseite der Bankbilanz nieder. Hierzu gehören insbesondere die Annahme von → Sicht-, → Termin- und → Spareinlagen, die Aufnahme von Geldern am → Geldmarkt und die Mittelbeschaffung durch Ausgabe von → Bankschuldverschreibungen.

Passwortvereinbarung, Vereinbarung eines Kennwortes zwischen Kreditinstitut und Kunde insbesondere zum Schutz vor unberechtigten Verfügungen über Sparkonten. Eine P. schränkt die Legitimationswirkung des Sparbuches ein, so dass die kontoführende Stelle Auszahlungen nur noch an denjenigen vornehmen darf, der zusätzlich zur Sparbuchvorlage das vereinbarte Kennwort nennen kann.

Patronatserklärung, bei verbundenen Unternehmen von einer Muttergesellschaft abgegebene Erklärung, mit der die → Kreditwürdigkeit eines Tochterunternehmens gestärkt oder erhalten werden soll. Die Rechtsverbindlichkeit solcher Erklärungen ist stark unterschiedlich, da P. von unverbindlichen Good-will-Erklärungen bis hin zur Übernahme konkreter → Bürgschaften oder → Garantien reichen können.

Pauschalwertberichtigung, allgemeine Vorsorge gegen Ausfallrisiken aus anscheinend intakten Forderungen, d.h. aus Forderungen, bei denen konkrete Einzelrisiken nicht erkennbar sind. Die Kreditinstitute tragen diesen latenten Risiken durch die Bildung von P. in erforderlichem Umfang Rechnung. Hinsichtlich der Bemessung der P. orientieren sich die Institute an Erfahrungswerten aus der Vergangenheit. Der bilanzielle Gesamtwert der Forderungen eines Kreditinstituts wird entsprechend der vorgenommenen P. gemindert.

Pay-Card, → Zahlungskarte.

Payment-Guarantee, → Zahlungsgarantie.

P/E, Abk. für *Price-Earnings-Ratio* (→ Kurs-Gewinn-Verhältnis).

Pensionsfonds, Einrichtung im Rahmen der betrieblichen Altersversorgung, aus der lebenslange Alters-, Invaliditäts- oder Hinterbliebenenrenten gezahlt werden. Die Finanzierung des P. erfolgt durch Leistungen des Arbeitgebers, die als Betriebsausgaben steuermindernd sind und/oder durch Umwandlung von Gehaltsbestandteilen. P. unterliegen der Kontrolle der → Bundesanstalt für Finanzdienstleistungsaufsicht. Im Vergleich mit → Pensionskassen und → Direktversicherungen können P. eine Kapitalanlagepolitik mit größeren Renditechancen, andererseits aber auch größeren Risiken betreiben.

Pensionskasse, vor allem für Großunternehmen bedeutsame Einrichtung im Rahmen der betrieblichen Altersversorgung, die bis zu bestimmten Höchstgrenzen die Haftung für vom Arbeitgeber und ggfs. auch vom Arbeitnehmer finanzierte Versorgungszahlungen übernimmt. P. können durch einzelne Unternehmen oder einen Unternehmensverbund gegründet werden. P. unterliegen der Kontrolle der → Bundesanstalt für Finanzdienstleistungsaufsicht. Der Arbeitgeber kann Beiträge an die P. steuerlich als Betriebsausgaben absetzen. Für den Arbeitnehmer gehören die Beitragszahlungen zum steuerpflichtigen Arbeitslohn.

Pensions-Sondervermögen, → Altersvorsorge-Sondervermögen.

PER, Abk. für *Price-Earnings-Ratio*. – Vgl. auch → Kurs-Gewinn-Verhältnis.

Performance, prozentualer Wertzuwachs einer Kapitalanlage innerhalb eines Betrachtungszeitraumes. Die P. ergibt sich aus Kurssteigerungen und vereinnahmten Erträgen (z.B. Dividenden, Zinsen, Zinseszinsen).

Performance-Index, Börsenindex (→ Index), der die Wertentwicklung eines → Portfolios nicht nur unter Berücksichtigung von Kursveränderungen darstellt, sondern zusätzlich Ertragszahlungen der zugrunde liegenden Wertpapiere (z.B. Zinsen, Dividenden) und deren Wiederanlage berücksichtigt.

Personalkredit, Kredit, der im Gegensatz zum → Realkredit nicht durch Bestellung von → Grundpfandrechten besichert wird. Unterschieden werden *gesicherte P.* (z.B. durch → Sicherungsübereignung, → Bürgschaft oder → Abtretung von Forderungen) und *ungesicherte P.* (Blankokredite).

Personendepotbuch, nach den Hinterlegern (Name, Depotkontonummer) von Wertpapieren gegliederte Datei, zu deren Führung eine Institution im Zusammenhang mit der gewerbsmäßigen Verwahrung von Wertpapieren gem. Depotgesetz verpflichtet ist. Das P. enthält u.a. Art, Nennbetrag bzw.

Stückzahl sowie Nummern oder sonstige Bezeichnungsmerkmale der für einen Hinterleger verwahrten Papiere. Das P. dient u.a. der Erstellung von Depotauszügen und der Disposition von Verkaufsaufträgen. – Vgl. auch → Depotbuchführung.

Personengesellschaft, Zusammenschluss von mindestens zwei Personen durch Vertrag zu einem gemeinsamen Zweck. P. sind keine → juristischen Personen. Die Gesellschafter (Ausnahme: Kommanditist einer → Kommanditgesellschaft) haben die Aufgabe der → Geschäftsführung und → Vertretung. Das Vermögen der P. ist gemeinschaftliches Vermögen aller Gesellschafter. Für Verbindlichkeiten der P. haftet neben dem Gesellschaftsvermögen mit Ausnahme des Kommanditisten einer Kommanditgesellschaft auch der einzelne Gesellschafter persönlich. P. sind z.B. die → Gesellschaft bürgerlichen Rechts, die → Offene Handelsgesellschaft und die Kommanditgesellschaft.

Personenhandelsgesellschaft, auf den Betrieb eines Handelsgewerbes gerichtete → Personengesellschaft, bei der das persönliche Engagement und die persönliche Haftung der Gesellschafter (Ausnahme: Kommanditisten der → Kommanditgesellschaft) im Vordergrund stehen. Es gibt kein gesetzlich vorgeschriebenes Mindestkapital. P. sind die → Offene Handelsgesellschaft (OHG) und die Kommanditgesellschaft (KG).

Personensicherheiten, → Kreditsicherheiten, deren Sicherungswert in schuldrechtlichen Ansprüchen gegenüber dritten Sicherungsgebern besteht. Diese dritten Personen übernehmen vertraglich die Gewähr für die Erfüllung der Verbindlichkeiten eines Kreditnehmers und haften mit ihrem gesamten Vermögen. Zu den P. zählen u.a. → Bürgschaften, → Garantien und u.U. → Patronatserklärungen.

persönliche Geheimzahl, → persönliche Identifikationsnummer.

persönliche Identifikationsnummer (PIN), *persönliche Geheimzahl;* nur dem Berechtigten (z.B. Kontoinhaber, Bevollmächtigter, Inhaber einer → Zahlungskarte) bekannte Ziffernkombination, die im Zahlungsverkehr der Legitimation des Verfügungsberechtigten dient. Die PIN soll das Risiko missbräuchlicher Verfügungen durch unbefugte Personen verringern. Die Verwendung einer PIN ist insbesondere erforderlich im Zusammenhang mit der Bargeldbeschaffung an Geldausgabeautomaten, bei Kontoverfügungen über Selbstbedienungsterminals der Kreditinstitute, im → Online-Banking sowie bei der Abwicklung → bargeldloser Zahlungen im Rahmen des → Electronic-Cash-Verfahrens.

persönlicher Dispositionskredit, → Dispositionskredit.

persönlicher Kredit, → Privatkredit.

Pfandbrief, → Anleihe mit Anspruch auf Rückzahlung und Verzinsung, die von einer → Pfandbriefbank zur Beschaffung von Finanzierungsmitteln ausgegeben wird. Unterschieden wird zwischen Hypothekenpfandbriefen, Schiffspfandbriefen und Öffentlichen Pfandbriefen sowie neuerdings auch Flugzeugpfandbriefen. P. bieten dem jeweiligen Anleger besondere Sicherheit, da sie z.B. durch → Grundpfandrechte oder Forderungen gegen die öffentliche Hand gedeckt sein müssen. P. werden an der Börse gehandelt und weisen i.d.R. Laufzeiten zwischen einem Jahr und zehn Jahren auf. Die Ausgabe von P. unterliegt den Bestimmungen des → Pfandbriefgesetzes.

Pfandbriefbank, Kreditinstitut, das aufgrund entsprechender Erlaubnis der → Bundesanstalt für Finanzdienstleistungsaufsicht über die Möglichkeit verfügt, Finanzierungsmittel durch Ausgabe von → Pfandbriefen zu beschaffen. Die Geschäftstätigkeit von P. sowie die Ausgabe und Deckung von Pfandbriefen unterliegen den Bestimmungen des → Pfandbriefgesetzes.

Pfandbriefgesetz, Gesetz, das Regelungen zur Geschäftstätigkeit von → Pfandbriefbanken und zur Ausgabe von → Pfandbriefen sowie zur Deckung der ausgegebenen Pfandbriefe beinhaltet. Das im Jahr 2005 neu geschaffene P. hat bis dahin geltende Einzelgesetze (Hypothekenbankgesetz, Schiffspfandbriefgesetz, Gesetz über die Pfandbriefe und verwandten Schuldverschreibungen öffentlich-rechtlicher Kreditanstalten) abgelöst.

Pfandklausel der AGB, → AGB-Pfandrecht.

Pfandrecht, Belastung einer Sache oder eines Rechts zur Sicherung einer Forderung in der Weise, dass der Gläubiger berechtigt ist, Befriedigung daraus zu suchen. Ein P. kann zum einen als vertragliches P. durch konkreten Pfandvertrag zwischen Verpfänder und Pfandgläubiger oder als → AGB-P. entstehen. Es kann weiterhin ohne ausdrückliche Vereinbarung kraft Gesetzes bestehen (z.B. als → Vermieterpfandrecht). Schließlich ist die Entstehung eines P. als Pfändungspfandrecht im Wege einer → Zwangsvollstreckung möglich. Nach dem Pfandgegenstand werden P. an beweglichen Sachen (Mobiliarpfandrecht), P. an Rechten (insbesondere an Forderungen) und → Grundpfandrechte (Grundschuld, Hypothek, Rentenschuld) unterschieden. Als Kreditsicherheiten in der Bankpraxis sind Grundpfandrechte sowie die Verpfändung von Kontoguthaben und Wertpapieren von Bedeutung.

Pfandreife, Voraussetzung für die Verwertung einer Sache oder eines Rechts, das mit einem → Pfandrecht belastet ist. Die Pfandreife ist gegeben, sobald die zugrunde liegende Forderung ganz oder teilweise fällig ist.

Pfändungsschutzkonto (P-Konto), Konto, das dem Inhaber für Guthaben bis zur Höhe seines Pfändungsfreibetrages Schutz vor Pfändungen gewährt. Der Pfändungsschutz bewirkt, dass der Kontoinhaber auch im Fall einer Pfändung seines Kontos in Höhe des geschützten Betrages weiterhin am Zahlungsverkehr (z.B. durch Überweisungen, Lastschriftabbuchungen, Barabhebungen oder Daueraufträge teilnehmen kann.

Pfändungs- und Überweisungsbeschluss, kombinierter gerichtlicher Beschluss, der im Zusammenhang mit einer Pfändung von Kontoguthaben (→ Pfandrecht) das kontoführende Institut zur Sperrung des Guthabens (Verbot der Auszahlung an den Kontoinhaber) und gleichzeitig zur Überweisung des gepfändeten Geldbetrages an den Pfändungsgläubiger verpflichtet.

Pharming, Betrugsmethode mit dem Ziel, an die Kontodaten von Online-Kunden zu gelangen. Die Internetnutzer werden auf gefälschte Webseiten umgeleitet und angehalten, ihre vertraulichen Kontozugangsdaten preiszugeben.

Phishing, Maßnahme, mit der in betrügerischer Absicht Internetnutzer zur Preisgabe persönlicher Identifikationsdaten veranlasst werden. So wird z.B. im Bereich des → Online-Banking versucht, mittels gefälschter E-Mails und Websites an persönliche Identifikations- und Transaktionsnummern zu gelangen und damit unberechtigt Überweisungen zu Lasten fremder Konten zu veranlassen.

PIN, Abk. für → *persönliche Identifikationsnummer.*

P-Konto, → Pfändungsschutzkonto.

Plant-Leasing, Form des → Immobilien-Leasing, die die Vermietung von kompletten, standortgebundenen Betriebsanlagen zum Gegenstand hat.

Plastikgeld, Bezeichnung für im bargeldlosen Zahlungsverkehr eingesetzte → Zahlungskarten.

Platzierung, Unterbringung neu ausgegebener Wertpapiere bei kaufwilligen Anlegern. – Vgl. auch → Emission.

Plusankündigung, Hinweis auf der Kursanzeigetafel einer → Präsenzbörse, dass der aktuelle Börsenkurs eines Wertpapiers aufgrund der vorliegenden Aufträge erheblich über dem zuletzt festgestellten Kurs liegen wird. → Börsenhändler bzw. deren Auftraggeber erhalten damit Gelegenheit, erteilte Aufträge zu verändern oder zurückzunehmen. – *Gegensatz:* → Minusankündigung.

Plussparen, → Sondersparformen.

Point of Sale ohne Zahlungsgarantie (POZ), zum 31.12.2006 eingestelltes Verfahren der bargeldlosen Zahlung an Kassen von Handels- und Dienstleistungsunternehmen, bei dem die Legitimation des Kunden durch Unterschrift in Verbindung mit der Vorlage seiner Bank- oder Sparkassencard erfolgte. Bei höheren Beträgen wurde über das POZ-Terminal eine Prüfung auf Kartensperre in einer Sperrdatei der deutschen Kreditwirtschaft vorgenommen. Der Händler erhielt keine → Zahlungsgarantie eines Kreditinstituts.

Point of Sale-Zahlung (POS-Zahlung), Oberbegriff für bargeldloses Zahlen an automatisierten Kassen bzw. Terminals von Handelsbetrieben und Dienstleistungsunternehmen. Dabei wird die Zahlung unter Einsatz einer → Zahlungskarte vorgenommen; der Einzug des Rechnungsbetrages erfolgt anschließend beleglos. Die einzelnen Verfahren im Rahmen von POS-Zahlungen unterscheiden sich vor allem hinsichtlich der Legitimations- und Bonitätsprüfung sowie dahingehend, welcher Beteiligte (Händler, Kreditinstitut) das Risiko des Ausfalls einzelner Forderungen trägt. – Vgl. auch → Electronic Cash, → ELV, → Kreditkarte und → Geldkarte.

Policendarlehen, → Darlehen, das dem Versicherungsnehmer einer → Kapitallebensversicherung als Vorauszahlung auf die zu einem späteren Zeitpunkt fällige Versicherungsleistung gewährt wird. Zur Besicherung des P. lässt der Darlehensgeber sich i.d.R. die Ansprüche aus dem Versicherungsvertrag abtreten.

Portefeuille, → Portfolio.

Portfolio, *Portefeuille;* Bezeichnung für die Summe der in einem Bestand gehaltenen Vermögenswerte. In der Bankpraxis gebräuchlich als Bezeichnung für die Gesamtheit der Wertpapieranlagen (→ Aktien, → Anleihen, → Investmentzertifikate etc.), die sich z.B. im Depot eines Kunden oder im Bestand eines → Investmentfonds befinden.

Positiverklärung, Erklärung eines Kreditnehmers oder eines Dritten zugunsten des Kreditnehmers, auf Verlangen des Kreditgebers nachträglich für einen gewährten Kredit eine Sicherheit zu bestellen.

Positivmerkmale, der → SCHUFA von einem Mitgliedsunternehmen über einen Kunden gemeldete Merkmale über die Beantragung, Aufnahme und vertragsgemäße Abwicklung einer Geschäftsbeziehung. P. beeinflussen die → Kreditwürdigkeit eines Kunden positiv oder beeinträchtigen sie zumindest nicht. Als P. gemeldet werden u.a. die Eröffnung eines → Girokontos und die Beendigung einer Kontoverbindung, die Aufnahme und vertragsgerechte Abwicklung bestimmter Kredite, die Übernahme einer → Bürgschaft sowie die Ausgabe einer → Kreditkarte. – *Gegensatz:* → Negativmerkmale.

PostIdent Service, Verfahren der Fernidentifizierung durch die Deutsche Post AG im Auftrag eines Dritten. Kreditinstitute bedienen sich dieses Verfahrens, um z.B. im Rahmen einer Kontoeröffnung die erforderliche → Legitimationsprüfung vornehmen zu lassen, wenn der Kunde nicht persönlich erscheinen kann. Die Identitätsfeststellung kann in einer beliebigen Postfiliale oder über den Postzusteller vorgenommen werden. Der Auftraggeber erhält durch die Deutsche Post AG eine schriftliche Bestätigung der durchgeführten Identitätsfeststellung.

Postlaufkredit, kurzfristiger Kredit zwischen Banken zur Überbrückung von Finanzierungslücken, die aufgrund von Postlaufzeiten entstehen. P. kommen z.B. im Zusammenhang mit der Abwicklung von → Dokumentenakkreditiven vor, wenn ein Kreditinstitut mit der Einlösung von Dokumenten in Vorlage tritt und die eröffnende Bank den Gegenwert erst anzuschaffen braucht, nachdem ihr die Aufnahme der Dokumente mitgeteilt wurde.

POS-Zahlung, Abk. für → *Point of Sale-Zahlung.*

POZ, Abk. für → *Point of Sale ohne Zahlungsgarantie.*

Prämienreservefonds, → Deckungsstock.

Prämiensparen, → Bonussparen.

Präsenzbörse, *Parkettbörse;* → Börse, die durch persönlichen Kontakt der Marktteilnehmer im Handelsraum (Börsensaal, Börsenparkett) gekennzeichnet ist. Geschäftsabschlüsse werden durch die Vermittlung von → Skontroführern getätigt. An der P. können aufgrund der persönlichen Anwesenheit der Beteiligten auch informelle Informationen ausgetauscht und Stimmungen erfasst werden. Die Bedeutung der P. ist wegen des zunehmenden Handels an den → Computerbörsen stark rückläufig.

Preisangabenverordnung. Die P. verpflichtet Anbieter von Waren oder Leistungen, gegenüber dem Letztverbraucher Endpreise (d.h. Preise einschließlich Umsatzsteuer und sonstiger Preisbestandteile unabhängig von evtl. gewährten Rabatten) anzugeben und auch in der Werbung diese Preise zugrunde zu legen. Die Preisangaben müssen der allgemeinen Verkehrsauffassung und den Grundsätzen von Preisklarheit und -wahrheit entsprechen, insbesondere leicht erkennbar und deutlich lesbar sein. Kreditinstitute sind verpflichtet, ein Verzeichnis mit den Preisen ihrer wesentlichen Leistungen aufzustellen und in den Geschäftsräumen sowie zusätzlich im Schaufenster oder in einem Schaukasten anzubringen (→ Preisaushang). Für Kreditinstitute gelten grundsätzlich die allgemeinen Preisangabepflichten. Bei Krediten ist u.a. der anfängliche effektive Jahreszins (→ Effektivverzinsung) anzugeben.

Preisaushang, Verzeichnis der Preise für wesentliche Leistungen eines Leistungsanbieters, das aufgrund entsprechender Vorschrift der → Preisangabenverordnung im Geschäftslokal oder am sonstigen Ort des Leistungsangebots und, sofern vorhanden, zusätzlich im Schaufenster oder Schaukasten angebracht wird. Bei Kreditinstituten informiert ein einheitlich angewandter P. über die Regelsätze im standardisierten Privatkundengeschäft. Im P. eines Kreditinstitutes werden Einzelpreise für Leistungen im Zusammenhang mit der Führung von → Girokonten und → Sparkonten, der Gewährung von → Ratenkrediten, der Abwicklung des allgemeinen Zahlungsverkehrs und der Verwahrung und Verwaltung von Wertpapieren ausgewiesen.

Preisnotierung, Angabe eines → Devisenkurses als Preis inländischer Währung für einen bestimmten Betrag (z.B. 1, 100 oder 1.000 Einheiten) der ausländischen Währung. Die Inlandswährung stellt die variable Bezugsgröße, die Auslandswährung die feste Bezugseinheit dar. – *Beispiel:* 1 US-Dollar = 0,7344 Euro. – *Gegensatz:* → Mengennotierung.

Preisverzeichnis, von Kreditinstituten ergänzend zum → Preisaushang zur Einsichtnahme bereitgehaltenes Verzeichnis, das Preise für im Preisaushang nicht aufgeführte, weitergehende Leistungen sowie Regelungen zur → Wertstellung enthält.

Price-Earnings-Ratio, *P/E, PER;* → Kurs-Gewinn-Verhältnis.

Prime All Share, Aktienindex (→ Index), der alle im → Prime Standard gehandelten Aktien umfasst.

Prime Standard, Teilbereich des → regulierten Marktes für den Börsenhandel mit Wertpapieren. Die im P.S. vertretenen Unternehmen verpflichten sich zu hoher, internationalen Anforderungen entsprechender Transparenz. Dazu gehört u.a. die Vorlage von Jahresabschlüssen nach internationalen Rechnungslegungsstandards.

Privatbank. 1. Im weiteren Sinne jedes Kreditinstitut, das privatrechtlich organisiert ist, also z.B. in der Rechtsform der → Offenen Handelsgesellschaft (OHG), der → Kommanditgesellschaft (KG), der → Aktiengesellschaft (AG) oder der → Gesellschaft mit beschränkter Haftung (GmbH) geführt wird. – 2. Im engeren Sinne Bezeichnung für einen → Privatbankier.

Privatbankier, Kreditinstitut in der Rechtsform des Einzelkaufmanns, der → Offenen Handelsgesellschaft oder der → Kommanditgesellschaft. Neugründungen in der Rechtsform des Einzelkaufmanns sind in Deutschland nicht mehr zulässig. P. sind grundsätzlich → Universalbanken, deren Geschäftstätigkeit häufig Schwerpunkte (z.B. im Wertpapiergeschäft, in der Außenhandelsfinanzierung oder in der Finanzierung bestimmter Wirtschaftszweige) aufweist.

Private Equity, Beteiligung an einem nicht börsennotierten Unternehmen. Bei dieser Form der Kapitalüberlassung beteiligen sich Investoren in der Regel für eine begrenzte Zeit an einem Unternehmen, um ihre Anteile zu einem späteren Zeitpunkt mit Gewinn wieder zu verkaufen. Je nach Vertragsgestaltung nehmen die Kapitalanleger auch Einfluss auf die Geschäftspolitik oder das Tagesgeschäft des jeweiligen Unternehmens.

Private Equity Fonds, → Investmentfonds, die angesammelte Gelder in nicht börsengehandelten Unternehmensbeteiligungen (z.B. GmbH-Anteile) anlegen.

Privatkredit. 1. Im weiteren Sinne jeder einem Privathaushalt gewährte Kredit. –

2. Im engeren Sinne nur der zur Finanzierung des privaten Konsums (meist in standardisierter Form z.B. als → Dispositions- oder → Ratenkredit) gewährte Kredit.

Programmkredit. 1. Kredit, der im Rahmen eines öffentlichen Förderprogramms gewährt wird. – 2. Standardisierter Kredit, der auf speziellen Vordrucken schematisiert bearbeitet werden kann und für den institutseinheitliche Darlehensbeträge, Laufzeiten und Konditionen festgelegt werden. Der P. kommt als Konsumkredit an Privathaushalte und als Produktivkredit an Selbstständige und Gewerbetreibende vor.

progressive Postenmethode, Methode der Zinsberechnung im Sparverkehr. Bei der p.P. werden für jeden Umsatz die Zinsen sofort vom Wertstellungstag bis zum Ende des laufenden Jahres vorgerechnet (Einzahlungen) bzw. zurückgerechnet (Auszahlungen). Dadurch weist die → Zinsstaffel für das jeweilige Sparkonto tagesaktuell die Zinsen aus, die dem Konto zum Jahresende bei unverändertem Kontostand gutzuschreiben sind. Im Fall einer Zinssatzänderung während des laufenden Jahres ist eine Korrektur bereits vorgerechneter Zinsen erforderlich. – *Beispiel (bei einem Zinssatz von 3% p.a.):*

Betrag	Wert	Zinstage	Zinsen
+ 5.000,00	7.2.	323	134,58
+ 1.600,00	4.6.	206	+ 27,47
+ 6.600,00			+ 162,05
– 800,00	25.8.	125	– 8,33
+ 5.800,00			+ 153,72
+ 1.200,00	28.10.	62	+ 6,20
+ 7.000,00			+ 159,92
+ 159,92	31.12.		
7.159,92			

Prokura. 1. *Begriff:* Handelsrechtliche Vollmacht, die zu allen Arten von gerichtlichen und außergerichtlichen Geschäften und Rechtshandlungen ermächtigt, die der Betrieb eines Handelsgewerbes mit sich bringt. – 2. *Umfang:* Die P. erstreckt sich nicht nur auf alle üblicherweise vorkommenden Rechtshandlungen, sondern z.B. auch auf die Aufnahme von Krediten, den Erwerb von Grundstücken und die Prozeßführung im Namen der Unternehmung. Nicht ermächtigt ist der Prokurist hingegen u.a. zur Erteilung und zum Entzug einer P., zur Unterzeichnung von Bilanz und Steuererklärung, zur Aufnahme neuer Gesellschafter, zum Verkauf der Unternehmung sowie zur Beantragung des Insolvenzverfahrens. Diese Rechtshandlungen sind dem Inhaber eines Handelsgeschäftes vorbehalten. Nur mit besonderer Vollmacht ist dem Prokuristen die Veräußerung und Belastung von Grundstücken gestattet. Der gesetzliche Umfang einer P. ist im Innenverhältnis beschränkbar; Dritten gegenüber sind derartige Beschränkungen jedoch unwirksam. – 3. *Arten:* Zu unterscheiden sind die *Einzel-P.*, bei der die Vollmachtsausübung ohne Mitwirkung einer weiteren Person erfolgt, die *Gesamt-P.*, bei der die Vollmacht nur im Zusammenwirken mit einer weiteren vertretungsberechtigten Person wahrgenommen werden kann und die *Filial-P.*, bei der die Vertretungsmacht auf eine Niederlassung beschränkt ist. Die P. ist in das Handelsregister einzutragen.

Prolongation, Verlängerung der Laufzeit z.B. eines → Darlehens oder einer Geldanlage.

pro rata temporis, anteilig für einen bestimmten Zeitraum, z.B. im Zusammenhang mit der Berechnung von Zinsen oder Provisionen für eine bestimmte Anzahl von Tagen oder Monaten.

Prospekthaftung, Haftung einer Person bzw. Institution für die Richtigkeit und Vollständigkeit von Angaben eines Unternehmensprospekts, der im Zusammenhang mit einer → Börsenzulassung von Wertpapieren eingereicht und veröffentlicht wird. Der Erwerber eines Wertpapiers, zu dem ein unrichtiger oder unvollständiger Prospekt vorgelegt wurde, kann Ansprüche an diejenigen richten, die für den Prospekt die Verantwortung übernommen haben bzw. von denen der Erlass des Prospektes ausging (insbesondere Emittent und begleitendes Kreditinstitut bzw. → Bankenkonsortium).

Protest. 1. Öffentliche Beurkundung, dass die Annahme oder Einlösung eines → Wechsels durch den Bezogenen verweigert wurde. Der P. dient als Beweismittel, dass der Wechsel Not leidend ist und ist Voraussetzung für den wechselrechtlichen Rückgriff auf diejenigen Personen, die sich aus dem Wechsel verpflichtet haben. Die Beurkundung erfolgt durch einen Notar oder Gerichtsbeamten. – 2. Öffentliche Beurkundung über die Nichteinlösung eines rechtzeitig vorgelegten → Schecks. Der Scheckprotest ist in der Praxis im Gegensatz zum Wechselprotest bedeutungslos, da er zur Wahrung der Rückgriffsansprüche des letzten Scheckinhabers durch einen → Vorlegungsvermerk des bezogenen Kreditinstituts ersetzt werden kann.

Protestliste, von Kreditinstituten bzw. deren Interessenverbänden geführtes Verzeichnis der → Bezogenen, die ihren Verpflichtungen aus der Annahme von → Wechseln nicht nachgekommen sind. Für den jeweiligen Bezogenen bedeutet die Aufnahme in eine P. eine Minderung seiner → Kreditwürdigkeit.

Provision, → Bankprovision.

Prozentnotierung, Angabe eines Börsenkurses in Prozent des Nennwertes (üblich z.B. bei festverzinslichen Wertpapieren und → Optionsanleihen). – *Gegensatz:* → Stücknotierung.

Prozessbürgschaft, → Bankbürgschaft, bei der das gewährleistende Kreditinstitut eine Sicherheitsleistung für den Kläger oder den Beklagten im Fall eines noch nicht rechtskräftigen Gerichtsurteils erbringt. Wird die P. für den Kläger gestellt, so kann er bereits aufgrund eines für vorläufig vollstreckbar erklärten Urteils die → Zwangsvollstreckung gegen den Schuldner betreiben. Haben gegen das Urteil eingelegte Rechtsmittel des Schuldners Erfolg, so ist die Rückzahlung des eingetriebenen Betrages durch die P. sichergestellt. Eine P. für den Beklagten wird dagegen zur Abwendung einer Zwangsvollstreckung aus einem für vorläufig vollstreckbar erklärten Urteil gewährt, damit der Beklagte Gelegenheit hat, zunächst weitere Rechtsmittel auszuschöpfen. Die P. ist eine Form des → Avalkredits.

PS-Sparen, von Sparkassen angebotene Form des → Lossparens, bei der von einem Teil des eingezahlten Betrages monatlich Geldgewinne ausgelost werden.

Publikumsfonds, → Investmentfonds, dessen Anteile von jedem Anleger, also auch von Kleinanlegern erworben werden können. – *Gegensatz:* → Spezialfonds.

Put, → Verkaufsoption.

Put-Optionsschein, → Optionsschein, der den Inhaber berechtigt, den zugrunde liegenden Basiswert (z.B. Wertpapiere, → Devisen) zum vereinbarten Basispreis innerhalb einer bestimmten Frist oder zu einem bestimmten Zeitpunkt an den Verkäufer der → Option zu veräußern. Für dieses Recht zahlt der Erwerber den Optionsscheinkurs. Der Inhaber eines P-O. geht von einem fallenden Kurs des Basiswertes aus. – Vgl. auch → Verkaufsoption.

Q

qualifizierte Legitimationspapiere, Forderungsurkunden, bei denen der Schuldner an den berechtigten Vorleger der Urkunde mit schuldbefreiender Wirkung zahlen kann. Aus der Sicht des Gläubigers bedeutet dies, dass er die Urkunde zur Geltendmachung seines Anspruchs vorlegen muss. Ein Beispiel für ein q.L. in der Praxis der Kreditinstitute ist das Sparbuch, bei dem der Inhaber durch das Buch grundsätzlich als hinreichend ausgewiesen gilt. Dennoch kann das Kreditinstitut bei Vorlage eines Sparbuches mit der Bitte um Auszahlung eines Geldbetrages die Legitimation des Vorlegers verlangen (hinkendes Inhaberpapier). Außerdem muss beachtet werden, dass eine Auszahlung nur im Rahmen der „versprochenen Leistung" erfolgen kann, d.h. bei einem → Sparkonto mit dreimonatlicher Kündigung bis zu 2.000 Euro innerhalb eines Kalendermonats bzw. ansonsten nur bis zur Höhe freier Beträge nach → Kündigung.

qualifizierte Mehrheit, Mehrheit, die nicht nur mehr als die Hälfte, sondern einen höheren Anteil umfassen muss. Eine q.M. ist z.B. bei der Beschlussfassung über eine Satzungsänderung (Änderung des Gesellschaftsvertrages) einer → Aktiengesellschaft erforderlich. Die Satzungsänderung muss mit ¾-Mehrheit der anwesenden Aktionärsstimmen beschlossen werden. Besitzt ein einzelner Aktionär Anteile von mehr als 25% an der Aktiengesellschaft, kann er solche Beschlussvorhaben blockieren (Sperrminorität).

Quantitätstheorie, Geldtheorie, bei der ein unmittelbarer Zusammenhang zwischen Geldmenge und Preisentwicklung unterstellt wird. Die Q. geht davon aus, dass die in einer Volkswirtschaft vorhandene → Geldmenge (G), multipliziert mit der Umlaufgeschwindigkeit des Geldes (U), d.h. der Häufigkeit, mit der über → Girokonten verfügt wird, dem gütermäßigen Handelsvolumen (H), multipliziert mit dem Preisniveau (P) entspricht. Hieraus ergibt sich die Beziehung: $G \cdot U = H \cdot P$. Bei konstanter Umlaufgeschwindigkeit würde also z.B. ein Wachstum des Handelsvolumens (→ Bruttoinlandsprodukt) von 2% zu einem steigenden Preisniveau führen, wenn die Geldmenge um 5% stiege. Die Q. ist damit einerseits ein Erklärungsmodell für das wirtschaftliche Phänomen der → Inflation. Andererseits bildet sie eine wichtige Grundlage für die geldpolitischen Entscheidungen des → Europäischen Systems der Zentralbanken. Die EZB orientiert sich bei ihrer Geldpolitik einerseits an der Entwicklung der Geldmenge; sie analysiert darüber hinaus auch Faktoren, die die Inflationsrate beeinflussen können (z.B. Wirtschaftswachstum, Lohnabschlüsse, Arbeitslosenquote).

Quasigeld, Sammelbezeichnung für Buchgeldbestände, die kurzfristig liquidierbar sind und somit volkswirtschaftlich schnell verfügbar sein können. Beispiele für Q. sind → Termineinlagen und → Spareinlagen mit dreimonatlicher Kündigung. Q. wird bei der Ermittlung der → Geldmenge durch die Europäische Zentralbank berücksichtigt.

Quay Receipt, vorläufige Bescheinigung einer Reederei über den Empfang einer Ware, die an einem Kai oder Lagerschuppen abgestellt wurde. Nach Verladung der Ware an Bord eines Schiffes wird dann ein → Konnossement ausgestellt.

Quellensteuer, Steuer, die vom Schuldner einer Leistung, also „an der Quelle", einbehalten und von diesem für den steuerpflichtigen Empfänger der Leistung an das Finanzamt abgeführt wird. Beispiel für eine Q. ist die Lohnsteuer, die vom Arbeitgeber für den einkommensteuerpflichtigen Arbeitnehmer monatlich als Vorauszahlung auf die von ihm zu zahlende → Einkommensteuer an das Finanzamt abgeführt wird. Ein anderes Beispiel ist die Kapitalertragsteuer, die seit

Anfang 2009 als → Abgeltungssteuer erhoben und von den Kreditinstituten an das Finanzamt abgeführt wird.

Quotenaktie, andere Bezeichnung für die Stückaktie bzw. nennwertlose → Aktie.

Quotes, verbindliche Kauf- und Verkaufspreise, die → Market Maker oder → Designated Sponsors beim Handel laufend für die von ihnen betreuten Wertpapiere stellen müssen.

Quotrix, Bezeichnung für das Online-Handelssystem (→ Computerbörsen) der Düsseldorfer Börse.

R

Rahmenabtretung, *Rahmenzession;* Form der → sicherungsweisen Abtretung von Forderungen, bei der in einem Vertrag mehrere Forderungen (auch gegenüber unterschiedlichen Schuldnern) abgetreten werden. Die R. kommt als → Globalabtretung und (seltener) als → Mantelabtretung vor.

Rahmenkredit. 1. Kredit, der aufgrund entsprechender Vereinbarung zwischen Bank und Kunden innerhalb eines festgelegten Rahmens bis zu einem Höchstbetrag variabel in Anspruch genommen werden kann. Zu den R. zählen z.B. der → Kontokorrentkredit, der → Diskontkredit sowie bei einigen Banken vorkommende Mischformen zwischen Kontokorrent- und → Ratenkredit. – 2. Kredit, der bis zu einem vereinbarten Höchstbetrag auf verschiedenen Konten, in Form unterschiedlicher Kreditarten oder durch verschiedene Kreditnehmer (z.B. auch durch Tochtergesellschaften eines Unternehmens) ausgenutzt werden kann.

Rahmenzession, → Rahmenabtretung.

Raiffeisenbank, ländliche → Kreditgenossenschaft von regionaler Bedeutung und relativ geringer Betriebsgröße. Die Bezeichnung als R. ist zurückzuführen auf Friedrich Wilhelm Raiffeisen als Begründer des auf Selbsthilfe basierenden ländlichen Kreditgenossenschaftswesens im 19. Jahrhundert. R. sind heute grundsätzlich → Universalbanken. Sie sind mit den → Volksbanken im → Bundesverband der Deutschen Volksbanken und Raiffeisenbanken e.V. (BVR) zusammengeschlossen.

Rangänderung, nachträgliche Änderung der gesetzlich bestimmten → Rangordnung im Grundbuch durch eine entsprechende Einigung zwischen dem zurücktretenden und dem vortretenden Berechtigten. Ist von dem Rücktritt ein → Grundpfandrecht betroffen, so ist außerdem die Zustimmung des Grundstückseigentümers erforderlich. Die R. ist in das Grundbuch einzutragen.

Rangfolge im Grundbuch, → Rangordnung im Grundbuch.

Rangordnung im Grundbuch. Aus der R. ergibt sich die Reihenfolge, in der Ansprüche aus im → Grundbuch eingetragenen Rechten im Fall der Zwangsvollstreckung in den belasteten Grundbesitz befriedigt werden. Die Rangordnung bei in *derselben* Abteilung des Grundbuchs eingetragenen Rechten (z.B. mehrere → Grundpfandrechte in der dritten Abteilung) bestimmt sich nach der Reihenfolge der Eintragungen (sogenanntes „Locus-Prinzip“). Bei in *verschiedenen* Abteilungen eingetragenen Rechten (z.B. eine → Reallast in der zweiten und ein Grundpfandrecht in der dritten Abteilung) ergibt sich die Reihenfolge der Anspruchsbefriedigung aus dem Datum der Eintragung (sogenanntes „Tempus-Prinzip“). Dabei haben mehrere, unter Angabe desselben Tages eingetragene Rechte grundsätzlich den gleichen Rang. Eine Korrektur der gesetzlich bestimmten R. ist durch → Rangvorbehalt oder → Rangänderung möglich. Die R. hat in der Bankpraxis im Zusammenhang mit einer Besicherung von Darlehen durch Grundpfandrechte eine erhebliche Bedeutung, da der Rang den Sicherungswert des jeweiligen Grundpfandrechts bestimmt.

Rangvorbehalt. Der Eigentümer eines Grundstücks kann sich bei Belastung seines Grundbesitzes mit einem Recht die Befugnis vorbehalten, später ein anderes, dem Umfang nach bestimmtes Recht mit Rang vor dem bereits bestehenden Recht eintragen zu lassen. Die Ausnutzung eines Rangvorbehalts bewirkt eine Korrektur der gesetzlichen → Rangordnung im Grundbuch. Der R. ist in das Grundbuch einzutragen; die Eintragung erfolgt bei demjenigen Recht, das zurücktreten soll.

ratB, Abk. für *rationiert Brief;* Zusatz einer Börsenkursangabe als Hinweis darauf, dass die zum festgestellten Kurs und niedriger limitierten sowie die unlimitierten Verkaufsaufträge (→ limitierter Auftrag) nur beschränkt ausgeführt werden konnten. – Vgl. auch → Kurszusätze.

Ratenanleihe, → Anleihe, bei der die Rückzahlung durch den Emittenten (→ Emission) nicht in einer Summe am Laufzeitende, sondern in gleichbleibenden Jahresraten vorgenommen wird. Hierzu wird die R. entsprechend der Anzahl Laufzeitjahre in Serien (Tranchen) eingeteilt, von denen (oft nach einer tilgungsfreien Zeit) jährlich eine durch Auslosung zur Tilgung fällig wird. Für den Emittenten ergibt sich eine während der Gesamtlaufzeit abnehmende Zinsbelastung. Für den Anleger bringt dieses Tilgungsverfahren eine ungewisse Laufzeit mit sich, da er nicht vorhersehen kann, in welchem Jahr seine Anleihe zur Rückzahlung ausgelost wird.

Ratenkredit. 1. Im weiteren Sinne jeder mittel- oder langfristige Kredit, der in einer Summe bereitgestellt und in gleichbleibenden, meist monatlichen Raten nach einem vorgegebenen → Tilgungsplan zurückgezahlt wird. – 2. Im engeren Sinne ein mittelfristiger, zweckgebundener Kredit an Privathaushalte zur Finanzierung von Konsumgütern (auch als persönlicher Kredit oder Anschaffungsdarlehen bezeichnet). In diesem Sinne verstandene R. sind i.d.R. standardisierte Kredite mit institutseinheitlich festgelegtem Bearbeitungsablauf und vorgegebenen Mindest- und Höchstbeträgen sowie Mindest- und Höchstlaufzeiten. Die gleichbleibende Monatsrate enthält Zinskosten, den monatlichen Tilgungsanteil, Bearbeitungsgebühren sowie Kosten einer ggfs. abgeschlossenen → Restschuldversicherung. Die Besicherung von R. erfolgt vor allem durch Abtretung von Lohn- und Gehaltsansprüchen (→ sicherungsweise Abtretung von Forderungen), Mitunterzeichnung des Vertrages durch den Ehegatten bzw. Lebenspartner, → Bürgschaft oder (insbesondere bei der Finanzierung von Kraftfahrzeugen) auch durch → Sicherungsübereignung. Der zu Konsumzwecken an Privatpersonen gewährte R. unterliegt, sofern der Nettokreditbetrag 200 Euro übersteigt, den besonderen Vorschriften des BGB zum Verbraucherdarlehensvertrag (→ Verbraucherdarlehen).

Ratenkreditbank, → Spezialbank, deren Geschäftstätigkeit überwiegend in der Gewährung von Ratenkrediten zur Finanzierung des privaten Konsums liegt (→ Ratenkredit). Darüber hinaus werden von R. auch zweckgebundene mittelfristige Kredite an Firmenkunden gewährt sowie teilweise Leasing- und Factoringgeschäfte betrieben (→ Leasing, → Factoring) Die Mittelbeschaffung der R. erfolgt u.a. durch Geldaufnahme bei anderen Banken sowie über → Einlagen von Kunden.

Ratensparvertrag, Sparform mit der Vereinbarung, regelmäßig Sparleistungen in festgelegter Höhe zu erbringen. Häufig wird neben dem jährlichen Sparzins am Ende der Vertragslaufzeit ein einmaliger Bonus (Prämie) gezahlt, dessen Höhe sich nach der erreichten Anlagedauer richtet. – Vgl. auch → Bonussparen.

Ratentilgung, Rückzahlung einer Gesamtschuld (z.B. aus einem → Ratenkredit oder einer → Ratenanleihe) in fest vereinbarten, zu bestimmten Terminen fälligen Teilbeträgen. – Vgl. auch → Annuitätendarlehen.

ratG, Abk. für *rationiert Geld;* Zusatz einer Börsenkursangabe als Hinweis darauf, dass die zum festgestellten Kurs und darüber limitierten sowie die unlimitierten Kaufaufträge (→ limitierter Auftrag) nur beschränkt ausgeführt werden konnten. – Vgl. auch → Kurszusätze.

Rating, bonitätsmäßige Beurteilung und Einstufung von → Anleihen und ihrer Emittenten (→ Emission) anhand festgelegter Kriterien durch spezielle Rating-Agenturen (z.B. Standard & Poor`s, Moody`s). Bei der Bewertung finden unternehmensbezogene Risiken, branchentypische Risiken und Länderrisiken Berücksichtigung. Die Einstufung erfolgt anhand von Kennziffern (Rating-Symbolen) und lässt die Bonitätseinschätzung innerhalb einer abgestuften Skala erkennen. Anlegern kann das R. als Orientierungshilfe bei der Beurteilung der Sicherheit einer Anleihe (auch im Vergleich mit Papieren anderer Emittenten) dienen. Für den Emittenten selbst hat das Ergebnis des R. Einfluss auf die Kapitalbeschaffungskosten, da ein als erstklassig eingestufter Schuldner ein Wertpapier mit niedrigerer Verzinsung ausstatten kann als bei schlechterer Bonität.

Rationierung, → Repartierung.

Raumsicherungsvertrag, Vertrag zwischen Bank und Kreditnehmer im Rahmen einer → Sicherungsübereignung von Warenlagern. Im R. wird vereinbart, dass alle Gegenstände, die sich in einem bestimmten Raum befinden, als übereignet gelten. Der betreffende Raum wird zum Sicherungsgebiet erklärt. Mit dieser Vereinbarung wird eine Bezeichnung jedes einzelnen Gegenstandes entbehrlich, da die erforderliche Bestimmtheit durch die genaue Angabe der Sicherungsräume im R. erreicht wird. Möglich ist auch die Übereignung eines Warenlagers mit variablem Bestand; in diesem Fall enthält der R. die Vereinbarung, dass im Rahmen von Lagerauffüllungen in das Sicherungsgebiet eingebrachte Gegenstände automatisch Sicherungsgut werden sollen.

Real Estate Investment Trust (REIT), Immobiliengesellschaft, die in der Regel die Rechtsform einer Aktiengesellschaft hat und börsennotiert ist. Die durch den REIT erwirtschafteten Gewinne sind im Unternehmen selbst unter bestimmten Voraussetzungen zunächst steuerbefreit. Insbesondere müssen die Gewinne weit überwiegend aus der Vermietung bzw. Verpachtung oder dem An- und Verkauf von Immobilien stammen und fast vollständig an die Anteilseigner ausgeschüttet werden. Die Versteuerung erfolgt anschließend durch den Anleger selbst, so dass eine Doppelbesteuerung vermieden wird.

Realignment, Neufestsetzung von Leitkursen und Interventionspunkten im Rahmen eines Systems → fester Wechselkurse mit Bandbreitenregelung.

realisierter Kursgewinn, Gewinn, der durch den Verkauf eines Wertpapiers zu einem im Vergleich zum Erwerbskurs höheren Verkaufskurs als Differenz zwischen beiden Kursen erzielt wird. – *Gegensatz:* → Nicht realisierter Kursgewinn.

realisierter Kursverlust, Verlust, der durch den Verkauf eines Wertpapiers zu einem im Vergleich zum Erwerbskurs niedrigeren Verkaufskurs als Differenz zwischen beiden Kursen anfällt. – *Gegensatz:* → Nicht realisierter Kursverlust.

Realkredit. 1. Im weiteren Sinne jeder mit Sachwerten (z.B. durch → Sicherungsübereignung, Bestellung eines → Pfandrechts an beweglichen Sachen oder eines → Grundpfandrechts) besicherte Kredit. – 2. Im engeren Sinne nur ein langfristiger Kredit, der durch Grundpfandrechte besichert und im Rahmen bestimmter → Beleihungsgrenzen zweck- und objektgebunden gewährt wird. Realkredite dienen vor allem der Finanzierung des privaten Wohnungsbaus oder gewerblicher Investitionen (z.B. Errichtung von Fabrikgebäuden oder Produktionsanlagen). Kreditgeber sind neben → Realkreditinstituten auch → Universalbanken und → Bausparkassen.

Realkreditinstitut, privates oder öffentlich-rechtliches Kreditinstitut, das langfristige, mit → Grundpfandrechten besicherte Kredite und Kommunalkredite gewährt. Die Mittelbeschaffung der R. erfolgt häufig duch Ausgabe von → Pfandbriefen.

Reallast, Belastung eines Grundstücks in der Weise, dass an den Begünstigten aus dem Grundstück regelmäßige Leistungen in Form von Geld oder Naturalien zu erbringen sind. Die R. wird in die zweite Abteilung des → Grundbuches eingetragen.

Realrendite, → Rendite einer Kapitalanlage unter Berücksichtigung des inflationsbedingten Kaufkraftverlustes.

Realsicherheiten, *Sachsicherheiten.* – Vgl. auch → Kreditsicherheiten.

Real Time Gross Settlement, → RTGS^{plus}-System.

Real-Time-Index, → Laufindex.

Realverzinsung, Verzinsung eines Kapitals (z.B. Darlehen, Sparguthaben) nach Abzug der Preissteigerungsrate. – *Gegensatz:* → Nominalverzinsung.

rechnerischer Wert des Bezugsrechts, → Bezugsrechtswert.

Rechnungsabschluss bei Kontokorrentkonten, → Kontoauszug.

Rechtsanwalts-Anderkonto, → Anderkonto.

Rechtsfähigkeit, Fähigkeit, Träger von Rechten und Pflichten zu sein (z.B. die Fähigkeit, Eigentum zu erlangen). Die R. des Menschen (natürliche Person) beginnt mit der Vollendung seiner Geburt und endet mit dem Tod. → Juristische Personen des Privatrechts erlangen R. mit Eintragung in ein öffentliches Register (z.B. → Handelsregister, → Genossenschaftsregister), juristische Personen des öffentlichen Rechts durch Gesetz oder Verwaltungsakt.

Referenzkurssystem, → Devisen-Referenzkurs.

Referenzzinssatz, Zinssatz, der als Orientierungsgröße für die Festlegung eines anderen Zinssatzes herangezogen wird. Von der Entwicklung eines R. wird z.B. häufig die Verzinsung von variabel verzinslichen Anleihen (→ Floating Rate Notes) abhängig gemacht. Dabei wird eine marktgerechte Verzinsung der Anleihe erreicht, indem als Anleihezinssatz der R. zuzüglich eines bestimmten Aufschlags (Spread) vereinbart wird. Der vereinbarte Anleihezinssatz wird in regelmäßigen Abständen der Entwicklung des R. angepasst. Gebräuchliche R. sind u.a. → EURIBOR und → LIBOR.

Refinanzierung, Beschaffung liquider Mittel durch Kreditinstitute zur Finanzierung des Kreditgeschäfts. Die R. erfolgt vor allem über das Einlagengeschäft (Annahme von → Sicht-, → Termin- und → Spareinlagen), durch Mittelbeschaffung am → Geldmarkt, Refinanzierungsgeschäfte mit der Europäischen Zentralbank (→ geldpolitische Operationen) sowie durch Ausgabe von → Bankschuldverschreibungen.

regelmäßige Verwahrung, *Depositum Regulare;* Art der Verwahrung, bei der der Hinterleger Anspruch auf Rückgabe derselben Sache hat. R.V. liegt z.B. bei der Annahme von → Verwahrstücken durch Kreditinstitute oder bei sonderverwahrten Wertpapieren vor (→ Sonderverwahrung). – *Gegensatz:* → Unregelmäßige Verwahrung.

Regelsparbeitrag, im Zusammenhang mit dem Abschluss eines → Bausparvertrages vereinbarte monatliche Sparleistung, angegeben in Euro oder als Promillesatz der → Bausparsumme. Über den R. hinaus kann der Bausparer unregelmäßige Sonderzahlungen leisten und damit die Vertragszuteilung beschleunigen.

Regionalbank, Kreditinstitut, dessen Tätigkeitsbereich und Filialnetz sich auf ein begrenztes Gebiet Deutschlands beschränkt. Vorherrschende Rechtsformen von R. sind die → Aktiengesellschaft, die → Gesellschaft mit beschränkter Haftung und die → Kommanditgesellschaft auf Aktien.

Regionalprinzip, Grundsatz des Sparkassenrechts, nach dem die Geschäftstätigkeit einer Sparkasse im Wesentlichen auf das Gebiet ihres Trägers (Stadt, Gemeinde, Kreis) zu beschränken ist. Insbesondere sollen außerhalb dieses Gebiets keine Zweigstellen errichtet werden. Einlagen werden jedoch unabhängig vom Wohnort bzw. Geschäftssitz eines Kunden angenommen. Das R. soll Wettbewerb zwischen den einzelnen Instituten des Sparkassensektors weitgehend vermeiden und den Partnerschaftsgedanken innerhalb des Sparkassenverbundes fördern.

Regress, → Rückgriff.

Regulierter Markt, Teilmarkt einer Wertpapierbörse nach dem Börsengesetz, für den strenge Zulassungsvorausssetzungen gelten (→ Börsenzulassung von Wertpapieren). Der r.M. unterteilt sich in die beiden Bereiche → Prime Standard und → General Standard. – Vgl. auch → Entry Standard.

Reisescheck, von → Spezialbanken (z.B. American Express, Thomas Cook) herausgegebenes Bargeldbeschaffungs- und Zahlungsmittel im internationalen Reiseverkehr. R. können in gängigen Währungen (z.B. in Euro oder US-Dollar) und unterschiedlichen Stückelungen gegen Vorauszahlung bei Banken erworben werden, die die Schecks von den ausgebenden Instituten kommissionsweise übernehmen. R. haben eine unbegrenzte Gültigkeitsdauer. Bei Entgegennahme der R. leistet der Käufer eine erste Unterschrift auf jedem Scheck, die bei Einlösung in Gegenwart des Zahlungsempfängers zum Zweck der Legitimationsprüfung durch eine Zweitunterschrift ergänzt wird. In vielen Fällen ist zusätzlich ein amtlicher Lichtbildausweis vorzulegen. Im Verlustfall werden abhanden gekommene R. gegen Vorlage der Kaufabrechnung i.d.R. kurzfristig ersetzt.

Reisezahlungsmittel, Oberbegriff für im internationalen Reiseverkehr anerkannte Mittel der Barzahlung oder → bargeldlosen Zahlung an Kassen von Handels- und Dienstleistungsunternehmen. Gebräuchliche R. sind v.a. Banknoten und Münzen in der Währung des jeweiligen Reiselandes (Sorten) oder in Euro, → Reiseschecks, → Kreditkarten sowie Kundenkarten der Banken und Sparkassen.

REIT, Abk. für → *Real Estate Investment Trust.*

Rektaindossament, → Indossament zur Übertragung eines → Wechsels mit dem Zusatz „nicht an Order" (negative Orderklausel). Mit der Anbringung des R. untersagt der Indossant eine weitere Übertragung des Wechsels durch den Indossatar. Eine unter Missachtung des R. vorgenommene nochmalige Übertragung des Wechsels ist dennoch rechtswirksam. Jedoch haftet in diesem Fall der Indossant, der das R. angebracht hat, späteren Wechselinhabern nicht mehr im Wege des → Rückgriffs. Die Anbringung eines R. ist prinzipiell auch bei einem Scheck möglich.

Rektaklausel, → negative Orderklausel.

Rektapapier, Wertpapier, bei dem die geschuldete Leistung nach dem Willen des Ausstellers nur an die namentlich genannte Person gegen Vorlage der Urkunde erbracht werden soll. Eine Übertragung des verbrieften Anspruchs auf eine andere Person kann durch Abtretung des Rechts (nicht durch → Indossament) erfolgen. Mit der Abtretung geht auch das Eigentum an dem Wertpapier auf den Empfänger über. Zu den R. zählen z.B. → Schecks und → Wechsel mit → negativer Orderklausel sowie → Hypotheken- und → Grundschuldbriefe.

Rektascheck, → Scheck, der an den namentlich genannten Empfänger zahlbar ist und den Vermerk „nicht an Order" (negative Orderklausel) trägt. Der Scheck wird durch diese Klausel zum → Rektapapier. Der genannte Empfänger kann seine Ansprüche nur durch gesonderte Abtretungserklärung in Verbindung mit der Übergabe des Schecks auf einen Dritten übertragen.

Rektawechsel, → Wechsel, bei dem der Aussteller den Bezogenen durch den Zusatz „nicht an Order" (negative Orderklausel) anweist, die Zahlung nur an den in der Wechselurkunde namentlich genannten Empfänger zu leisten. Der Wechsel wird durch diese Klausel zum → Rektapapier. Eine Übertragung der Wechselrechte ist in diesem Fall nicht mehr durch → Indossament, sondern nur noch durch gesonderte Abtretungserklärung in Verbindung mit der Übergabe des Wechsels möglich.

relative Stärke, Indikator für die Kursentwicklung einer → Aktie oder von Aktien einer Branche im Vergleich zur Entwicklung des Gesamtmarktes oder eines bestimmten Aktienindex (→ Index). Von Aktien mit hoher r.S. wird im Fall eines Kursaufschwungs am Aktienmarkt eine überdurchschnittlich positive Kursentwicklung erwartet. Die Erfassung der r.S. ist Bestandteil der technischen → Aktienanalyse.

Rembourskredit, Sonderform des → Akzeptkredits zur Abwicklung einer Außenhandelszahlung auf der Grundlage eines → Dokumentenakkreditivs. Die Bank des Exporteurs oder eine Drittbank (Remboursbank) akzeptiert dabei im Auftrag der akkreditiveröffnenden Importeurbank eine → Tratte des Exporteurs bei Vorlage bestimmter Dokumente. Die Akzeptleistung erfolgt im Rahmen einer zwischen der Importeurbank und der Remboursbank bestehenden Kreditlinie (auch als Rembourslinie bezeichnet). Der Exporteur hat daraufhin die Möglichkeit, den akzeptierten Wechsel bei der Remboursbank oder einem anderen Kreditinstitut zum Diskont einzureichen (→ Diskontkredit) und sich so Liquidität zu verschaffen. Der Importeur hat den Wechselbetrag rechtzeitig vor Verfall des Wechsels anzuschaffen.

Rendite, *Effektivverzinsung;* in Prozent des eingesetzten Kapitals ausgedrückter jährlicher Gesamtertrag einer Geld- bzw. Kapitalanlage, gegebenenfalls unter Berücksichtigung anfallender Kosten und Steuern. Bei → festverzinslichen Wertpapieren wird die R. von der → Nominalverzinsung des Papiers und einem etwaigen Rückzahlungsgewinn beziehungsweise Rückzahlungsverlust bestimmt. – *Beispiel:* Ein Anleger erwirbt eine Anleihe im Nennwert von 1.000 Euro mit einer jährlichen Nominalverzinsung von 5% zu einem Kurs von 97%. Nach drei Jahren wird das Papier zum Nennwert (100%) zurückgezahlt. Kosten und Steuern bleiben in diesem Fall unberücksichtigt. Für den Anleger ergibt sich ein jährlicher Ertrag von 60 Euro (50 Euro Zinsen + 10 Euro anteiliger Rückzahlungsgewinn). Bei einem Kapitaleinsatz von 970 Euro resultiert daraus eine Rendite von (60 · 100) / 970 = 6,19%. Der hier dargestellte Lösungsansatz gibt die R. nur annäherungsweise wieder. Eine finanzmathematisch exakte Berechnung der R. wird in der Bankpraxis unter Einsatz entsprechend leistungsfähiger Rechenprogramme vorgenommen.

Rentenbarwert, finanzmathematisch ermittelter aktueller Wert (Gegenwartswert) zukünftiger Rentenzahlungen unter Berücksichtigung von Zinsen und → Zinseszinsen. – *Gegensatz:* → Rentenendwert.

Rentenendwert, finanzmathematisch ermittelter zukünftiger Gesamtwert von Rentenzahlungen unter Berücksichtigung von Zinsen und → Zinseszinsen. – *Gegensatz:* → Rentenbarwert.

Rentenfonds, → Investmentfonds, bei dem der Anlageschwerpunkt in → Anleihen liegt. Anleger erwarten von R. einen langfristig konstanten Ertrag bei geringeren Wertschwankungen als bei Aktienfonds. Standard-R. investieren in eine breite Palette festverzinslicher Wertpapiere unterschiedlicher Emittenten (→ Emission), Zinssätze und Laufzeiten. Daneben existieren spezielle R., bei denen eine Konzentration auf bestimmte Ausschnitte des → Rentenmarktes, z.B. auf Wertpapiere mit kurzen Restlaufzeiten, hochverzinsliche Anleihen von Emittenten geringer → Kreditwürdigkeit oder Anleihen erstklassiger Emittenten erfolgt.

Rentenhandel. 1. Börslicher oder außerbörslicher Handel mit → festverzinslichen Wertpapieren (Rentenpapieren). – 2. Bezeichnung der Abteilung eines Kreditinstituts, die den Handel mit festverzinslichen Wertpapieren betreibt.

Rentenindex, Börsenindex (→ Index) zur Erfassung der Kursentwicklung bestimmter → festverzinslicher Wertpapiere (Rentenpapiere). Ein R. kann als reiner Kursindex (z.B. → REX) oder als → Performance-Index (z.B. → REXP) konzipiert sein. R. können zur Einschätzung der Entwicklung des Marktzinsniveaus herangezogen werden.

Rentenmarkt, Börsenmarkt für den Handel mit → Anleihen (Schuldverschreibungen); Teil des → Kapitalmarktes.

Rentenpapier, *Rentenwert;* andere Bezeichnung für → festverzinsliches Wertpapier. Die Bezeichnung R. läßt erkennen, dass dem Inhaber ein regelmäßiger Ertrag in Form von Zinsen (Rente) zufließt.

Rentenschuld, Sonderform der → Grundschuld, bei der aus dem belasteten Grundstück zu regelmäßig wiederkehrenden Terminen eine bestimmte Geldsumme an den Begünstigten zu zahlen ist. Die R. kann durch Zahlung eines bestimmten Betrages, der im → Grundbuch anzugeben ist, abgelöst werden.

Rentenwert, → Rentenpapier.

rep., Abk. für *repartiert* (→ Repartierung).

Repartierung, *Rationierung;* nur teilweise Ausführung von Aufträgen zum Kauf oder Verkauf (v.a. von Wertpapieren) nach einem bestimmten Verteilungsschlüssel aufgrund eines bestehenden Nachfrage- bzw. Angebotsüberhangs. An der Wertpapierbörse wird eine erforderliche R. durch einen entsprechenden Zusatz zur Kursnotiz (→ ratG, → ratB) des betreffenden Wertpapiers kenntlich gemacht. Eine R. ist häufig auch im Zusammenhang mit einer Wertpapieremission (→ Emission) erforderlich, wenn aufgrund einer Überzeichnung nicht alle Aufträge in vollem Umfang berücksichtigt werden können.

Repogeschäft, → Wertpapierpensionsgeschäft.

Report, Aufschlag, den ein → Devisenterminkurs rechnerisch gegenüber dem entsprechenden → Devisenkassakurs aufweist, wenn das Zinsniveau der Auslandswährung höher ist als das Zinsniveau der Inlandswährung. Der R. gleicht die zwischen beiden Währungen bestehende Zinssatzdifferenz rechnerisch aus. – *Gegensatz:* → Deport.

Repräsentanz, Vertretung eines deutschen Kreditinstituts im Ausland oder eines ausländischen Instituts im Inland mit der Aufgabe, Kontaktpflege zu betreiben, Informationen zu beschaffen und Bankgeschäfte ggfs. anzubahnen. Dagegen dient die R. nicht der Durchführung von Bankgeschäften.

Restanten, Bezeichnung für Wertpapiere, die (z.B. aufgrund von Auslosung oder vorzeitiger Kündigung) zur Rückzahlung fällig sind, durch den Inhaber bisher jedoch noch nicht zur Einlösung vorgelegt wurden.

Restantenliste, in den Wertpapier-Mitteilungen veröffentlichte Sammelliste der ausgelosten oder gekündigten und bisher nicht zur Rückzahlung vorgelegten Wertpapiere (Restanten).

Restkreditversicherung, → Restschuldversicherung.

Restlaufzeit, bis zur Fälligkeit einer Forderung bzw. Verbindlichkeit (z.B. aus → Darlehen oder → festverzinslichen Wertpapieren) ab dem aktuellen Datum verbleibende Zeit. Bei → Ratenanleihen wird anstatt der R. die → mittlere Laufzeit ermittelt.

Restschuldbefreiung, → Verbraucherinsolvenzverfahren.

Restschuldversicherung, *Restkreditversicherung;* Risikoversicherung im Kreditgeschäft der Banken zur Vermeidung von Forderungsausfällen z.B. aufgrund von Tod oder Berufsunfähigkeit des Kreditnehmers. Bei Eintritt des Versicherungsfalles wird die noch bestehende Restkreditschuld durch Auszahlung der Versicherungssumme getilgt. Die Versicherungsprämie hat der Kreditnehmer entweder jährlich oder (bei → Ratenkrediten an Privathaushalte für Konsumzwecke) einmalig im Zusammenhang mit dem Abschluss des Kreditvertrages im Voraus zu entrichten.

Retail Banking, Bezeichnung für das Bankgeschäft mit Privatkunden, selbstständigen Gewerbetreibenden und kleineren Firmenkunden. – *Gegensatz:* → Wholesale Banking.

Reverse Convertible Bond, engl. Bezeichnung für → *Aktienanleihe.*

Reverse Floater, *umgekehrter Floater;* variabel verzinsliches Wertpapier, dessen Verzinsung in regelmäßigen Abständen an einen Geldmarktsatz als → Referenzzinssatz (z.B. → EURIBOR, → LIBOR) angepasst wird. Im Gegensatz zu einem normalen Floater (→ Floating Rate Note), bei dem der Anleger von einem steigenden Geldmarktsatz profitiert, wird der Inhaber eines R.F. von fallenden Geldmarktzinsen begünstigt, da hier der jeweils aktuelle Geldmarktsatz von einem fest vereinbarten Basiszinssatz abgezogen wird. Die Differenz erhält der Anleger als Verzinsung. Im Extremfall, wenn der Geldmarktsatz so weit steigt, dass er den vereinbarten Basissatz erreicht, sinkt die Verzinsung des R.F. auf Null. Im Gegensatz zu normalen Floatern können R.F. erhebliche Kursschwankungen aufweisen. Bei rückläufigen Geldmarktzinsen fallen nicht nur höhere Zinserträge an; der Anleger profitiert zusätzlich von Kursgewinnen.

REX, Abk. für → *Deutscher Rentenindex.*

REXP, Abk. für → *REX-Performance-Index.*

REX-Performance-Index (REXP), aus dem → Deutschen Rentenindex (REX) abgeleiteter Börsenindex zur Erfassung der Wertentwicklung von → Rentenpapieren, bei dem im Gegensatz zum REX nicht nur die Kursveränderungen der Papiere, sondern zusätzlich auch Zinserträge berücksichtigt werden. Dabei wird eine laufende Wiederanlage der Zinszahlungen in das REX-Portfolio (→ Portfolio) unterstellt.

Richtlinien für den Druck von Wertpapieren, *Druckvorschriften für Effekten;* verbindliche Regelungen deutscher Wertpapierbörsen zu den äußeren Merkmalen von Wertpapieren, die vor allem der Begrenzung von Fälschungsrisiken dienen. Die Richtlinien verlangen u.a. die Einhaltung von bestimmten Formaten für unterschiedliche Wertpapierarten, die Verwendung von Wasserzeichenpapier mit besonderen Qualitätsmerkmalen, Prägestempel auf jeder Urkunde sowie auf mechanischem Wege aufgebrachte Schutzlinien (Guillochen).

Riester-Vertrag, umgangssprachliche Bezeichnung eines Vertrages zur privaten Altersvorsorge mit dem Ziel, aus eigenen Einzahlungen in Verbindung mit staatlichen Zulagen Rentenansprüche zu erwerben. Gefördert werden im Wesentlichen Personen, die von Leistungskürzungen der gesetzlichen

Rentenversicherung unmittelbar oder mittelbar betroffen sind. Zu diesem Personenkreis gehören u.a. sozialversicherungspflichtige Arbeitnehmer und Auszubildende, Wehr- und Zivildienstleistende sowie Bezieher von Lohnersatzleistungen (z.B. Arbeitslosengeld, Krankengeld). Förderungswürdig sind Anlageformen, die eine entsprechende Zertifizierung der → Bundesanstalt für Finanzdienstleistungsaufsicht (BAFin) aufweisen. Hierzu muss das jeweilige Produkt bestimmte Merkmale aufweisen, zu denen u.a. eine Kapitalgarantie und die Gewährleistung einer lebenslänglichen Rentenzahlung gehören. Die staatliche Förderung erfolgt in Form von Grund- und Kinderzulagen (→ Altersvorsorgezulage) bzw. durch steuerliche Absetzbarkeit der Eigenbeiträge und staatlichen Zulagen als Altersvorsorgeaufwendungen (vgl. hierzu auch → Günstigerprüfung). – Neuerdings können R.-V. außer zum Erwerb von Rentenansprüchen auch zum Kauf oder zur Entschuldung inländischer selbstgenutzter Wohnimmobilien genutzt werden („Wohn-Riester"). Je nach Vertragsart hat der Sparer in diesem Zusammenhang unter bestimmten Voraussetzungen die Möglichkeit, Eigenbeiträge und Zulagen zum Kauf einer selbstgenutzten Immobilie oder von Anteilen an Wohnungsbaugenossenschaften zu verwenden oder die Mittel zur Tilgung von Baudarlehen einzusetzen.

Risikoanleihe, → Junk Bond.

Risikokapital, andere Bezeichnung für → Eigenkapital, in der zum Ausdruck kommt, dass dieses Kapital bei negativer Unternehmensentwicklung durch Verluste ganz oder teilweise aufgezehrt werden kann.

Risikolebensversicherung, Form der → Lebensversicherung, die ausschließlich das Todesfallrisiko der versicherten Person während der vereinbarten Vertragslaufzeit abdeckt. Sofern der Versicherte den Vertragsablauf erlebt, wird keine Leistung gezahlt. R. werden vor allem zur Sicherung der Hinterbliebenenversorgung und zur Absicherung von Darlehen abgeschlossen. Eine Sonderform der R. stellt die → Restschuldversicherung dar, bei der die Versicherungssumme kontinuierlich der noch verbleibenden Darlehensschuld angepasst wird.

Risikomischung, → Risikostreuung.

Risikopapier, Bezeichnung für ein Wertpapier, das dem Inhaber aufgrund der typischen Wesensmerkmale keine Gewähr für den Erhalt des Anlagekapitals und für kalkulierbare Ertragszahlungen bietet. Zu den R. zählt z.B. die → Aktie, da hier aufgrund von Kursschwankungen grundsätzlich mit Verlusten gerechnet werden muss und Dividendenzahlungen (→ Dividende) bei schlechter Ertragslage des betreffenden Unternehmens unter Umständen sogar ganz oder teilweise ausfallen können.

Risikostreuung, *Risikomischung;* Maßnahme zur Begrenzung von Verlustrisiken aus Vermögensanlagen oder Kreditgewährungen. R. bei der Vermögensanlage wird z.B. erreicht, indem Anlagekapital nicht in ein einzelnes Wertpapier oder in einige wenige Wertpapiere, sondern in eine Vielzahl von Wertpapieren unterschiedlicher Emittenten (→ Emission) investiert wird. Dadurch hat ein Wertverlust bei einzelnen Papieren für den Anleger nur begrenzte Auswirkungen. Im Kreditgeschäft der Banken kann R. durch eine Verteilung der insgesamt verfügbaren Kreditmittel auf eine Vielzahl von Schuldnern, Unternehmen unterschiedlicher Branchen oder (bei Auslandskrediten) auf mehrere Länder erreicht werden. – Vgl. auch → Investmentfonds.

Risikotransformation, gesamtwirtschaftliche Funktion eines Kreditinstituts, die vor allem darin besteht, durch → Risikostreuung und sorgfältige Auswahl von Kreditnehmern das Ausfallrisiko des einzelnen Geldanlegers, von dem die Kreditmittel letztlich bereitgestellt werden, zu begrenzen bzw. auszuschalten. R. erfolgt darüber hinaus z.B. aber auch, indem Kreditinstitute Kunden für eine Geldanlage oder eine Kreditaufnahme trotz variabler Marktzinsen Festzinsen zusichern oder von ihnen durch Eingehung von → Devisentermingeschäften → Wechselkursrisiken übernehmen.

RMX Creparts, spezielles Börsensegment für den Handel mit Krediten (Creparts = Kreditanteile). Zum Börsenhandel mit Krediten sind nur Teilnehmer zugelassen, die einer besonderen Kontrolle durch ein Aufsichtsorgan (z.B. Bundesanstalt für Finanzdienstleistungsaufsicht) unterliegen. Mit dem börsenmäßigen Kredithandel wird u.a. angestrebt, vor Fälligkeit eines Kredits Liquidität zu beschaffen oder Risiken aus großen Krediten durch Verkauf von Teilen dieses Kredits zu mindern.

Roadshow, erste Unternehmenspräsentation vor der Durchführung eines → Bookbuilding-Verfahrens.

Rohstofffonds, → Investmentfonds, dessen Mittel schwerpunktmäßig in → Aktien der Rohstoff- und Edelmetallbranche angelegt werden.

RTGS^{plus}-System, bis 2007 verwendetes System zur Verrechnung von Großbetragszahlungen für Kreditinstitute und Wertpapierfirmen im Europäischen Wirtschaftsraum. Inzwischen wurde das R.-S. durch das → Target 2-System ersetzt.

Rückbürgschaft, → Bürgschaft, bei der der Rückbürge gegenüber einem anderen Bürgen (Hauptbürge) die Haftung für dessen Rückgriffsansprüche (→ Rückgriff) gegenüber dem Hauptschuldner für den Fall einer Inanspruchnahme durch den Gläubiger übernimmt. Kommt es zur Zahlung des Rückbürgen an den Hauptbürgen, so ist der Hauptbürge verpflichtet, die auf ihn übergegangene Forderung des Gläubigers gegenüber dem Hauptschuldner an den Rückbürgen abzutreten. – *Gegensatz:* → Nachbürgschaft.

Rückgriff, *Regress;* nachträgliche Inanspruchnahme eines Schuldners durch einen Dritten, der für die Verbindlichkeit des Schuldners eingetreten ist. Der R. ist u.a. bedeutsam im Zusammenhang mit der Nichteinlösung von → Schecks oder → Wechseln und bei der Inanspruchnahme eines Bürgen (→ Bürgschaft), der den auf ihn übergegangenen Anspruch des Gläubigers gegenüber dem Hauptschuldner geltend macht.

Rückkaufswert, aktueller Rückvergütungsanspruch aus einer → Kapitallebensversicherung bei vorzeitiger Auflösung. Der R. ergibt sich aus den verzinslich angelegten Sparanteilen als Teil der erbrachten Prämienzahlungen zuzüglich einer evtl. anfallenden Überschussbeteiligung. Zu Beginn der Vertragslaufzeit weist die Versicherung keinen R. auf, da eingehende Zahlungen des Versicherten zunächst mit den Abschlusskosten des Vertrages verrechnet werden. Aus dem R. ergibt sich auch die maximale Kredithöhe für den Fall einer Beleihung der Versicherung.

Rücklagen, in der Bilanz einer Unternehmung neben dem Grund- bzw. Stammkapital ausgewiesener Bestandteil des → Eigenkapitals. Bei → Kapitalgesellschaften wird unterschieden nach *Gewinnrücklagen*, die durch Nichtausschüttung von Teilen des Jahresüberschusses entstehen und *Kapitalrücklagen*, die aus einem bei der Ausgabe von Anteilscheinen (Aktien, GmbH-Anteile) erhobenen Aufgeld resultieren. Die Bildung von R. stärkt die Eigenkapitalbasis eines Unternehmens. Neben den (offen ausgewiesenen) R. verfügen Unternehmen vielfach über *stille Reserven* aufgrund einer bilanziellen Unterbewertung von bestimmten Vermögensteilen bzw. einer Überbewertung von Verbindlichkeiten.

Rücklastschrift, → Lastschrift, die der ersten Inkassostelle von der Zahlstelle zuück belastet wird. Gründe hierfür können sein, dass der Zahlungspflichtige nicht eindeutig identifizierbar bzw. sein Konto erloschen ist, das Konto ungedeckt ist, der Zahlungspflichtige Widerspruch erhoben hat oder der Zahlstelle kein → Abbuchungsauftrag vorliegt. – Vgl. auch → Nichteinlösung von Lastschriften.

Rücknahmepreis, börsentäglich auf der Grundlage aktueller Börsenkurse ermittelter und veröffentlichter Preis, der einem Anleger bei einer Rückgabe von → Investmentzertifikaten je Anteil vergütet wird. Der R. ergibt sich als Summe des → Fondsvermögens, geteilt durch die Anzahl umlaufender Investmentanteile, bei einigen (wenigen) Fonds gemindert um einen Rücknahmeabschlag.

Rückruf von Überweisungen, → Überweisungsgesetz.

Rückscheck, Bezeichnung für einen → Scheck, der vom bezogenen Kreditinstitut (→ Bezogener) nicht eingelöst wurde und der ersten Inkassostelle wieder zugeleitet wird. – Vgl. auch → Nichteinlösung von Schecks.

Rückstellungen, auf der Passivseite einer Bilanz ausgewiesene → Verbindlichkeiten, die zwar ihrer Ursache nach bekannt, hinsichtlich ihres tatsächlichen Bestehens, ihrer Höhe und ihrer Fälligkeit aber (zunächst) ungewiss sind. Der Betrag einer R. muss daher geschätzt werden. Kreditinstitute bilden R. z.B. für strittige Steuern, schwebende Prozesse, künftige Pensionszahlungen oder für drohende Inanspruchnahmen aus Avalkrediten (→ Aval). R. sind dem → Fremdkapital zuzurechnen.

Rückzahlungsgewinn, Gewinn, der sich als Differenz zwischen einem beim Kauf einer → Anleihe gezahlten Erwerbskurs und einem bei Fälligkeit erhaltenen höheren Rückzahlungskurs ergibt. – *Gegensatz:* → Rückzahlungsverlust.

Rückzahlungskurs, *Tilgungskurs;* Kurs, zu dem eine → Anleihe am Laufzeitende durch den Emittenten (→ Emission) zurückgezahlt wird. Die Rückzahlung erfolgt i.d.R. zu 100% des Nennwertes (zu pari).

Rückzahlungsverlust, Verlust, der sich als Differenz zwischen einem beim Kauf einer → Anleihe gezahlten Erwerbskurs und einem bei Fälligkeit erhaltenen niedrigeren Rückzahlungskurs ergibt. – *Gegensatz:* → Rückzahlungsgewinn.

Rürup-Rente, umgangssprachliche Bezeichnung für eine private Rentenversicherung, bei der die Beiträge steuerbegünstigt, die späteren Rentenzahlungen jedoch steuerpflichtig sind (nachgelagerte Besteuerung). Den Steuervorteil gewährt der Gesetzgeber jedoch nur unter bestimmten Voraussetzungen. So dürfen die späteren Leistungen nur in Form lebenslanger Rentenzahlungen gewährt werden. Außerdem muss die Zahlung der Renten monatlich erfolgen und darf nicht vor dem 60. Lebensjahr beginnen. Die Rentenanwartschaft ist nicht beleihbar, vererbbar, veräußerlich oder übertragbar.

S

Sachdarlehen, → Darlehen.

Sachdepotbuch, Teil der → Depotbuchführung. In einem S. werden einzelne Wertpapiere nach Wertpapiergattungen (z.B. 9.000 X-Aktien, 21.000 Y-Aktien, ...) gegliedert.

Sachen, Bezeichnung des BGB für körperliche Gegenstände. Nur auf S. sind die Begriffe → Eigentum und → Besitz anzuwenden. Bei einer → Forderung wird die rechtliche Herrschaft durch den Inhaber oder Gläubiger ausgeübt. Zu den S. gehören auch Banknoten und Geldmünzen sowie Wertpapiere, die in Form einer → Urkunde verbrieft sind. Eine Sonderstellung nehmen unter den Wertpapieren die durch → Schuldbuchforderungen verbrieften Wertrechte ein, die jedoch den S. im Rechtsverkehr gleichgestellt sind. Im BGB werden unbewegliche S. (Grundstücke) und bewegliche S. unterschieden. Die beweglichen S. werden in vertretbare S. („austauschbar", z.B. 1 kg Zucker einer bestimmten Sorte) und nicht vertretbare S. (nicht „austauschbar", z.B. eine für ein Unternehmen angefertigte Spezialmaschine) unterteilt.

Sachenrecht, drittes Buch des BGB, das die dinglichen Rechte (Herrschaftsrechte über → Sachen) zum Inhalt hat. Im Gegensatz zum Schuldrecht, das die vertraglichen Rechtsverhältnisse zwischen Personen regelt, wirkt das S. gegenüber jedermann. – Vgl. auch → Erfüllung.

Sachsicherheiten, andere Bezeichnung für Realsicherheiten. – Vgl. auch → Kreditsicherheiten.

Sachwert, *Substanzwert;* Begriff, der im Bankgeschäft vor allem bei der Bewertung von Grundstücken im Rahmen der → Beleihungswertermittlung bei Immobilien eine Rolle spielt. Als S. wird hier der Bauwert zuzüglich dem Bodenwert eines Grundstücks bezeichnet.

Safe, → Schrankfach.

Saisonkredit, → Betriebsmittelkredit für Unternehmen, die mit Saisonartikeln handeln. Der S. dient einer Überbrückung saisonaler Engpässe in der Finanzierung (z.B. Vorfinanzierung der für das Weihnachtsgeschäft benötigten Waren für einen Spielzeuggroßhändler).

Saldenbestätigung, → Kontoauszug.

Sale and Lease Back, Sonderform des → Leasing, bei der ein Leasing-Nehmer ein ihm gehörendes Wirtschaftsgut an einen Leasing-Geber verkauft, der es anschließend an den Leasing-Nehmer verleast. S.a.L.B. findet häufig bei Immobilien Anwendung. Der Leasing-Nehmer verschafft sich durch den Verkauf liquide Mittel zur Finanzierung von Investitionen.

Sales Promotion, *Verkaufsförderung;* Teilbereich des → Bankmarketing. S.P. umfasst im Wesentlichen Maßnahmen zur Schulung des Verkaufspersonals sowie Bemühungen um die Erstellung kundenfreundlich gestalteter Prospekte, Broschüren etc.

Sammelanderkonto, → Anderkonto, das der Verwahrung von Vermögenswerten verschiedener Mandanten dient.

Sammelbestand, kumulierter Bestand an Wertpapieren einer bestimmten Art bei einer Wertpapiersammelbank (z.B. → Clearstream Banking AG). Der einzelne Wertpapierinhaber besitzt ein → Miteigentum nach Bruchteilen am S. Bei einem S. von 10 Mio. X-Aktien beläuft sich das Miteigentum eines Aktionärs, der 100 X-Aktien in seinem Depot hat, auf 0,001%. Die Konstruktion des S. ist die entscheidende Voraussetzung für die

Durchführung des stückelosen → Effektengiroverkehrs.

Sammelschuldbuchforderung, →Schuldbuchforderung.

Sammelüberweisung, Zusammenfassung mehrerer Überweisungen zu einem Gesamtauftrag. Die Gutschriften, die an verschiedene Zahlungsempfänger gehen, werden in einem Sammelverzeichnis aufgeführt. Die dem Auftraggeber zu belastende Gesamtsumme erscheint auf einem Sammelbeleg. Eine S. wird z.B. angewendet, wenn ein großes Unternehmen Löhne und Gehälter an seine Arbeitnehmer zahlt. Die S. wird heute beleglos im Wege des → elektronischen Zahlungsverkehrs abgewickelt.

Sammelverwahrung, Verwahrungsart, bei der ein Verwahrer Wertpapiere einer bestimmten Art zu einem → Sammelbestand zusammenfasst.

Satzung, Gesellschaftsvertrag einer → Kapitalgesellschaft bzw. Verfassung eines Vereins oder einer → Körperschaft.

S-Card, Zahlungskarte der Sparkassen. Die S-Card ist eine Vorgängerin der SparkassenCard Eine S.-C. kann ebenso wie eine → Bankcard verwendet werden.

Schatzanweisungen, kurz- bzw. mittelfristige Schuldverschreibungen des Bundes oder eines Bundeslandes zur Deckung des öffentlichen Finanzbedarfs. S. können als abgezinste Papiere (Schatzwechsel oder U-Schätze – vgl. → Geldmarktpapiere) oder als nominalverzinsliche Papiere (→ Kassenobligationen) vorkommen.

Schatz-Future, an der → Eurex gehandelter →Future über eine fiktive kurzfristige → Anleihe des Bundes mit einer (Rest-)Laufzeit von 1,75 bis 2,25 Jahren und einem Zinssatz von 6% p.a. (Mindest- bzw. Kontraktnennwert: 100.000 Euro).

Schatzwechsel, → Schatzanweisungen.

Scheck. 1. *Wesen:* Der S. ist eine unbedingte Anweisung an ein Kreditinstitut, für Rechnung des Ausstellers eine bestimmte Geldsumme zu zahlen. Er ist ein → geborenes Orderpapier. In Deutschland wird er allerdings aufgrund des Zusatzes „oder Überbringer" hinter dem Namen des Zahlungsempfängers als → Inhaberpapier verwendet. Der S. ist ein streng förmliches Wertpapier, das gem. Scheckgesetz (ScheckG) bestimmte gesetzliche Bestandteile aufweisen muss. Die in der Praxis verwendeten Scheckformulare berücksichtigen diese Bestandteile. Änderungen auf dem Scheckformular (z.B. Streichung der Überbringerklausel) sind nach den → Bedingungen für den Scheckverkehr nicht zulässig. – 2. *Einlösung eines S.:* Trägt ein S. den Vermerk „Nur zur Verrechnung", so handelt es sich um einen → Verrechnungsscheck, der vom bezogenen Kreditinstitut nicht bar ausgezahlt werden darf. Das bezogene Kreditinstitut garantiert weder bei einem Barscheck noch bei einem Verrechnungsscheck die Einlösung der Schecksumme. Eine Ausnahme bildet der → bestätigte Bundesbank-Scheck. Bei einer Nichteinlösung des Schecks kann der Inhaber aufgrund der Strenge des Scheckgesetzes einen Scheckprozess (→ Urkundenprozess) gegen den Aussteller einleiten, der wegen seiner zügigen Abwicklung vorteilhafter ist als ein normaler Zivilprozess. Voraussetzung für den Scheckprozess ist die Einhaltung der → Vorlegungsfristen bei Schecks. Die Nichteinlösung des S. ist außerdem mit einem → Vorlegungsvermerk des bezogenen Kreditinstitutes zu versehen. Bei einem → Orderscheck würden neben dem Aussteller eventuell weitere Personen, die ein → Indossament auf dem Scheck angebracht haben, für die Einlösung haften. Der letzte Scheckinhaber kann vor Eröffnung des Scheckprozesses auf diese Personen → Rückgriff (Regress) nehmen. Der S. erfordert aufgrund seiner Eigenschaft als streng förmliches Wertpapier einen relativ hohen Bearbeitungsaufwand. Aus Kostengründen sind Kreditinstitute daher bestrebt, beleghafte Schecks weitgehend zu vermeiden. Das → beleglose Scheckeinzugsverfahren (BSE) ermöglicht den Kreditinstituten eine beleglose Weiterbearbeitung von Schecks unter 6.000 Euro. Allerdings sind BSE-Schecks aufgrund des fehlenden Vorlegungsvermerks nicht für einen Scheckprozess geeignet. Die Kreditinstitute haften ihren Kunden für eventuelle Schäden, die hieraus entstehen (z.B. wenn bei einem Urkundenprozess ein Zugriff auf das Vermögen des Ausstellers noch möglich gewesen wäre und dieser Zugriff wegen des höheren Zeitaufwandes beim normalen Zivilprozess entfällt, weil der Aussteller inzwischen zahlungsunfähig geworden ist). Aus diesem Grund ist die Schecksumme beim BSE auch betraglich begrenzt. Für Schecks ab 6.000 Euro wird das Verfahren des → Großbetrags-Scheckeinzugs (GSE) ab 2007 ersetzt durch das Verfahren des → ISE (Imagegestützter Scheckeinzug). – 3. *Bedeutung des Schecks:* Trotz der Erleichterung durch BSE verliert der Scheck als Zahlungsverkehrsinstrument zusehends an Bedeutung. So werden seit dem Jahr 2002 keine Euroschecks mehr akzeptiert. Private bargeldlose Zahlungen werden heutzutage vornehmlich unter Verwendung von Bank- und Sparkassenkarten (→ EC-Service) oder → Kreditkarten vorgenommen. Der S. wird so immer mehr zu einem Instrument, das lediglich im Firmenkundengeschäft zur Anwendung kommt.

Scheckabkommen, → Abkommen zwischen Kreditinstituten zur Regelung der Rückgabe nicht eingelöster → Schecks sowie der Behandlung von Ersatzstücken verloren gegangener Schecks.

Scheckankaufskurs, *Sichtkurs;* Kurs, zu dem ein auf ausländische Währung lautender Scheck in Euro umgerechnet wird. Der S. ist der für den Kunden „ungünstigste" Umrechnungskurs, da der Scheck zur Einlösung an die bezogene ausländische Bank beleghaft versendet werden muss, somit ein höherer Bearbeitungsaufwand anfällt und zudem ein Zinsverlust durch den Postlaufweg entsteht. Bei der → Mengennotierung wird der S. als Aufschlag auf den → Briefkurs der Auslandswährung zum Euro berechnet. Die Höhe dieses Aufschlags ist bei den verschiedenen Kreditinstituten unterschiedlich.

Scheckauskunft, → Scheckbestätigung.

Scheckbestätigung, Willenserklärung des bezogenen Kreditinstitutes eines → Schecks hinsichtlich der Einlösung. 1. *Einfache S. (Scheckauskunft):* Mitteilung des bezogenen Kreditinstitut auf Anfrage des Scheckinhabers oder dessen Kreditinstituts, dass ein Scheck gedeckt ist. Die Mitteilung erfolgt „unter banküblichem Vorbehalt", d.h., das bezogene Kreditinstitut haftet nicht für den Fall, dass eine Einlösung nicht erfolgen kann, weil zwischen dem Zeitpunkt der Anfrage und dem Zeitpunkt der Scheckvorlage eine Kontodeckung nicht mehr vorhanden ist. – 2. *Qualifizierte S.:* Verpflichtung des bezogenen Kreditinstitutes zur Scheckeinlösung. Die qualifizierte S. ist in Deutschland nur der Deutschen Bundesbank erlaubt (→ bestätigter Bundesbank-Scheck). – Eine qualifizierte S. führt aus der Sicht des Scheckinhabers im Gegensatz zu einer einfachen S. zum Ergebnis, dass der Scheck bei fristgemäßer Vorlage in jedem Fall eingelöst wird.

Scheckeinlösung, Auszahlung oder endgültige Gutschrift eines vorgelegten → Schecks.

Scheckeinreichung, Vorlage eines → Schecks durch den Scheckinhaber bei seinem Kreditinstitut zur → Gutschrift Eingang vorbehalten (→ E.v.).

Scheckfähigkeit, Voraussetzung für die Teilnahme am Scheckverkehr. 1. *Aktive S.:* Fähigkeit, sich rechtsverbindlich als Aussteller eines → Schecks zu betätigen. Aktive S. besitzen natürliche Personen ab 18 Jahren. – 2. *Passive S.:* Fähigkeit, bezogenes Kreditinstitut eines Schecks sein zu dürfen. Passive S. besitzen Kreditinstitute sowie die → Deutsche Bundesbank.

Scheckkarte, alte Bezeichnung für eine Bank- bzw. Sparkassenkarte. – Vgl. auch → EC-Service.

Scheckklage, Maßnahme zur Durchsetzung scheckrechtlicher Ansprüche bei Nichteinlösung eines → Schecks. Die S. führt zu einem → Urkundenprozess.

Schecksperre, Eingabe eines Nichteinlösungsvermerks in das EDV-System eines Kreditinstitutes. Eine S. erfolgt aufgrund der Mitteilung eines Scheckausstellers an sein Kreditinstitut mit dem Ziel, die Einlösung eines ausgestellten → Schecks zu verhindern. Eine S. liegt vor im Zusammenhang mit einem → Scheckwiderruf sowie im Zusammenhang mit dem Verlust von Schecks.

Scheckvertrag, zwischen Kreditinstitut und Kunden bei der Ausgabe von → Schecks zustande kommender Vertrag, der das ausgebende (bezogene) Kreditinstitut verpflichtet, vom Kunden ausgestellte und fristgemäß vorgelegte Schecks einzulösen, falls ausreichende Kontodeckung bzw. kein → Scheckwiderruf vorliegt. Der Kunde verpflichtet sich im S. zur Anerkennung der → Bedingungen für den Scheckverkehr.

Scheck-Wechsel-Verfahren, *Umkehrwechsel;* Zahlungsform, die zwischen Geschäftspartnern unter Ausnutzung der Besonderheiten von → Scheck und → Wechsel vorkommt. – *Beispiel:* Großhändler A liefert Waren an den Einzelhändler B. Die Lieferung erfolgt gegen Akzeptierung eines Wechsels mit drei Monaten Laufzeit (3-Monats-Akzept) durch B. Da A sich möglichst schnell liquide Mittel aus dem Vorgang beschaffen möchte, soll der Wechsel vor Fälligkeit durch ein Kreditinstitut unter Abzug eines Diskonts angekauft werden (→ Diskontkredit). Falls A mit seinem Kreditinstitut keine entsprechende Diskontvereinbarung getroffen hat oder einen höheren Diskontsatz zahlen muss als B ihn bei seinem Kreditinstitut zahlt, vereinbaren A und B, dass B den Wechsel nach Akzeptierung seinem Kreditinstitut zum Diskont einreicht. Über den Gegenwert stellt B einen Scheck aus und übergibt ihn zur Bezahlung der Lieferung an A. Am Fälligkeitstag des Wechsels wird dieser dann zulasten des Kontos des B eingelöst.

Scheckwiderruf, Anweisung eines Kunden an sein Kreditinstitut, einen ausgestellten → Scheck nicht einzulösen. Nach der Rechtsprechung des Bundesgerichtshofes hat das Kreditinstitut einen S. auch zu beachten, wenn die Vorlegungsfrist des Schecks (vgl. → Vorlegungsfristen bei Schecks) noch nicht abgelaufen ist. Gemäß den → Bedingungen für den Scheckverkehr verlangen die Kreditinstitute von ihren Kunden jedoch, dass der Widerruf so rechtzeitig eingehen muss, dass seine Bearbeitung im Rahmen eines ordnungsgemäßen Arbeitsablaufs noch möglich ist. – *Beispiel:* Ein Scheck wird am Dienstag, den 2.5., in einer deutschen Stadt ausgestellt. Die Vorlegungsfrist endet nach 8 Tagen, also am Mittwoch, den 10.5.; geht ein S. am Montag, den 8.5., beim bezogenen Kreditinstitut ein, so ist dieses grundsätzlich zur Beachtung des S. ab diesem Tag verpflichtet. Dies ist allerdings nicht möglich, wenn der Widerruf am 8.5. um 10 Uhr eingeht und der Scheck am gleichen Tag um 10.30 Uhr zur Bareinlösung vorgelegt wird. In diesem Fall hätte das bezogene Kreditinstitut nicht gegen seine Verpflichtung zur Beachtung des S. verstoßen.

Scheidemünze, → Münzregal.

Schenkungsteuer, → Erbschaftsteuer.

Schiffspfandbrief, → Anleihe, die auf der Grundlage des → Pfandbriefgesetzes von Spezialinstituten (Schiffspfandbriefbanken) ausgegeben wird. Für einen S. gilt ebenso wie für jeden anderen → Pfandbrief das Kongruenzprinzip.

Schließfach, → Schrankfach.

Schlussnote, Abschlussrechnung eines → Börsenmaklers über ein zustande gekommenes Wertpapiergeschäft. Eine S. wird jedem der beiden Vertragspartner erteilt. Sie weist die dem Makler zustehende Courtage (Maklergebühr) aus. Die S. wird durch die EDV-Anlage der entsprechenden Börse erstellt und beleglos (online) versendet. – Vgl. auch → elektronisches Orderrouting.

Schrankfach, *Schließfach, Safe;* Möglichkeit zur Verwahrung von Wertgegenständen wie Edelmetalle, Wertpapiere etc. Der Kunde schließt mit seinem Kreditinstitut einen → Mietvertrag über ein S. In der von ihm zu zahlenden Gebühr (i.d.R. jährliche Abrechnung) ist eine Prämie für die Versicherung seiner Wertgegenstände bis zu einer bestimmten Höhe enthalten. Beim Zugang zum S. muss sich der Kunde entweder durch Unterschrift oder Eingabe einer Geheimnummer legitimieren. Die Vermietung eines S. gehört zum Bankgeschäft des → geschlossenen Depots.

Schriftform, Formvorschrift bei bestimmten Rechtsgeschäften, z.B. Erklärungen von Privatleuten zur Übernahme einer → Bürgschaft, Kaufvertrag bei Ratengeschäften, Grundstücks- oder Wohnraummietverträge mit Laufzeit ab einem Jahr. Bei der S. muss die eigenhändige Unterschrift des Erklärenden bzw. seines Vertreters vorliegen. Einen Sonderstatus nimmt das private (nicht-notarielle) Testament ein: Hier ist die gesamte Urkunde eigenhängig handschriftlich zu verfassen und zu unterzeichnen.

Schriftlesesystem (SLS), Fortentwicklung in der Automatisierung des Zahlungsverkehrs. Ein SLS ist in der Lage, von Kunden eingereichte in Maschinen- oder Druckschrift ausgefüllte Belege (z.B. Überweisungen) zu identifizieren. Der Beleg wird gescannt und in einen Datensatz umgewandelt. Der Datensatz kann anschließend im Wege des → elektronischen Zahlungsverkehrs an ein anderes Kreditinstitut weitergeleitet werden.

SCHUFA, *Schutzgemeinschaft für allgemeine Kreditsicherung,* Gemeinschaftseinrichtung der kreditgewährenden Wirtschaft (z.B. Banken, Einzelhandelsunternehmen) mit der Aufgabe der Versorgung ihrer Vertragspartner mit Informationen zum Schutz vor Verlusten. Die SCHUFA speichert Daten, die ihr von den Vertragspartnern übermittelt werden, sowie Daten aus öffentlich zugänglichen Verzeichnissen. Kreditinstitute melden der SCHUFA so genannte Positiv- und Negativmerkmale:

Beispiele für Positivmerkmale	Beispiele für Negativmerkmale
Eröffnung und Beendigung einer Kontoverbindung	nicht vertragsgemäßes Verhalten bei der Benutzung von Girokonten (Lastschriftrückgabe mangels Kontodeckung etc.)
Vergabe von Krediten	nicht vertragsgemäße Rückführung von Krediten
Übernahme einer Bürgschaft	Zustellung eines Mahnbescheides
Ausgabe von Kreditkarten	nicht vertragsgemäßes Verhalten bei der Nutzung von Kreditkarten (z.B. mangelnde Kontodeckung)

Daten in der SCHUFA-Datei werden nach Ablauf festgelegter Fristen gelöscht. Jedermann hat das Recht, bei der örtlich zuständigen SCHUFA eine Auskunft über die zu seiner Person gespeicherten Daten einzuholen. Dabei wird ihm auch mitgeteilt, welche Vertragspartner Daten zur Speicherung übermittelt und während der letzten Monate Anfragen an die SCHUFA gerichtet haben. Die SCHUFA speichert Daten zu Privatpersonen. Im Firmenkundengeschäft sind SCHUFA-Auskünfte aber einsetzbar, sofern sie sich auf natürliche Personen beziehen, die ein Unternehmen leiten, z.B. wenn die Auskunft sich auf den Geschäftsführer einer GmbH bezieht. Auskünfte zu Unternehmen werden i.d.R. über spezialisierte Auskunfteien eingeholt.

SCHUFA-Klausel, Erklärung eines Kunden, in der er sein Einverständnis erklärt, dass sein Kreditinstitut Positiv- und Negativmerkmale an die → SCHUFA meldet. Die SCHUFA.-K. wird bei Kontoeröffnungsanträgen, Kreditanträgen und Bürgschaftserklärungen vom Kunden unterschrieben.

Schuldbuchforderungen, *Wertrechte;* nicht in Urkundenform verbriefte Darlehensforderungen gegen den Bund oder ein Bundesland. Im Bankgeschäft spielen S. vor allem bei den → Bundeswertpapieren oder → Länderanleihen eine Rolle. Erwirbt ein Kunde einen bestimmten Nennbetrag einer solchen Anleihe, so kann er zwischen zwei Möglichkeiten wählen 1. *Einzelschuldbuchforderung,* d.h. Eintragung seines Nennbetrages auf seinen Namen in das → Bundesschuldbuch (bzw. bei Länderanleihen in das Landesschuldbuch bei der zuständigen Landesschuldenverwaltung). Die Schuldenverwaltungsstelle übernimmt dann für den Kunden die notwendigen Verwaltungstätigkeiten (Gutschrift der Zinsen sowie Gutschrift des Nennbetrages bei Fälligkeit der Anleihe). Der Kunde zahlt keine Depotgebühren; die Schuldenverwaltungsstelle übernimmt jedoch keine Beratungstätigkeit. Voraussetzung für die Eintragung einer Einzelschuldbuchforderung ist die Einrichtung eines → Schuldbuchkontos. – 2. *Sammelschuldbuchforderung,* d.h. Eintragung der gesamten Anleihe (mit Ausnahme der Anteile, die als Einzelschuldbuchforderungen verbrieft sind) auf den Namen der → Clearstream Banking AG. Der persönliche Nennbetrag des Kunden wird dann in das Depot aufgenommen, das der Kunde bei seinem Kreditinstitut unterhält. Das Kreditinstitut übernimmt mit Hilfe der Clearstream Banking AG die Verwaltungstätigkeiten. Es fallen Depotgebühren an, dafür kann der Kunde jedoch die Beratungsleistungen seines Kreditinstitutes in Anspruch nehmen. – Für den Bund bzw. das Bundesland als Emittenten bringen S. den Vorteil mit sich, dass keine Kosten für den Druck von Urkunden anfallen. Ferner entfallen die Kosten für das Trennen beziehungsweise die Kontrolle der Zinsscheine.

Schuldbuchgiroverkehr, ein stückeloser → Effektengiroverkehr bei → Schuldbuchforderungen. Der S. ist nur bei Sammelschuldbuchforderungen möglich. Bei Einzelschuldbuchforderungen ist die depotmäßige Erfassung über die entsprechende Schuldenverwaltungsstelle zu steuern.

Schuldbuchkonto, bei der → Bundeswertpapierverwaltung bzw. einer Landesschuldenverwaltung geführtes Verzeichnis über → Schuldbuchforderungen. Zur Einrichtung eines S. ist ein Kontoeröffnungsantrag an die Schuldenverwaltungsstelle notwendig. Kreditinstitute sind auf Verlangen ihrer Kunden verpflichtet, bei einem entsprechenden Antrag eines Kunden die erforderliche → Legitimationsprüfung des Kunden zu übernehmen und den Kontoeröffnungsantrag inkl. einer Dokumentation der Legitimationsprüfung über die zuständige Hauptverwaltung der → Deutschen Bundesbank an die Schuldenverwaltungsstelle weiterzuleiten.

Schuldenregulierung, erste Phase beim Verfahrensablauf einer → Verbraucherinsolvenz.

schuldrechtliche Papiere, *Forderungspapiere;* Sammelbegriff für Wertpapiere, die Forderungsrechte verbriefen. Beispiele für s.P. sind → Scheck, → Anleihe und → Sparbuch.

Schuldscheindarlehen, Sonderform der kurz- bzw. mittelfristigen Finanzierung durch Gewährung von Darlehen, die hinsichtlich Ausstattung und Volumen Ähnlichkeit mit einer → Anleihe haben, die jedoch im Gegensatz zu dieser eine individuelle und flexible Abwicklung ermöglichen. Rechtlich liegt zwischen dem Kreditinstitut und dem Kreditnehmer (z.B. große Gebietskörperschaften wie Bund, Länder, Gemeinden) ein Darlehensvertrag vor. Auf die Ausstellung von Schuldscheinen wird meistens verzichtet. Das Kreditinstitut gewährt den Kredit und refinanziert sich durch → Abtretung von Darlehensteilbeträgen an verschiedene Großanleger. Da keine Wertpapiere (Urkunden) über die Darlehensteilbeträge ausgestellt werden, wird die Abwicklung nicht depotmäßig erfasst. Anteile von S. werden telefonisch gehandelt. Der Nachteil für die Darlehensnehmer besteht darin, dass S. wegen ihrer individuellen Summen und Fälligkeiten nicht standardisiert (fungibel) und die Zinskosten aufgrund dieser Tatsache und der damit verbundenen geringeren Liquidität dieses Marktsegmentes höher sind als bei Anleihen.

Schuldverschreibung, andere Bezeichnung für eine → Anleihe.

Schuldversprechen, Übernahme einer abstrakten, d.h. von einem Grundgeschäft (z.B. Kaufvertrag) losgelösten Verpflichtung. Das S. bedarf der Schriftform. Ein bankbetriebliches Beispiel für ein S. ist das → Dokumentenakkreditiv.

Schutzgemeinschaft für allgemeine Kreditsicherung, → SCHUFA.

Schwarzer Ritter, → Weißer Ritter.

Scoring, → Kreditscoring.

SDAX, → Small Caps.

SDR, Abk. für *Special Drawing Right;* → Sonderziehungsrecht.

Sea Waybill, → Seefrachtbief.

SEC, Abk. für *Securities and Exchange Commission;* Wertpapier- und Börsenaufsichtsbehörde in den USA.

Secondary Offering, erneutes öffentliches Angebot zum Kauf von Aktien, die bereits an einer Börse zugelassen sind. Beim S.O. werden Anteile aus dem Besitz von Groß- oder Familienaktionären einer breiten Öffentlichkeit angeboten und auf diese Weise umplatziert.

Securisation, Verbriefung, d.h. wertpapiermäßige Unterlegung und Absicherung von Forderungen mit dem Ziel, diese besser handelbar zu machen. Ein Beispiel für S. ist die Umwandlung von Großkrediten in eine → Anleihe.

Seefrachtbrief, *Sea Waybill;* Transportpapier in der Seeschifffahrt, das im Gegensatz zum → Konnossement nicht die Ware verkörpert. Die Übergabe eines S. ersetzt nicht die Übergabe der Ware, sein Vorteil besteht in der Möglichkeit seiner elektronischen Weiterleitung, die beim Konnossement, das beleghaft vorzulegen ist, nicht möglich ist.

Selbstauskunft, Prüfungsunterlage im Kreditgeschäft. Bei der S. legt ein Kreditnehmer seine persönlichen und wirtschaftlichen Verhältnisse seinem Kreditinstitut gegenüber schriftlich offen.

Selbstemission, → Emission.

Selbstfinanzierung, andere Bezeichnung für → Innenfinanzierung.

Selbstschuldnerische Bürgschaft, → Bürgschaft.

Senior Debt, Bezeichnung für nicht nachrangige Mittel im Rahmen der Finanzierung einer → Akquisition.

SEPA, Abk. für *Single Euro Payment Area.* Projekt der europäischen Kreditwirtschaft zur Schaffung eines einheitlichen europäischen Zahlungsraums. Die Idee von SEPA spiegelt sich in vielen Systemen und Verfahren, z.B. bei → IBAN und → BIC sowie beim → Target-System wider. Eine → Auslandsüberweisung ist als SEPA-Überweisung möglich; die Einführung der SEPA-→ Lastschrift erfolgt Ende 2009.

Settlement, Erfüllung eines Finanzgeschäftes. Der Begriff S. spielt vor allem bei der Abwicklung von → Optionen und → Futures eine Rolle. 1. *Cash S. (Differenzausgleich):* Abwicklungsform bei nicht physisch lieferbaren Termingeschäften, z.B. Optionen auf Futures oder Indizes (→ Index). – *Beispiel:* Kauf eines DAX-Futures bei 6.311 Indexpunkten, Handelstag 3.4., Fälligkeit Juni. Nach der für DAX-Futures geltenden Formel: Indexpunkte, multipliziert mit 25 Euro ergibt sich ein Kontraktwert von 157.775 Euro. Der Futurekäufer muss dem Verkäufer per Juni einen Kontraktwert von 157.775 Euro bezahlen. Steigt der Index bis Juni z.B. auf 6.600 Punkte, ergibt sich ein Kontraktwert von 6.600 · 25 Euro = 165.000 Euro zugunsten des Käufers, der nur 157.775 Euro zu zahlen hat. Beim Cash S. wird nur die Differenz von 7.225 Euro an den Käufer vergütet. Würde der DAX bis Juni sinken, ergäbe sich ein Differenzausgleich zulasten des Käufers. – 2. *Physisches S. (Lieferung des Basiswertes).* – *Beispiel:* Kaufoption über 100 X-Aktien zum Basispreis von 40 Euro. Verlangt der Optionskäufer bei einem aktuellen Börsenkurs der X-Aktie von 60 Euro die physische Lieferung des Basiswertes vom Verkäufer der Option (Stillhalter), so muss dieser entweder die Papiere aus dem eigenen Depotbestand liefern oder sich zum höheren Kurs an der Börse eindecken.

Shareholder Value, *„Aktionärsnutzen";* der S.V.-Ansatz beinhaltet alle Aspekte einer Unternehmensführung, die sich an der Vergrößerung des Aktionärsvermögens durch Steigerung des Börsenwertes eines Unternehmens ausrichtet. Kritisiert wird an diesem Ansatz vor allem, dass die Ansprüche anderer Unternehmensbeteiligter durch diese einseitige Ausrichtung zu kurz kommen. Als Alternative wird häufig der Ansatz des → Stakeholder Value diskutiert.

Short Call, Bezeichnung für den Verkauf einer Kaufoption (→ Option). Der Verkäufer geht von einem sinkenden oder gleich bleibenden Kurs des → Basiswertes aus. Er nimmt das Risiko auf sich, dass er im Falle eines steigenden Kurses den Basiswert zum vereinbarten geringeren Preis an den Käufer der Option (→ Long Call) liefern muss.

Short Put, Bezeichnung für den Verkauf einer Verkaufsoption (→ Option). Der Verkäufer geht von einem steigenden oder gleich bleibenden Kurs des → Basiswertes aus. Er nimmt das Risiko auf sich, dass er im Falle sinkenden Kurses den Basiswert zum vereinbarten höheren Preis vom Käufer der Option (→ Long Put) erwerben muss.

Short-Zertifikat, → Zertifikat, bei dem der Anleger von sinkenden Kursen des zugrunde liegenden Basiswertes profitiert. – *Gegensatz:* → Long-Zertifikat.

Sicherungsabrede, *Sicherungszweckerklärung;* Vereinbarung zwischen Kreditgeber und Kreditnehmer, die eine Verbindung von Kreditforderung und bestellter Kreditsicherheit herstellt. Die S. ist im Privatkundengeschäft vor allem bei der Bestellung einer → Grundschuld bedeutsam.

Sicherungseigentum, → Eigentum, das ein Kreditinstitut bei der Bestellung einer

Sicherheit erwirbt (→ Sicherungsübereignung). Durch die Verbindung von Kredit und Sicherheit aufgrund einer → Sicherungsabrede erwirbt das Kreditinstitut „nur" treuhänderisches („fiduziarisches") Eigentum, d.h. es darf mit dem Eigentum nicht beliebig verfahren, sondern kann seine Eigentumsrechte nur im Hinblick auf den Kredit ausüben.

Sicherungsgrundschuld, Sonderform einer → Grundschuld.

Sicherungshypothek, streng akzessorische → Hypothek, bei der das dingliche Recht des Hypothekengläubigers sich ausschließlich nach der Höhe der Forderung aus einem zugehörigen Kreditvertrag bestimmt. – *Gegensatz:* → Verkehrshypothek.

Sicherungsschein, Urkunde, durch die ein Kreditinstitut bei einem Sicherungsgut (z.B. KfZ) oder einem mit einer → Grundschuld belasteten Grundstück die Rechte aus einer Versicherung (Vollkaskoversicherung bei einem KfZ oder Feuerversicherung bei einem Gebäude) erwirbt, ohne die Prämien für die Versicherung zahlen zu müssen. Der S. ist ein besonderes Formular, aus dem die o.g. Konstruktion hervorgeht. Er ist eine wichtige Unterlage im Zusammenhang mit der Bestellung der entsprechenden Kreditsicherheit.

Sicherungsübereignung, im BGB nicht geregelte, aber gewohnheitsrechtlich anerkannte Übereignung (Übertragung des → Eigentums) von Gütern (z.B. KfZ, Maschinen, Waren) zur Besicherung eines Kredites. Die S. findet in der Praxis vornehmlich im Firmenkundengeschäft Anwendung; bei der Finanzierung von KfZ wird sie teilweise auch im Privatkundengeschäft eingesetzt. – Die S. setzt zunächst eine Einigung zwischen Kreditinstitut und Kunde über den Eigentumsübergang voraus. Die Übergabe des Gutes entfällt jedoch, da der Kreditnehmer das Gut für seinen Geschäftsbetrieb benötigt. Statt der Übergabe findet ersatzweise die Schaffung eines → Besitzkonstitutes statt. Hierbei handelt es sich in der Praxis um einen Leihvertrag bzw. bei Waren um einen Verwahrungsvertrag. Das Besitzkonstitut bewirkt, dass die Eigentumsübertragung rechtswirksam abgeschlossen wurde, dass gleichzeitig jedoch die Verfügungsgewalt über das Gut beim Kreditnehmer verbleibt. – Da bei Gewährung des Kredites gleichzeitig eine Verbindung zwischen Kredit und Sicherungsgut durch eine Sicherungsabrede (Sicherungszweckerklärung) erfolgt („Die Übereignung geschieht zur Besicherung des Darlehens auf Konto Nr. 12345"), erwirbt das Kreditinstitut treuhänderisches (fiduziarisches) Eigentum am Sicherungsgut. Es darf das Gut nur im Hinblick auf den Kredit verwenden. Sonstige Rechte, die einem Eigentümer normalerweise zustehen (z.B. jederzeitiger Verkauf, Veränderung des Gutes) stehen dem Kreditinstitut nicht zu. Die Verwendung des Gutes darf nur im Falle der Nichtrückzahlung des Kredites erfolgen; sie kann dann durch freihändigen Verkauf des Gutes vorgenommen werden, wobei das Kreditinstitut darauf zu achten hat, dass es im Interesse des Kunden handelt und das Gut zu einem angemessenen Preis verwertet. Wird der Kredit ordnungsgemäß zurückgezahlt, hat der Kunde einen Anspruch auf Rückübertragung des Eigentums am Gut. Auch während der Laufzeit des Kredites wird das Gut beim Kreditnehmer bilanziert, so dass es nicht als rechtliches, sondern als → wirtschaftliches Eigentum anzusehen ist.

Sicherungsvermögen, → Deckungsstock.

sicherungsweise Abtretung (Zession), → Abtretung einer Forderung oder mehrerer Forderungen zur Besicherung eines Kredites. Das Kreditinstitut wird nur treuhänderischer (fiduziarischer) Gläubiger der Forderung(en). Ein Einzug der Forderung(en) ist nur im Hinblick auf den Kredit möglich; wird dieser ordnungsgemäß zurückgeführt, hat der Kreditnehmer einen Anspruch auf Rückübertragung der Forderung(en).

Sicherungszweckerklärung, → Sicherungsabrede.

Sichteinlage, täglich fälliges Geld, das sich auf einem → Girokonto befindet.

Sichtkurs, → Scheckankaufskurs.

Skontro, Auftragsbuch eines → Skontroführers.

Skontroführer, Bezeichnung des Börsengesetzes für den Börsenmakler. Ein S. vermittelt Geschäfte zwischen den Börsenhändlern und stellt Börsenpreise (→ Einheitskurs) fest. S. benötigen zur Teilnahme am Börsenhandel die Zulassung der Börsengeschäftsführung. – Vgl. auch → Börsenzulassung von Handelsteilnehmern.

SLS, Abk. für → Schriftlesesystem.

Smurfing, → Gesetz über das Aufspüren von Gewinnen aus schweren Straftaten.

Small Caps, Abk. für *Small Capitalisation Stocks*. S.C. sind Aktien mit niedriger → Börsenkapitalisierung. Bei der → Deutschen Börse AG werden S.C. durch den 50 Werte umfassenden → Index SDAX repräsentiert.

SoFFin, Abk. für *Sonderfonds Finanzmarktstabilisierung*. Der SoFFin wurde von der Bundesregierung 2008 als Reaktion auf die Finanzkrise eingerichtet. Er ist eine unselbstständige → Anstalt des öffentlichen Rechts und soll den Kreditinstituten bei Liquiditätsproblemen und bei der Beschaffung von → Eigenkapital helfen. Zu diesem Zweck kann der SoFFin Garantien (vgl. → Garantie) bis zu 400 Mrd. Euro gewähren. Weitere 80 Mrd. Euro stehen für die Beteiligung an Banken sowie für die Übernahme von Risikopositionen (z.B. „toxische Wertpapiere“ – vgl. dazu auch → Asset Backed Securities) zur Verfügung.

Solawechsel, *eigener Wechsel;* → Wechsel der im Unterschied zum gezogenen Wechsel kein Schuldversprechen eines Bezogenen, sondern das Schuldversprechen des Ausstellers enthält: „Gegen diesen Wechsel zahle ich am ..... Euro ....“. Der S. findet vor allem bei der kurzfristigen Geldbeschaffung des Bundes und der Länder Anwendung. – Vgl. auch → Schatzanweisungen.

Soli, Abk. für → *Solidaritätszuschlag*.

Solidaritätszuschlag, Ergänzungsabgabe zur → Einkommensteuer und → Körperschaftssteuer. Rechtsgrundlage ist das Solidaritätszuschlaggesetz (SolZG) von 1993. Vom S. betroffen sind Zahlungen von Lohnsteuer, → Kapitalertragssteuer bei Dividendenzahlungen und → Zinsabschlagsteuer bei Zinszahlungen. Der S. beträgt 5,5% der entsprechenden Steuerbelastung.

Soll. 1. *Bezeichnung der linken Seite eines Kontos* in der Buchführung. Dabei umfasst die Sollseite bei einem Aktivkonto Mehrungen sowie den Anfangsbestand, bei einem Passivkonto Minderungen sowie den Endbestand und bei Erfolgskonten Aufwendungen. – 2. Bei *Bankgeschäften* aus Sicht des Kunden gleichbedeutend mit *Verbindlichkeit*. – Vgl. auch → Sollsaldo.

Sollsaldo. 1. *Wertmäßiger Überhang* der Buchungen auf der Sollseite gegenüber den Buchungen auf der Habenseite eines Kontos. – 2. Aus der *Sicht eines Bankkunden* stellt ein ihm mitgeteilter S. eine *Verbindlichkeit* gegenüber seinem Kreditinstitut dar.

Sollzinsen, Zinsen, die von Kreditinstituten für überlassene Kredite (z.B. Baudarlehen, Anschaffungsdarlehen) berechnet werden.

Sologeschäft, andere Bezeichnung für ein → Outrightgeschäft.

Solvabilitätskoeffizient, Im so genannten Grundsatz I der → Bundesanstalt für Finanzdienstleistungsaufsicht (vgl. auch → Grundsätze über die Eigenmittel und die Liquidität der Institute) geregeltes Verhältnis zwischen dem → haftenden Eigenkapital und den Aktiva eines Kreditinstitutes. Der S. besagt, dass das haftende Eigenkapital mindestens 8% der nach Risiko gewichteten Aktiva betragen muss. Im Zusammenhang mit den Regelungen zu Basel II erhält der S. ab 2007 eine besondere Bedeutung, da der Eigenkapitalanteil jetzt nicht mehr konstant, sondern – je nach Bonität eines Kreditnehmers – unterschiedlich hoch sein wird.

Sonderausgaben, Aufwendungen eines Steuerpflichtigen, die keine → Werbungskosten, jedoch beschränkt oder unbeschränkt vom Gesamtbetrag seiner Einkünfte im Rahmen der Einkommensteuererklärung (vgl. → Einkommensteuer) abzugsfähig sind. Unbeschränkt abzugsfähig ist z.B. die Kirchensteuer. Beschränkt abzugsfähig sind z.B. Spenden oder Ausbildungskosten für einen zurzeit nicht ausgeübten Beruf. Aufwendungen für eine → Kapitallebensversicherung sind seit 2005 nicht mehr als S. absetzbar.

Sonderbedingungen für den EC-Service, alte Bezeichnung für die → Bedingungen für die Verwendung der Bankcard/Sparkassencard.

Sonderbedingungen für Wertpapiergeschäfte, Regelungen zur Klärung der Rechtsverhältnisse von Kreditinstituten zu ihren Kunden bei der Ausführung von Wertpapier-Kundenaufträgen. Die S.f.W. enthalten vor allem Bestimmungen zur Rechtsposition von Kreditinstituten und Kunden bei der Orderausführung (→ Kommissionär, → Festpreisgeschäft) und Regelungen zur → Gültigkeit von Wertpapieraufträgen. Ferner ist hier geregelt, unter welchen Bedingungen ein Wertpapierauftrag an einer → Präsenzbörse oder einer → Computerbörse ausgeführt wird.

Sonderfonds Finanzmarktstabilisierung, → SoFFin.

Sonderkonditionen, spezielle Vereinbarungen zwischen einem Kreditinstitut und einem Kunden. S. werden beispielsweise gewährt, wenn es sich um große Firmenkunden oder besonders vermögende Privatkunden handelt. Sie kommen z.B. als Kredit-S. oder S. für Geldanlagen zur Anwendung. Die ansonsten generell geltenden Kundenkonditionen werden dagegen im →Preisaushang bzw. →Preisverzeichnis des Kreditinstitutes aufgeführt.

Sonderkonto, Konto, das durch einen Zusatz den besonderen Zweck des Kontos verdeutlicht. Ein S. kann als Eigenkonto dem Zweck dienen, bestimmte Vermögenswerte des Kontoinhabers von seinem übrigen Vermögen zu trennen. Die Kontobezeichnung könnte dann z.B. lauten: „Konto Nr. 12345 Fritz Müller wegen Hausverwaltung…"). Ein S. kann jedoch auch als → Treuhandkonto der Verwaltung fremden Vermögens dienen.

Sondersparformen, Sammelbezeichnung für → Spareinlagen von Kunden, die neben den für Spareinlagen üblichen rechtlichen Bestimmungen besondere Zusatzvereinbarungen enthalten. Die Bezeichnungen für S. werden in den einzelnen Kreditinstituten unterschiedlich gehandhabt. Im Wesentlichen lassen sich S. auf die in der Übersicht dargestellten Grundformen zurückführen.

Sondervermögen, → Investmentgeschäft.

Sondersparformen

1. Mehrzinssparen Kapitalsparbuch	Spareinlage mit einer dreimonatlichen Kündigungsfrist und einer Zusatzvereinbarung über steigende Zinsen ab Erreichen einer bestimmten Betragsgrenze.
2. Zuwachssparen Wachstumssparen	I.d.R. einmalige Anlage eines Mindestbetrages (z.B. 5.000 Euro); nach Ablauf einer Sperrfrist (z.B. 1 Jahr) sind Verfügungen mit dreimonatlicher Kündigungsfrist möglich; i.d.R. jährlich steigender Zinssatz; Laufzeit i.d.R. 3 Jahre.
3. Renditesparen	I.d.R. einmalige Anlage eines Mindestbetrages (z.B. 5.000 Euro); der Zinssatz ist variabel und richtet sich nach einem festgelegten Geld- oder Kapitalmarktzins (z.B. → Euribor).
4. Prämiensparen Bonussparen	Neben dem normalen Sparzins wird ein einmaliger Bonus (z.B. 5%) auf die Spareinlage gewährt, sofern über diese eine längere Zeit nicht verfügt wurde.
5. Sparplan	Kombination einer Spareinlage mit anderen Anlageformen, z.B. Investmentzertifikate; beim Sparplan zahlt der Kunde monatliche oder einmalige Beträge.
6.Überschuss-/Abräum- oder Ultimosparen	Dauerauftrag zur Übertragung eines monatlichen Restguthabens vom Girokonto auf ein Sparkonto.
7. Prämiensparen/ PS- oder Lossparen bzw. Gewinnsparen	Neben einem Sparbetrag wird ein Auslosungsbetrag eingezahlt. Die Auslosungsbeträge werden gesammelt, verzinst und zu bestimmten Terminen an die Sparer verlost. Der einzelne Sparer erhält so neben der Verzinsung seiner Sparbeträge eine Gewinnchance.

Sonderverwahrung, *Streifbandverwahrung;* Verwahrungsart für Wertpapiere, bei der ein Kunde (Depotinhaber) sein → Eigentum an einer eingelieferten Wertpapierurkunde behält. Die Urkunde wird im Tresor des Kreditinstituts unter Kennzeichnung des Kundennamens getrennt von anderen Wertpapieren aufbewahrt. Das Kreditinstitut übernimmt die Verwaltungsaufgaben für den Kunden (z.B. Geltendmachung von Zins- oder Dividendenansprüchen). Die S. ist sehr personalintensiv und damit teuer für den Kunden; sie wird in der Praxis heute nur noch angewendet, wenn der Kunde diese Aufbewahrungsart ausdrücklich verlangt oder wenn aus rechtlichen Gründen nur eine S. möglich ist (z.B. bei → Annuitätenanleihen, die nach Nummern ausgelost werden). Praxisüblich ist die kostengünstigere Girosammelverwahrung, die den stückelosen → Effektengiroverkehr ermöglicht.

Sondervollmacht, *Einzelvollmacht;* nur für ein Rechtsgeschäft erteilte Vollmacht. – *Beispiel:* A beauftragt B zur Abhebung eines bestimmten Geldbetrages vom laufenden Konto des A.

Sonderziehungsrecht (SZR), *engl. Special Drawing Right (SDR);* Recheneinheit und Zahlungsmittel im System des → Internationalen Währungsfonds (IWF). Ein SZR ist ebenso wie der Euro eine künstliche Währung. Das SZR setzt sich aus fest definierten Beträgen der Währungen US-Dollar, Euro, Yen, und engl. Pfund zusammen. Über die Kurse dieser Währungen zueinander kann der Wert eines SZR täglich ermittelt und im Verhältnis zu jeder beliebigen Währung ausgedrückt werden (z.B. 1 SZR = 1,0657 Euro). – SZR dienen darüber hinaus als Finanzierungsmittel, welche die Währungsreserven des IWF ergänzen. IWF-Mitglieder haben durch ihre Ziehungsrechte die Möglichkeit SZR gegen „harte“ Devisen zu tauschen.

Sorten, bankübliche Bezeichnung für ausländisches Bargeld. Für ausländisches Buchgeld ist die Bezeichnung → Devisen gebräuchlich. – Vgl. auch → Geld.

Sozialprodukt, alte Bezeichnung für das Nationaleinkommen. Im Gegensatz zum → Bruttoinlandsprodukt ist das S. an der Erfassung der Einkommen aller Inländer (Gebietsansässige, → Außenwirtschaftsgesetz) orientiert.

Sparbriefe, Instrument der mittel- bzw. langfristigen Refinanzierung von Banken (Sparbriefe) und Sparkassen. (Sparkassenbriefe). S. sind keine → Effekten, da sie individuelle Beträge und Laufzeiten aufweisen. Sie werden somit nicht an Börsen gehandelt, unterliegen also keinem Kursrisiko. Dafür ist eine vorzeitige Liquidierung der Anlage grundsätzlich nicht möglich. Hinsichtlich der Verzinsungsart unterscheidet man nominalverzinsliche S. (regelmäßige Zinszahlung), aufgezinste S. (→ Aufzinsungspapiere) und abgezinste S. (→ Abzinsungspapiere).

Sparbuch, → Sparkonto.

Sparcard, „Sparbuch in Kartenform“. Bei einer S. sind Verfügungen am → Geldautomaten möglich. Das zur S. gehörende Sparbuch wird dann i.d.R. als Loseblattsammlung geführt. Auf diese Weise wird der Bestimmung Rechnung getragen, dass zu einem → Sparkonto eine Urkunde gehören muss.

Spareinlagen, Bezeichnung der Rechnungslegungsverordnung für Kreditinstitute (RechKredV) für Einlagen, die sich auf einem → Sparkonto befinden. Gemäß der RechKredV müssen S. bestimmte Merkmale erfüllen

Sparerpauschbetrag, Betrag, bis zu dem Kapitalerträge steuerfrei bleiben. Der S. ersetzt ab 2009 den Sparerfreibetrag von 750 Euro (Ledige) bzw. 1.500 Euro (Verheiratete) sowie den Werbungskostenpauschalbetrag (51 Euro bzw. 102 Euro) so dass die maximale Höhe des → Freistellungsauftrags mit 801 Euro bzw. 1.602 Euro gleich bleibt.

Sparkassen, öffentlich-rechtliche Kreditinstitute, die als → Universalbanken tätig sind. S. unterliegen einem öffentlichen Auftrag zur Förderung der Vermögensbildung der Bevölkerung. Für die Verbindlichkeiten der S. haften die jeweiligen Gewährträger (Stadt bei Stadtsparkassen, Kreisgemeinden bei Kreissparkassen). Eine Ausnahme bilden die sog. freien Sparkassen, die privatrechtlich organisiert sind (z.B. Hamburger Sparkasse). Da den öffentlich-rechtlichen S. kein Grundkapital zur Verfügung gestellt wird, müssen sie aus ihren Gewinnen Rücklagen zur Erhöhung ihres → haftenden Eigenkapitals i.S. des KWG bilden.

Sparkassenbrief, → Sparbrief.

SparkassenCard, moderne Bezeichnung für die → S-Card.

Sparkonten zugunsten Dritter, → Konten zugunsten Dritter.

Sparkonto, Konto, auf dem Spareinlagen gebucht werden. Unter Spareinlagen sind nach der Rechnungslegungsverordnung für Kreditinstitute (RechKredV) nur Einlagen zu bilanzieren, die bestimmte Bedingungen erfüllen: 1. Über die Spareinlage ist eine *Urkunde* auszustellen. Dies ist in der Praxis im Regelfall ein Sparbuch. Das Sparbuch gehört rechtlich zu den → qualifizierten Legitimationspapieren. – 2. Spareinlagen müssen der *Ansammlung oder Anlage von Vermögen* dienen; eine Verwendung für den Zahlungsverkehr ist nicht erlaubt. – 3. Bei Spareinlagen ist eine *Kündigungsfrist von mindestens drei Monaten* zu vereinbaren. Für Spareinlagen mit dreimonatlicher Kündigung gilt ein Betrag von maximal 2.000 Euro pro Kalendermonat als frei verfügbar. Bei darüber hinausgehenden ungekündigten Beträgen ist das Kreditinstitut berechtigt, aber nicht verpflichtet, dem Sparer → Vorschusszinsen in Rechnung zu stellen. Eine längere Kündigungsfrist als drei Monate kann vereinbart werden (Spareinlagen mit vereinbarter Kündigung); diese muss mindestens sechs Monate betragen. Spareinlagen mit vereinbarter Kündigung werden häufig mit zusätzlichen Vertragsbestimmungen ausgestattet. – Vgl. auch → Sondersparformen.

Sparobligation, → Sparschuldverschreibung.

Sparplan, Sparmöglichkeit im Rahmen der → Sondersparformen.

Sparschuldverschreibung, *Sparobligation;* → Anleihe mit einer Laufzeit ab 1 Jahr (i.d.R. 4-10 Jahre). Eine S. ist meist mit einem festen Zins ausgestattet. Möglich ist jedoch auch die Ausstellung als → Abzinsungspapiere oder → Aufzinsungspapiere. Während der Laufzeit wird eine S. vom emittierenden Kreditinstitut eventuell zu einem festen Rücknahmepreis („Hauskurs") zurückgenommen, der sich am Zins für die entsprechende Laufzeit am → Kapitalmarkt orientiert. Falls die S. börsennotiert ist, ist ein vorzeitiger Verkauf an der Börse möglich.

Sparurkunde, Dokument (i.d.R. Sparbuch), das ein Kreditinstitut bei der Geldanlage auf einem → Sparkonto ausstellen muss.

Sparvertrag, Vertrag zwischen Kreditinstitut und Kunde bei der Anlage von Geldern auf einem → Sparkonto. Der S. ist rechtlich ein → Darlehen, das durch Sparkontoeröffnungsantrag sowie durch Einzahlung eines Geldbetrages auf das Sparkonto begründet wird.

Sparzertifikate, Sonderform von → Sparbriefen. Bei S. kann das Guthaben bereits nach einer bestimmten Zeit (z.B. nach 12 Monaten) gekündigt werden. Die Verfügung ist dann wie bei einem → Sparkonto mit dreimonatlicher Kündigung möglich.

Sparzulage, → Arbeitnehmer-Sparzulage.

Special Purpose Vehicle (SPV), Zweckgesellschaft bei der → Emission von Wertpapieren. – Vgl. auch → Asset Backed Securities).

Spediteurübernahmebescheinigung, *engl.: Forwarding Agents Certificate of Receipt (FCR);* Bescheinigung eines Spediteurs über den Empfang einer Ware mit der unwiderruflichen Weisung, die Ware an den benannten Empfänger zu befördern oder einem Dritten zur Verfügung zu stellen. Die S. ist eine Beweisurkunde für den Absender der Ware.

Spekulationsgeschäft, für die → Einkommensteuer relevante Veräußerung von Wirtschaftsgütern. Ein S. liegt bei nicht selbst genutzten Grundstücken dann vor, wenn Anschaffung und Veräußerung innerhalb von 10 Jahren erfolgen. Für nach dem 1.1.2009 angeschaffte Wertpapiere entfällt die bis dahin geltende Frist von einem Jahr, so dass Kursgewinne mit Wertpapieren generell der → Abgeltungssteuer unterliegen. Eine Verrechnung von Spekulationsverlusten mit Spekulationsgewinnen ist möglich, wobei zu beachten ist, dass Aktienveräußerungsverluste nur mit Aktienveräußerungsgewinnen verrechnet werden dürfen – *Beispiel:* Eine ledige einkommensteuerpflichtige Person tätigt die folgenden Transaktionen in X-Aktien:

Datum	Kauf/ Verkauf	Stückzahl	Kurs (Euro je Aktie)
26.2.2008	Kauf	90	60,00
10.1.2009	Kauf	100	50,00
19.4.2009	Verkauf	60	70,00
24.6.2009	Verkauf	130	80,00

Die Ermittlung des steuerpflichtigen Spekulationsgewinnes wird anhand der „FiFo-Methode" (First in – First out) vorgenommen. Dabei wird zunächst unterstellt, dass die am 19.4.2009 verkauften 60 Stück aus dem Kauf am 26.2.2008 stammen. Da der Erwerb hier vor dem 1.1.2009 lag (sog. „Altfall"), fällt darauf keine Abgeltungssteuer an. Bei den verkauften 130 Aktien am 24.6.2009 bleiben 30 Aktien abgeltungssteuerfrei, da sie ebenfalls noch dem Kauf am 26.2.2008 zugerechnet werden. Die restlichen 100 Stück stellen ein S. dar, da die Anschaffung im Jahr 2009 (am 10.1.) erfolgte. Es ergibt sich damit ein steuerpflichtiger Spekulationsgewinn in Höhe der Kursdifferenz von (80 – 50) = 30 Euro, multipliziert mit der Stückzahl 100, also 3.000 Euro.

Spekulationsgewinn, → Spekulationsgeschäft.

Sperrdepot, Bezeichnung für ein Wertpapierdepot, dessen Wertpapiere nicht frei verfügbar sind. Dies ist z.B. der Fall, wenn die Wertpapiere zur Besicherung eines Kredites verpfändet wurden. – Vgl. auch → Verpfändung.

Sperrminorität, → qualifizierte Mehrheit.

Spezialbanken, Kreditinstitute, die sich auf bestimmte Aufgaben bzw. Geschäfte spezialisiert haben. Zu den S. gehören z.B. → Bausparkassen, → Investmentgesellschaften, → Realkreditinstitute oder Kreditinstitute mit Sonderaufgaben wie die → Kreditanstalt für Wiederaufbau. – *Gegensatz:* → Universalbanken.

Spezialfonds, → Investmentfonds, dessen Anteile nicht von jedem (Klein-)Anleger erworben werden können. – *Gegensatz:* → Publikumsfonds.

Spin-Off, Abspaltung eines Unternehmensteils durch Ausgliederung oder Neugründung. Ein S.-O. ist häufig mit einem Börsengang verbunden.

Spitzenhandel, Maßnahme im Rahmen einer Kapitalerhöhung aus Gesellschaftsmitteln (→ Kapitalerhöhung). Beim S. werden die den Aktionären zustehenden → Teilrechte außerbörslich so aufgeteilt, dass jeder Aktionär eine glatte Anzahl von Berichtigungsaktien beziehen kann.

Spitzenrefinanzierungsfazilität, ständige Fazilität (→ geldpolitische Operationen) der Europäischen Zentralbank (EZB). Bei der S. können Kreditinstitute sich für einen Tag („Overnight") bei der EZB Geldmittel beschaffen.

Splitting 1. *Verfahren bei der Veranlagung von Eheleuten zur* → Einkommensteuer. Beim S. wird das Einkommen beider Eheleute addiert und dann halbiert, so dass jeder Ehepartner mit der Hälfte des Gesamteinkommens zur Einkommensteuer herangezogen wird. – 2. *Aufteilungsverfahren bei* → Aktien oder → Investmentzertifikaten. Das S. wird hier angewendet, wenn der Aktienkurs bzw. der Preis für ein Zertifikat sehr hoch ist. Es wird dann ein Vielfaches des bisherigen Bestandes ausgegeben, um den Kurs bzw. Preis rechnerisch zu senken. So wird die Aktie bzw. das Investmentzertifikat für die breite Masse der Anleger interessanter. – *Beispiel:* S. eines Investmentzertifikates im Verhältnis 1 : 2. Jeder Zertifikatsinhaber erhält damit pro bisherigem Anteil zwei Gratisanteile. Vor dem S. waren 2,4 Mio. Anteile im Umlauf. Bei einem Fondsvermögen von 360 Mio. Euro ergab sich daraus ein Anteilwert von 150 Euro je Stück. Nach Durchführung des S. verteilt sich das Fondsvermögen auf 2,4 + 4,8 = 7,2 Mio. Anteile, so dass sich ein Anteilwert von 360 : 7,2 = 50 Euro ergibt. – Das S. bei Aktien ist eine Alternative zur Kapitalerhöhung aus Gesellschaftsmitteln (→ Kapitalerhöhung).

Spot-Geschäft, andere Bezeichnung für ein → Kassageschäft.

Spot Next, Bezeichnung im Geldhandel (vgl, → aufgenommene Gelder); bei S.N.-Geschäften liegen Laufzeitbeginn und Beginn der Verzinsung zwei Geschäftstage nach dem Abschlusstag (Handelstag); das Geld ist am Tag nach der Anschaffung fällig. *Beispiel:* Telefonischer Handel am Montag, 15.5.; Verrechnung des Geldes (über die Konten der Beteiligten bei der → Deutschen Bundesbank) und Beginn der Verzinsung: Mittwoch, 17.5.; Rückzahlung am Donnerstag, 18.5. inkl. Zinsen für einen Tag.

Spread, 1. *Differenz zwischen zwei Zinssätzen.* Hierbei wird meist in Basispunkten gerechnet (1 Basispunkt = 0,01%). Weist z.B. eine → Bundesanleihe eine → Rendite von 5,32% und eine → Industrieobligation mit gleicher Laufzeit eine Rendite von 5,48% auf, liegt ein S. von 16 Basispunkten vor. – 2. *Differenz zwischen An- und Verkaufspreis* eines Wertpapiers oder zwischen zwei verschiedenen Wertpapieren. – 3. *Kombinierte Optionsstrategie* mit mindestens zwei → Optionen.

SPV, *Abkürzung für* → Special Purpose Vehicle.

Squeeze-out, Versuch eines oder mehrerer Großaktionäre (Voraussetzung: Kapitalanteil von mindestens 95%), die restlichen Aktionäre aus der Gesellschaft herauszudrängen. Für ein S.-o. bei Firmenübernahmen gelten besondere Bestimmungen.

staatliche Sparförderung, Förderung im Rahmen des 5. Vermögensbildungsgesetzes (VermBG). Die s.S. besteht aus der → Arbeitnehmer-Sparzulage und der → Wohnungsbauprämie.

Staatsanleihe, Bezeichnung für eine → Anleihe, die von einer nationalen Regierung emittiert wird (→ Bundeswertpapiere).

Stakeholder Value, Ansatz zur Unternehmensführung, der im Gegensatz zum → Shareholder Value-Ansatz neben den Aktionärsinteressen auch Ansprüche weiterer von der Geschäftstätigkeit eines Unternehmens betroffener Personen (z.B. Arbeitnehmer, Lieferanten, Kunden,) berücksichtigt.

Stammaktie, → Aktie, die alle normalen satzungsmäßigen Rechte verbrieft. – *Gegensatz:* → Vorzugsaktie.

Stammeinlage, Geschäftsanteil eines Gesellschafters einer → Gesellschaft mit beschränkter Haftung (GmbH). Die S. muss mindestens 100 Euro betragen.

Stammkapital, bei Gründung einer → Gesellschaft mit beschränkter Haftung (GmbH) aufzubringender Kapitalbetrag (mindestens 25.000 Euro, davon muss mindestens die Hälfte bei Anmeldung der GmbH eingezahlt werden).

standardisierte Kredite, Kredite mit einheitlichen Konditionen und Abwicklungsmodalitäten. Beispiele für s.K. sind → Anschaffungsdarlehen oder → Ratenkredit. – *Gegensatz:* → Individualkredite.

Standard`s & Poor`s, → Rating.

Standardtender, Bezeichnung für die Abwicklung des Hauptrefinanzierungsinstruments der Europäischen Zentralbank (EZB). – Vgl. auch → geldpolitische Operationen.

Standardwert, Bezeichnung für Aktien erstklassiger Gesellschaften. – Vgl. auch → Blue Chips

Ständige Fazilitäten, → geldpolitische Operationen.

Stellvertretung, rechtsgeschäftliches Handeln einer Person (Vertreter) im fremden Namen und für fremde Rechnung. Die Vertretungsmacht eines Stellvertreters kann sich aus dem Gesetz ergeben (→ gesetzliche Vertreter), aus organschaftlicher Stellung ergeben (→ Organe) oder aus einer → Vollmacht resultieren.

Step-down-Kupon, → Step-up-Kupon.

Step-up-Anleihe, → Anleihe mit jährlich steigendem Zins. Die S-u-A. ist eine Unterform der → Kombizinsanleihe.

Step-up-Kupon, Sonderform bei der Verzinsung einer → Anleihe. Anleihen mit einem S.-u.-K. steigen in ihrer Verzinsung, sobald sich das Rating des Emittenten verschlechtert. Der umgekehrte Weg, die Verzinsung bei verbessertem Rating herunterzusetzen, ist ebenfalls anzutreffen. Man spricht in einem solchen Fall vom → Step-down-Kupon.

Steuerklasse, in eine Lohnsteuerkarte einzutragendes Merkmal bei einer zur Zahlung von → Einkommensteuer verpflichteten Person, das sich nach Familienstand und Kinderzahl richtet. Ledige ohne Kinder werden z.B. in Steuerklasse I, verheiratete Alleinverdiener dagegen in Steuerklasse III erfasst.

Steuern, Geldleistungen an den Staat, ohne dass dieser entsprechende Gegenleistungen erbringen muss (Zwangsabgabe). S. werden auf Einkommen (z.B. → Einkommensteuer, → Körperschaftsteuer), auf Vermögensübertragungen (z.B. → Erbschaftsteuer) oder auf die Verwendung von Einkommen bzw. Vermögen (Verkehrssteuern, z.B. → Umsatzsteuer) erhoben.

Steuerverrechnungskonto, im Rahmen der → Abgeltungssteuer ab 2009 geltender Ersatz für den → Stückzinstopf. Das S. fasst alle abgeltungssteuerrechtlichen Wertpapiererträge und Wertpapierverluste zusammen. → Zinsen und → Dividenden werden mit dem → Freistellungsauftrag verrechnet. Kursgewinne mit Aktien werden über den Aktienverlustverrechnungstopf mit vorherigen Kursverlusten aus Aktiengeschäften verrechnet. Erhaltende → Stückzinsen oder → Zwischengewinne können mit Kursverlusten aus anderen Wertpapieren, aber auch mit Zinsen und Dividenden über den Allgemeinen Verlustverrechnungstopf verrechnet werden. Das S. gibt laufend Auskunft über den aktuellen Stand der bei einem Kunden unter Berücksichtigung von Verrechnungen und Steuererstattungen angefallenen Abgeltungssteuer. – *Beispiel:* Ein Anleger hat einen Freistellungsauftrag in Höhe von 801 Euro erteilt. Er macht einen Kursverlust mit X-Aktien von 250 Euro und einen Kursverlust mit Y-Zertifikaten von 150 Euro. Zins- und Dividendenerträge sowie Kursgewinne kann er mit dem Freistellungsauftrag und dem Kursverlust von 150 Euro verrechnen. Der Kursverlust bei den Aktien von 250 Euro kann jedoch nur mit Kursgewinnen aus Aktiengeschäften verrechnet werden. – Das S. spielt auch bei der Verrechnung bereits gezahlter Abgeltungssteuer mit zu berücksichtigenden Steuererstattungen eine Rolle. Wenn beispielsweise einem Kunden aufgrund einer Zinsgutschrift von 180 Euro Abgeltungssteuer abgezogen wurde, und der Kunde zahlt später 100 Euro Stückzinsen beim Kauf einer Anleihe, so wird die auf 80 Euro (180 – 100) lastende Abgeltungssteuer wieder erstattet.

Stichwort, → Passwortvereinbarung.

Stiftung, Widmung von Vermögen zu einem bestimmten Zweck. Zu unterscheiden sind privatrechtliche und öffentlich-rechtliche Stiftungen.

stille Beteiligung, Beteiligung an einem Unternehmen in Form einer Einlage. Die s.B. an dem Unternehmen ist nach außen nicht ersichtlich.

stille Reserve, → stille Rücklage.

stille Rücklage, *stille Reserve;* → Rücklage, die nicht aus einer Bilanz ersichtlich ist. Eine s.R. entsteht z.B., wenn ein Grundstück, das ein Unternehmen für eine Mio. Euro gekauft hat, im Zeitablauf Wertsteigerungen erfährt. – Vgl. auch → Niederstwertprinzip.

stille Zession, → Abtretung mit der Maßgabe, dass der Drittschuldner nicht über die Tatsache der Abtretung informiert wird. Bei Abtretungen zur Besicherung von Krediten (sicherungsweise Abtretungen) verzichten die Kreditinstitute meist auf eine solche Information (Offenlegung). Ausnahme: Abtretung von Lebensversicherungsansprüchen, da diese nach den Allgemeinen Geschäftsbedingungen der Versicherungsgesellschaften offenzulegen sind. Kreditinstitute behalten sich jedoch bei Zweifeln an der Zahlungsfähigkeit des Kreditnehmers mit jeder s.Z. das Recht vor, die Abtretung offen zu legen. – Vgl. auch → Offenlegung einer Zession

Stimmrecht, Recht eines Aktieninhabers auf der Hauptversammlung seiner → Aktiengesellschaft. Jede Aktie gewährt ein S. (Ausnahme: stimmrechtslose → Vorzugsaktien). Das S. wird nach Aktiennennbeträgen oder bei Stückaktien nach Zahl der Aktien ausgeübt. Beschlüsse in der Hauptversammlung bedürfen grundsätzlich der einfachen Mehrheit der anwesenden Stimmen. Bei Satzungsänderungen ist eine → qualifizierte Mehrheit erforderlich.

Stimmrechtsvollmacht, → Depotstimmrecht.

Stockoption, Beteiligungsmodell, das zumeist dem Management eines Unternehmens das Recht einräumt, Aktien des eigenen Unternehmens zu Vorzugskonditionen zu erwerben. Eine S. wird häufig im Zusammenhang mit Börsengängen von Unternehmen eingeräumt.

Stockpicking, gezielte Auswahl von Aktien mit hohem Kurspotenzial. S. wird vor allem von Großanlegern oder → Investmentgesellschaften betrieben.

Stop-Buy-Auftrag, Orders zum Kauf von Aktien, die billigst (d.h. ohne Limit) ausgeführt werden, sobald der Kurs einen bestimmten Wert überschreitet. Zweck eines S.-B.-A. ist es, sich möglichst schnell bei stark steigendem Kurs einzudecken.

Stop-Loss-Auftrag, Orders zum Verkauf von Aktien, die bestens (d.h. ohne Limit) ausgeführt werden, sobald der Kurs einen bestimmten Wert unterschreitet. Zweck eines S.-L.-A. ist es, sich möglichst schnell bei stark sinkendem Kurs von der Aktie zu trennen.

Storno, Berichtigung einer Buchung. Ein S. wird vorgenommen, wenn ein Datenerfassungsfehler vorliegt, also z.B., wenn bei einer Barabhebung von einem Kundenkonto die Abhebung als Gutschrift und nicht als Belastung erfasst wurde. Kreditinstitute sind aufgrund ihrer → Allgemeinen Geschäftsbedingungen generell berechtigt, Kontogutschriften infolge eines Irrtums oder eines Schreibfehlers bis zum nächstfolgenden Rechnungsabschluss (→ Kontoauszug) zu stornieren. Kontobelastungen können bis zum übernächsten Buchungstag storniert werden. Dies ist in der Praxis häufig bei der Vorlage von → Schecks oder → Lastschriften der Fall. Die Kunden werden bei Vorlage der Schecks bzw. Lastschriften zentral belastet. Eine Nachdisposition in den jeweiligen Geschäftsstellen/Filialen kann dann eventuelle zu dem Ergebnis führen, dass eine mit einer Belastung verbundene Kontoüberziehung nicht angebracht ist; in diesem Fall würde die vorherige Belastung wieder storniert.

Straddle, kombinierter Auftrag bei einer → Option. Beim Long S. wird eine gleiche Anzahl von Calls und Puts gekauft, beim Short S. verkauft. Der S. zielt auf eine Gewinnchance durch Ausnutzung der → Volatilität ab; das Verlustrisiko ist aufgrund der Vereinigung von Calls und Puts beim Anleger jedoch begrenzt.

Straight Bond, engl. Bezeichnung für eine → Anleihe mit fester Verzinsung.

Straight Through Processing, Verkettung von Prozessen in der Abwicklung von Finanztransaktionen ohne manuelle Eingriffe. Beispiel für S.T.P. ist das → elektronische Orderrouting.

Streifbandverwahrung, andere Bezeichnung für → Sonderverwahrung von Wertpapieren.

Streubesitz, Bezeichnung für denjenigen Teil an Aktien, der sich nicht im Besitz von Großanlegern, sondern bei vielen „kleinen" Anlegern befindet.

Stripped Bonds, → Stripping.

Stripping, Abtrennen von Zinsscheinen einer → Anleihe. Beim S. wird der Kapitalanspruch der Anleihe („Mantel") separat von den Zinsscheinen („Bogen") gehandelt. Der Kapitalanspruch wird dann wie eine → Nullkuponanleihe gehandelt; der Wert aller Zinsansprüche entspricht der Summe der auf den Handelszeitpunkt abgezinsten Zinsansprüche.

Structured Finance, Sammelbegriff für Finanzierungen, die sich aufgrund eines hohen Maßes an individuellen Ausgestaltungen von standardisierten Finanzierungen unterscheiden. Zu den S.F. gehören z.B. → Asset Backed Securities.

Strukturelle Operationen, → geldpolitische Operationen.

strukturierte Produkte, Finanzprodukte, die konventionelle Anlageformen wie z.B. → Aktien oder → Anleihen mit zusätzlichen Elementen kombinieren. So ist beispielsweise ein → Garantiezertifikat ein s.P., da die Grundform der Anleihe hier erweitert wird durch zusätzliche Sicherungselemente (z.B. eine → Optionen oder einen → Future), welche dazu beitragen, dass die Kapitalrückzahlungsgarantie auch eingelöst werden kann. S.P. werden immer beliebter, da sie individuelle Lösungen für Anleger zulassen und für die Vermögensverwaltung gut geeignet sind.

Stückaktie, nennwertlose → Aktie.

Stückeloser Effektengiroverkehr, → Effektengiroverkehr.

Stückeverzeichnis, Auflistung von Wertpapieren, die ein Kreditinstitut für einen Kunden nach den Regeln der → Sonderverwahrung depotmäßig erfasst. Erwirbt der Kunde neue Wertpapiere, so erhält er ein aktuelles S. Mit der Übersendung des S. erwirbt der Kunde gemäß dem → Depotgesetz das → Eigentum an den neuen Wertpapieren.

Stücknotierung, Bezeichnung für die Börsennotierung von Wertpapieren in der Dimension „Währungseinheiten je Stück". Im Eurowährungsraum werden Kurse von Aktien und Optionsscheinen als S. in „Euro je Stück" ausgewiesen. – *Gegensatz:* → Prozentnotierung

Stückzinsen, Bezeichnung für die beim Handel in → Anleihen zwischen Käufer und Verkäufer aufzuteilenden Zinsen zwischen zwei Zinsterminen. – *Beispiel:* Handel von 100.000 Euro Nennwert einer 6%-Anleihe, Zinstermin 15.3. ganzjährig, Handelstag: Freitag, 12.5. eines Jahres. Der Käufer erhält am 15.3. des nächsten Jahres die gesamten Zinsen für das zurückliegende Jahr. Die Zinsen stehen jedoch teilweise noch dem Verkäufer zu. Dieser Zinsanspruch besteht bis einschließlich dem Tag vor der Valutierung (Zahlung des Kaufpreises, → Erfüllung). Als Valutierungstag ist usancegemäß der zweite Geschäftstag nach dem Handelstag anzusetzen, im Beispiel also Dienstag, der 16.5. Dem Verkäufer stehen somit S. vom 15.3. (inklusive) bis zum 15.5. (inklusive) zu. Da Anleihen i.d.R. nach der englischen Zinsmethode (act/act) (→ Zinsberechnungsmethoden) abgerechnet werden, ergeben sich 17 Tage für März, 30 Tage für April und 15 Tage für Mai, insgesamt also 62 Stückzinstage. Als S. erhält man demnach (100.000 · 62 · 6) : (100 · 365) = 1.019,18 Euro. Diesen Betrag hat der Käufer dem Verkäufer am Valutierungstag (16.5.) zusätzlich zum Kurswert zu vergüten. – Bei Neuemissionen kommt es vor, dass der Erwerb bereits vor dem Zinstermin möglich ist. Da Zinsen bei Anleihen jedoch stets für ein zurückliegendes Jahr gezahlt werden, muss der Erwerber im ersten Jahr länger auf seine Zinsgutschrift warten. Es entstehen so Minusstückzinsen (Defektivzinsen) für die Zahl der den Zeitraum eines Jahres übersteigenden Zinstage. Diese Minusstückzinsen muss der Emittent dem Ersterwerber vergüten, indem sie vom Kurswert abgezogen werden. – Für die steuerliche Behandlung von S. bedienen sich die Kreditinstitute bis Ende 2008 des Instrumentes → Stückzinstopf.

Stückzinstopf, bis Ende 2008 gültige Hilfskonstruktion der Kreditinstitute bei der steuerlichen Behandlung von → Stückzinsen Durch die seit Anfang 2009 geltenden Regelungen zur → Abgeltungssteuer wird der S. hinfällig. An seine Stelle treten der Allgemeine Verlustverrechnungstopf sowie der Aktienverlustverrechnungstopf. – Vgl. zur Neuregelung auch → Steuerverrechnungskonto.

Studentenkredite, spezielle → Darlehen für Studierende. S. weisen einen besonderen Zahlungsverlauf auf, z.B. dadurch, dass sie (zur Bestreitung des Lebensunterhalts) in regelmäßigen Raten ausgezahlt werden und die erste Rückzahlungsrate erst mit dem Eintritt in das Berufsleben fällig wird. S. werden auch durch die KfW-Förderbank (vgl. → Kreditanstalt für Wiederaufbau) gewährt

Stufenzinsanleihe, andere Bezeichnung für eine → Kombizinsanleihe.

Subskription, anderer Begriff für die Zeichnung einer → Emission durch einen Anleger.

Subprime-Markt, Bezeichnung für einen Teil des Marktes für → Hypothekendarlehen, der überwiegend aus Kreditnehmern mit geringer → Bonität besteht. Der S.-M. in den USA war Auslöser der Finanzkrise.

Substanzwert, → Sachwert.

Swap, engl: *Tausch;* Vereinbarung zwischen zwei Vertragspartnern zum Tausch von Zins- oder Währungspositionen. 1. *Devisenswap; Beispiel:* Bank A kauft von Bank B US-Dollar gegen Euro am Kassamarkt (→ Kassageschäft) und verkauft diese Dollar gleichzeitig wieder per 3 Monate (→ Termingeschäft) an Bank B gegen Euro. Das Verhältnis zwischen Kassa- und Terminkurs wird vor allem durch die Zinsdifferenz zwischen US-Dollar und Euro bei 3-Monats-Geldern bestimmt. Ist das Zinsniveau in den USA höher, so erhält die Bank A aus dem Kassageschäft diejenige Währung, die zinsgünstiger angelegt werden kann (US-Dollar). Folglich muss die Bank A bei dem Rücktausch einen ungünstigeren Kurs erhalten, damit dieser Vorteil wieder ausgeglichen wird. Wären die Zinsen im Eurowährungsraum höher als in den USA, ergäbe sich ein Rücktauschgewinn in drei Monaten, da die Bank A beim Kassageschäft die höher verzinsliche Währung (Euro) für drei Monate abgeben würde. – 2. *Zinsswap.* Hier werden feste und variable Zinsverpflichtungen getauscht. – *Beispiel:* Refinanziert ein Kreditinstitut eine Forderung von 10 Mio. Euro mit einem für 10 Jahre festgelegten Zins über Verbindlichkeiten mit kürzerem Zinslauf, kann sie diese beiden Positionen über folgenden Zinsswap mit einem Geschäftspartner glattstellen: Volumen 10 Mio. Euro; das Kreditinstitut verzinst diese Volumen für 10 Jahre fest; dafür erhält es von dem Vertragspartner eine Verzinsung mit kürzerem Zinslauf. Der 10-jährigen Festzinsforderung steht nun eine 10-jährige Festzinsverbindlichkeit gegenüber; gleichzeitig ist die ursprüngliche variable Verbindlichkeit durch eine entsprechende variable Forderung glattgestellt. – 3. *Währungsswap:* Tausch von Kapitalbeträgen in andere Währungen. Ein Währungsswap liegt z.B. vor, wenn eine → Anleihe in US-Dollar emittiert und dann in Euro „geswapt“ wird.

SWIFT, *Society for Worldwide Interbank Financial Telecommunication;* internationales Telekommunikationssystem zur Weitergabe von Informationen aus Bankgeschäften. Ausgetauscht werden Informationen zu Auslandsüberweisungen, Scheckzahlungen, → dokumentären Zahlungen etc. Durch Einbindung von Buchungssystemen ist es den Kreditinstituten möglich, entsprechende Buchungsvorgänge bei Erhalt oder Absendung einer SWIFT-Information („Message“) auszulösen. Ein Clearing (→ Abrechnung) findet über das SWIFT-System nicht statt. Andere internationale Telekommunikationssysteme (z.B. das → Target-System) leisten jedoch vielfach eine Clearing-Funktion.

syndizierter Kredit, andere Bezeichnung für → Konsortialkredit.

Synergieeffekt, höherer Zielerreichungsgrad durch das Zusammenwirken vormals getrennter Elemente. – *Beispiel:* Bank A und Bank B schließen ihre EDV-Aktivitäten zu einem gemeinsamen Rechenzentrum zusammen. Zwar fällt jetzt in der gemeinsamen EDV-Abteilung grundsätzlich die gleiche Arbeit an, es ist jedoch möglich, dass beispielsweise durch Rationalisierung von Arbeitsabläufen oder Nutzung freier Computerkapazitäten ein S. entsteht und die Arbeit effizienter und kostengünstiger erledigt werden kann.

synthetisches Papier, → Anleihe, die als künstliches Produkt aus realen Anleihen zusammengesetzt wird. Da ein Börsenhandel auch bei synthetischen Papieren stattfindet, diese jedoch nicht wirklich „geliefert“ werden können, müssen die real existierenden Anleihen jeweils so gemischt werden, dass ihr Gesamtwert dem Wert des s.P. entspricht. Ein Beispiel für ein s.P. ist der → BUND-Future.

System der Europäischen Zentralbanken, → Europäisches System der Zentralbanken.

SZR, Abk. für die künstliche Währung → *Sonderziehungsrecht.*

T

Tafelgeschäft, An- oder Verkauf von Wertpapieren in Form effektiver Stücke am Bankschalter Zug um Zug gegen Barzahlung. Zu den T. zählt darüber hinaus auch die Vorlage von → Zins- und → Dividendenscheinen aus selbst verwahrten Wertpapieren am Bankschalter zur Auszahlung fälliger Kapitalerträge. Seit dem 1.1.2009 unterliegen Kapitalerträge aus Tafelgeschäften wie Erträge aus depotverwahrten Wertpapieren einheitlich einem Abzug von 25% → Abgeltungssteuer zuzüglich 5,5% Solidaritätszuschlag sowie ggfs. Kirchensteuer. Abgeltungssteuer auf Kapitalerträge aus Tafelgeschäften wird ohne Rücksicht auf einen evtl. erteilten → Freistellungsauftrag erhoben.

Tagesanleihe des Bundes, Anleihe der Bundesrepublik Deutschland mit variabler Verzinsung, unbefristeter Laufzeit und täglicher Verfügbarkeit. Der täglich veränderliche Zinssatz hängt von der Entwicklung des → EONIA (Euro Overnight Index Average) ab. Die Gutschrift der Zinsen erfolgt täglich über eine Erhöhung des Tagespreises der Anleihe, so dass sich ein laufender Zinseszinseffekt ergibt. Jeweils am 31.12. eines Jahres erfolgt die Auszahlung der aufgelaufenen Zinsen und der Tagespreis der Anleihe wird wieder auf 100% zurückgesetzt. Die T. kann von jedermann täglich über die Bundesrepublik Deutschland – Finanzagentur GmbH zum Tagespreis erworben und zurückgegeben werden. – Siehe Abbildung 2 (Übersicht Bundeswertpapiere).

Tages-Auftrag, *Tages-Order;* Auftrag zum Kauf oder Verkauf von Wertpapieren, der nur für einen Börsentag gilt. Gemäß den Sonderbedingungen für Wertpapiergeschäfte betrachten Kreditinstitute preislich unlimitierte Wertpapieraufträge mangels gegenteiliger Kundenweisung grundsätzlich als T.-A. Geht ein T.-A. für eine gleichtägige Ausführung zu spät ein, so wird er für den nächsten Börsentag vorgemerkt.

Tagesgeld, am → Geldmarkt unter Banken in Millionenbeträgen gehandelte Guthaben auf Bundesbank-Girokonten (→ Zentralbankguthaben), die für einen Geschäftstag überlassen werden. Je nach → Valutierung wird dabei unterschieden zwischen *Overnight Money* (Geschäftsabschluss und Bereitstellung gleichtägig, Rückzahlung am folgenden Geschäftstag), *TOM/NEXT*-Geschäften (Bereitstellung am Tag nach dem Geschäftsabschluss, Rückzahlung am dritten Tag) sowie *SPOT/NEXT*-Geschäften (Bereitstellung am zweiten Tag nach dem Geschäftsabschluss, Rückzahlung am darauffolgenden Tag). Daneben wird T. auch bis auf weiteres mit der Möglichkeit des täglichen Rückrufs bzw. der täglichen Rückzahlung überlassen. Die Verzinsung von T. erfolgt nach der Eurozinsmethode (→ Zinsberechnungsmethoden).

Tagesgeldkonto, → Geldmarktkonto.

Tagesgeldmarkt, Bezeichnung für den Handel der Banken untereinander mit → Tagesgeld als Teil des Handels am → Geldmarkt.

Tages-Order, → Tages-Auftrag.

Tagessaldo, Saldo, der innerhalb einer Rechnungsperiode tagesaktuell den Stand eines Kontokorrentkontos (→ Kontokorrent) aufzeigt. Im Gegensatz zum rechtlichen Abschlusssaldo am Ende der Rechnungsperiode stellt der T. nur einen rechnerischen Abschluss dar.

taggenaue Zinsmethode, → Zinsberechnungsmethoden.

Tagwechsel, → Wechsel, der an einem kalendermäßig bestimmten Tag fällig ist.

Talon, → Erneuerungsschein.

TAN, Abk. für → *Transaktionsnummer.*

Target 2-System, Abk. für *Transeuropean Automated Real-Time Gross Settlement Express Transfer-System;* Abrechnungssystem des → Europäischen Systems der Zentralbanken (ESZB) zur taggleichen Abwicklung von inländischen und grenzüberschreitenden Zahlungen innerhalb der Europäischen Union. Abgewickelt werden Großbetragszahlungen und andere eilbedürftige Zahlungen in Euro. Das Target 2-System ersetzt das bis 2007 verwendete RTGS^{plus} – System.

TecDAX, Abkürzung für Technology-DAX, Aktienindex (→ Index) der → Deutschen Börse AG für die 30 bedeutendsten Werte der Technologiebranchen.

technische Aktienanalyse, → Aktienanalyse.

technische Reaktion, Börsenkursbewegung, mit der ein vorangegangener deutlicher Kursanstieg oder Kursrückgang teilweise in Gegenrichtung korrigiert wird.

Teilabtretung, *Teilzession;* → Abtretung eines Teilbetrages einer größeren Forderung. Eine T. kommt z.B. dann vor, wenn ein Kreditinstitut sich im Rahmen einer → sicherungsweisen Abtretung nur denjenigen Teil einer Kaufpreisforderung des Kreditnehmers aus einem Handelsgeschäft abtreten lässt, der nicht von einem evtl. bestehenden verlängerten → Eigentumsvorbehalt eines Vorlieferanten erfasst werden kann.

Teilbürgschaft, → Bürgschaft, bei der der Bürge lediglich mit einem Teilbetrag der zugrundeliegenden Hauptverbindlichkeit haftet. Häufig übernehmen mehrere Bürgen T. für dieselbe Verbindlichkeit, so dass im Ergebnis die gesamte Verbindlichkeit durch die einzelnen T. abgesichert ist.

Teilhaberpapier, Wertpapier, das Anteils- oder Mitgliedschaftsrechte an einer Gesellschaft verbrieft. So verbrieft z.B. eine → Aktie einen bestimmten Anteil am → Grundkapital einer Aktiengesellschaft.

Teilhaberrecht, Recht, das aus einer Beteiligung an einer Gesellschaft resultiert. Ein T. kann (z.B. als → Aktie) verbrieft oder (z.B. als Beteiligung an einer → Kommanditgesellschaft als Kommanditist) unverbrieft sein. Konkret können T. beispielsweise in einem Anspruch auf Beteiligung am Unternehmensgewinn, Mitwirkung bei der Geschäftsführung, Gewährung von Informationen oder Stimmrecht bei Gesellschafterversammlungen bestehen.

Teilindossament, → Indossament über einen Teil der Wechselsumme (→ Wechsel). Ein T. ist gemäß Wechselgesetz rechtlich unwirksam.

Teilmarkt einer Börse, → Börsensegment.

Teilrecht, Bezeichnung des bei einer → Kapitalerhöhung aus Gesellschaftsmitteln auf eine Aktie entfallenden Teils einer → Berichtigungsaktie. Ergibt sich aus dem Depotbestand eines Aktionärs, dass seine T. keinen Anspruch auf Bezug einer ganzen Berichtigungsaktie gewähren, so kann er T. hinzukaufen oder verkaufen. – *Beispiel:* Eine Kapitalerhöhung aus Gesellschaftsmitteln wird im Verhältnis 5 : 2 durchgeführt (Berichtigungsverhältnis). Auf fünf Aktien entfallen also zwei Berichtigungsaktien. Auf eine Aktie entfallen demnach 2/5 Berichtigungsaktien bzw. 2/5 T. an einer Berichtigungsaktie. Ein Aktionär, der über zwei Aktien der Gesellschaft verfügt, besitzt folglich 4/5 T. an einer Berichtigungsaktie. Er kann daher 1/5 T. hinzukaufen (und hat dann Anspruch auf eine Berichtigungsaktie) oder sein 4/5 T. verkaufen.

Teilschuldverschreibung, → Anleihe über einen Teilbetrag einer Gesamtemission (→ Emission). Der Emittent verpflichtet sich gegenüber dem Inhaber der T. zur Verzinsung und Rückzahlung des → Nennwertes, über den die einzelne Urkunde lautet.

Teil-Service-Leasing, Form des → Leasing, bei der die hinsichtlich des Leasinggegenstandes anfallenden Wartungs-, Reparatur-, Versicherungspflichten etc. zwischen der Leasinggesellschaft und dem Leasingnehmer aufgeteilt werden.

Teilzahlungskredit, zur Finanzierung eines bestimmten Konsumgutes zweckgebundener → Ratenkredit an einen Privatkunden. Die zur Verfügung gestellten Mittel werden nicht bar ausgezahlt, sondern unmittelbar zur Kaufpreiszahlung im Rahmen eines abgeschlossenen Vertrages verwendet. T. kommen z.B. als Warenhaus- oder Kfz-Kredite vor, wobei der Kreditvertrag zwischen dem finanzierenden Unternehmen und dem Kunden im Zusammenhang mit dem Kaufvertrag über das jeweilige Konsumgut durch den Verkäufer vermittelt wird. T. unterliegen besonderen Vorschriften des BGB.

Teilzession, → Teilabtretung.

Telefonbanking, telefonische, oft rund um die Uhr mögliche Abwicklung von Bankgeschäften, die meist über besondere Servicestellen der Kreditinstitute (→ Call Center) oder über → Direktbanken erfolgt. Möglich sind u.a. Überweisungs- und Wertpapieraufträge, Kontostandsabfragen sowie die Einrichtung und Änderung von Daueraufträgen. Die Legitimation erfolgt durch Angabe der Kontonummer und eines Codewortes bzw. mittels einer über die Telefontastatur einzugebenden Geheimzahl (Phone-Code).

Tempus-Prinzip, → Rangordnung im Grundbuch.

Tenderverfahren. 1. Ein öffentliches Ausschreibungsverfahren zur Unterbringung bestimmter Bundeswertpapiere (z.B. → Bundesobligationen, → Bundesanleihen) am Kapitalmarkt. Dabei fordert die → Deutsche Bundesbank Mitglieder der von ihr festgelegten „Bietergruppe Bundesemissionen" zur Abgabe von Zeichnungsgeboten auf. Die Gebote enthalten den vom Anleger gewünschten Betrag und den Kurs, den er maximal für das jeweilige Wertpapier zu zahlen bereit ist. Die Zuteilung erfolgt nach der Höhe der von den Anlegern gebotenen Kurse, bis das gesamte Volumen untergebracht ist. Investoren mit den höchsten Kursgeboten werden also vorrangig bedient. – 2. Ausschreibungsverfahren des → Europäischen Systems der Zentralbanken (ESZB) im Rahmen von Offenmarktgeschäften (→ geldpolitische Operationen). Das Verfahren kann in Form eines → Mengentenders oder als → Zinstender durchgeführt werden.

Termindevisen, Bezeichnung für Kontoguthaben in fremder Währung, die aufgrund einer entsprechenden Vereinbarung der an einem → Devisentermingeschäft Beteiligten später als zwei Geschäftstage nach dem Geschäftsabschluss zur Verfügung gestellt werden.

Termineinlagen, *befristete Einlagen*; → Einlagen, die Banken von Kunden (teilweise auch von anderen Banken) für eine fest vereinbarte Laufzeit von z.B. einem Monat, drei oder sechs Monaten als → Festgeld bzw. mit entsprechender Kündigungsfrist als → Kündigungsgeld überlassen werden. Im Bankgeschäft kommen T. fast ausschließlich als Festgelder vor. T. setzen i.d.R. einen Mindestanlagebetrag (z.B. 5.000 Euro) voraus. Sie dienen nicht dem Zahlungsverkehr, sondern der verzinslichen Anlage vorübergehend nicht benötigter Gelder und werden auf besonderen Termingeldkonten erfasst. Die Verzinsung von T. richtet sich nach den aktuellen Geldmarktzinsen und ist darüber hinaus von der Höhe des Anlagebetrages und der vereinbarten Laufzeit bzw. Kündigungsfrist abhängig. T. werden aus unterschiedlichen Motiven (z.B. als allgemeine Liquiditätsreserve, für eine konkret geplante Anschaffung oder zur Nutzung günstiger Einstiegskurse am Aktien- oder → Rentenmarkt) unterhalten. Für Kreditinstitute sind T. eine wichtige Quelle zur Beschaffung von Mitteln für das Kreditgeschäft.

Termingeld. 1. Synonym für → Termineinlagen. – 2. Am → Geldmarkt unter Banken in runden Millionenbeträgen gehandelte Guthaben auf Bundesbank-Girokonten (→ Zentralbankguthaben) mit Laufzeiten von z.B. einem Monat sowie drei, sechs oder zwölf Monaten. In der Praxis des Geldhandels kommen aber auch dazwischen liegende Laufzeiten und Laufzeiten von weniger als einem Monat vor. Die Anschaffung (Settlement) von T. erfolgt mit zweiwerktägiger Valuta, d.h. die gehandelten Beträge werden zwei Werktage nach dem Geschäftsabschluss bereitgestellt. Zu diesem Zeitpunkt beginnt auch die Verzinsung. Die Zinsberechnung für T. erfolgt nach dem Verfahren der Eurozinsmethode (→ Zinsberechnungsmethoden).

Termingeldkonto, auf Guthabenbasis geführtes Konto zur Verbuchung von Fest- und Kündigungsgeldern (→ Termineinlagen). Die Führung eines T. erfolgt gebührenfrei. Für jede einzelne Termineinlage eines Kunden wird i.d.R. ein getrenntes T. geführt.

Termingeldmarkt, Bezeichnung für den Handel der Banken untereinander mit Termingeld (→ Termingeld) als Teil des Handels am → Geldmarkt.

Termingeschäft, Vereinbarung über die Lieferung bzw. Abnahme eines bestimmten Vertragsgegenstandes (Waren, Wertpapiere → Devisen oder andere → Finanzinstrumente) zu einem im Voraus festgelegten Termin und einem bereits bei Geschäftsabschluss vereinbarten Preis. Gegenüber → Kassageschäften ist das Auseinanderfallen von Geschäftsabschluss und Erfüllung (um mehr als zwei Börsentage) kennzeichnend. T. werden überwiegend in standardisierter Form an besonderen Terminbörsen (→ Börsentermingeschäfte), teilweise aber auch mit individuell vereinbarten Vertragsinhalten außerbörslich abgeschlossen. Unterschieden wird zwischen *bedingten* und *unbedingten* T. *Bedingte* T. sind → Optionen, die das Recht, aber nicht die Verpflichtung zur Abnahme bzw. Lieferung des zugrunde liegenden Kontraktgegenstandes beinhalten. Zur Vertragserfüllung verpflichtet ist nur der Stillhalter (Verkäufer der Option). Bei *unbedingten* T. besteht dagegen für beide Vertragspartner definitiver Erfüllungszwang. Zum vereinbarten Zeitpunkt muss geliefert und gezahlt werden. Unbedingte T. sind (börsengehandelte) → Futures oder (außerbörslich abgeschlossene) → Forward-Geschäfte.

Termingeschäftsfähigkeit, bis 2002 im Börsengesetz geregelte Eigenschaft, rechtswirksam → Börsentermingeschäfte eingehen zu können. Inzwischen wurde die T. durch eine Informationspflicht der Kreditinstitute nach dem Wertpapierhandelsgesetz ersetzt. Hiernach sind Banken verpflichtet, Privatkunden (→ Verbraucher i.S. des BGB) vor dem Abschluss eines Termingeschäfts über die typischen Risiken derartiger Geschäfte zu informieren.

Textform, Formvorschrift des BGB, nach der in bestimmten Fällen eine Erklärung in einer Urkunde oder auf andere zur dauerhaften Wiedergabe in Schriftzeichen geeignete Weise abzugeben ist. Zusätzlich muss die Person des Erklärenden genannt sein und der Abschluss der Erklärung durch Nachbildung der Namensunterschrift oder auf andere Weise erkennbar gemacht werden. T. wird zum Beispiel verlangt beim Widerruf eines Verbraucherdarlehensvertrages (→ Verbraucherdarlehen).

thesaurierender Fonds, → Investmentfonds, bei dem die erwirtschafteten Erträge nicht an die Anleger ausgeschüttet, sondern wiederangelegt werden und so den Wert des → Fondsvermögens beständig erhöhen. Dadurch gewinnen auch die einzelnen Fondsanteile an Wert. Wird durch den ständigen Wertzuwachs ein Anteilserwerb durch Kleinanleger erschwert, so kann durch eine Ausgabe von Gratisanteilen an die bisherigen Anteilsinhaber das Fondsvermögen auf eine größere Anzahl von Anteilen verteilt und der Ausgabepreis gesenkt werden (→ Splitting).

Tilgung, Rückzahlung einer Geldschuld z.B aus der Aufnahme eines Bankkredits oder einer ausgegebenen → Anleihe. Je nach Vereinbarung kann die T. in Teilbeträgen nach einem vorgegebenen → Tilgungsplan, in einer Summe am Laufzeitende oder als variable T. während der Laufzeit nach eigenem Ermessen des Schuldners erfolgen.

Tilgungsaussetzungsdarlehen, → Festdarlehen.

Tilgungsdienst, Leistung der vereinbarten Tilgungen (Rückzahlungen) als Teil des Kapitaldienstes aus aufgenommenen Darlehen oder ausgegebenen → Anleihen.

Tilgungshypothek, → Hypothek, bei der die zugrunde liegende persönliche Forderung in fest vereinbarten, aus Zinsen und Tilgung bestehenden Raten regelmäßig zurückgezahlt wird. – *Gegensatz:* → Festhypothek.

Tilgungskurs, → Rückzahlungskurs.

Tilgungsplan, von einem Kreditinstitut im Rahmen einer Kreditgewährung erstellte Aufstellung über die Höhe der zu den Fälligkeitsterminen vom Kunden zu erbringenden Zins- und Tilgungsleistungen sowie der sich nach Verrechnung einzelner Tilgungsleistungen jeweils ergebenden Restschuld.

Tilgungssparbrief, normal verzinslicher → Sparbrief, bei dem die Rückzahlung ab einem bestimmten Zeitpunkt in Raten (z.B. monatlich, halbjährlich, jährlich) erfolgt bzw. bei dem der Kunde ein Wahlrecht zwischen Rückzahlung in einer Summe am Laufzeitende oder einer Rückzahlung in Raten hat.

Tilgungsstreckungsdarlehen, *Disagiodarlehen;* Zusatzdarlehen zu einem Baudarlehen, mit dem der Kreditnehmer ein z.B. aus steuerlichen Gründen in Anspruch genommenes → Disagio finanziert, da er den vollen Darlehensbetrag benötigt. Durch die Inanspruchnahme des T. erhöht sich die Laufzeit des Hauptdarlehens, da die ersten Tilgungsleistungen des Kunden zur Rückzahlung des T. verwendet werden.

Tilgungsverrechnung, Zeitpunkt, zu dem ein Kreditinstitut die vom Kunden mit einer Darlehensrate erbrachte Tilgungsleistung auf die Darlehensschuld anrechnet. Erfolgt die T. gegenüber dem Eingang der Rate verspätet, so wirkt sich dies in einer höheren → Effektivverzinsung gegenüber einem zu sonst gleichen Bedingungen gewährten Darlehen aus, die dem Kunden gegenüber im Darlehensvertrag erkennbar zu machen ist.

TIPANET, Abk. für *Transferts Interbancaires de Paiements Automatises;* unter Beteiligung von → Kreditgenossenschaften verschiedener Länder entwickeltes internationales Zahlungsverkehrssystem für den grenzüberschreitenden Zahlungsverkehr auf Basis elektronischer Datenübertragung. Seit 2006 dient T. nur noch der Abwicklung von Zahlungen in EU-Länder, in denen der Euro (noch) nicht eingeführt ist sowie von Zahlungen in die USA, die Schweiz oder nach Kanada.

T/N, Abk. für → *TOM/NEXT.*

TOM/NEXT (T/N), Abk. für *Tomorrow to next day;* Vereinbarung im Interbankenhandel über die Gewährung von → Tagesgeld mit einwerktägiger Valuta. Dabei wird das Tagesgeld am Tag nach dem Geschäftsabschluss angeschafft und am Tag nach der Anschaffung zurückgezahlt.

Total Expense Ratio, Kennzahl, die Aufschluss über die zusätzlich zum Ausgabeaufschlag jährlich anfallenden Kosten eines → Investmentfonds gibt. Hier handelt es sich z.B. um Management- und Verwaltungskosten des Fonds.

Total Return Fonds, → Absolute Return Fonds.

toxisches Wertpapier, umgangssprachliche Bezeichnung eines Wertpapiers mit hohem Ausfallrisiko. – Vgl. auch → Asset Backed Securities sowie → Bad Bank.

Trading Fonds, → No-Load-Fonds.

Transaction Banking, Abwicklung von Bankgeschäften bei dem Kreditinstitut mit den günstigsten Konditionen unter Vernachlässigung einer dauerhaften Bank-/Kundenbeziehung.

Transaktionsnummer (TAN), Ziffernkombination, die im Rahmen des → Home-Banking bei der Erteilung eines Auftrags als Berechtigungsnachweis einzugeben bzw. mitzuteilen ist. Jede T. kann nur einmal verwendet werden. Hierdurch soll das Risiko einer missbräuchlichen Auftragserteilung durch unbefugte Dritte gemindert werden.

Transferrisiko, Risiko, dass aus Außenhandels- oder Devisenhandelsgeschäften in einer bestimmten Währung zu leistende Zahlungen trotz Zahlungsfähigkeit und Zahlungswilligkeit des Schuldners durch staatliche Beschränkungen erschwert bzw. verhindert werden.

Transportwährung, *Vehikelwährung;* Bezeichnung einer Währung, die im Handel mit Devisen als Umrechnungsbasis zwischen zwei Währungen herangezogen wird (z.B. Euro, US-Dollar).

Trassant, Bezeichnung für den Aussteller eines gezogenen → Wechsels.

Trassat, → Bezogener eines → Wechsels.

Tratte, → Wechsel, der vom Aussteller auf eine bestimmte Person gezogen und vom Bezogenen bisher nicht angenommen wurde.

Travellers Cheque. 1. Bezeichnung für einen → Reisescheck allgemein. – 2. Bezeichnung für einen auf fremde Währung lautenden Reisescheck.

Tresorgeschäft, Teilbereich des → Depotgeschäfts der Kreditinstitute, der die Annahme und sichere Aufbewahrung von → Verwahrstücken sowie die Vermietung von → Schrankfächern zum Inhalt hat. Darüber hinaus wird auch die Bereitstellung von Nachttresoranlagen (→ Nachttresor) dem T. zugerechnet.

treuhänderische Kreditsicherheit, *fiduziarische Kreditsicherheit;* → nichtakzessorische Kreditsicherheit, bei deren Bestellung durch eine → Sicherungsabrede eine rechtliche Verbindung zwischen Kreditverbindlichkeit und Kreditsicherheit hergestellt wird. Als treuhänderischer Sicherungsnehmer darf der Kreditgeber seine Rechte an einem Sicherungsgegenstand nur dann geltend machen, wenn der Kreditnehmer Pflichten aus dem zugrunde liegenden Kreditvertrag verletzt, insbesondere Zahlungen nicht fristgerecht leistet. Erst dann darf z.B. eine abgetretene Forderung eingezogen, ein übereigneter Gegenstand verkauft oder aus einer bestellten → Grundschuld → Zwangsvollstreckung betrieben werden. Der Kreditgeber ist außerdem verpflichtet, den jeweiligen Sicherungsgegenstand nach vollständiger Kredittilgung wieder freizugeben.

Treuhandkonto, Bankkonto zur Erfassung von Vermögen, das nicht dem Kontoinhaber (Treuhänder), sondern einem Dritten zusteht. Der Treuhänder lässt das Konto zwar unter seinem Namen eröffnen und führen, handelt aber für fremde Rechnung. Bei *offenen* Treuhandkonten ist das Treuhandverhältnis aufgrund eines entsprechenden Zusatzes in der Kontobezeichnung erkennbar. Das kontoführende Institut ist dennoch nur dem Treuhänder als Inhaber des Kontos gegenüber verpflichtet. Der Vermögenseigentümer selbst hat kein Verfügungs- oder Auskunftsrecht. Offene T. werden als sogenannte → Anderkonten für bestimmte Berufsgruppen (z.B. Notare, Rechtsanwälte, Wirtschaftsprüfer) sowie als sonstige T. für andere gesetzliche oder private Treuhänder (z.B. Testamentsvollstrecker, Insolvenzverwalter, Vermieter, Verwalter von Wohnungseigentümergemeinschaften) geführt. Daneben existieren *verdeckte* T., bei denen das zwischen Kontoinhaber und Vermögenseigentümer vereinbarte Treuhandverhältnis dem kontoführenden Institut gegenüber nicht offengelegt wird. Das verdeckte T. lautet aus diesem Grunde auf den Namen des Kontoinhabers, ohne dass ein Zusatz angebracht wird.

Treuhandkredit, → Investitionskredit, bei dem die von einem Dritten (z.B. Bund oder Länder im Rahmen von Förderprogrammen) gewährten zweckgebundenen Fremdmittel über Banken und Sparkassen einem Kreditnehmer zur Verfügung gestellt werden. Das vermittelnde Kreditinstitut handelt dabei entweder im eigenen Namen (durchlaufender Kredit) oder im Namen des Geldgebers (Verwaltungskredit). Von der eingeschalteten Bank wird jedoch in keinem Fall ein Kreditrisiko übernommen.

Turbozertifikat, andere Bezeichnung für ein → Outperformancezertifikat.

Turn-around-Finanzierung, Bereitstellung von Finanzierungsmitteln zur Sanierung von Unternehmen, die sich in finanziellen Schwierigkeiten befinden. Mit dieser besonderen Form der Finanzierung soll vor allem eine Verstärkung der Eigenkapitalbasis des betroffenen Unternehmens erreicht werden. Die erforderlichen Mittel hierzu werden häufig durch die bisherigen Gesellschafter eines Unternehmens aufgebracht oder von Beteiligungsgesellschaften bereitgestellt, die auf diese Finanzierungsform spezialisiert sind.

U

Überbringerscheck, → Scheck.

Übereignung, Verschaffung des → Eigentums an einer Sache. Die Ü. erfolgt im Regelfall durch Einigung über den Eigentumsübergang und Übergabe der Sache.

Übernachtkredite, Geldaufnahme für einen Tag („Overnight"). Ü. gehören zu den → geldpolitischen Operationen der Europäischen Zentralbank.

Übernahmekonnossement, → Konnossement.

Übernahmekonsortium, Bankenkonsortium, das eine → Emission vom Emittenten fest übernimmt und dabei das Absatzrisiko trägt.

über pari, Bezeichnung für einen Kurs oder Preis, der über dem → Nennwert eines Wertpapiers liegt. Die Differenz über 100% ist das → Agio. – *Gegensatz:* → unter pari.

Überschuldung, Situation, bei der das Vermögen eines Schuldners die bestehenden Verbindlichkeiten nicht mehr deckt. Die Ü. ist ein Grund für die Eröffnung eines → Insolvenzverfahrens.

Überschusssparen, → Sondersparformen.

übertragbares Akkreditiv, Sonderform des → Dokumentenakkreditivs. Beim ü.A. kann der Erstbegünstigte das Akkreditiv auf einen Dritten übertragen lassen, wenn es von der eröffnenden Bank ausdrücklich als übertragbar bezeichnet worden ist. Anwendung findet das ü.A. z.B., wenn ein Exporteur ein ihm gegenüber eröffnetes Akkreditiv an seinen Lieferanten überträgt und so für eine Sicherstellung der Lieferforderung sorgt.

Überweisung, Auftrag eines Kunden an sein Kreditinstitut, zulasten seines Kontos eine bestimmte Geldsumme an einen Begünstigten zu übermitteln. Zur Verrechnung von Überweisungen schalten Kreditinstitute ihre → Gironetze ein. Mit dem → Überweisungsgesetz wurde 1999 die EU-Richtlinie zu grenzüberschreitenden Überweisungen umgesetzt und ein Rechtsrahmen für den Überweisungsverkehr geschaffen.

Überweisungsbeschluss, → Pfändungs- und Überweisungsbeschluss.

Überweisungsgesetz, Rechtsrahmen für den Überweisungsverkehr. Durch das Ü. wurden 1999 neue Vorschriften in das Geschäftsbesorgungsrecht des BGB (→ Geschäftsbesorgungsvertrag) eingefügt. Das Ü. gilt für den inländischen und ausländischen Überweisungsverkehr. Die Bestimmungen für den Überweisungsverkehr innerhalb der EU gelten bereits seit 1999. Die Bestimmungen für den Inlandsüberweisungsverkehr und den Überweisungsverkehr mit Staaten außerhalb der EU sind zum 1. 1. 2002 in Kraft getreten. Das Ü. regelt Pflichten der Beteiligten, Ausführungsfristen, Haftungsfragen und technische sowie rechtliche Details bei Überweisungen: 1. Kreditinstitute müssen ihren Kunden *Informationen über Konditionen* bei Überweisungen (Beginn einer Überweisung, Dauer bis zur Gutschrift, Sätze für Entgelte etc.) in leicht verständlicher Form zur Verfügung stellen. – 2. Innerhalb der EU muss eine Überweisung *innerhalb von fünf Bankgeschäftstagen* ausgeführt werden; für Inlandsüberweisungen gelten drei Bankgeschäftstage, bei institutsinternen Überweisungen zwei Bankgeschäftstage und bei Überweisungen innerhalb zweier Zweigstellen ein Bankgeschäftstag. – 3. Das Kreditinstitut *haftet bis zu einem Betrag von 12.500 Euro* für den Fall, dass ein ordnungsgemäß erteilter Überweisungsauftrag nicht beim Kreditinstitut des Begünstigten eintrifft. Bei Vorsatz und grober Fahrlässigkeit haftet das Kreditinstitut auch bei höheren Beträgen. –

4. Die *Gutschrift* beim Zahlungsempfänger muss *spätestens einen Tag nach Eingang* der Überweisung beim Kreditinstitut des Zahlungsempfängers erfolgen. – 5. *Entgelte und Kosten* dürfen nur von *einer Stelle* erhoben werden. – 6. Ein *Widerruf* einer Überweisung ist vor Beginn der Ausführung jederzeit, danach jedoch nur möglich, wenn der Geldbetrag dem Begünstigten noch nicht endgültig zur Verfügung gestellt wurde. – 7. Die *Rechtsbeziehungen* bei Überweisungen sind wie folgt definiert: Zwischen Auftraggeber und seinem Kreditinstitut liegt ein Überweisungsvertrag vor (§ 676a - c BGB); zwischen den Kreditinstituten entstehen Zahlungsverträge (§ 676d und e BGB); zwischen dem Begünstigten und seinem Kreditinstitut entsteht ein Girovertrag (§ 676f - h BGB). – Bei Streitigkeiten im grenzüberschreitenden Überweisungsverkehr ist eine außergerichtliche Schlichtung bei einer Schlichtungsstelle (in Deutschland eine bei der → Deutschen Bundesbank eingerichtete Stelle) möglich. Darüber hinaus besteht für Kunden in jedem Fall die Möglichkeit, ihre Ansprüche vor Gericht geltend zu machen.

Überziehungskredit, praxisübliche Bezeichnung für eine → geduldete Überziehung.

Überziehungsprovision, Entgelt für die → geduldete Überziehung eines Kontos. Die U. kann zusätzlich zu den → Sollzinsen in Rechnung gestellt werden; praxisüblich ist es jedoch, für geduldete Überziehungen höhere Sollzinsen in Rechnung zu stellen als für eingeräumte Kredite und so die Ü. in den Sollzinssatz einzukalkulieren.

Ultimogeld, zwischen Kreditinstituten gehandeltes Geld (→ aufgenommene Gelder), das über das nächste Monats- bzw. Jahresende läuft. Ein U. kann als Tagesgeld oder als Termingeld aufgenommen werden.

Ultimosparen, → Sondersparformen.

UMAG, Abk. für das *Gesetz zur Unternehmensintegrität und Modernisierung des Anfechtungsrechts.* Durch das UMAG und die hiermit verbundenen Änderungen im Aktiengesetz werden Aktionärsrechte in zweierlei Hinsicht gestärkt: Aktionäre können Schadenersatzansprüche gegen Vorstand und Aufsichtsrat einer → Aktiengesellschaft bereits einklagen, wenn sie zusammen 1 Prozent oder mindestens 100.000 EUR Anteil am Grundkapital besitzen (sog. Minderheitenquorum; vorher: 5 Prozent oder 500.000 Euro). Ferner sieht das UMAG vor, dass Beschlüsse der Hauptversammlung nicht mehr so lange durch Anfechtungsklagen einzelner Aktionäre blockiert und dass Frage- und Rederechte einzelner Aktionäre angemessen beschränkt werden können.

Umkehrwechsel, → Scheck-Wechsel-Verfahren.

Umlaufgrenze, Bezeichnung im Zusammenhang mit der Sicherung von → Pfandbriefen und → Kommunalobligationen. Bei privaten Emittenten dieser Wertpapiere (private Hypothekenbanken) darf der Gesamtbetrag der umlaufenden Pfandbriefe und Kommunalschuldverschreibungen nach dem → Pfandbriefgesetz das 60fache des → haftenden Eigenkapitals im Sinne des KWG nicht übersteigen.

Umlaufrendite, durchschnittliche Rendite von → Anleihen. Die → Deutsche Bundesbank veröffentlicht regelmäßig die U. von → Inhaberschuldverschreibungen deutscher Emittenten mit einer ursprünglichen Laufzeit von mehr als vier und einer Restlaufzeit von mehr als drei Jahren.

Umlaufvermögen, Vermögen, für das eine kurzfristige Verwendung in einem Betrieb vorgesehen ist, da es schnell veräußert wird oder zügig in die Produktion eingeht. Zum U. gehören z.B. Waren oder Rohstoffe. – *Gegensatz:* → Anlagevermögen.

Umrechnungskurse, → Euro.

Umsatzprovision, Entgelt im Rahmen der Kontoführung. Bei privaten → Girokonten wird die U. i.d.R. durch einen Grundpreis pro Quartal abgegolten; eventuell fällt sie in Form eines so genannten Postenentgelts an (z.B. 0,30 Euro je Buchungsposten). Bei Firmenkonten wird die U. aus der Kreditinanspruchnahme oder aus dem Umsatz der stärkeren Kontoseite (ohne Berücksichtigung des Saldovortrages) errechnet.

Umsatzsteuer, wichtige Verkehrssteuer; seit 1968 ist die U. eine Mehrwertsteuer, d.h. es wird nicht der Umsatz eines Unternehmens, sondern seine Wertschöpfung bei der

Produktion oder beim Waren- bzw. Dienstleistungshandel besteuert. Bezieht ein Großhändler z.B. Waren im Nettowert von 10.000 Euro und verkauft diese zu einem Preis von 15.000 Euro netto, so beträgt die Wertschöpfung 5.000 Euro. Die beim Kauf gezahlten 19% von 10.000 Euro = 1.900 Euro kann der Händler als Vorsteuer geltend machen. Die beim Verkauf anfallenden 2.850 Euro Umsatzsteuer (19% von 15.000 Euro) sind somit nicht in voller Höhe an das Finanzamt abzuführen; vielmehr können die 1.900 Euro als Vorsteuer in Abzug gebracht werden, so dass 950 Euro (19% auf die Wertschöpfung von 5.000 Euro) an das Finanzamt zu zahlen sind. – Aus Sicht des Unternehmens stellt die U. streng genommen keinen Kostenbestandteil dar, da sie auf den Kunden abgewälzt werden kann. Der Endverbraucher zahlt so insgesamt die Umsatzsteuer auf den Gesamtbetrag der Wertschöpfungen, die mit dem Produkt verbunden sind. U.-Erhöhungen führen dadurch zu einem preistreibenden Effekt, es sei denn, die Unternehmen verzichten zulasten ihrer Gewinne aufgrund einer verstärkten Konkurrenzsituation am Markt auf Preiserhöhungen. – Die U. spielt im Bankgeschäft eine untergeordnete Rolle, da Bankleistungen i.d.R. von der U. befreit sind. Sie kommt nur bei einigen Bankdienstleistungen zum Tragen, z.B. im → Depotgeschäft oder beim Handel von Sammlermünzen (→ Edelmetalle).

Umtausch von Aktien, → Aktienumtausch.

unbedingtes Termingeschäft, → Termingeschäft, das in jedem Fall zu erfüllen ist und im Gegensatz zum bedingten Termingeschäft (→ Option) kein Wahlrecht beinhaltet. Beispiele für ein u.T. sind → Devisentermingeschäfte und → Futures.

Underlying, *Basiswert;* hierunter versteht man das einem → Future oder einer → Option jeweils zugrunde liegende Marktinstrument. Als U. können z.B. Waren, Aktien, Devisen oder, wie beim → BUND-Future, künstliche (fiktive oder idealtypische) Konstrukte fungieren.

Underperformance, Begriff im Zusammenhang mit dem Vergleich der Wertentwicklung zweier Finanzinstrumente. Von einer U. spricht man beispielsweise, wenn eine im → Deutschen Aktienindex enthaltene Aktie eine schlechtere Wertentwicklung erfährt als der Index. – *Gegensatz:* → Outperformance.

Und-Konto, → Gemeinschaftskonto.

unerlaubte Handlung, Delikt i.S. des BGB. Unter einem Delikt bezeichnet das BGB schädigendes Fehlverhalten einer natürlichen Person. Die Verantwortlichkeit für eine u.H. ist analog zur → Geschäftsfähigkeit geregelt. Unbeschränkt deliktsfähig sind Personen ab 18 Jahren, Personen von 7 bis unter 18 Jahren sind beschränkt deliktsfähig, Kinder unter 7 Jahren bzw. dauernd Geisteskranke deliktsunfähig. Voraussetzung für eine u.H. ist ein rechtswidriges und schuldhaftes Handeln oder Unterlassen, das einen Schaden verursacht (z.B. Verletzung von Gesundheit oder Eigentumsrechten). Der Verursacher ist zum Schadenersatz verpflichtet. Eine u.H. eines Verrichtungsgehilfen (z.B. eines Arbeitnehmers) führt auch zur Haftung des Geschäftsherren (Arbeitgebers). Ansprüche aus u.H. sind zivilrechtlicher Art. Daneben ist eventuell das Strafrecht zu berücksichtigen. Bei einem Diebstahl liegt z.B. eine u.H. in Bezug auf das Eigentum an der gestohlenen Sache vor, woraus ein Rückgabe- bzw. Schadenersatzanspruch resultiert. Zudem wird der Dieb strafrechtlich belangt. Im Strafprozess würde der Eigentümer als Nebenkläger seinen zivilrechtlichen Anspruch einklagen.

Universalbanken, Kreditinstitute, die eine breite Palette der im KWG aufgeführten Bankgeschäfte betreiben. Im Wesentlichen sind dies Einlagen- und Kreditgeschäfte (sog. Commercial Banking) sowie Aktivitäten im → Investment Banking. – *Gegensatz:* → Spezialbanken.

unmittelbarer Besitz, tatsächliche Gewalt über eine Sache. Die Zusatzbezeichnung unmittelbar dient zur Abgrenzung vom mittelbaren Besitz. – Vgl. auch → Besitzkonstitut.

unregelmäßige Verwahrung, Verwahrungsart, bei der ein Verwahrer → Eigentum an der verwahrten Sache erlangt, jedoch verpflichtet ist, eine Sache gleicher Art, Güte und Menge zurückzugeben. Bei u.V. gelten die BGB-Vorschriften über das → Darlehen. In der Praxis kommt die u.V. bei der → Wertpapierrechnung zur Anwendung.

Unterkonto, Zusatzkonto für einen Kunden, das zum Zwecke der Abwicklung besonderer Geschäfte eingerichtet wird (z.B. Depotkonto Maria Meyer Nr. 12345, Sparkonto als U. mit der Nr. 12345/50 für die Verrechnung von Zinsen, Bezahlung von Wertpapieraufträgen etc.). Ein U. kann auch im Zusammenhang mit einem → Sonderkonto eingerichtet werden.

unterlegter Optionsschein, andere Bezeichnung für → gedeckter Optionsschein.

Unternehmensformen, Rechtsform von Unternehmen. Im Wesentlichen unterscheidet man bei den U. → Einzelkaufmann, → Personenhandelsgesellschaft und → Kapitalgesellschaft.

Unternehmer, Bezeichnung im BGB für natürliche Personen, → juristische Personen oder rechtsfähige → Personengesellschaften, die bei Abschluss eines Rechtsgeschäftes in Ausübung ihrer gewerblichen oder selbstständigen beruflichen Tätigkeit handeln.

unter pari, Bezeichnung für einen Kurs oder Preis, der unter dem → Nennwert eines Wertpapiers oder einer Forderung liegt. Eine → Emission von Aktien u.p. ist nicht zulässig. Bei → Anleihen ist dagegen eine Emission u.p. durchaus üblich, um so die Rendite der Anleihe zum Emissionszeitpunkt an das aktuelle Zinsniveau am → Kapitalmarkt anzupassen. So würde beispielsweise bei einem Kapitalmarktzins von 5,2% eine 5%-Anleihe unter 100% angeboten. Die Differenz zu 100% ist das → Disagio. – *Gegensatz:* → Über pari.

Unterstützungskasse, rechtlich selbstständige Einrichtung zur betrieblichen Altersvorsorge. Der Arbeitgeber führt Beiträge, die aus Mitteln des Arbeitgebers oder Arbeitnehmers aufgebracht werden, an die U. ab, die den Arbeitnehmern später Versorgungsleistungen gewährt. Ein Anspruch besteht jedoch nicht gegenüber der U., sondern gegenüber dem Arbeitgeber. Bei einer U. gilt das Prinzip der nachgelagerten Besteuerung. – Vgl. auch → Alterseinkünftegesetz.

Unterstützungslinie, → Widerstandslinie.

Unverzinsliche Schatzanweisung, → Geldmarktpapiere.

unwiderrufliches Akkreditiv, → Dokumentenakkreditiv.

Urkunde, schriftliche Gedankenäußerung von rechtserheblichem Inhalt. Zu unterscheiden sind: 1. *Beweisurkunden* (z.B. Quittung); sie dienen nicht der Geltendmachung eines Anspruchs, sondern lediglich dem Beweis einer erbrachten Leistung. – 2. *Einfache Legitimationpapiere* (z.B. Reparaturannahmeschein); der Berechtigte hat auch ohne Vorlage der U. Anspruch auf die versprochene Leistung (Herausgabe der reparierten Sache). – 3. → *Qualifizierte Legitimationspapiere;* der Berechtigte muss zur Geltendmachung seines Anspruchs die U. vorlegen. Dies heißt im Umkehrschluss, dass der Schuldner an jeden berechtigten Vorleger der U. seine Leistung erbringen kann.

Urkundenprozess, *außerordentlicher Zivilprozess;* besonderes Verfahren im Zivilprozess, bei dem nur eine → Urkunde als Beweismittel zugelassen ist. Ein U. ist aufgrund dieser beschränkten Sachverhaltsprüfung schneller abzuwickeln als ein normaler Zivilprozess. Angewendet wird der U. im Zusammenhang mit der Nichteinlösung eines → Schecks oder → Wechsels. Am Ende eines U. ergeht ein so genanntes Vorbehaltsurteil, das der unterlegenen Partei die Möglichkeit gibt, in einem anschließenden ordentlichen Zivilprozess durch Beibringung weiterer Beweismittel (z.B. Zeugenaussagen, Gutachten) zu einem anderen Urteil zu gelangen.

Ursprungszeugnis, *Certificate of Origin;* Nachweis über den Ursprung einer Ware. In Deutschland wird das U. durch die Industrie- und Handelskammer (IHK) ausgestellt. Das U. ermöglicht dem Importeur einer Ware eine Überprüfung, ob die Ware wirklich im Land des Exporteurs hergestellt wurde.

Usancen, *Handelsbrauch;* praxisübliche, jedoch gesetzlich nicht unbedingt geregelte Übereinkunft zwischen Geschäftspartnern. Beispiel für eine Usance ist die Praxis der → Erfüllung von Wertpapiergeschäften zwei Geschäftstage nach dem Börsenhandel.

U-Schätze, Abk. für *unverzinsliche Schatzanweisungen.* – Vgl. auch → Geldmarktpapiere.

US-GAAP, → GAAP.

V

Valoren, Bezeichnung für Wertgegenstände. In der Bankpraxis werden gelegentlich u.a. Wertpapiere, Banknoten, Münzen, Edelmetalle, Schecks und andere Dokumente als V. bezeichnet. Zur Absicherung von Transportrisiken bei V. existieren spezielle V.-Versicherungen.

Value-at-Risk (VAR), Methode zur Erfassung und Quantifizierung der Marktrisiken (z.B. Kursrisiken, Zinsrisiken u. Währungsrisiken) von Wertpapieren und anderen → Finanzinstrumenten. Dabei ermittelt der VAR unter möglichst vollständiger Erfassung der Risikoindikatoren den Maximalverlust, der sich mit einer vorgegebenen, in Prozent ausgedrückten Wahrscheinlichkeit innerhalb eines bestimmten Zeitraumes ergeben kann.

Valuta. 1. → Wertstellung eines Buchungspostens auf einem Konto. – 2. Bezeichnung für Geld in ausländischer Währung.

Valuta kompensiert, im Devisenhandel übliche Vereinbarung (Usance), nach der die Lieferung von → Devisen und die Anschaffung des Gegenwertes auf den jeweiligen Konten mit gleicher → Wertstellung erfolgen müssen. Bei → Devisenkassageschäften erfolgt die Erfüllung zweiarbeitstägig V.k., d.h. am zweiten Geschäftstag nach dem Abschlusstag.

Valutakonto, → Währungskonto.

Valutaposition, → Devisenposition.

Valutascheck, → Scheck, der in einer ausländischen Währung ausgestellt ist.

Valutawechsel, → Wechsel, der in einer ausländischen Währung ausgestellt worden ist.

Valutierung, Festsetzung einer → Wertstellung für einen bestimmten Buchungsvorgang (z.B. Kontogutschrift von eingereichten → Schecks).

VAR, Abk. für → *Value-at-Risk.*

variabel verzinsliche Anleihe, → Floating Rate Note.

variable Notierung, → fortlaufende Notierung.

variabler Zinssatz, Zinssatz eines Darlehens oder einer Vermögensanlage, der aufgrund Vereinbarung einer → Zinsanpassungsklausel bzw. → Zinsgleitklausel bei einer Veränderung des Marktzinsniveaus sofort oder unter Einhaltung einer bestimmten Frist angepasst werden kann. – *Gegensatz:* → Festzinssatz.

VDAX, Abk. für → *DAX-Volatilitätsindex.*

Vehikelwährung, → Transportwährung.

Venture Capital, Bereitstellung von → Eigenkapital zur Finanzierung von Investitionen vor allem kleiner, innovativer Unternehmen mit hohen Wachstumschancen, aber auch entsprechenden Verlustrisiken. Wegen der hohen Verlustrisiken fehlt diesen Unternehmen häufig der Zugang zu anderen Finanzierungsquellen (z.B. Bankkrediten). Die Überlassung von V.C. ist i.d.R. mit intensiver Beratung, Betreuung und Überwachung durch die Kapitalgeber verbunden. Zur Gewährleistung einer ausreichenden Streuung des Finanzierungsrisikos erfolgt die Bereitstellung des V.C. durch besondere Beteiligungsgesellschaften (Venture Capital-Gesellschaften), die sich ihrerseits bei privaten und institutionellen Anlegern durch Ausgabe von Anteilscheinen refinanzieren.

Verband deutscher Hypothekenbanken, → Verband deutscher Pfandbriefbanken.

Verband deutscher Pfandbriefbanken, Interessenvertretung der → Pfandbriefbanken in Deutschland mit Sitz in Berlin. Der Verband nimmt die Rechte und Interessen seiner Mitgliedsinstitute in der Wirtschafts-, Kapitalmarkt- und Steuerpolitik sowie der Rechtsgestaltung wahr. Er unterstützt und berät gesetzgebende Körperschaften und Behörden in Angelegenheiten der Pfandbriefbanken und vertritt deren Interessen u.a. im Rahmen des → Bundesverbandes deutscher Banken. Der V.d.P. ist im Jahr 2005 aus dem Verband deutscher Hypothekenbanken hervorgegangen.

Verbindlichkeit, Verpflichtung eines Schuldners, aufgrund eines Rechtsgeschäfts, gesetzlicher Vorschriften oder eines Gerichtsurteils an den jeweiligen Gläubiger eine Leistung (insbesondere Geldleistung) zu erbringen. In der Unternehmensbilanz werden die dem Grunde, der Höhe und der Fälligkeit nach feststehenden Schulden als Verbindlichkeiten auf der Passivseite ausgewiesen. – *Gegensatz:* → Forderung.

Verbraucher, gem. BGB eine natürliche Person, die ein Rechtsgeschäft zu einem Zweck abschließt, der weder der gewerblichen noch der selbstständigen beruflichen Tätigkeit der betreffenden Person zugerechnet werden kann.

Verbraucherdarlehen, Kredit in Höhe von 200 Euro oder mehr an eine natürliche Person zu privaten Zwecken. Das V. unterliegt zum Schutz des → Verbrauchers vor mangelnder Information und unangemessener Benachteiligung besonderen Vorschriften des BGB. Der Darlehensvertrag ist schriftlich abzuschließen und muss bestimmte Mindestinhalte (z.B. Netto- und Gesamtkreditbetrag, Höhe der Monatsraten, Laufzeit, Nominalzinssatz und effektiver Jahreszins sowie zu bestellende Sicherheiten) aufweisen. Eine Missachtung der Schriftform oder das Fehlen von Mindestinhalten können zur Nichtigkeit des Darlehensvertrages oder einer Reduzierung der geschuldeten Kreditkosten führen. Der Verbraucher kann den Kreditvertrag unter bestimmten Voraussetzungen innerhalb einer Frist von zwei Wochen widerrufen. Von der Formvorschrift und den oben genannten Pflichtangaben sind Überziehungskredite auf laufenden Konten unter bestimmten Bedingungen ausgenommen.

Verbraucherinsolvenzverfahren, vereinfachtes Verfahren bei dauernder → Zahlungsunfähigkeit einer natürlichen Person, die keine oder nur eine geringfügige selbstständige Tätigkeit ausübt. Ziel des V. ist die gemeinschaftliche Befriedigung der Gläubiger auf der Grundlage eines Schuldentilgungsplanes, verbunden mit dem Verzicht auf eine nicht erfüllbare Restschuld zugunsten des Schuldners. Das V. gliedert sich in vier Stufen. *Stufe 1:* Der Schuldner bemüht sich zunächst auf der Grundlage eines Plans um außergerichtliche Einigung mit den Gläubigern, wobei z.B. ein Teilerlass, Ratenzahlungen oder die Stundung von Forderungen vereinbart werden können. Der Einigungsversuch hat unter Einschaltung eines geeigneten Vermittlers (z.B. Rechtsanwalt, Schuldnerberatungsstelle) zu erfolgen, der ggfs. auch die Erfolglosigkeit der Vergleichsbemühungen bescheinigt. – *Stufe 2:* Bleibt der außergerichtliche Einigungsversuch erfolglos, so kann der Schuldner unter Vorlage der entsprechenden Bescheinigung sowie bestimmter weiterer Unterlagen beim Amtsgericht die Eröffnung des gerichtlichen Insolvenzverfahrens beantragen. Vor Eröffnung des Verfahrens wird unter Mitwirkung des Gerichts ein weiterer Einigungsversuch mit den Gläubigern auf der Grundlage eines Schuldenbereinigungsplans unternommen, bei dem das Gericht im Gegensatz zu einem außergerichtlichen Verfahren unter bestimmten Voraussetzungen die fehlende Zustimmung einzelner Gläubiger ersetzen und damit die Annahme des Vergleichs herbeiführen kann. Die Annahme des Plans bewirkt gleichzeitig die Zustimmung zum Erlass einer nicht erfüllbaren Restschuld. – *Stufe 3:* Wird auch dieser Bereinigungsplan abgelehnt, so kommt es zur Eröffnung des eigentlichen Insolvenzverfahrens, in dessen Verlauf ein gerichtlich bestellter Treuhänder den pfändbaren Teil des Schuldnervermögens verwertet und die Gläubiger aus den Erlösen befriedigt. – *Stufe 4:* Den Abschluss des V. bildet die vom Gericht unter bestimmten Voraussetzungen nach Ablauf einer mehrjährigen → Wohlverhaltensphase des Schuldners erteilte Restschuldbefreiung.

Verbraucherkreditgesetz (VerbrKrG), ursprünglich eigenständiges Gesetz zur Regelung der Rechtsbeziehungen zwischen gewerblich oder beruflich tätigen Kreditgebern bzw. Kreditvermittlern einerseits und natürlichen Personen, die zu privaten Zwecken Kredite aufnehmen (Verbraucher) andererseits. Inzwischen wurden die Vorschriften des VerbrKrG in das BGB integriert. – Vgl. auch → Verbraucherdarlehen.

Verbraucherkreditrichtline, auf EU-Ebene geschaffene Richtline mit dem Ziel, den Kreditmarkt europaweit transparenter zu machen und dadurch höheren Verbraucherschutz zu gewährleisten. Den Verbrauchern soll ermöglicht werden, Kreditkonditionen in verschiedenen Ländern durch einheitliche Rechtsvorschriften einfacher vergleichen zu können. Die Mitgliedsstaaten sind verpflichtet, die V. bis zum Jahr 2010 in innerstaatliches Recht umzusetzen.

Verbundfinanzierung, *Finanzierung aus einer Hand;* Bereitstellung von Kreditmitteln zur Finanzierung eines Objekts durch mehrere Kapitalgeber, wobei ein Institut die Koordination übernimmt und als Ansprechpartner des Kreditnehmers auftritt. V. kommt z.B. in der Baufinanzierung vor (→ Baufinanzierung aus einer Hand).

Vereinbarung über den Einzug von Forderungen durch Lastschriften (Lastschriftvereinbarung), vertragliche Grundlage zwischen Zahlungsempfänger und seinem Kreditinstitut (erste Inkassostelle) als Voraussetzung für die Teilnahme am Lastschriftverfahren (→ Lastschrift). Im Rahmen dieser Vereinbarung verpflichtet sich der Kunde u.a., nur Lastschriften bei entsprechender Zustimmung der Zahlungspflichtigen zum Einzug einzureichen, nur fällige, bei Sicht zahlbare Forderungen einzuziehen, die Rückbelastung nicht eingelöster Lastschriften zuzulassen, nicht bezahlte Lastschriften nicht erneut zum Einzug einzureichen (→ Nichteinlösung von Lastschriften) und das von der Bank festgesetzte Einreicherlimit einzuhalten. – Vgl. auch → Lastschriftobligo.

Verkaufskurs, → Offered Rate.

Verkaufsoption, *Put;* Recht (aber nicht Verpflichtung), einen bestimmten → Basiswert am letzten Tag der Optionsfrist (europäische Version) oder jederzeit innerhalb der festgelegten Optionsfrist (amerikanische Version) zu einem festgelegten Preis (Basispreis) zu verkaufen. Der Verkäufer der V. (Stillhalter) verpflichtet sich zur Abnahme des Basiswertes bei Ausübung der → Option durch den Erwerber des Rechts und erhält als Vergütung für die Übernahme dieser Verpflichtung den vereinbarten Optionspreis (Optionsprämie). Für den Erwerber der V. lohnt die Ausübung seines Rechts, wenn der Marktpreis bzw. Börsenkurs des zugrunde liegenden Basiswertes unter den festgelegten Basispreis fällt.

Verkehrsgleichung des Geldes, → Quantitätstheorie.

Verkehrshypothek, Normalform einer → Hypothek, bei der sich der öffentliche Glaube des → Grundbuchs auch auf die zugrunde liegende Forderung erstreckt. Der Hypothekengläubiger braucht daher zur Inanspruchnahme der Hypothek Existenz und Höhe der Forderung nicht nachzuweisen. Vielmehr trägt der Schuldner die Beweislast, wenn er geltend macht, dass die Forderung nicht mehr oder nicht mehr in voller Höhe besteht. Der öffentliche Glaube des Grundbuchs bewirkt hier auch, dass die V. von einem Dritten gutgläubig erworben werden kann, obwohl eine persönliche Forderung nicht besteht.

Verkehrswert, aktueller Marktwert (Verkaufswert) einer Immobilie. Der V. ist abhängig von den Eigenschaften des Objekts (z.B. Alter, Wohn-/Nutzfläche, Zustand), der Lage sowie den Angebots- und Nachfrageverhältnissen am Immobilienmarkt.

Verlustverrechnungstopf, → Steuerverrechnungskonto.

Vermieterpfandrecht, im BGB geregeltes Pfandrecht des Vermieters eines Grundstücks oder eines Raumes (z.B. Lagerraum, Garage etc.) an den eingebrachten Sachen des Mieters für seine Forderungen aus dem Mietverhältnis. Das V. kann die Ansprüche einer Bank aus einer → Sicherungsübereignung gefährden, wenn die Übereignung nicht vor Einbringung der Sache in das Grundstück bzw. die Räumlichkeit erfolgt. Kreditinstitute haben ein V. an dem Inhalt der von ihnen vermieteten → Schrankfächer. Das V. kann hier aber nur aufgrund von Ansprüchen aus dem Mietvertrag geltend gemacht werden.

vermögenswirksame Leistungen, finanzielle Leistungen, die ein Arbeitgeber für den

Arbeitnehmer in einer der nach dem Fünften Vermögensbildungsgesetz begünstigten Vertragsformen anlegt. V.L. sind grundsätzlich unmittelbar vom Arbeitgeber dem Institut zuzuführen, durch das die Vermögensanlage verwaltet wird. V.L. können freiwillig bzw. aufgrund vertraglicher Vereinbarung oder eines Gesetzes vom Arbeitgeber zusätzlich zum Arbeitsentgelt gewährt oder durch den Arbeitnehmer selbst aus seinem Arbeitsentgelt erbracht werden. Auch eine Kombination von Arbeitgeber- und Arbeitnehmerleistungen ist möglich. Vom Arbeitgeber gewährte v.L. stehen auch denjenigen Arbeitnehmern zu, die die Einkommensgrenze für den Anspruch auf eine → Arbeitnehmer-Sparzulage überschreiten. Vom Arbeitgeber gewährte v.L. stellen steuer- und sozialversicherungspflichtige Bestandteile des Gehalts dar.

Verpfändung, vertragliche Vereinbarung über die Bestellung eines → Pfandrechts an Sachen oder Rechten. Von besonderer Bedeutung in der Bankpraxis ist das → AGB-Pfandrecht der Kreditinstitute.

Verrechnungsscheck, → Scheck, der einen vom Aussteller oder einem nachfolgenden Inhaber quer über die Vorderseite gesetzten Vermerk „nur zur Verrechnung“ (oder gleichbedeutend) trägt bzw. einen entsprechenden vorgedruckten Verrechnungsvermerk enthält. Aufgrund dieses Vermerks ist dem bezogenen Kreditinstitut eine Barauszahlung untersagt. Der → Bezogene darf den V. nur durch Gutschrift einlösen und haftet bei Nichtbeachtung für einen evtl. entstehenden Schaden bis zur Höhe der Schecksumme. Der Verrechnungsvermerk soll eine missbräuchliche Verwendung des Schecks erschweren, da der Scheckeinreicher im Fall einer Kontogutschrift identifiziert werden kann. Von anderen Kreditinstituten als dem bezogenen Kreditinstitut kann ein V. theoretisch auch bar eingelöst werden, da das ScheckG nur dem Bezogenen die Bareinlösung untersagt. Dies ist jedoch praxisfremd. – *Gegensatz:* → Barscheck.

Versicherungssparen, langfristiger → Ratensparvertrag mit zusätzlicher Absicherung des Sparziels durch eine → Risikolebensversicherung. Im Todesfall des Sparers während der Laufzeit wird die Vertragssumme unter Verrechnung der bis zu diesem Zeitpunkt geleisteten Einzahlungen ausgezahlt. Dem V. liegen häufig Bonussparverträge (→ Bonussparen) zugrunde, bei denen neben der laufenden Verzinsung am Ende der Vertragslaufzeit ein einmaliger Bonus auf das eingezahlte Kapital gewährt wird.

Versorgungslücke, Differenz zwischen dem aufgrund des angestrebten Lebensstandards gewünschten Einkommen im Rentenalter und den tatsächlich zu erwartenden Alterseinkünften. Die V. ist Basis für die Berechnung zusätzlich erforderlicher privater Altersvorsorgeaufwendungen.

Vertretbarkeit, → Fungibilität.

Vertretung, rechtsverbindliches Handeln einer Person im Geschäftsverkehr gegenüber Dritten in fremdem Namen und für fremde Rechnung. Im Gegensatz zur → Geschäftsführung bezieht sich die V. also auf das Außenverhältnis. Rechtswirkungen von Willenserklärungen des Vertreters treffen nicht ihn selbst, sondern den Vertetenen. Die Befugnis zur V. eines Unternehmens ist je nach Rechtsform gesetzlich unterschiedlich geregelt. So sind z.B. die persönlich haftenden Gesellschafter einer → Offenen Handelsgesellschaft und einer → Kommanditgesellschaft einzeln zur V. berechtigt, während bei der → Aktiengesellschaft und der → Gesellschaft mit beschränkter Haftung der Grundsatz der gemeinschaftlichen V. (Gesamtvertretung) gilt. Hier sehen die gesetzlichen Bestimmungen gemeinsames Handeln der Vorstandsmitglieder bzw. Geschäftsführer vor. Abweichungen hiervon sind jedoch bei entsprechender Eintragung in das → Handelsregister möglich und üblich.

Verwahrer. 1. Gemäß BGB derjenige, der sich aus einem mit dem Hinterleger geschlossenen Verwahrungsvertrag zur Aufbewahrung beweglicher Sachen verpflichtet. – 2. Im Sinn des Depotgesetzes (DepotG) derjenige, dem im Betrieb seines Gewerbes Wertpapiere unverschlossen zur Verwahrung anvertraut werden. Verwahrer im Sinn des DepotG sind insbesondere Banken sowie die → Clearstream Banking AG.

Verwahrstück, einem Kreditinstitut vorübergehend zur Aufbewahrung im Tresorraum anvertrauter Gegenstand. Der Kunde ist gemäß den Bedingungen für die Annahme von V. verpflichtet, das V. so zu verschließen, dass sein Inhalt nicht erkennbar ist. Darüber hinaus ist das V. derart mit einer Plombe oder einem Siegel zu versehen, dass es ohne Beschädigung dieser Sicherung nicht geöffnet werden kann. Der Hinterleger hat Namen und Anschrift auf dem V. deutlich zu vermerken. Er erhält bei der Einlieferung eine Empfangsbestätigung. Das mit der Verwahrung betraute Kreditinstitut nimmt vom Inhalt des V. keine Kenntnis. Der Hinterleger kann gegen Quittung jederzeit die Herausgabe des V. verlangen. Die Annahme von V. erfolgt i.d.R. gegen Entgelt, dessen Höhe sich nach der Größe des V. und der Aufbewahrungsdauer richtet. – Vgl. auch → Depotgeschäft, → geschlossenes Depot.

Verwaltungskredit, → Investitionskredit, bei dem die von einem Dritten (z.B. Bund oder Länder im Rahmen von Förderprogrammen) gewährten zweckgebundenen Fremdmittel über Banken und Sparkassen einem Kreditnehmer zur Verfügung gestellt werden. Das zwischengeschaltete Kreditinstitut handelt dabei ohne Übernahme eines Kreditrisikos im Namen und für Rechnung des Geldgebers. Der V. ist eine Form des → Treuhandkredits.

Vieraugenprinzip, Grundsatz, nach dem ein Kreditinstitut, das befugt ist, sich bei der Erbringung von → Finanzdienstleistungen → Eigentum oder → Besitz an Geldern oder Wertpapieren von Kunden zu verschaffen, durch mindestens zwei Geschäftsleiter verantwortlich zu führen ist. Ein Verstoß gegen das V. kann die Versagung oder Rücknahme der Betriebserlaubnis des Kreditinstituts durch die → Bundesanstalt für Finanzdienstleistungsaufsicht (BAFin) zur Folge haben Unabhängig hiervon untersagt das Kreditwesengesetz auch den Betrieb eines Kreditinstitutes in der Rechtsform des Einzelkaufmanns. Das V. soll das interne Kontrollsystem der Kreditinstitute stärken.

Vierteljahrescoupon. 1. Ausstattungsmerkmal eines → festverzinslichen Wertpapiers, das die vierteljährlichen Zinszahlungen des Papiers kennzeichnet. – 2. Bezeichnung des → Zinsscheins selbst, der zum angegebenen Zinstermin den Anspruch auf Zahlung der Zinsen des vergangenen Vierteljahres verbrieft.

vinkulierte Namensaktie, → Aktie, deren Übertragung die Zustimmung des Vorstandes der betreffenden Aktiengesellschaft voraussetzt. V.N. kommen z.B. vor bei Versicherungsgesellschaften mit nicht voll eingezahltem → Grundkapital, um einen Aktienerwerb durch kapitalschwache Anleger zu unterbinden oder bei Familienunternehmen zum Schutz vor Überfremdung. Soll der Erwerb von Aktien mit einer Verpflichtung der Aktionäre zu Nebenleistungen verbunden werden, so schreibt das Aktiengesetz die Ausgabe von v.N. zwingend vor. Auch Aktien von → Investmentgesellschaften sind stets v.N.

Visa-Card, von in- und ausländischen Kreditinstituten im Verbund der Visa International Inc., USA ausgegebene → Kreditkarte mit weltweiter Akzeptanz. Die V. bietet neben der Zahlungs- und Bargeldbeschaffungsfunktion je nach Ausstattung zusätzliche Versicherungsleistungen und Mietwagen-Tarifvergünstigungen sowie Reisenotfallservice.

Volatilität, Schwankungsbreite des Börsenkurses (Kursvolatilität) oder der → Rendite (Renditevolatilität) eines Finanzinstrumentes (z.B. → Aktie, → Option) innerhalb eines bestimmten Zeitraumes. Die V. kann zum einen vergangenheitsbezogen als prozentuale Abweichung von einem Ausgangswert im Betrachtungszeitraum ermittelt werden (historische Volatilität). Dagegen ist für den Handel in Optionen insbesondere die implizite Volatilität, d.h. die marktaktuelle Einschätzung der zukünftigen Schwankungsbreite eines Wertes bedeutsam. Mit dem VDAX (→ DAX-Volatilitätsindex) wird die von den Marktteilnehmern innerhalb der nächsten 45 Tage erwartete Schwankungsbreite (implizite Volatilität) des → DAX ausgedrückt.

Volksaktie, Bezeichnung einer → Aktie, die im Rahmen einer Privatisierung von Bundesvermögen an breite Bevölkerungskreise verkauft wird. Damit wird angestrebt, auch sozial Schwächeren die Beteiligung am Produktivvermögen der Wirtschaft zu ermöglichen. In der Vergangenheit wurden V. teilweise zu Vorzugskursen ausgegeben oder ihr Bezug von bestimmten Einkommensgrenzen abhängig gemacht. Beispiele für V. sind die Aktien der VW-AG und der VEBA-AG.

Volksbank, regional ausgerichtete → Kreditgenossenschaft mit Tätigkeitsschwerpunkt in der Kreditversorgung der gewerblichen Kundschaft. Die V. sind zurückzuführen auf Schultze-Delitzsch als Begründer des auf Selbsthilfe basierenden gewerblichen Kreditgenossenschaftswesens im 19. Jahrhundert. Die Bezeichnung V. als Firma, Firmenzusatz, zur Kennzeichnung des Geschäftszwecks oder zu Werbezwecken dürfen nur Kreditinstitute neu aufnehmen, die in der Rechtsform der eingetragenen Genossenschaft betrieben werden. V. sind heute grundsätzlich → Universalbanken. Sie sind mit den → Raiffeisenbanken im → Bundesverband der deutschen Volksbanken und Raiffeisenbanken (BVR) zusammengeschlossen.

Vollindossament, → Indossament, bei dem über der Unterschrift des Indossanten der Name des Indossatars angegeben ist. Das V. erfüllt alle Indossamentsfunktionen.

Vollmacht, Vertretungsbefugnis gem. BGB, die aufgrund einer einseitigen, empfangsbedürftigen Willenserklärung der vertretenen Person gegenüber dem Bevollmächtigten oder dem Dritten, dem gegenüber die Vertretung stattfinden soll, erteilt werden kann. Der Umfang der V. kann (von bestimmten Einschränkungen abgesehen) vom V-Geber beliebig festgelegt werden. Die V. kann formfrei erteilt werden und ist grundsätzlich jederzeit widerruflich. – Vgl. auch → Bankvollmacht, → Handlungsvollmacht, → Prokura.

Vollmachtsstimmrecht, → Depotstimmrecht.

Vollstreckungsklausel, *Zwangsvollstreckungsklausel;* Klausel, die als eine Voraussetzung der → Zwangsvollstreckung auf einem vollstreckbaren Titel anzubringen ist und die Vollstreckungsreife beurkundet.

Vorausabtretung, → Abtretung einer Forderung bereits vor dem Zeitpunkt ihrer Entstehung. Die V. kommt in der Bankpraxis im Rahmen einer Besicherung von Krediten durch → Globalabtretung oder → Mantelabtretung vor.

Vorauszahlung, Zahlung aus einem Waren- oder Dienstleistungsgeschäft zu einem vertraglich vereinbarten Zeitpunkt bereits vor Lieferung bzw. vor Erbringung der Leistung. Die V. begünstigt den Zahlungsempfänger einseitig, da er das Zahlungsrisiko ausschließt und durch die frühzeitige Zahlung Zins- und Liquiditätsvorteile hat. Der Zahlungspflichtige trägt hingegen das Risiko, trotz Zahlung die vereinbarte Leistung nicht oder nicht frei von Mängeln zu erhalten. Die Absicherung dieses Risikos erfolgt in der Praxis häufig durch vom Zahlungsempfänger zu beschaffende → Bankgarantien.

Vordatierung. Das tatsächliche Datum einer Scheckausstellung liegt vor dem angegebenen Ausstellungsdatum. Die V. verlängert die effektive Vorlegungsfrist eines Schecks, da gemäß Scheckgesetz diese Frist an dem Tage zu laufen beginnt, der in dem Scheck als Ausstellungstag angegeben ist. – Vgl. auch → Vorlegungsfristen bei Schecks.

Vorfälligkeitsentgelt, *Vorfälligkeitsentschädigung.* 1. Entgelt, das von Kreditinstituten gelegentlich anstelle der (laufzeitabhängigen) → Vorschusszinsen bei vorzeitiger Verfügung über Spareinlagen in Höhe eines bestimmten Prozentsatzes vom Abhebungsbetrag oder als Festbetrag erhoben wird. – 2. Entgelt, das von Kreditinstituten bei einer innerhalb der → Zinsbindung vorgenommenen (nicht vertragsgerechten) Rückzahlung langfristiger Darlehen als Ausgleich für den daraus entstehenden wirtschaftlichen Nachteil in Rechnung gestellt wird.

Vorfinanzierung, *Zwischenfinanzierung;* Finanzierung eines Vorhabens durch Bereitstellung kurzfristiger Bankkredite, die zu einem späteren Zeitpunkt durch ein langfristiges Darlehen ersetzt werden. Die V. findet z.B. im Bereich der Baufinanzierung Anwendung, wenn die Voraussetzungen zur Auszahlung der zugesagten langfristigen Finanzierungsmittel zunächst noch nicht erfüllt sind und die Zwischenzeit überbrückt werden muss. – Vgl. auch → Zwischenkredit.

Vorlegungsfristen bei Schecks, Fristen, innerhalb der → Schecks nach den Bestimmungen des Scheckgesetzes zur Zahlung vorgelegt werden müssen. Bei Schecks, die im Land der Ausstellung zahlbar sind, beträgt die Frist acht Tage, bei Schecks mit Ausstellungsort und Zahlungsort in demselben Erdteil zwanzig Tage und bei Schecks mit Ausstellungsort und Zahlungsort in verschiedenen Erdteilen siebzig Tage. Dabei gelten die an das Mittelmeer angrenzenden Länder und die Länder Europas als Länder desselben Erdteils. Die V. beginnen mit dem auf dem Scheck angegebenen Ausstellungstag; endet die Frist an einem Samstag, Sonntag oder Feiertag, so wird sie bis zum darauffolgenden Werktag verlängert. Die Nichteinhaltung der V. führt nicht zur Ungültigkeit eines Schecks; der Scheckinhaber verliert aber seine scheckrechtlichen Rückgriffsansprüche (→ Rückgriff). Außerdem ist das bezogene Kreditinstitut nach Ablauf der V. zur Einlösung des Schecks nur noch berechtigt, aber nicht mehr verpflichtet. Die Bestimmung des Scheckgesetzes, nach der ein → Scheckwiderruf erst nach Ablauf der V. wirksam ist, ist in der Praxis bedeutungslos, da die Rechtsprechung von den Kreditinstituten die Beachtung von Schecksperren auch innerhalb der V. verlangt.

Vorlegungsvermerk, *Nicht-bezahlt-Vermerk.* 1. Datierter und rechtsverbindlich unterschriebener Vermerk über die Nichteinlösung eines → Schecks. Der V. wird von dem bezogenen Kreditinstitut auf dem Scheck angebracht und sichert das Rückgriffsrecht (→ Rückgriff) des letzten Scheckinhabers nach dem Scheckgesetz, sofern der Scheck rechtzeitig vorgelegt wurde (→ Vorlegungsfristen bei Schecks). Zur Wahrung der Rückgriffsansprüche kann der V. des bezogenen Instituts auch durch eine datierte Erklärung einer Abrechnungsstelle über die rechtzeitige Einlieferung und Nichteinlösung ersetzt werden. Bei beleglos eingezogenen Schecks (→ belegloser Scheckeinzug) bestätigt die erste Inkassostelle im Auftrag des bezogenen Instituts die Nichteinlösung durch einen entsprechenden Vermerk, der jedoch keinen ordnungsmäßigen V. im Sinn des Scheckgesetzes darstellt und zur Wahrung der scheckrechtlichen Rückgriffsansprüche nicht ausreicht. In diesem Fall haftet die erste Inkassostelle dem Scheckinhaber für einen daraus evtl. entstehenden Schaden. Der V. ersetzt den (in der Bankpraxis nicht üblichen) Scheckprotest. – Vgl. auch → Nichteinlösung von Schecks. – 2. Durch das Kreditinstitut des Zahlungspflichtigen angebrachter Vermerk über die Vorlage und Nichteinlösung einer → Lastschrift. Der V. ist Bestandteil des Datensatzes für die Rückrechnung einer nicht bezahlten Lastschrift und enthält unter anderem Hinweise auf den Rückgabegrund (z.B. mangelnde Kontodeckung, Unanbringlichkeit der Lastschrift oder Widerspruch des Zahlungspflichtigen im → Einzugsermächtigungsverfahren).

Vorschusszinsen. 1. *Begriff:* Zinsen, die einem Sparer von seinem Kreditinstitut bei einer vorzeitigen (d.h. ohne rechtzeitige Kündigung vorgenommenen) Verfügung über das Sparguthaben bzw. einen Teilbetrag des Guthabens berechnet werden. Die V. betragen i.d.R. ¼ der für die Spareinlage zu vergütenden Guthabenzinsen. – 2. *Berechnung:* Bei Sparkonten mit dreimonatiger Kündigungsfrist kann im Allgemeinen ein Betrag von 2.000 Euro je Kalendermonat vorschusszinsfrei abgehoben werden. In diesem Zusammenhang kommen in der Bankpraxis zwei unterschiedliche Berechnungsmethoden zur Anwendung: a) *90-Tage-Methode:* Dem Kunden werden im Fall einer Verfügung ohne vorherige Kündigung V. für 90 Tage auf den Betrag berechnet, der den Freibetrag eines Monats von 2.000 Euro übersteigt. Freibeträge weiterer Monate werden nicht vorgerechnet. Verfügt der Sparer z.B. über 7.000 Euro, so fallen unter Berücksichtigung eines einmaligen Freibetrages V. auf 5.000 Euro für 90 Tage an, bei einem angenommenen Vorschusszinssatz von 0,5% p.a. also 6,25 Euro. – b) *Staffelmethode:* Die Berechnung von V. erfolgt unter Anrechnung eines Freibetrages von je 2.000 Euro für den laufenden Monat sowie für jeden folgenden Kalendermonat. Verfügt der Sparer hier z.B. Wert 26.3. eines Jahres ohne Kündigung über 7.000 Euro, so stellt sich die V.-Berechnung wie folgt dar:

frei am	Euro	Vorschusszinsen für ... Zinstage	Vorschusszinsen Euro (0,5% p.a.)
26.3.	2.000	0	0,00
1.4.	2.000	5	0.14
1.5.	2.000	35	0,97
1.6.	1.000	65	0,90
	7.000		2,01

Die Staffelmethode begünstigt also den Sparer, da ihre Anwendung zu einem insgesamt geringeren Vorschusszinsbetrag führt. – 3. *Ausnahmen von der Vorschusszinsberechnung:* In der Bankpraxis besteht keine Verpflichtung zur Berechnung von V. Meist unterbleibt die Berechnung von V. in folgenden Fällen: a) Über gutgeschriebene Zinsen wird innerhalb von zwei Monaten ab Wertstellung verfügt. – b) Spareinlagen werden vor Fälligkeit zum Erwerb von Wertpapieren verwendet. Dabei nehmen Kreditinstitute jedoch eine spätere Nachberechnung von V. für den Fall vor, dass die erworbenen Papiere vor Ablauf der für die verwendete Spareinlage geltenden Kündigungsfrist wieder verkauft werden. – c) Die Verfügung über eine Spareinlage erfolgt aufgrund einer wirtschaftlichen Notlage des Sparers. – d) Spareinlagen werden auf andere Sparkonten oder Bausparkonten des Sparers bei demselben Institut mit mindestens gleichlanger Kündigungsfrist übertragen. – e) Über die Spareinlage eines verstorbenen Sparers wird im Rahmen der Erbauseinandersetzung verfügt. – f) Der Sparer überträgt bei einem Wohnsitzwechsel sein Sparguthaben auf ein anderes Institut und das empfangende Institut bestätigt, dass durch die Übertragung keine Verkürzung der Kündigungsfrist eintritt.

Vorsorgesparen. 1. Sparen mit dem Ziel der Rücklagenbildung für einen künftigen, noch nicht konkret absehbaren Finanzierungsbedarf (allgemeine Risikovorsorge). – 2. Sparen zur Sicherstellung der Altersversorgung. Kreditinstitute bieten zunehmend besondere Sparformen an, die auf die Erzielung eines Zusatzeinkommens im Alter gerichtet sind. Die spätere Rückzahlung des Guthabens einschließlich angefallener Zinsen kann in einer Summe oder als längerfristiges regelmäßiges Einkommen nach einem vorher festgelegten Auszahlungsplan erfolgen. Häufig beinhalten Vorsorgesparformen einen zusätzlichen Versicherungsschutz (→ Versicherungssparen). Altersvorsorgesparen wird unter bestimmten Voraussetzungen staatlich gefördert (→ Riester-Vertrag).

Vorzugsaktie, → Aktie, die gegenüber einer → Stammaktie mit Vorrechten versehen ist. Der Vorzug besteht in der Regel in einem höheren Dividendenanspruch (→ Dividende) gegenüber den Stammaktionären, gelegentlich auch in einer bevorrechtigten Beteiligung am Liquidationserlös bei Auflösung der Gesellschaft. Ein Dividendenvorzug kann darin bestehen, dass a) die Vorzugsaktionäre mit Vorrang vor den Stammaktionären bedient werden, b) die Vorzugsaktionäre über die den Stammaktionären gewährte Dividende hinaus eine Zusatzdividende erhalten oder c) den Vorzugsaktionären bei Ausfall von Dividendenzahlungen in den darauf folgenden Jahren entsprechende Nachzahlungen gewährt werden. Häufig vorkommend sind *kumulative stimmrechtslose Vorzugsaktien*, die dem Aktionär zwar einen Dividendenvorzug gewähren, das Stimmrecht jedoch ausschließen. Kann bei diesen Aktien ein Dividendenvorzug in zwei aufeinanderfolgenden Jahren ganz oder auch teilweise nicht gezahlt werden, so erhalten die Aktionäre solange das Stimmrecht, bis die Dividendenrückstände in vollem Umfang nachgezahlt worden sind.

W

Wachstumsfonds, andere Bezeichnung für thesaurierende Fonds, d.h. → Investmentfonds, bei denen Erträge nicht ausgeschüttet, sondern wieder angelegt werden.

Wachstumssparen, → Sondersparformen.

Währungsanleihe, → Anleihe, die auf ausländische Währung lautet. Im Gegensatz dazu werden Euro-Anleihen von Emittenten aus Nicht-Euro-Ländern als Euro-Auslands-Anleihen bezeichnet.

Währungskonto, *Fremdwährungskonto;* Konto, das in einer ausländischen Währung geführt wird. Ein W. lohnt sich z.B. für Unternehmen, die regelmäßig Forderungen und Verbindlichkeiten in einer fremden Währung verrechnen; es entfällt dann jeweils die Umrechnung der Beträge in Euro; damit sinken die Transaktionskosten (Provision sowie die Differenz zwischen → Geldkurs und → Briefkurs).

Währungsoptionsschein, *Currency Warrant;* Optionsschein (→ Option), dessen Basiswert eine Währung darstellt. Ein W. kann z.B. das Recht verbriefen, innerhalb einer bestimmten Frist US-Dollar zu einem festgelegten Preis kaufen zu können.

Währungspolitische Beschlüsse, → Europäisches System der Zentralbanken.

Währungsposition, → Devisenposition.

Währungsrisiko, Risiko, das durch → Aufwertung oder → Abwertung einer Währung entsteht.

Währungsswap, → Swap.

Währungsunion, im Mai 1998 von den Staats- und Regierungschefs der Länder Deutschland, Belgien, Luxemburg, Spanien, Frankreich, Irland, Italien, Niederlande, Österreich, Portugal und Finnland getroffene Vereinbarung zur Festlegung unwiderruflicher gegenseitiger Wechselkurse und zur Schaffung des → Euros als gemeinschaftlicher Währung. Griechenland trat der W. zum 1. 1. 2001, Slowenien zum 1.1.2007, Malta und Zypern zum 1.1.2008 bei.

Wandelanleihe, → Convertible Bond.

Wandelgenussschein, → Genussschein.

Wandelschuldverschreibung, Sammelbezeichnung des Aktiengesetzes für → Optionsanleihe und → Convertible Bond (Wandelanleihe).

Wandelung, alte Bezeichnung des BGB für das Recht des Käufers einer Sache, bei mangelhafter Lieferung vom Vertrag zurücktreten zu können.

Wandlung, Umtausch von → Convertible Bonds oder Wandelgenusscheinen (→ Genussscheine) in den Basiswert (z.B. Aktie), dessen Bezug in den Wandlungsbedingungen verbrieft ist.

Warenkorb, → Index.

Warenkredit, Kreditierung von Warenlieferungen. Bei einem W. wird eine Ware ohne sofortige Bezahlung bereitgestellt – Vgl. auch → Lieferantenkredit.

Warentermingeschäfte, vertragliche Verpflichtungen, bestimmte Rohstoffe zu einem jeweils vorher vereinbarten Preis zu kaufen oder zu verkaufen. W. werden in standardisierter Form an Terminbörsen gehandelt. Eine Börse für W. in Deutschland befindet sich in Hannover.

Warenwertpapier, Wertpapier, das Rechte an einer „schwimmenden“ (auf See befindlichen), sich auf einem sonstigen Transport befindlichen oder einer lagernden Ware verkörpert. Beispiele für ein W. sind → Konnossement und → Orderlagerschein.

Warrant, engl. Bezeichnung für einen Optionsschein. – Vgl. auch → Option.

Warrant Bond, englische Bezeichnung für eine → Optionsanleihe.

WAVE´S, Abk. für *Warrant Alternative Vehicles.* Sonderform von Optionsscheinen (→ Option). Mit WAVE´S können Anleger auf steigende oder fallende Kurse des Basiswertes (z.B. → Aktie, → Index, Währung, Rohstoff) spekulieren; sie sind mit einer Barriere („Knock Out") versehen. Unterschreitet (beim Call) bzw. überschreitet (beim Put) der Basiswert die Barriere, wird ein WAVE wertlos.

Wechsel. 1. *Wesen:* Der W. ist ein durch eine Urkunde verbrieftes Zahlungsversprechen. Er ist ein → geborenes Orderpapier und ein streng förmliches Wertpapier. Rechtsgrundlage ist das Wechselgesetz; danach muss ein W. bestimmte gesetzliche Bestandteile aufweisen. Der letzte Inhaber des W. kann bei Nichteinlösung aufgrund der Strenge des Wechselgesetzes einen → Urkundenprozess anstreben. Voraussetzung hierfür ist die fristgemäße Vorlage des W. (spätestens zwei Geschäftstage nach dem Verfalltag) sowie die schriftliche Erklärung eines Notars oder Gerichtsvollziehers über die Nichteinlösung (Protesturkunde). Wechselrechtlich haften dem letzten Inhaber alle Beteiligten, also neben dem Bezogenen auch der Aussteller sowie die Indossanten (→ Indossament). – 2. *Arten des Wechsels:* a) *Gezogener Wechsel:* Die unbedingte Anweisung eines Wechselausstellers an einen Bezogenen, eine bestimmte Geldsumme zu einem bestimmten Zeitpunkt (Verfalltag) zu zahlen. Der gezogene W. kommt vor allem im Zusammenhang mit der Gewährung eines → Warenkredites zur Anwendung (Handelswechsel). – b) *Solawechsel:* Zahlungsversprechen des Wechselausstellers: „Gegen diesen Wechsel zahle ich am ... Euro ... ". Solawechsel kommen in der Praxis vor allem als Schatzwechsel des Bundes (→ Geldmarktpapiere) vor. – 3. *Bedeutung des W.:* Seit dem Wegfall der Möglichkeit, Wechsel durch Rediskontierung bei der → Deutschen Bundesbank über den Diskontsatz zinsgünstig refinanzieren zu können, hat der Wechsel in der Praxis stark an Bedeutung verloren. Nach wie vor ist eine Diskontierung (Ankauf vor dem Verfalltag unter Abzug von Diskont) möglich; diese erfolgt jedoch zu marktüblichen Konditionen des → Geldmarktes. In Folge dessen sind Wechselgeschäfte seit 1999 stark rückläufig. Für Kreditinstitute beinhaltet die Diskontierung jedoch nach wie vor eine Refinanzierungsmöglichkeit, da es in Deutschland erlaubt ist, W. im Rahmen der Hauptrefinanzierungsgeschäfte des Europäischen Systems der Zentralbanken (→ geldpolitische Operationen) als Sicherheit zu hinterlegen.

Wechselabkommen, → Abkommen.

Wechselgesetz, → Wechsel.

Wechselkurs, Preis einer Währung, ausgedrückt in bestimmten Mengeneinheiten einer andern Währung. Ein W. wird heutzutage i.d.R. als → Mengennotierung ausgedrückt; die → Preisnotierung ist dagegen nicht mehr häufig anzutreffen.

Wechselkursrisiko, Risiko, das sich aufgrund einer für den Inhaber von Devisenpositionen ungünstigen Kursentwicklung (→ offene Position) ergibt.

Weißer Ritter, Bezeichnung für eine Person oder Firma, die einem Unternehmen zu Hilfe eilt, dem eine feindliche Übernahme droht. Der W.R. legt den Anteilseignern des von der Übernahme bedrohten Unternehmens eine Gegenofferte vor, die den feindlichen Interessenten („Schwarzer Ritter") aus dem Rennen werfen soll.

Weltbank, *International Bank for Reconstruction and Development (IBRD);* Internationale Organisation mit Sitz in Washington D.C. Die W. ist eine rechtlich selbstständige Sonderorganisation der Vereinten Nationen. Der W. gehören über 180 Staaten an, die auch dem → Internationalen Währungsfonds angeschlossen sein müssen. Hauptaufgabe ist die Förderung des wirtschaftlichen Fortschritts der Mitgliedsstaaten, insbesondere der Entwicklungsländer.

Weltbankgruppe, Sammelbezeichnung für bestimmte sehr eng verbundene internationale Finanzinstitutionen. Der W. gehören neben der → Weltbank weitere Institutionen an, im

Wesentlichen: Internationale Entwicklungsorganisation (International Development Organisation (IDA), International Finance Corporation (IFC), Multilaterale Investitions-Garantie-Agentur (MIGA). Ziel der W. ist es, weniger entwickelte Länder durch finanzielle Hilfen (verzinsliche und unverzinsliche Kredite, Vermittlung von Unternehmensbeteiligungen) und technische Hilfen sowie durch Beratung in ihrer wirtschaftlichen Entwicklung zu unterstützen. Die Refinanzierung der W. erfolgt hauptsächlich über die → Emission von → Anleihen sowie durch Kapitalbeteiligungen der Mitglieder und den Verkauf von Darlehensforderungen.

Werbungskosten, Aufwendungen, die eine steuerpflichtige Person im Rahmen der → Einkommensteuer absetzen kann, da sie für die Erzielung der Einkünfte notwendig sind. So sind für Einkünfte aus unselbständiger Arbeit z.B. Ausgaben für Fachliteratur oder Ausgaben für Berufskleidung als W. absetzbar.

Wertbereich, Bezeichnung für den liquiditätsmäßig-finanziellen Teil der bankbetrieblichen Leistungserstellung. Im W. werden Wertleistungen produziert (z.B. Kreditvergabe). Es fallen hierbei Wertkosten an (z.B. Refinanzierungskosten für die Hereinnahme von Einlagen). Die Wertleistung bringt auf der anderen Seite Werterlöse mit sich (z.B. die den Kunden in Rechnung gestellten Sollzinsen).

Wertberichtigung, bilanztechnischer Ausdruck für einen Korrekturposten bei der Bilanzierung von Vermögensgegenständen, die aufgrund einer → Abschreibung geringer zu bewerten sind. In Kreditinstituten sind vor allem W. auf Forderungen und Wertpapiere bedeutsam. Während bei Wertpapieren, deren aktueller Kurs unter dem Bilanzkurs liegt, und bei Forderungen, deren Ausfall feststeht (uneinbringliche Forderungen), eine direkte Abschreibung vorgenommen wird, sind bei zweifelhaften bzw. bei allen übrigen Forderungen Einzel- und Pauschalwertberichtigungen vorzunehmen: *1. Einzelwertberichtigung:* Korrekturposten für zweifelhafte Forderungen, also Forderungen, bei denen ein (teilweiser) Ausfall absehbar, jedoch noch nicht exakt bestimmbar ist. Wird z.B. bei einem Schuldner, der noch einen Kredit von 100.000 Euro zurück zu zahlen hat, ein → Insolvenzverfahren eröffnet, muss das Kreditinstitut nach vernünftiger kaufmännischer Beurteilung abschätzen, welchen Betrag es nach Abschluss des Verfahrens voraussichtlich noch erhält. Rechnet es mit einem Zahlungseingang von 10%, ist eine Einzelwertberichtigung in Höhe von 90%, also 90.000 Euro, zu bilden. – 2. *Pauschalwertberichtigung:* Kreditinstitute sind gezwungen, auf alle Forderungen, die nicht direkt abgeschrieben oder einzelwertberichtigt wurden. Pauschalwertberichtigungen für latente (verborgene) allgemeinwirtschaftliche Risiken zu bilden. Hierzu müssen sie aus der Vergangenheit einen Prozentsatz ermitteln, der dem langjährigen durchschnittlichen Forderungsausfall entspricht. Ermittelt ein Kreditinstitut z.B. Forderungen in Höhe von 100 Mio. Euro (nach direkter Abschreibung) und liegen zweifelhafte Forderungen in Höhe von 2 Mio. Euro vor, ist auf den Bestand von 98 Mio. Euro eine Pauschalwertberichtigung zu bilden. Beträgt der langjährige durchschnittliche Forderungsausfall dieses Kreditinstitutes 0,15%, so sind 0,15% auf 98 Mio. Euro, also 147.000 Euro als Pauschalwertberichtigung zu berücksichtigen. Da aus den Vorjahren bereits ein (meist geringerer) Bestand an Pauschalwertberichtigungen existiert, ist dieser nur in Höhe der Differenz zum Vorjahresbestand zu bilden.

Werterlöse, → Wertbereich.

Wertkosten, → Wertbereich.

Wertleistung, → Wertbereich.

Wertpapierabwicklungssystem, Bezeichnung für ein EDV-System, das eine Übertragung von Beständen bei Käufen bzw. Verkäufen von Wertpapieren und bei sonstigen Wertpapiertransaktionen (z.B. Kreditvergabe, bei der Wertpapiere als Sicherheit zu hinterlegen sind oder Bereitstellung von Wertpapiersicherheiten bei → geldpolitischen Operationen des Europäischen Systems der Zentralbanken) ermöglicht. Durch ein W. ist der stückelose → Effektengiroverkehr möglich. Beispiel für ein W. ist das System der → Clearstream Banking AG.

Wertpapierbörse, → Börse.

Wertpapierderivate, Sammelbezeichnung für Produkte, die von „klassischen“ Wertpapieren wie Aktien oder Anleihen abgeleitet wurden. Gehandelt wird das Derivat; das zugrunde liegende Wertpapier und dessen Kursentwicklung haben allerdings erheblichen Einfluss auf die Wertentwicklung des Derivates. Wichtige Beispiele für W. sind → Option und → Future.

Wertpapiere, Urkunden, die ein privates Recht verbriefen, das ohne die Urkunde nicht geltend gemacht werden kann (→ qualifiziertes Legitimationspapier). W. sind nach verschiedenen Gesichtspunkten (z.B. nach Übertragung des Rechts oder nach Art des verbrieften Vermögenswertes) unterscheidbar. – Vgl. auch die nachstehenden Abbildungen „Unterscheidung von Wertpapieren nach Übertragung des Rechts/nach Art des verbrieften Vermögenswertes".

Unterscheidung von Wertpapieren nach Übertragung des Rechts		
Inhaberpapier	**Orderpapier**	**Rektapapier**
Übertragung durch Einigung über den Eigentumsübergang + Übergabe	Übertragung durch Einigung über den Eigentumsübergang + Indossament + Übergabe	Übertragung durch Abtretung + Übergabe
Beispiele:	*Beispiele:*	*Beispiele:*
- Pfandbrief - Inhaberscheck	- Orderscheck - Wechsel	- Grundschuldbrief - Hypothekenbrief

Unterscheidung von Wertpapieren nach Art des verbrieften Vermögenswertes		
Warenwertpapier	**Geldwertpapier**	**Kapitalwertpapier**
Beispiele:	*Beispiele:*	*Beispiele:*
- Konnossement - Lagerschein	- Scheck - Wechsel	- Grundschuldbrief - Aktie

Wertpapiererhebungsbogen, → Anlageberatung.

Wertpapierfonds, → Investmentfonds.

Wertpapierhandelsgesetz, → Gesetz über den Wertpapierhandel.

Wertpapierindex, → Index.

Wertpapierleihe, Übertragung von Wertpapieren durch einen Verleiher mit der Maßgabe, dass der Entleiher dem Verleiher nach Ablauf einer bestimmten Frist (meist wenige Tage, evtl. einige Wochen) Wertpapiere gleicher Art, Güte und Menge zurück überträgt. Darüber hinaus erhält der Verleiher vom Entleiher eine Gebühr. Rechtlich ist die W. ein Sachdarlehen (→ Darlehen). Während für den Verleiher die Leihgebühr als Hauptmotiv für das Geschäft in Frage kommt (Erhöhung der → Rendite eines Wertpapierbestandes), können beim Entleiher unterschiedliche Motive vorliegen: 1. *Überbrückung eines Lieferverzuges* bei der Abwicklung von Wertpapieraufträgen (z.B. bei Arbitragegeschäften, d.h. gleichzeitigem Kauf und Verkauf an zwei Börsenplätzen unter Ausnutzung von Kursunterschieden). Ist z.B. beim Verkauf das Papier bereits in zwei Tagen zu liefern, erhält der Arbitrageur jedoch beim gleichzeitigen Kauf die Papiere an der anderen Börse aufgrund feiertagsbedingter Unterschiede zwischen den beiden Börsenplätzen oder aufgrund unterschiedlicher → Usancen erst in vier Tagen, so kann er die zwei Tage Differenz durch eine W. überbrücken. – 2. *Abwicklung von Wertpapierpensionsgeschäften.* Ein Entleiher besorgt sich Wertpapiere über eine W. Diese können für ein → Wertpapierpensionsgeschäft verwendet werden. Da Wertpapierpensionsgeschäfte oft zu zinsgünstigen Konditionen abgeschlossen werden können, ist diese Art der Refinanzierung trotz der zu zahlenden Leihgebühr eventuell wirtschaftlicher als eine andere Form der Geldaufnahme. – 3. *Leerverkäufe.* Notiert eine Aktie z.B. bei 20 Euro und rechnet ein Anleger mit einer Kurssenkung, so kann er Aktien, die er noch nicht besitzt, zu 20 Euro verkaufen und seine Lieferverpflichtung mit geliehenen Aktien erfüllen. Dem Entleiher gibt er nach einer vereinbarten Zeit, z.B. 2 Wochen, die Aktien zurück. Liegt er mit seiner Einschätzung der Kursentwicklung richtig, kann er sich diese Aktien zum gesunkenen Kurs beschaffen, und er realisiert auf diese Weise einen Gewinn.

Wertpapiermitteilungen, spezielles Presseorgan für die Veröffentlichung amtlicher und anderer Bekanntmachungen, die das Wertpapiergeschäft betreffen. Für die Praxis der Kreditinstitute ist insbesondere die sogenannte Oppositionsliste von Bedeutung, die alle Wertpapiere ausweist, welche gestohlen wurden oder abhanden kamen. Bei Ankauf effektiver Stücke von Wertpapieren (Wertpapierurkunden) ist festzustellen, ob das Papier in der Oppositionsliste aufgeführt wird. Ist dies der Fall, kann das kaufende Kreditinstitut auch bei → Inhaberpapieren nicht → gutgläubiger Eigentümer des Papiers werden.

Wertpapierpensionsgeschäft, *Repogeschäft.* 1. *Echtes W.:* → Übereignung von Wertpapieren gegen Zahlung des Gegenwertes dieser Papiere durch einen Pensionsgeber an einen Pensionsnehmer. Es wird ein Zeitpunkt vereinbart, zu dem die Wertpapiere zurück übertragen werden. Da der Pensionsgeber zunächst Liquidität erhält und die liquiden Mittel zu einem späteren Zeitpunkt wieder zurückzahlt, liegt für ihn für die Dauer des W. eine verzinsliche Kreditaufnahme vor. In der Praxis ist die Konstruktion des echten W. besonders bedeutsam in Zusammenhang mit den Offenmarktgeschäften des Europäischen Systems der Zentralbanken (→ geldpolitische Operationen) – 2. *Unechtes W.:* Im Unterschied zu einem echten W. ist hier der Pensionsnehmer berechtigt, aber nicht verpflichtet, die Wertpapiere zurück zu übertragen.

Wertpapierrechnung, besondere Form der Verwaltung von Wertpapieren. Bei der W. gehen die für Kunden verwalteten Wertpapiere in das → Eigentum des verwahrenden Kreditinstituts über (unregelmäßige Verwahrung). Der Kunde (Hinterleger) erhält keinen sachenrechtlichen, sondern einen schuldrechtlichen Anspruch auf Rückgabe von Wertpapieren derselben Art in gleicher Höhe sowie einen Anspruch auf die Wertpapiererträge (z.B. Zinsen, Dividenden). Die W. kommt in Deutschland nur bei Auslandswertpapieren zur Anwendung, wenn das deutsche Kreditinstitut im Ausland als Eigentümer der Wertpapiere erfasst ist, der Kunde jedoch den Bestand unter der Bezeichnung „WR = Wertpapierrechnung" in seinem Depot hat. Der Umweg über die W. ist aufgrund der international unterschiedlichen depotrechtlichen Regelungen zur Eigentumsverschaffung notwendig.

Wertpapiersammelbank, praxisübliche Bezeichnung für die → Clearstream Banking AG.

Wertpapierscheck, rechtliche Anweisung zur Übertragung von Wertpapierbeständen. Da solche Übertragungen im Zusammenhang mit dem stückelosen → Effektengiroverkehr beleglos erfolgen, kommt dem W. in der Praxis nur noch in Ausnahmefällen eine Bedeutung zu (z.B. bei Depotübertragungen außerhalb des börsenmäßigen Wertpapierhandels).

Wertpapiersondervermögen, → Investmentfonds.

Wertrechte, → Schuldbuchforderungen.

Wertrechtsanleihe, → Anleihe, die nicht in Urkundenform, sondern durch → Schuldbuchforderungen verbrieft ist.

Wertstellung, *Valuta;* Festsetzung des Tages, mit dem die Verzinsung für eine Kontobelastung oder Kontogutschrift beginnt. Reicht ein Kunde bei einem Kontoguthaben von 100 Euro z.B. am 12.5. einen Scheck im Betrag von 1.000 Euro zur Gutschrift auf seinem Konto Eingang vorbehalten (→ E.v.) ein, so wird die W. einige Tage später festgelegt (z.B. 14.5.), da der Scheckgegenwert vom bezogenen Kreditinstitut noch einzuziehen ist. Verfügt der Kunde bereits am 12.5. bar über den Scheckgegenwert, überzieht er für zwei Tage sein Konto mit 900 Euro, obwohl die Überziehung nicht aus dem Kontoauszug hervorgeht, da dieser die beiden Vorgänge unter dem Buchungsdatum 12.5. ausweist (valutarische Kontoüberziehung).

Wertstellungsgewinn, Erlös eines Kreditinstitutes, der durch unterschiedliche → Wertstellung von Forderungen und Verbindlichkeiten entsteht. – *Beispiel:* Ein Kunde reicht einen Scheck über 20.000 Euro, der in München zahlbar ist, auf sein Konto bei einer Düsseldorfer Bank am 22.5. zur Gutschrift Eingang vorbehalten (→ E.v.) ein. Falls keine Deckung auf dem Konto des

Scheckausstellers vorhanden ist oder die Scheckeinlösung aus anderen Gründen nicht erfolgt (z.B. Scheckwiderruf), muss der Scheck zurückbelastet werden; der Zahlungseingang ist am 22.5. also noch nicht sicher kalkulierbar. Die Bank in Düsseldorf wird daher den Scheck mit einer späteren Wertstellung, z.B. per 25.5., gutschreiben. Erhält sie jedoch definitiv bereits am 24.5. die Gutschrift des Gegenwertes aus München, entsteht ein Wertstellungsgewinn von einem Tag. – Die Wertstellungspraxis der Kreditinstitute steht immer wieder in der Kritik von Verbraucherschutzverbänden. Inzwischen gibt es höchstrichterliche Regeln zur Handhabung der Wertstellung. Danach ist es einem Kreditinstitut z.B. nicht erlaubt, für einen Kunden, der einen Überweisungsauftrag erteilt und gleichzeitig durch eine Einzahlung auf sein Konto für Kontodeckung sorgt, die Einzahlung mit einer späteren Valuta zu erfassen als den Überweisungsauftrag.

wesentliche Bestandteile, Bezeichnung des BGB für solche Sachen, die fest mit einem Grundstück verbunden sind und nicht ohne Zerstörung oder Wesensänderung von diesem zu trennen sind (z.B. Bäume auf dem Grundstück, Häuser, feste Bestandteile von Häusern wie Heizung, Kamin etc.). Da w.B. nicht Gegenstand besonderer Rechte sein können, gehen mit dem → Eigentum am Grundstück auch die w.B. in das Eigentum des Erwerbers über.

Wholesale Banking, Bezeichnung für das Großkundengeschäft, d.h. das Geschäft mit großen Firmenkunden, staatlichen Stellen oder anderen großen Institutionen. – *Gegensatz:* → Retail Banking.

Widerruf, Willenserklärung des Ausstellers eines Schecks oder des Auftraggebers einer Überweisung. Der W. soll die Belastung des Kontos verhindern. – Vgl. auch → Scheckwiderruf, → Überweisungsgesetz.

widerrufliches Akkreditiv, widerrufliche Verpflichtung eines Kreditinstitutes, das ein → Dokumentenakkreditiv eröffnet. Bis zur Vorlage der Dokumente kann ein w.A. geändert oder annulliert werden. Diese Akkreditivform ist in der Praxis nur selten anzutreffen; üblich ist das → unwiderrufliche Akkreditiv.

Widerspruch. 1. Grund für die → Nichteinlösung von Lastschriften im Einzugsermächtigungsverfahren. – 2. vorläufige Eintragung in das → Grundbuch zum Schutz eines wahren Berechtigten. Der W. zerstört den → öffentlichen Glauben des Grundbuchs. – *Beispiel:* Bei einer Erbschaft wurde irrtümlich ein falscher Erbe als neuer Eigentümer eines Grundstücks eingetragen. Um eine unberechtigte Verfügung über das Grundstück durch den falschen Erben zu verhindern, lässt der richtige Erbe einen W. eintragen. Ein Dritter kann sich dann nicht mehr auf die falsche Eintragung berufen. Bis zu einer Klärung der Sachlage und zur Richtigstellung der Eintragung ist der richtige Erbe geschützt.

Widerstandslinie, wichtiger Begriff bei der technischen → Aktienanalyse. Von einer W. sprechen Analysten, wenn eine Aktie bei einer Aufwärtsbewegung trotz längeren Versuchs ein bestimmtes Niveau nicht überschreiten kann. Findet irgendwann dann doch eine Überschreitung statt, so kann bei einem späteren Kursrückgang die alte W. zur Unterstützungslinie werden, die zunächst verhindert, dass der Kurs wieder unter die Linie sinkt.

Wiederanlagerabatt, Preisnachlass, den eine → Investmentgesellschaft bei einer Ausschüttung von Erträgen aus → Investmentzertifikaten denjenigen Kunden gewährt, die sich bereit erklären, den Ausschüttungsbetrag wieder in neue Investmentzertifikate zu investieren.

Willenserklärung, notwendige Voraussetzung für ein Rechtsgeschäft. Eine W. kann schriftlich, mündlich oder durch konkludentes (schlüssiges) Handeln (z.B. Gestik) geäußert werden. Voraussetzung für die Gültigkeit einer W. ist jedoch ein äußerlich erkennbarer Wille. Bei der Gültigkeit ist außerdem die → Geschäftsfähigkeit der Person zu berücksichtigen, welche die W. äußert.

Window-Dressing, „Verschönerung" einer Bilanz durch Transaktionen, die speziell mit Blick auf den Bilanzstichtag getätigt werden. Ein Beispiel für W.-D. ist die verstärkte Aufnahme liquider Mittel zum 31.12., um eine besonders gute Liquiditätslage zu dokumentieren. W.-D. sorgt so für bessere Kennzahlen bei einer → Bilanzanalyse.

wirtschaftliches Eigentum, steuerrechtlicher Begriff in der → Abgabenordnung. Demnach liegt ein w.E. vor, wenn ein anderer als der → Eigentümer die tatsächliche Herrschaft (→ Besitz) über ein Wirtschaftsgut ausübt und den rechtlichen Eigentümer für längere Zeit von der Nutzung des Gutes ausschließt. In diesem Fall ist das Gut nicht dem rechtlichen Eigentümer, sondern dem Besitzer als w.E. zuzurechnen, der das Gut auch bilanziert. W.E. liegt z.B. beim → Finance Leasing oder bei der → Sicherungsübereignung vor.

Wirtschaftswachstum, Zunahme des realen → Bruttoinlandsprodukts. Das W. ist eine wichtige Größe im Zusammenhang mit der fundamentalen → Aktienanlyse. Man unterscheidet quantitatives (mengenmäßiges) W. und qualitatives W. (Verbesserung der Lebensqualität aufgrund technischen Fortschritts, höheren Bildungsgrades der Bevölkerung etc). Die Forderung nach verstärktem qualitativen W. resultiert aus der gesellschaftskritischen Feststellung, dass ein rein quantitativ ausgerichtetes W. durch rapide Umweltverschmutzung und Ausbeutung knapper Ressourcen auf lange Sicht unsere Arbeits- und Umweltbedingungen radikal verschlechtert. Dem Gedanken des qualitativen W. wird heute teilweise beim Angebot spezieller → Investmentfonds Rechnung getragen, die Wertpapiere von ökologisch orientierten Unternehmen oder Unternehmen enthalten, die sich schwerpunktmäßig mit erneuerbaren Energien befassen.

Wohlverhaltensphase, mehrjährige Verpflichtung des Schuldners im Rahmen eines Verfahrens zur → Verbraucherinsolvenz. In der W. muss der Schuldner verschiedene Auflagen erfüllen. So muss er z.B. eine angemessene Berufstätigkeit ausüben (bzw. sich um eine solche bemühen). Ferner hat er eventuelle Erbschaften zur Hälfte seinen Gläubigern zu überlassen und bestimmte Melde- und Auskunftspflichten zu beachten. Die W. ist Voraussetzung für eine Restschuldbefreiung (Erlass eventuell noch offener Verbindlichkeiten).

Wohneigentumsförderung, bis zum Jahre 2005 angewandte finanzielle Förderung für selbst genutztes Wohnungseigentum. Die W. gilt seitdem nur noch für Fälle, in denen bis zum 31.12.2005 ein Antrag auf W. gestellt wurde. Sie läuft, da die Förderung auf 8 Jahre begrenzt ist, bis zum Jahr 2013 sukzessive aus. Im Rahmen der (einkommenshöheabhängigen) W. wurden ein Fördergrundbetrag sowie eine Kinderzulage gewährt. – Erwerber von selbst genutzten Immobilien können allerdings nach wie vor grundsätzlich zinsgünstige Darlehen von der → Kreditanstalt für Wiederaufbau (KfW) erhalten. Die zur KfW-Bankengruppe gehörende KfW Förderbank finanziert ein Objekt bis zu 30% der Gesamtkosten, max. jedoch bis zu 100.000 EUR.

Wohn-Riester, → Riester-Vertrag.

Wohnungsbaukredite, Bezeichnung für Darlehen, die zweckgebunden, also für → wohnungswirtschaftliche Maßnahmen gewährt werden.

Wohnungsbauprämie, staatliche Förderung der Beiträge an → Bausparkassen. Der Bausparer erhält zurzeit 8,8% W. auf seine Sparleistung, maximal jedoch 8,8% auf 512 Euro bei Ledigen bzw. 1.024 Euro bei Verheirateten unter der Voraussetzung, dass das zu versteuernde Einkommen (→ Einkommensteuer) im Kalenderjahr der Sparleistung den Betrag von 25.600 (Ledige) bzw. 51.200 (Verheiratete) nicht übersteigt. – Der Antrag zur Gewährung einer W. muss bis zum 31.12. des zweiten auf das Anlagejahr folgenden Kalenderjahres an die Bausparkasse gerichtet werden. Diese prüft den Antrag und leitet ihn an das für den Bausparer zuständige Finanzamt weiter. Neben der → Arbeitnehmer-Sparzulage ist die W. eine zweite Säule staatlicher Förderung des Bausparens. Allerdings ist eine doppelte Förderung gleicher Sparbeträge ausgeschlossen. Zahlt ein Anleger beispielsweise 770 Euro jährlich in Bausparverträge ein, von denen bereits 470 Euro durch Gewährung einer Arbeitnehmer-Sparzulage gefördert werden, kann er lediglich W. auf die sich als Differenz ergebenden 300 Euro in Anspruch nehmen. Zudem dürfen seit Anfang 2009 die durch eine W. geförderten Mittel nach Zuteilung des Bausparvertrages nur für → wohnungswirtschaftliche Maßnahmen verwendet werden. Davon sind lediglich Bausparer ausgenommen, die bei Vertragsschluss das 25. Lebensjahr noch nicht vollendet hatten. Sie können nach Ablauf der Sperrfrist von sieben Jahren frei über das Guthaben verfügen.

Wohnungsbauprämiengesetz, rechtliche Grundlage für die Gewährung einer → Wohnungsbauprämie.

wohnungswirtschaftliche Maßnahmen, Verwendungsmöglichkeiten für → Bauspardarlehen. Bauspardarlehen dürfen für den Erwerb bzw. die Modernisierung von Wohneigentum, den Erwerb von Bauland oder die Ablösung von Verbindlichkeiten auf Wohngrundstücken (Umschuldung) verwendet werden. Der Verwendungszweck ist nachzuweisen. Wird der Nachweis nicht erbracht, so muss die Bausparkasse das Finanzamt benachrichtigen.

wohnwirtschaftliche Zwecke, alternative Bezeichnung für → wohnungswirtschaftliche Maßnahmen.

WPHG, → Gesetz über den Wertpapierhandel.

WSB, Abk. für *Wertpapiersammelbank*. Praxisübliche Bezeichnung für die → Clearstream Banking AG., die in Deutschland Dienstleistungen im Zusammenhang mit dem stückelosen → Effektengiroverkehr anbietet.

X-Z

Xetra, Abk. für *Exchange Electronic Trading;* Bezeichnung eines elektronischen Handelssystems der → Deutschen Börse AG für den → Kassahandel, das eine standortunabhängige Teilnahme am Börsenhandel über das Computernetz des Systems ermöglicht. Voraussetzung ist eine entsprechende Zulassung durch die Deutsche Börse AG. Kauf- und Verkaufsaufträge werden in einem zentralen, elektronischen Auftragsbuch (Orderbuch) erfasst, das von den Handelsteilnehmern einsehbar ist und daher Markttransparenz gewährleistet. Einander entsprechende Kauf- und Verkaufsaufträge können automatisch zusammengeführt werden (Matching); die Auftraggeber erhalten entsprechende Ausführungsbestätigungen. Der X.-Handel vollzieht sich in Form von Auktionen und als fortlaufender Handel. Bei der Auktion werden Kauf- und Verkaufsaufträge zunächst gesammelt; zu bestimmten Zeitpunkten (mindestens einmal täglich) wird nach dem Meistausführungsprinzip ein Auktionspreis ermittelt. Im fortlaufenden Handel werden einzelne, einander entsprechende Aufträge jeweils sofort ausgeführt. Für den Handel in Nebenwerten (→ Small Caps und → Mid Caps) stellen Betreuer (Designated Sponsors) auf Anfrage → Geld- und → Briefkurse in das Orderbuch, um ausreichende Umsätze und damit die jederzeitige Handelbarkeit der Werte zu gewährleisten.

Xontro, elektronisches System der → Präsenzbörsen, dass den gesamten Börsenhandelsandelsprozess von der elektronischen Orderübermittlung über die maklergestützte Preisbildung bis zur Geschäftsabwicklung und Weitergabe der Geschäfte zur Regulierung unterstützt. X. besteht aus den beiden Teilsystemen X.-Order (vormals BOSS-CUBE) als Orderübermittlungs- und Handelssystem und X-Trade (vormals BÖGA) als Geschäftsabwicklungssystem. X-Order ermöglicht über ein ausfallsicheres Netzwerk die schnelle Orderübermittlung von allen angeschlossenen Handelsteilnehmern aus direkt in das elektronische Orderbuch des → Skontroführers und unterstützt hier die Kursfeststellung. X.-Trade bildet die Schnittstelle zwischen dem Börsenhandel und der → Clearstream Banking AG und dient der Abwicklung der jeweils geschlossenen Geschäfte.

XTF, Marktsegment der → Deutschen Börse AG für den fortlaufenden Handel mit → Investmentfonds.

Z-Auftrag, Kurzbezeichnung für → Zahlungsauftrag im Außenwirtschaftsverkehr.

Zahlschein, Formular für die Vornahme von Einzahlungen zur Gutschrift auf fremde Konten. Der Z. ist ein Mittel der → halbbaren Zahlung. Gewerbliche Zahlungsempfänger versenden zusammen mit Rechnungen häufig auch einen als Überweisungsauftrag/Zahlschein kombinierten Vordruck, mit dem der Kunde den Rechnungsbetrag wahlweise per Überweisung oder durch Bareinzahlung auf das angegebene Empfängerkonto begleichen kann.

Zahlstelle, → letzte Inkassostelle.

Zahlstellenwechsel, → Wechsel, bei dem der Wohnort bzw. Sitz des → Bezogenen abweicht vom Sitz des Kreditinstituts, bei dem der Wechsel zahlbar gestellt wurde.

Zahlungsauftrag im Außenwirtschaftsverkehr (Z-Auftrag), Auftrag an ein inländisches Kreditinstitut zur Übertragung eines bestimmten Betrages in Euro oder in anderer Währung an einen gebietsfremden Zahlungsempfänger. Bestimmte Zahlungen, die den Betrag von 12.500 Euro (oder Gegenwert in fremder Währung) übersteigen, sind zu statistischen Zwecken der → Deutschen Bundesbank zu melden (→ Meldepflicht im Außenwirtschaftsverkehr).

Zahlungsbedingungen im Außenhandel, Vereinbarungen zwischen den an Außenhandelsgeschäften beteiligten Vertragspartnern über die Art, den Zeitpunkt und den Ort der Zahlung. Bei der Festlegung einer Z.i.A. ist der Exporteur an einer möglichst frühen Zahlung (im Idealfall bereits vor Lieferung) interessiert, um das Risiko des Zahlungsausfalls bzw. des Zahlungsverzuges auszuschalten und seine Finanzierungskosten gering zu halten. Der Importeur strebt dagegen eine möglichst späte Zahlung (im Idealfall zu einem Zeitpunkt nach Erhalt der Ware) an, um das Lieferungsrisiko auszuschalten und Kreditaufnahmen zu vermeiden. Die gebräuchlichen Z.i.A. berücksichtigen die gegenläufigen Interessen der Beteiligten in unterschiedlichem Umfang. Die Wahl einer bestimmten Z.i.A. hängt u.a. von der Vertrauensbasis zwischen den Handelspartnern, der Machtposition eines Beteiligten und den Zahlungsgewohnheiten in den Partnerländern ab. – Vgl. auch → Internationale Zahlungsbedingungen.

Zahlungsbilanz, statistisches System zur Erfassung von Transaktionen eines Landes mit dem Ausland. In den Ländern, die den → Euro als gesetzliches Zahlungsmittel eingeführt haben (Euro-Währungsraum) wird eine gemeinsame Z. erstellt und durch die Europäische Zentralbank (→ Europäisches System der Zentralbanken) veröffentlicht. Bei der Z. werden die Leistungsbilanz (z.B. Importe und Exporte von Gütern und Dienstleistungen), die Bilanz der Vermögensübertragungen (z.B. Erbschaften, Schenkungen, Vermögensmitnahmen von Ein- und Auswanderern) und die Kapitalbilanz (z.B. Zahlungen zur Begleichung von Import- und Exportgeschäften oder auch Zahlungen im Zusammenhang mit Kapitalanlagen) unterschieden (→ Kapitalverkehr). Nicht geklärte Kapitalbewegungen, z.B. aufgrund von nicht meldepflichtigen Zahlungen (→ Meldepflicht im Außenwirtschaftsverkehr) werden als sogenannte statistisch nicht aufgliederbare Transaktionen (Restposten) erfasst.

Zahlungsfähigkeit, Fähigkeit eines Schuldners, fällige Verbindlichkeiten (Zins- und/oder Tilgungsleistungen) fristgerecht zu erbringen.

Zahlungsgarantie, *Payment-Guarantee;* Garantie eines Anbieters bestimmter → Zahlungskarten (z.B. → Kreditkarte, Sparkassencard, Bankcard im → Electronic Cash-Verfahren) gegenüber dem jeweiligen Vertragsunternehmen, den vom Kunden mit der Karte gezahlten Rechnungsbetrag unwiderruflich gutzuschreiben. Voraussetzung ist die Beachtung der geltenden Akzeptanzbedingungen (z.B. Einhaltung des Verfügungsrahmens, Gültigkeit der Karte).

Zahlungskarte, Karte, die (i.d.R. in Verbindung mit der → persönlichen Identifikationsnummer oder einer Unterschriftsleistung) der Legitimation bei bargeldlosen Zahlungen an Kassen von Handels- und Dienstleistungsunternehmen dient. Als Z. kommen vor allem → Kreditkarten und Kundenkarten von Kreditinstituten (Bankcard/Sparkassencard) zur Anwendung. Z. weisen neben ihrer Legitimationsfunktion im bargeldlosen Zahlungsverkehr meist zusätzliche Funktionen auf. Sie ermöglichen u.a. die Bargeldbeschaffung und Nutzung von Selbstbedienungseinrichtungen bei Kreditinstituten und gewähren teilweise Versicherungsschutz (Kreditkarten).

Zahlungsunfähigkeit, voraussichtlich andauerndes Unvermögen eines Schuldners, fälligen Zahlungsverpflichtungen ganz oder teilweise nachzukommen.

Zahlungsvertrag, Vertrag zwischen Banken im Zusammenhang mit der Ausführung von Überweisungen. Aus dem Z. verpflichtet sich eine Bank, im Rahmen des Überweisungsverkehrs bestimmte Beträge an andere Banken weiterzuleiten. – Vgl. auch → Überweisungsgesetz.

Zahlungsziel, im Rahmen von Handelsgeschäften vorkommende Zahlungsbedingung, die dem Käufer den Rechnungsausgleich eine bestimmte Zeit (z.B. drei Monate) nach Lieferung bzw. Rechnungsstellung erlaubt. Ein Z. wird i.d.R. eingeräumt, damit der Vertragspartner die erhaltene Ware zunächst weiterveräußern kann, um dann die Rechnung seines Lieferanten aus den Verkaufserlösen bezahlen zu können.

ZAST, Abk. für → *Zinsabschlagsteuer.*

Zedent, Person, die eine ihr gegenüber einem Drittschuldner zustehende Forderung an den → Zessionar abtritt. – Vgl. auch → Abtretung.

Zeichnung, Abgabe rechtsverbindlicher Kaufwünsche durch interessierte Anleger im Rahmen einer → Emission von Wertpapieren. Die Z. erfolgt innerhalb einer festgesetzten Frist vor der Börseneinführung des jeweiligen Wertpapiers. Übersteigen die Gebote der Anleger das zur Verfügung stehende Volumen, so erfolgt eine Zuteilung, wobei unterschiedliche Verfahren zur Anwendung kommen können.

Zeichnungsberechtigung, einem Kreditinstitut bekanntgegebene Verfügungsberechtigung über ein dort geführtes Bankkonto. Die Z. kommt als Einzelverfügungsberechtigung vor, bei der eine Einzelperson (z.B. Kontoinhaber, Bevollmächtigter, Gesellschafter, Geschäftsführer) allein verfügen kann oder als gemeinschaftliche Verfügungsberechtigung, bei der ein Zeichnungsberechtigter die Mitunterschrift eines weiteren Zeichnungsberechtigten benötigt. Die Art der Z. wird von der kontoführenden Stelle in den Kontounterlagen vermerkt. – Vgl. auch → Bankvollmacht.

Zeitwert einer Option, Differenz zwischen dem Optionspreis (Börsenkurs) und dem → inneren Wert einer → Option. Der Z. wird wesentlich von der Restlaufzeit der Option und der → Volatilität des zugrunde liegenden Basiswertes bestimmt. Im Z. kommt die Einschätzung der weiteren Kursentwicklung des Basiswertes zum Ausdruck. Mit abnehmender Restlaufzeit der Option sinkt der Z. wegen beschränkter Gewinnmöglichkeiten tendenziell und fällt am Verfalltag der Option auf Null.

Zentralbank. 1. Bezeichnung einer staatlichen oder überstaatlichen → Zentralnotenbank (z.B. im → Europäischen System der Zentralbanken). – 2. Bezeichnung eines überregionalen oder zentralen Spitzeninstituts innerhalb eines Bankenverbundsystems (z.B. → Deutsche Zentral-Genossenschaftsbank AG für den Genossenschaftsbankensektor).

Zentralbankgeld, Bezeichnung für Geld, das ausschließlich von der → Zentralnotenbank eines Landes bzw. eines Währungsgebietes geschaffen werden kann. Dem Z. werden das im Umlauf befindliche Bargeld (Banknoten und Münzen) und die bei der Zentralbank gehaltenen Sichteinlagen (auch als → Zentralbankguthaben bezeichnet) zugerechnet. Mit der Höhe des geschaffenen Z. wird die Geldschöpfung der Kreditinstitute und so die Geldmenge einer Volkswirtschaft beeinflusst.

Zentralbankguthaben, Bezeichnung der bei einer → Zentralnotenbank mit täglicher Fälligkeit unterhaltenen Gelder. In Deutschland werden Z. auf → Girokonten bei der → Deutschen Bundesbank bzw. deren Hauptverwaltungen oder Filialen unterhalten.

Zentraler Kapitalmarktausschuss (ZKMA), mit Vertretern verschiedener Geschäftsbanken besetzter Ausschuss, der bei der → Emission von → Anleihen der öffentlichen Hand und der Privatwirtschaft auf freiwilliger Basis beratend tätig wird. Der ZKMA soll insbesondere Zeitpunkt, Betrag und Ausstattung einer Anleihe auf die aktuelle Kapitalmarktsituation abstimmen und dadurch eine Überforderung des Kapitalmarktes vermeiden.

Zentraler Kreditausschuss (ZKA), aus den Spitzenverbänden des deutschen Kreditgewerbes bestehendes Gremium, das sich mit Fragen befasst, die für das Kreditgewerbe von gemeinsamem Interesse sind. Zu den Aufgaben des ZKA gehört v.a. die Interessenvertretung der Kreditwirtschaft gegenüber Gesetzgebungsorganen, Behörden und anderen Institutionen der Finanzwirtschaft sowie die Verbreitung von Informationen über Auffassungen des Kreditgewerbes zu relevanten finanzwirtschaftlichen Themen.

Zentralnotenbank, Bank, die innerhalb eines Staates oder eines Währungsgebietes neben dem Recht zur Ausgabe von Banknoten (→ Notenmonopol) die zentrale Verantwortung für die → geldpolitischen Operationen innerhalb ihres Zuständigkeitsbereiches hat. Dabei kann die Z. von der jeweiligen Regierung weisungsabhängig oder weisungsunabhängig sein. Die Europäische Zentralbank (EZB) und die nationalen Zentralbanken im → Europäischen System der Zentralbanken (ESZB) sind regierungsunabhängig. Zu den wesentlichen Aufgaben einer Z. gehört u.a. die Ausgabe von Banknoten als → gesetzliches Zahlungsmittel, die Abwicklung des Zahlungsverkehrs für Kreditinstitute und die öffentliche Hand, die → Refinanzierung der Kreditinstitute, die Verwaltung staatlicher Währungsreserven sowie die Unterstützung der öffentlichen Hand bei Kreditaufnahmen am → Kapitalmarkt.

Zero-Bond, → Nullkupon-Anleihe.

Zertifikat, → Schuldverschreibung, die im Gegensatz zu einer normalen Anleihe keine feste Verzinsung aufweist, sondern die Wertentwicklung bestimmter, als Basiswert zugrundeliegender Wertpapiere oder anderer Finanzinstrumente wie z.B. Indizes (→ Index 2) nachvollzieht. – Vgl. auch → Bonuszertifikat, → Garantiezertifikat, → Indexzertifikat.

Zertifikatefonds, → Investmentfonds, der in → Zertifikate investiert.

Zession, → Abtretung.

Zessionar, Person, der durch den → Zedenten eine diesem gegenüber einem Drittschuldner zustehende Forderung abgetreten wird. – Vgl. auch → Abtretung.

Zessionskredit, Kredit, dessen Besicherung durch → Abtretung von Forderungen vorgenommen wird.

Zielsparfonds, Sonderform eines → Investmentfonds, bei dem innerhalb einer vorbestimmten Laufzeit eine Umschichtung des Sparkapitals von risikoreicheren in risikoärmere Anlageformen erfolgt. So erfolgt z.B. zu Beginn der Sparphase zunächst eine Anlage in Aktien. Später wird das Vermögen in festverzinsliche Wertpapiere umgeschichtet. So vermindert der Anleger das Risiko, Aktien zum Laufzeitende u.U. gerade zum Zeitpunkt einer Börsenschwäche verkaufen zu müssen.

Zinsabschlagsteuer (ZAST). 1. *Begriff:* Besondere Form der → Kapitalertragsteuer, die von inländischen Kreditinstituten bis zum 31.12.2008 auf Zinsen und zinsähnliche Erträge aus Bankguthaben, → Bausparguthaben und → Anleihen erhoben wurde. Für den Steuerpflichtigen stellte die Z. eine pauschalierte Vorauszahlung auf die Einkommensteuer dar, die in der Einkommensteuererklärung angegeben und mit der sich aus dem individuellen Einkommensteuersatz ergebenden Steuerschuld verrechnet wurde. – Mit Wirkung zum 1.1.2009 wurde die Z. durch die → Abgeltungssteuer ersetzt. – Vgl auch → Zinsbesteuerung.

Zinsänderungsrisiko, Risiko, das sich aus einer nicht vorhersehbaren bzw. nicht beeinflussbaren Veränderung von Zinssätzen im Zusammenhang mit Geldanlagen oder Kreditaufnahmen ergibt. Dabei kann das Z. zum einen aus einer Änderung des für eine bestimmte Anlage bzw. einen bestimmten Kredit geltenden Zinssatzes selbst resultieren. So unterliegt z.B. ein Kunde zum Zeitpunkt der Wiederanlage eines fälligen → Festgeldes dem Risiko, dass er ggfs. zu einem niedrigeren Zinssatz verlängern muss und daher einen kalkulierten Ertrag nicht in der erwarteten Höhe realisieren kann. In gleicher Weise besteht z.B. bei einem → Darlehen mit variabler Verzinsung für einen Kreditnehmer das Risiko steigender Zinskosten für den Fall einer Erhöhung des Kreditzinssatzes durch den Darlehensgeber. Ein Z. kann aber auch mittelbar aus einer Veränderung von Marktzinsen resultieren. So bewirken z.B. steigende Marktzinsen sinkende Börsenkurse bei → festverzinslichen Wertpapieren. Der betroffene Anleger müsste in dieser Situation im Fall eines Wertpapierverkaufs einen Kursverlust hinnehmen. Behält er dagegen das Wertpapier, so nimmt er eine nicht mehr marktgerechte Verzinsung in Kauf. Für Kreditinstitute resultieren Z. auch aus der → Fristentransformation. Werden z.B. mit Mitteln aus kurzlaufenden Kundenfestgeldern längerfristige Darlehen zu festen Zinsen gewährt, so erhöht sich im Fall steigender Marktzinsen der Zinsaufwand für Festgelder, während der Kreditertrag unverändert bleibt.

Zinsanpassungsklausel, Klausel im Rahmen eines Darlehensvertrages, die die kreditgebende Bank berechtigt, den vereinbarten Zinssatz bei einer Veränderung ihrer Geldbeschaffungskosten einseitig zu erhöhen oder zu senken.

Zinsberechnungsmethoden. Im Bankgeschäft sind nachstehende Z. gebräuchlich: 1. *Deutsche kaufmännische Zinsmethode (30/360):* Unabhängig von der tatsächlichen Anzahl der Kalendertage wird von 30 Zinstagen eines Monats und von 360 Zinstagen eines Jahres ausgegangen. – *Beispiel:* Verzinsung eines Kapitals von 5.000 Euro für die Zeit vom 16.2.- 4.5. eines Jahres zu 3% p.a. Da gemäß BGB für die Berechnung einer Frist der erste Tag nicht mitgerechnet wird, ergeben sich für Februar 14, für März 30, für April 30 und für Mai 4 Zinstage, insgesamt also 78 Zinstage. Nach der Formel Z = (K · p · t) / (100 · 360) resultieren daraus (5.000 · 3 · 78) / (100 · 360) = 32,50 Euro Zinsen. Die deutsche kaufmännische Zinsmethode kommt bei vielen Kundengeschäften zur Anwendung (z.B. Abrechnung von Spar- und Festgeldkonten sowie teilweise auch bei der Abrechnung von Darlehenskonten). – 2. *Taggenaue Zinsmethode (aktuell/aktuell):* Die Ermittlung der Zinstage erfolgt kalendermäßig, d.h. der Berechnung werden die tatsächliche Anzahl der Tage eines Monats und das Jahr mit 365 bzw. 366 Tagen zugrunde gelegt. – *Beispiel:* Verzinsung eines Kapitals von 3.000 Euro für die Zeit vom 21.3.-12.6. eines Jahres (kein Schaltjahr) zu 4% p.a. Im März ergeben sich 10, im April 30, im Mai 31 und im Juni 12 Zinstage, insgesamt also 83 Zinstage. Nach der Formel Z = (K · p · t [aktuell]) / (100 · 365) resultieren daraus (3.000 · 4 · 83) / (100 · 365) = 27,29 Euro Zinsen. Die taggenaue Zinsmethode findet z.B. bei den meisten → Bundeswertpapieren und anderen börsennotierten → Anleihen mit fester Verzinsung Anwendung. – 3. *Eurozinsmethode (aktuell/360):* Die Anzahl der Zinstage eines Monats wird kalendermäßig ermittelt, die Anzahl der Zinstage eines Jahres mit 360 angenommen. – *Beispiel:* Verzinsung eines Kapitals von 5.000 Euro für die Zeit vom 16.6.-18.9. eines Jahres zu 5% p.a. Im Juni fallen 14, im Juli 31, im August 31 und im September 18 Zinstage, insgesamt also 94 Zinstage an. Nach der Zinsformel Z = (K · p · t [aktuell]) / (100 · 360) resultieren daraus in diesem Fall 65,28 Euro Zinsen. Die Eurozinsmethode kommt u.a. bei variabel verzinslichen Anleihen (→ Floating Rate Notes), bei Geldmarktkrediten (→ Geldmarkt) und bei Refinanzierungsgeschäften der Kreditinstitute im → Europäischen System der Zentralbanken zur Anwendung.

Zinsbesteuerung. Zinsen und zinsähnliche Erträge aus Guthaben bei Kreditinstituten, → Anleihen sowie bestimmten weiteren Anlagen stellen steuerpflichtige Einkünfte aus Kapitalvermögen dar. Sie unterliegen seit dem 1.1.2009 einer pauschalen → Abgeltungssteuer von 25% zzgl. 5,5% Solidaritätszuschlag und evtl. Kirchensteuer. Zinseinkünfte unterliegen der Besteuerung in dem Jahr, in dem sie dem Steuerpflichtigen zugeflossen sind (Zuflussprinzip). Bei Anleihen in Form von → Aufzinsungspapieren und → Abzinsungspapieren ist dies erst bei Fälligkeit des Wertpapiers bzw. zum Zeitpunkt eines vorzeitigen Verkaufs der Fall. Der Steuerabzug wird durch die depotführende Bank vorgenommen, sofern kein ausreichender → Freistellungsauftrag vorliegt. Mit der Abgeltungssteuer ist die Steuerschuld des Anlegers beglichen. Selbst bei einem persönlichen Steuersatz über 25% hat der Sparer im Rahmen der Einkommensteuererklärung keine Nachzahlung mehr zu leisten. Bei einem persönlichen Steuersatz unter 25% erfolgt im Zuge der Einkommensteuerveranlagung hingegen auf Antrag eine Steuererstattung. – Nach dem bis 31.12.2008 geltenden Verfahren wurden zunächst 30% Zinsabschlagsteuer und 5,5% Solidaritätszuschlag einbehalten, die jedoch lediglich eine Vorauszahlung zur Einkommensteuer darstellten und im Rahmen der Einkommensteuerveranlagung mit der endgültigen Steuerschuld verrechnet wurden.

Zinsbindung, *Zinsfestschreibung;* Vereinbarung im Rahmen eines Darlehensvertrages, den Kreditzinssatz bis zur Endfälligkeit oder während eines festgelegten Zeitraumes unverändert zu lassen. – Vgl. auch → Festzinsdarlehen.

Zinsen, vom Schuldner zu entrichtendes, laufzeitabhängiges Entgelt für die Überlassung von Kapital. Die Verpflichtung zur Zahlung von Z. kann sich aus gesetzlichen Bestimmungen oder vertraglicher Vereinbarung ergeben. Eine Obergrenze vertraglicher Zinsvereinbarung ergibt sich aus § 138 BGB (Wucher). Nach dieser Bestimmung sind Vereinbarungen über Entgelte nichtig, die in einem auffälligen Missverhältnis zur zugrunde liegenden Leistung stehen. Im Privatkundengeschäft der Kreditinstitute ergibt sich die Höhe der Zinsen für regelmäßig vorkommende Bankleistungen aus dem → Preisaushang und ergänzend aus dem → Preisverzeichnis.

Zinseszinsen, Zinsen, die dadurch entstehen, dass bis zu einem bestimmten Zeitpunkt aufgelaufene Zinsen dem Kapital zugeschlagen (kapitalisiert) und mitverzinst werden. Die Berechnung von Z. bewirkt eine beschleunigte Mehrung des Kapitals. Gemäß BGB ist eine im Voraus getroffene Vereinbarung über die Verzinsung von Zinsen nichtig.

Jedoch können Banken im Voraus vereinbaren, dass nicht erhobene Zinsen auf Einlagen als neue verzinsliche Einlagen gelten sollen. Ausdrücklich zugelassen ist die Berechnung von Z. für das → Kontokorrent gem. HGB. Bei einer jährlichen Zinskapitalisierung errechnet sich ein Endkapital nach n Jahren unter Berücksichtigung von Z. nach der Formel $K_n = K_0 \cdot q^n$. Dabei ist K_n das Endkapital mit Zinseszinsen, K_0 das Anfangskapital, q der Verzinsungsfaktor = 1 + p / 100; p bezeichnet den Prozentsatz und n die Anzahl der Jahre.

Zinsfestschreibung, → Zinsbindung.

Zinsgleitklausel, Klausel eines Darlehensvertrages, die die kreditgebende Bank berechtigt, den Zinssatz entsprechend einer vorangegangenen Veränderung des zugrunde liegenden → Referenzzinssatzes ohne weiteres zu erhöhen bzw. zu senken.

Zinsklausel, Klausel im Rahmen eines Darlehensvertrages, die die kreditgebende Bank berechtigt, den vereinbarten Zinssatz einseitig zu ändern (→ Zinsgleitklausel) oder anzupassen (→ Zinsanpassungsklausel).

Zinsphasenanleihe, Mischform aus einem → festverzinslichem Wertpapier und einer variabel verzinslichen Anleihe (→ Floating Rate Note). Für bestimmte Zeiträume innerhalb der gesamten Laufzeit wird durch den Emittenten jeweils eine feste oder variable Verzinsung gewährt.

Zinsschein, Urkunde, die den Zinsanspruch aus einer → Anleihe zu einem bestimmten Zinszahlungstermin verbrieft. Der Z. ist selbstständiges Wertpapier und bildet zusammen mit den Z. für weitere Zinszahlungstermine und dem (bei längerer Laufzeit der Anleihe vorhandenen) → Erneuerungsschein den → Bogen einer Anleihe. Die Vorlegungsfrist eines Z. endet am 31.12. des vierten auf den Zinszahlungstermin folgenden Jahres. Die Verjährung des Zinsanspruchs tritt zwei Jahre nach Ablauf der Vorlegungsfrist ein, sofern der Z. rechtzeitig vorgelegt worden ist.

Zinsstaffel, chronologische, entsprechend der → Wertstellung geordnete Aufstellung der Umsätze eines Kontos. Die Z. dient z.B. bei → Girokonten und → Sparkonten der Berechnung von Zinsen für einen bestimmten Abrechnungszeitraum.

Zinsstrukturkurve, grafische Darstellung, mit der die Abhängigkeit der Verzinsung einer Geldanlage von der Laufzeit bzw. Bindungsdauer aufgezeigt wird. Eine Z. wird als *normal* bezeichnet, wenn der Anleger bei der Wahl längerer Laufzeit eine höhere Verzinsung erhält als bei kurzer Laufzeit. Bei einer *inversen* Z. dagegen weisen langlaufende Anlagen eine geringere Verzinsung auf als kurzlaufende. Eine *flache* Z. schließlich zeigt auf, dass die Verzinsung von der Bindungsdauer im Wesentlichen unabhängig ist.

Zinstender, Ausschreibungsmodus bei den Offenmarktgeschäften (→ geldpolitische Operationen) der Europäischen Zentralbank (EZB). Beim Z. bieten die Kreditinstitute den gewünschten Geldbetrag sowie den Zinssatz, zu dem sie zur Geldaufnahme bereit sind. Die Zuteilung erfolgt nach der Höhe der gebotenen Zinssätze, d.h. Institute mit den höchstgebotenen Zinssätzen werden vorrangig bedient. Wird die Zuteilung nach dem „holländischen Verfahren“ vorgenommen, ist von allen berücksichtigten Bietern einheitlich der marginale Zinssatz zu zahlen, d.h. derjenige Zinssatz, zu dem die letzte Zuteilung noch vorgenommen wird. Wird dagegen nach „amerikanischem Verfahren“ zugeteilt, so ist von jedem Kreditinstitut der individuell gebotene Zinssatz zu zahlen.

ZKA, Abk. für → *zentraler Kreditausschuss.*

ZKMA, Abk. für → *zentraler Kapitalmarktausschuss.*

Zollbürgschaft, → Bankbürgschaft im Auftrag eines Importeurs oder Spediteurs zur Absicherung von Importzöllen oder Einfuhrabgaben, die z.B. bis zum Weiterverkauf oder bis zur Weiterverarbeitung der importierten Waren gestundet werden. Das Kreditinstitut verpflichtet sich zur Zahlung gegenüber der Finanzverwaltung für den Fall, dass der Auftraggeber der Z. seine Zollverbindlichkeiten nicht oder nicht fristgerecht begleicht. Die Z. ist den Avalkrediten (→ Aval) zuzurechnen.

Zubehör, gem. BGB bewegliche Sachen, die (ohne Bestandteil der Hauptsache zu sein) auf Dauer dazu bestimmt sind, dem wirtschaftlichen Zweck der Hauptsache zu dienen und zu ihr in einem dementsprechend räumlichen Verhältnis stehen. Hierzu gehören insbesondere Maschinen und sonstige Gerätschaften eines Gewerbebetriebes sowie bei einem landwirtschaftlichen Betrieb das zum Wirtschaftsbetrieb bestimmte Gerät und Vieh, unter bestimmten Voraussetzungen auch die landwirtschaftlichen Erzeugnisse. Für Kreditinstitute ist das Z. im Zusammenhang mit der Besicherung von Krediten durch → Grundpfandrechte von Bedeutung, da es zusammen mit dem belasteten Grundstück der Haftung aus einer → Hypothek oder → Grundschuld unterliegt. Voraussetzung ist, dass sich das Zubehör im Eigentum des Grundstückseigentümers befindet.

Zuflussprinzip, Grundsatz des Einkommensteuerrechts, nach dem Einkünfte aus Kapitalvermögen (z.B. Zinserträge aus Sparguthaben oder Wertpapieren) in dem Kalenderjahr zu versteuern sind, in dem sie dem Steuerpflichtigen zufließen.

Zugewinngemeinschaft, → Güterstand, der nach dem BGB bei Fehlen einer abweichenden Vereinbarung gilt. Bei der Z. bleibt jeder Ehegatte Alleineigentümer des vor und während der Ehe erworbenen Vermögens und kann darüber grundsätzlich ohne Zustimmung des Ehepartners verfügen. Jedoch ist bei einer Verfügung eines Ehegatten über das Vermögen im Ganzen oder über Haushaltsgegenstände die Zustimmung des Ehepartners erforderlich. Bei der Bestellung von → Kreditsicherheiten durch einen Ehepartner wird diesem Umstand i.d.R. Rechnung getragen, indem der andere Ehegatte durch Mitunterzeichnung des Kreditvertrages oder durch Übernahme einer selbstschuldnerischen → Bürgschaft für den Kredit des Ehepartners mit verpflichtet wird. Bei Beendigung der ehelichen Gemeinschaft erfolgt ein Vermögensausgleich in der Weise, dass der während der Ehe erworbene Vermögenszuwachs ausgeglichen wird. Derjenige Ehepartner, dessen Vermögen den größeren Wertzuwachs erfahren hat, hat dem Anderen die Hälfte der Zuwachsdifferenz zu zahlen. – *Beispiel:* Der Ehemann bringt 60.000 Euro, die Ehefrau 90.000 Euro in die Ehe ein. Während der Ehe steigt sein Vermögen auf 80.000 Euro und ihr Vermögen auf 140.000 Euro. Ihr Vermögen hat also einen um 30.000 Euro höheren Zuwachs erfahren als sein Vermögen. Daher hat der Ehemann in diesem Fall einen Zahlungsanspruch an seine Ehefrau in Höhe von 15.000 Euro. – Abweichungen vom gesetzlichen Güterstand der Zugewinngemeinschaft können durch einen notariell beurkundeten Ehevertrag vereinbart werden.

Zulassung von Wertpapieren zum Börsenhandel, → Börsenzulassung von Wertpapieren.

Zulassung zur Teilnahme am Börsenhandel, → Börsenzulassung von Handelsteilnehmern.

Zuschlagsparen, → Bonussparen.

Zuteilung, Vorgang im Rahmen der Abwicklung eines → Bausparvertrages, der zur Bereitstellung der → Bausparsumme und damit zur Erreichung des Vertragszieles führt. Aufgrund der Z. kann der Bausparer seinen Anspruch auf Rückzahlung des Bausparguthabens sowie auf Gewährung des zinsgünstigen Bauspardarlehens geltend machen. Die Z. setzt die Erreichung eines Mindestsparguthabens (je nach → Bauspartarif 40% bzw. 50% der Bausparsumme), die Einhaltung einer Mindestansparzeit (z.B. 18 oder 24 Monate) sowie die Erreichung einer → Mindestbewertungszahl voraus. Außerdem ist ein Antrag des Bausparers auf Z. erforderlich. Im Rahmen der Abwicklung des Bausparvertrages bildet die Z. den Übergang von der Sparphase zur Darlehensphase. – Vgl. auch → Bausparen.

Zuwachssparen, Geldanlagemöglichkeit im Rahmen der → Sondersparformen.

Zwangsversteigerung, → Zwangsvollstreckung in Grundstücke, grundstücksgleiche Rechte und im Schiffsregister eingetragene Schiffe, bei der das Objekt versteigert wird mit dem Ziel, die jeweiligen Gläubiger aus dem Erlös zu befriedigen. Der Schuldner verliert sein Eigentum. Bei Grundstücken ist das Amtsgericht zuständig, in dessen Bezirk die Immobilie liegt.

Zwangsverwaltung, Form der → Zwangsvollstreckung in Immobilien, bei der die aus dem Grundbesitz anfallenden laufenden Erträge von einem gerichtlich bestellten Zwangsverwalter eingezogen und nach Abzug der Aufwendungen an die Gläubiger verteilt werden.

Zwangsvollstreckung, gesetzlich geregeltes Verfahren zur Durchsetzung von Ansprüchen eines Gläubigers mit staatlichen Zwangsmaßnahmen. Voraussetzung ist ein Vollstreckungstitel, d.h. eine Urkunde (Urteil, Vollstreckungsbescheid oder notarielle Schuldurkunde), aus der sich die Zulässigkeit der Z. ergibt. Der Vollstreckungstitel muss mit der → Vollstreckungsklausel versehen sein, die den Titel für vollstreckungsreif erklärt und dem Schuldner zugestellt werden. Bei der Bestellung von → Grundschulden zur Besicherung von Krediten ist in der Praxis bereits zum Zeitpunkt der Bestellung der Grundschuld die Aufnahme einer Vollstreckungsklausel in die Grundschuldbestellungsurkunde üblich, aus der sich der Schuldner der Z. unterwirft. Die Z. kann sich auf bewegliche Sachen (Pfändung und Verwertung), Forderungen (Pfändung und Überweisung) oder Grundstücke (Eintragung einer Zwangshypothek, Anordnung einer → Zwangsverwaltung oder einer → Zwangsversteigerung) erstrecken.

Zwangsvollstreckungsklausel, → Vollstreckungsklausel.

Zweckerklärung, → Sicherungsabrede.

Zweckgesellschaft, → Asset Backed Securities (ABS).

Zwecksparen, Sondersparform, bei der über einen längeren Zeitraum Sparraten für einen konkreten Verwendungszweck (z.B. Existenzgründung, Heirat) erbracht werden. Gelegentlich verbunden mit einem Anspruch auf Gewährung eines zinsgünstigen → Darlehens bei Fälligkeit des Sparvertrages.

Zwischenfinanzierung, → Vorfinanzierung.

Zwischengewinn, → Aktiengewinn.

Zwischenkommissionsgeschäft. Erteilt ein Kunde einen Auftrag zum Kauf oder Verkauf von Wertpapieren an ein Kreditinstitut, das selbst nicht am Börsenhandel beteiligt ist, so kann das Kreditinstitut (Hauptkommissionär) mit der Ausführung des Geschäfts eine Börsenbank (Zwischenkommissionär) beauftragen. – *Gegensatz:* → Hauptkommissionsgeschäft.

Zwischenkredit, vorübergehend gewährter, kurzfristiger Kredit, der später durch langfristige Finanzierungsmittel ersetzt wird. Z. werden z.B. zur Vorfinanzierung von Investitionsvorhaben gewährt und später durch langfristige Darlehen abgelöst. Mit einem Z. kann auch im Rahmen einer → Baufinanzierung die Zeit bis zur endgültigen Bereitstellung langfristiger Mittel oder bis zur → Zuteilung eines → Bausparvertrages überbrückt werden. Z. sind häufig → Kontokorrentkredite.

Zwischenschein, auf den Namen des Berechtigten lautender Anteilschein, der von einer → Aktiengesellschaft bei Gründung oder im Fall einer → Kapitalerhöhung vorübergehend ausgestellt wird, falls die Ausgabe von → Aktien zu diesem Zeitpunkt noch nicht durchgeführt werden kann. Jedoch erfolgt die vorläufige Verbriefung anstatt durch Z. meist durch Hinterlegung einer interimistischen Sammelurkunde (Globalurkunde) bei der → Clearstream Banking AG, auf deren Grundlage dann Depotgutschriften erteilt werden können.

Zwischenverwahrer, Kreditinstitut, das aus Mangel an eigenem Tresorraum oder aus Rationalisierungsgründen Wertpapiere zur Drittverwahrung (z.B. durch die eigene Zentrale oder die → Clearstream Banking AG) weitergibt.

zyklische Aktie, → Aktie eines Unternehmens mit konjunkturabhängiger Ertragsentwicklung (z.B. Automobilbau, Maschinenbau), bei der daher auch für die Zukunft mit einer tendenziell konjunkturabhängigen Entwicklung des Börsenkurses gerechnet werden kann.